ORG. EDGAR MARQUES

NATUREZA E SUBJETIVIDADE

KOTTER
EDITORIAL

Coordenação editorial: Sálvio Nienkötter
Editor-executivo: João Lucas Dusi
Editor-assistente: Claudecir de Oliveira Rocha
Capa: Jussara Salazar
Design editorial: Carlos Garcia Fernandes
Produção: Cristiane Nienkötter
Preparação de originais e revisão: O Autor

Dados Internacionais de Catalogação na Publicação (CIP)
Angelica Ilacqua CRB-8/7057

N232

Natureza e subjetividade / organizado por Edgar Marques. – 1. ed. – Curitiba : Kotter editorial, 2024.
424 p.

Bibliografia
ISBN 978-65-5361-382-9

1. Filosofia I. Marques, Edgar

CDD 100

24-5324

Kotter Editorial Ltda.
Rua das Cerejeiras, 194
CEP: 82700-510 - Curitiba - PR
Tel. + 55(41) 3585-5161
www.kotter.com.br | contato@kotter.com.br

Feito o depósito legal
1ª Edição
2024

Livro publicado com recursos do Capes-Print Subjetividade e Natureza (Processo: 88881.311652/2018-1)

ORG. EDGAR MARQUES

NATUREZA E SUBJETIVIDADE

Sumário

Apresentação

Este livro pode ser visto como um testemunho de um bem-sucedido programa de cooperação acadêmica entre universidades brasileiras e estrangeiras. De 2019 a 2024, mantivemos um projeto Capes-Print, com o título de *Subjetividade e Natureza*, que reuniu docentes e discentes do Programa de Pós-Graduação em Filosofia da Universidade do Estado do Rio de Janeiro (UERJ) e pesquisadores das seguintes universidades estrangeiras: Université Paris I, Université Paris-Nanterre, Universidade Católica Portuguesa, Technische Universität Berlin, Augustana Hochschule, Stevenson Institute for Technology e Bergische Universität Wuppertal. Essa cooperação se efetivou por meio da realização de missões de trabalho e estágios de pesquisa de docentes do PPGFIL-UERJ nessas universidades, bem como da realização, nelas, de doutorados-sanduíche por discentes do Programa. Pesquisadores dessas instituições também tiveram a oportunidade de visitar a UERJ nesse período, tendo ministrado conferências, oferecido cursos e discutido suas pesquisas com docentes e discentes do PPGFIL. Primeiros frutos dessa colaboração acadêmica, tornada possível pelo programa Capes-Print, integraram o livro *Subjetividade e Natureza*, publicado em 2023 pela Kotter Editorial. O presente volume consiste em um registro de outros produtos dessa colaboração acadêmica.

A pergunta sobre a verdade a partir da visão fenomenológico-transcendental

Alexander Schnell
Bergische Universität Wuppertal

Um ponto de partida adequado para a determinação do quadro da problemática da verdade no interior da fenomenologia transcendental foi estabelecido pela crítica de Ernst Tugendhat à concepção de verdade do positivismo lógico — nesse caso, em particular, em Alfred Tarski; crítica essa que Tugendhat publicou no estudo antigo de 1960 sobre "A definição semântica de Tarski da verdade e sua posição no interior da história do problema da verdade no positivismo lógico". A acusação fundamental diz: a verdade proposicional, na medida em que permanece comprometida com a teoria da correspondência da verdade, não concerne, em geral, ao problema da verdade propriamente dita, porque aí a questão acerca da *justificação* da verdade não é formulada. A questão da verdade propriamente dita remete o juízo justamente a um âmbito — o âmbito da justificação — que não tem ele mesmo nenhum caráter judicativo. Uma teoria, é isso que nos diz Tugendhat, que se restringe a fazer valer simplesmente uma *pretensão* de verdade, mas que não fornece nenhuma fundamentação propriamente dita da verdade, não chega nem mesmo a tocar o problema da verdade.

Em que medida a fenomenologia corrige o ponto de partida semântico com vistas ao problema da verdade? Tugendhat vê no conceito de *intencionalidade* a resposta decisiva precisamente para esse problema. Quanto a isso, ele escreve alguns anos mais tarde em seu livro sobre *O conceito de verdade em* Husserl e Heidegger:

> O ponto de vista da intencionalidade em geral <forma> a base de uma possível teoria da verdade: caso se negue que o psíquico tem essa peculiaridade de visar algo, caso se o conceba como mera consistência real, como algo naturalmente subsistente qualquer, então não se consegue dizer de seus estados ou reações senão que eles ocorrem ou não ocorrem, mesmo que eles se realizem de maneira adequada ou inadequada em termos do mundo circundante, *mas que eles, em contrapartida, só podem ser verdadeiros ou falsos com vistas a algo que eles visam.* A exposição expressa da intencionalidade através de Brentano significou, portanto, para o esclarecimento do conceito de verdade, uma nova chance... É somente porque nós temos a possibilidade estranha de visar algo que não tem como nos ser dado, contudo, diretamente, que o discurso acerca de verdadeiro e falso possui um sentido[1].

O que Husserl compreendeu, afinal, exatamente por "verdade"? Entre as *Investigações lógicas* e *Lógica formal e lógica transcendental*, sua concepção de verdade experimentou, em certa medida, um encurtamento. Enquanto a *Sexta investigação lógica* distingue *quatro* conceitos de verdade, a lógica tardia de Husserl só mantém ainda *dois*. Bem, mas retomemos de saída a perspectiva fundamental dessa concepção de verdade.

[1] E. Tugendhat, *Der Wahrheitsbegriff bei Husserl und Heidegger* (O conceito de verdade em Husserl e Heidegger), Berlin, W. de Gruyter, 1970, p. 30 (itálico estabelecido pelo autor).

Para explicitarmos o conceito husserliano de verdade, precisamos manter em vista de maneira mais detida o esclarecimento acima citado de Tugendhat do status da intencionalidade nas *Investigações lógicas*. O conceito de verdade, concebido de maneira tradicional como "concordância entre intelecto e coisa", só pode ser explicitado se se tiver, inicialmente, clareza quanto a qual é a natureza de "coisa" e "intelecto" e como seria preciso compreender a sua "concordância". Em uma perspectiva semelhante à de Kant, Husserl se aninha aí no nível da "representação" — e, em verdade, não no sentido de uma imagem "mental", mas em relação ao modo "como nós nos referimos a um objeto". E precisamente essa "referência ao objeto" precisa ser analisada, uma vez que Kant tende por vezes a (e isso não acontece apenas com ele) equiparar, nesse conceito da representação, o representar e o representado. O ponto de vista fundamental que guia o conceito de verdade de Husserl consiste no fato de que toda e qualquer referência ao objeto pressupõe um "ato intencional" ou uma "vivência intencional", e de que esses atos intencionais podem ser de *um tipo diferente*. Não se parte, nesse caso, do objeto (suposto como previamente dado), do qual se admite, portanto, que pode haver diferentes tipos de objeto, mas, caso se possa falar de uma tal diversidade de tipos, então na medida em que há diferentes tipos de intencionalidade. Os *correlatos* não redutíveis dessas "vivências" são os "*objetos* intencionais", que não seriam "coisa" alguma fora ou para além da esfera intencional, mas os objetos *tal como eles são visados nos atos intencionais*. Tal como se sabe, o "fenômeno" (para se manter apenas na esfera *imanente* da consciência), em Husserl, designa ou bem — noeticamente — a "vivência" — ou — noematicamente — o "objeto no 'modo' do seu ser dado". E uma reflexão sobre a *verdade* terá de se estabelecer, com isso, necessariamente no plano da relação entre esses dois modos de concepção do "fenômeno". A verdade será assumida na esfera da intencionalidade. Já se pressente, assim, qual é o ganho que essa concepção promete em comparação com as teorias clássicas da verdade como correspondência: não se pressupõe aqui nenhuma "coisa real", e não se deixa tampouco indeterminado como é que se pode ter acesso a ela. Ao contrário, a questão acerca da relação possível entre "sujeito" e "objeto" é transposta para o plano da intencionalidade (e para as modalidades diversas da intencionalidade e de seus correlatos objetuais [na medida em que eles justamente são *visados* "*em seu como*"]).

O ponto decisivo introduzido na concepção husserliana do conceito de verdade consiste no fato de os significados serem intenções "não preenchidas" ou de as intenções de preenchimento ou as *intuições* "preencherem" precisamente os significados. A questão é aí como é preciso conceber exatamente esse "preenchimento".

Antes de Husserl, ou seja, propriamente já desde Aristóteles e de maneira completamente explícita (entre outros) em Kant, a intuição foi compreendida como uma representação *imediata*, que apresenta o objeto como um ente particular, individual. A intuição se refere, nesse caso, a algo *particular*, enquanto o conceito fornece determinações *universais* do objeto. Kant, portanto, considerou a intuição e o conceito de acordo com modos respectivamente *diversos* de produzir a ligação com o objeto. Husserl, em contrapartida, determina o significado e a intuição com vistas ao modo como eles *doam* o objeto — e é decisivo, nesse caso, o fato de que a intuição se refere ao *mesmo* objeto que o mero significado e de que o que se altera é o *modo de dação* (do objeto visado, por um lado, e, por outro, do objeto dado *na intuição*) a cada vez diverso. Por meio daí — de acordo com Husserl — a evidência não se torna meramente um *critério* da verdade, mas aquilo que possibilita a *relação de concordância que caracteriza toda e qualquer verdade*. Para formular isso de maneira aguçada: a verdade não se deixa determinar por meio de uma forma qualquer (pressuposta ou previamente dada) de "realidade" e também não se refere a uma tal (= verdade não esclarecida da correspondência), ela também não consiste em uma forma da consistência lógica interna (= verdade da coerência), mas se refere antes àquilo que eventualmente contém um significado ainda não preenchido, ou seja, a uma verdade *possível*, que talvez (ainda) não tenha sido dada explicitamente. Em um célebre comentário da "intuição categorial" de Husserl,

Heidegger acentuou o fato de que a evidência doadora de verdade não é nenhum índice de vivências (judicativas), mas precisa ser compreendida como preenchimento identificador — "o visado reluz ele mesmo na coisa"[2]. E o preenchimento também não explica se e como a intenção (de início signativa) *corresponde* à coisa, mas *o que* ela é — ou seja, tal como E. Tugendhat[3] acentuou com razão, o preenchimento não significa tanto uma *ratificação*, e mais uma *explicitação*.

No § 39 da sexta *Investigação lógica*, Husserl distingue entre quatro concepções diversas da verdade. A diferenciação entre a "primeira" e a "segunda" concepção de verdade tem seu fundamento no fato de que as considerações gerais de Husserl em relação à problemática da verdade em sua primeira obra capital ainda estão comprometidas ao menos em certa medida — ao menos na primeira edição — com a perspectiva de uma "psicologia descritiva". Nesse caso, é de um significado fundamental o *primeiro* conceito de verdade, que é preciso inicialmente elucidar.

Tal como já mencionamos, a ligação entre significado e intuição só se torna compreensível por meio do respectivo *tipo de dação*. Trata-se aí, tal como já observamos, de que a problemática conjunta se vê transposta para o plano da intencionalidade, e, em particular, de que o tipo de dação — tanto no ato que confere significado quanto no ato preenchedor — depende *de um e mesmo conteúdo noemático*. Se o objeto não é meramente visado, "mas se ele é dado no sentido mais rigoroso possível tal como ele é visado e ao mesmo tempo posto com o visar", então nós cstamos lidando aqui com uma "evidência", ou seja, com a "vivência" de uma "síntese de preenchimento maximamente perfeita". O que Husserl compreende aqui por "evidência"?

De início, e esse ponto é completamente essencial, a evidência precisa ser distinta de todo tipo de "sentimento" que "acompanhe" a verdade de um enunciado ou funcione como uma "garantia" desse enunciado (a referência a Leibniz é aqui inequívoca,

[2] M. Heidegger, *Prolegomena zur Geschichte des Zeitbegriffs (Prolegômenos à história do conceito de tempo)*, Frankfurt am Main, V. Klostermann, 1994[3], p. 67.

[3] E. Tugendhat, *Der Wahrheitsbegriff bei Husserl und Heidegger* (O conceito de verdade em Husserl e Heidegger), Berlin, W. de Gruyter, 1970, p. 85.

uma vez que Leibniz tinha criticado precisamente dessa maneira o conceito cartesiano de evidência). Ao invés de conceber a evidência psicologicamente, o que tornaria a conquista da verdade um "milagre", tal como Husserl observou em *Lógica formal e lógica transcendental*, a evidência experimenta uma "virada ontológica"[4] na terceira *Investigação lógica*. A verdade, portanto, não é de algum modo motivada psicologicamente (como pensavam os empiristas ou mesmo Sigwart), mas ela se deve à autodação da coisa no ato da evidência. *A evidência designa com isso uma "autodação adequada" e consiste na "consciência de uma dação originária* [...] *no ato*"[5].

A verdade, portanto, é definida como "correlato objetivo" da evidência (que, por sua vez, se mostra como "vivência da verdade"). Daí se segue o resultado extremamente importante (não apenas para a sexta das *Investigações lógicas*, mas também para tudo o que se liga a isso) de que a verdade — como correlato de uma identificação (na qual o visado e o intuído se equivalem) — é uma *identidade: a plena concordância entre o visado e o dado*.

Husserl acentua que, se esse conceito de verdade é, com efeito, o correlato "objetivo" da evidência, não se trata aí, contudo, de uma percepção "adequada" da verdade, uma vez que, de fato, "a realização da equiparação identificadora ainda não é nenhuma percepção atual da concordância objetual" (essa concordância só é alcançada com o terceiro conceito de verdade, enquanto seria necessário aqui de início um *outro* ato conceptivo objetivante). Isso, porém, tem como consequência o fato de que Husserl, a fim de poder apreender o conceito de verdade aqui relevante, é obrigado a apresentar nessa percepção atualmente realizada a "ideia", a "relação ideal" ou, como ele dirá mais tarde, o "conteúdo eidético" desse ato — e cristaliza-se por meio daí, portanto, um segundo conceito de verdade, que Husserl designa como a "ideia da adequação absoluta". Isso significa, então, no entanto, ou bem que o primeiro conceito de verdade não é, stricto sensu, nenhum conceito de verdade (uma vez que não se trata aí de uma

[4] E. Husserl, *Investigações lógicas II/1, Husserliana XIX/1*, p. 243.

[5] Ver E. Husserl, *Investigações lógicas I, Husserliana XVIII*, p. 193 e do mesmo autor *A ideia de fenomenologia, Husserliana II*, p. 59.

percepção *concretamente* realizada, que *careceria* para além daí de uma evidência específica); ou, contudo, isso confluiria para — em face das conquistas mais tarde alcançadas do desenvolvimento do método fenomenológico, das quais se precisaria citar em particular a epoché e a variação eidética — uma duplicação supérflua (pois em meio à aplicação desse auxílio metodológico se revelaria que o primeiro conceito de verdade coincidiria com o segundo). Por isso, o que está em jogo aqui, quando se consideram *os dois casos*, é apenas uma divisão *provisória*, que os textos tardios de Husserl precisamente não abarcam.

Para *Husserl* — e a crítica de Heidegger focará precisamente esse ponto –, porém, no que concerne às questões ligadas à problemática da verdade, tudo o que há de essencial não transcorre no plano "abstrato" da relação entre opinião e intuição (ou preenchimento) *em geral*, mas naquele plano do conteúdo "ideal" ou "eidético" de um *determinado* preenchimento objetual. Isso explica a razão pela qual Husserl, em *Lógica formal e lógica transcendental* — em relação a essa classificação[6] nas *Investigações lógicas* –, só manterá exclusivamente o terceiro e o quarto conceitos de verdade da *Sexta investigação lógica*. Ao invés de considerar de fato a *relação* entre a intenção significativa e a intenção de preenchimento, também se pode empregar os dois *conceitos* dessa relação.

Do lado "objetivo", então, obtém-se o terceiro conceito de verdade, que não é outra coisa senão o *próprio objeto dado* como aquilo quc "torna verdadeira" uma intenção. Trata-se aí da "plenitude ideal da *essência* cognitiva *específica da intenção*". E do lado subjetivo vem à tona, então, finalmente o quarto conceito de verdade, que constitui a "correção" qua adequação ou "ser adequado" da opinião na relação com o objeto.

Com base no modo como Husserl considera o conceito de verdade em seus ensaios posteriores, é possível introduzir as seguintes explicitações no que diz respeito a essa tipologia, explicitações

---

[6] Nós veremos que *Lógica formal e lógica transcendental* contém dois conceitos (diversos) de verdade em um sentido amplo e geral: verdade como verdade judicativa (a concepção clássica da verdade como adequação) e verdade como realidade efetiva.

essas que aprofundam o que já destacamos acima. O quarto conceito de verdade não é nenhuma resposta a um problema, mas muito mais o nome para um tal problema: se se compreende por "verdade" a "correção" de um pensamento ou de um juízo, então precisa ser exposto o que "verifica" uma tal correção no sentido propriamente dito. Husserl responde a isso com o primeiro e o terceiro conceito de verdade. O primeiro se refere ao que torna a relação da opinião com a intuição verdadeira — e, com efeito, *sem levar em conta que caso particular é considerado*. Nós estamos lidando aqui com "a" verdade (isto é, com o tornar verdadeiro de cada juízo, conquanto apenas ele seja verdadeiro), ou seja, não com uma verdade objetiva concreta. Na medida em que se trata aqui necessariamente de uma relação ideal, o primeiro e o segundo conceito de verdade, tal como já indicamos, coincidem.

O terceiro conceito de verdade entra em jogo em um outro plano — e esse também é o conceito que será finalmente privilegiado por Husserl. Husserl denomina propriamente "verdadeiro" o "objeto" — a plenitude do objeto dado — que torna verdadeiro o enunciado. Esse primado explica-se por meio do retorno necessário à evidência — ao princípio de todos princípios — ao qual Husserl permanecerá fiel até o fim (cujo questionamento já está implicado com certeza desde as primeiras exposições desse conceito).

Na medida em que essa autodação, contudo, de acordo com uma evidência *mais ou menos "adequada"*, pode se realizar (ela só é plenamente "adequada" no plano da "percepção interior" e no do conhecimento analítico e sintético das essências), Husserl retirará a consequência (reconstruível a partir do § 143 do *Ideias I*) de que a verdade, apesar de tudo, não é senão uma "ideia regulativa". Exatamente essa é a razão pela qual Tugendhat ainda coloca em jogo um quinto conceito de verdade:

> Se perguntarmos o que uma coisa [...] em verdade é, então a coisa perguntada é, com efeito, na medida em que ela é citada, posicionada, mas as questões não diz respeito à *verdade* desse posicionamento contido na intenção nominal; e a ideia

do preenchimento derradeiro, como o qual a verdade tem de ser pensada também aqui, a verdade que é visada na questão, também tem, com efeito, igualmente o caráter de um posicionamento ("ele é de tal e tal modo"), mas de um posicionamento eventualmente muito complexo, que, em todo caso, não tem como corresponder ao posicionamento nominal contido na intenção de saída de acordo com a "matéria". O significado nominal da representação de saída é indeterminado e sua própria intenção [...] não é de maneira alguma dirigida para a ratificação (do posicionamento), mas para a *clarificação e a ampliação* (de sua matéria)[7].

Esse conceito corresponde ao que Husserl denomina "veridição". Ver quanto a isso a preleção *Análises sobre a síntese passiva* (1920/21): "Por meio da vida passiva, portanto, passam sínteses do preenchimento que se tecem sempre novamente. Constantemente uma aspiração por intuição, [...] constantemente veridição"[8]. Como é preciso compreender aquela "ampliação" e, em particular, essa "veridição"? A quarta e última seção da parte principal da preleção de 1920/21 trata do ser verdadeiro e da aparência no fluxo da consciência. Husserl expõe o fato de que o caminho da veridição é, em realidade, um caminho duplo: ele oferece a adução de intuições sempre novas em meio à autodação, assim como a elevação da autodação até o limite — até o solo abrangente da verdade do mundo[9]. O quinto conceito de mundo mantém-se, com isso, na tensão entre mundo apoditicamente dado e a clarificação e ampliação a serem realizadas sobre essa base de tudo o que é essencial. Aqui, o "verdadeiro" só pode ser concebido como meta de um processo teleológico.

Resumamos ainda uma vez os cinco conceitos de verdade: 1) *Identidade* entre o visado e o dado; 2) a ideia dessa identidade, isto é, a *essência* do ato da evidência; 3) a *coisa* mesma; 4) a *correção* enquanto caráter da intenção ou propriedade da opinião; 5) *Veridição* como ampliação do dado.

---

[7] E. Tugendhat, *Der Wahrheitsbegriff bei Husserl und Heidegger* (O conceito de verdade em Husserl e Heidegger), Berlin, W. de Gruyter, 1970, p. 99 (itálico do autor).

[8] E. Husserl, *Analysen zur passiven Synthesis* (Análises sobre a síntese passiva), M. Fleischer (Org.), Den Haag, M. Nijhoff, 1966, p. 102.

[9] Quanto a isso: idem., p. 101; p. 432.

*

Em uma dupla recensão[10] notável surgida em 1970, na qual discute tanto o volume XXIV da *Husserliana* quanto o livro de Tugendhat sobre a verdade, Gerd Brand apresentou uma interpretação própria do conceito fenomenológico de verdade. Para tanto, ele partiu de uma pergunta: como é que uma intenção doadora de significado pode em geral alcançar um objeto? Trata-se aí, de acordo com Brand, da procura pelo que se dá por si mesmo, isto é, pela verdade. Se, porém, a verdade é considerada fenomenologicamente como adequação do sentido *visado* e *dado* por meio da *experiência*, em outras palavras: *como preenchimento da intenção*, então é completamente essencial que a intenção não seja concebida como *opinião vazia*[11], que não teria nenhuma realidade efetiva e que só obteria realidade efetiva por meio do preenchimento. As coisas se dão muito mais de tal modo, apresenta Brand, que a intencionalidade seria uma intencionalidade *proveniente da coisa* (o que se aproxima da interpretação sartriana da intencionalidade). Também concorda com isso o "segundo conceito de verdade" em *Lógica formal e lógica transcendental.* Brand cita Husserl: "Ao lado do conceito crítico de verdade ligado à correção do juízo a partir de um dirigir-se originário (ou ter se dirigido) para a realidade efetiva que se dá por si mesma, nós temos, portanto, esse conceito de *realidade efetiva* como o *segundo conceito de verdade*. O verdadeiro é agora o *que é efetivamente* ou o *que é verdadeiramente* enquanto correlato da evidência que se doa por si". Em face dessa intenção que provém da coisa, a intenção vazia doadora de significado seria pura e simplesmente derivada. Brand produz, nesse caso, a seguinte equivalência:

Fundação originária ≙ intencionalidade proveniente da coisa mesma ≙ síntese passiva ≙ afecção

[10] G. Brand, Husserls Lehre von der Wahrheit (A doutrina husserliana da verdade), Philosophische Rundschau, Volume 17, Nr. 1/2 (1970), pp. 57-94.

[11] E. Husserl, *Formale und transzendentale Logik* (Lógica formal e lógica transcendental), Husserliana XVII, P. Janssen (org.), Den Haag, M. Nijhoff, 1974, p. 133.

Veridição reconstruída ≙ intencionalidade signativa vazia ≙ síntese ativa ≙ aspiração

*

Eu retorno uma última vez a Tugendhat. Em uma reflexão sobre o sentido e os limites da legitimação no quadro de uma fenomenologia constitutiva, que também diz respeito, em particular, à fundamentação da verdade, ele dá expressão em seu livro sobre a verdade à seguinte reserva:

> Poder-se-ia [...] duvidar de se, na visão reflexiva, as multiplicidades de atos respectivamente constituintes, que pertencem a uma determinada objetualidade, são dadas de maneira tão inequívoca efetivamente em sua determinação, tal como Husserl o requisita (cf., por exemplo, *Ideias II*, p. 90esegs.). Assim, por mais certo que seja o fato de toda verdade objetiva só ter o seu sentido relativamente às possibilidades de demonstração subjetiva, não é de qualquer modo senão uma consequência do motivo dogmático de Husserl [...], isto é, de sua convicção de que tudo o que é imanente seria eo ipso dado adequadamente, que essas possibilidades de demonstração, por sua parte, devam ser vislumbráveis e derradeiramente reconhecíveis sem mais em uma análise imanente. Em particular, nas camadas mais baixas da constituição pode-se perguntar se as dações nos são aqui acessíveis em geral em uma reflexão simples, se Husserl não *constitui* em realidade, ao invés de *descrever* resultados fenomenológicos [...]. Em Husserl [...], a confiança na intuição imanente era tão grande, que essa problemática absolutamente não existia para ele[12].

Tugendhat levanta aqui a pergunta sobre se, no nível derradeiramente constituinte, toda e qualquer constituição deixa o "dado" ser apresentado de maneira efetivamente *descritiva* em uma reflexão ou se ele é acessível em uma reflexão (ainda que seja uma "transcendental"). Com isso, será que a plena fundacionalidade e a legitimidade fenomenológica de um procedimento

[12] E. Tugendhat, *Der Wahrheitsbegriff bei Husserl und Heidegger* (O conceito de verdade em Husserl e Heidegger), Berlin, W. de Gruyter, 1970, p. 216eseg. (itálico do autor).

construtivo são visualizados — isto é, de uma construção que não é nem hipotético-dedutiva, nem especulativa, mas genuinamente *fenomenológica*? Brand rejeita um tal ponto de partida. Ele vê no modo de procedimento analítico-*descritivo* "a peculiaridade e o grande mérito de Husserl". Ele se pergunta "em vão, como é que a derradeira exposição fenomenológica poderia ser realizada de outra maneira"[13]. Precisamente aqui — isto é, na oposição nua e crua à concepção de Brand — se institui o ponto de partida fenomenológico-transcendental da fenomenologia gerativa.

*

Para que a verdade, no sentido da verdade proposicional, possa ser considerada, é preciso primeiro esclarecer os pressupostos para uma concepção mais originária da verdade, que precisa perseguir a requisição por uma justificação da verdade em geral. Foi isso que, como vimos, Tugendhat já tinha acentuado bem cedo. As seguintes teorias da verdade originária precisam ser constituídas em uma perspectiva fenomenológico-transcendental.

1) A tese fundamental de Heidegger diz:

Caso haja verdade, "nós" — o ser-aí — precisamos pressupô-la.

Heidegger vincula todo e qualquer posicionamento da verdade ao "antecipar-se" do ser-aí. Em que medida não se exprime por meio daí um subjetivismo raso? Na medida em que Heidegger insiste no fato de que, com o ser do ser-aí, o pressuposto da verdade já é realizado. No entanto, uma vez que esse "já" não pode significar nenhuma dação prévia (pois isso seria dogmatismo), ela precisa ser estabelecida de antemão — pressuposta. Não se prestou atenção suficiente a essa concepção da verdade. Ela precisa ser levada a sério e considerada, mas isso se lança para além dos limites aqui instituídos.

2) O Fichte *de Berlim* (depois de 1800) apresenta as seguintes relações:

[13] G. Brand, "A doutrina husserliana da verdade", p. 85.

Caso deva haver verdade, então a consciência precisa aniquilar a si mesma. Para ser aniquilada, ela precisa de saída ser posicionada. Juntamente com a aniquilação, o ser independente da consciência é posicionado.

A verdade ligada aqui ao "deve" (que não deve ser confundido com o "dever-ser" criticado por Hegel) dá expressão à cooriginariedade entre uma aniquilação da consciência e um posicionamento do ser. Na *Doutrina da ciência de 1804/II*, essa ideia pertence à concepção de uma "aparição da aparição" no coração de sua própria "fenomenologia" (Fichte usa essa expressão literal e expressamente). Mas isso também ultrapassa o que podemos tematizar aqui.

3) Em *Disseminação* (1972), *Derrida* apresenta:

Caso a verdade deva se manifestar, a origem atual da presença precisa se subtrair. Essa subtração condiciona, por intermédio da "diferança", a cooriginariedade de verdade e não-verdade.

Essa cooriginariedade temporaliza, por sua vez, uma duplicação do ente em um simulacro. Nesse caso, a duplicação e a "diferança" se encontram em uma relação recíproca de determinação (o mesmo vale para o plano transcendental ontológico e plano ôntico-empírico).

4) A concepção da verdade de uma fenomenologia gerativa (ver A. Schnell *Imagens da realidade* [2015] e *Vibrações do ser* [2020]) desenvolve um outro conceito de verdade:

Se a verdade deve reluzir (no sentido de um "para fora", de um encontrar-se-em exposto), então é preciso que uma pré-imanência seja formada e que aquilo que se mostra nela como encontrável seja fenomenologicamente construído.

Tudo gira aqui em torno da relação entre fenomenologização, imaginação e construção.

Em relação à problemática da verdade é possível sistematizar esses pontos de partida da seguinte maneira:

> *Tese:* Heidegger: Nós precisamos pressupor a verdade.
> *Antítese*: Fichte: O nós (= consciência = fenômeno) precisa ser aniquilado para que a verdade possa brilhar.
> *Síntese*: Derrida: A origem ou o presente da origem mesma precisam se subtrair para que a verdade possa se manifestar. Essa verdade, contudo, só se dá como cooriginariedade de verdade e não-verdade (correlativamente à duplicação de ente/simulacro).

A fenomenologia gerativa defende três teses fundamentais, que se comprovam como críticas em face desses três pontos de partida:

> Há um vínculo forte entre fenomenalidade e construtividade; aos três gêneros da construção fenomenológica correspondem três tipos fundamentais de fenômenos, assim como três tipos de sínteses transcendentais da fenomenologia gerativa.
> Primeiro gênero da construção fenomenológica ≙ poli-fenômeno ≙ síntese *post-factum* (exemplo: o tempo preimanente em Husserl)
> Segundo gênero da construção fenomenológica ≙ mono-fenômeno ≙ síntese unitária (exemplo: o momento do sublime em Richir)
> Terceiro gênero da construção fenomenológica ≙ matrix-fenômeno ≙ síntese gerativa (exemplo: o escrito como *pharmakon* em Derrida)

Essa descida até o "aquém" da presença da origem não pode ser simplesmente afirmada; ela precisa ser *metodologicamente fundamentada* (primeira crítica a Derrida). Isso é possibilitado pela indução fenomenológica, que permite entrar "na" preimanência.

Mesmo a verdade está submetida à construção fenomenológica; não há nenhum "tanto quanto" de verdade e não-verdade (segunda crítica a Derrida); verdade e não-verdade só podem ser reconduzidas ao "sucesso" ou ao "fracasso" da construção fenomenológica.

*

A problemática da verdade — considerada a partir de uma posição fenomenológica — inscreve-se em uma tensão entre *o experimentável* de maneira incondicional e não redutível por um lado e, por outro, uma *aproximação* constantemente mais marcada em relação à não-obviedade no óbvio. A busca fenomenológica pela verdade é a busca pela autodação. O recurso à construção *fenomenológica* desconstrói essa tensão: não sendo nem idealismo da produção nem construtivismo formal, a fenomenologia construtiva e gerativa se mantém em uma tensão — naquela a ser construída que é indicada por construção e consistência fenomenal. A construção é, com isso, de certa maneira, também uma desconstrução — por mais que os limites da "déconstruction" derridiana não possam ser perdidos de vista e precisem ser evitados. Seu potencial aletheológico não pôde ser aqui mais do que traçado. Aquilo de que ele ainda dispõe em termos de conteúdo precisa ser preservado para futuras reflexões.

Tradução de Marco Antonio Casanova

O sujeito epistêmico diante da incerteza

Anne-Lise Rey
Ireph, EA 373, Université Paris Nanterre

A ciência moderna pode ser caracterizada como uma tentativa, por meio do ideal normativo das leis da natureza, de capturar a inteligibilidade da natureza. Se o fundamento metafísico da física garante a permanência das leis, por exemplo, em Descartes, para quem a imutabilidade divina é o fundamento das leis do movimento (nos *Princípios*), ou se a matematização dos fenômenos naturais proposta por Newton pressupõe uma intangibilidade do mundo garantida por protocolos experimentais sólidos, o requisito fundamental do novo regime de saber da ciência moderna é, de fato, o de uma constância da natureza justificada por uma ordem. É uma ordem cujo gesto criativo Descartes reconstitui, enquanto Newton insiste mais em descrever as leis que mantêm essa ordem.

Diante dessas decisões normativas, parece-me que dois elementos importantes são frequentemente eclipsados: por um lado, a insatisfação causada pela experiência que deve provar, corroborar ou validar uma hipótese científica; por outro lado, a irregularidade e a diversidade de movimentos que nem sempre podem ser absorvidos em uma ordem do mundo — finalmente identificada.

Se retomarmos o primeiro ponto: longe do motivo banal do experimento crucial, o que os relatos de experimentos mostram é tudo o que distingue o projeto do experimento conclusivo de sua realização efetiva. Tomemos simplesmente, por exemplo, os experimentos "ditos cruciais" de Willem's Gravesande sobre forças vivas: aqui é o protocolo experimental que tem de ser constantemente ajustado para acabar se adequando à hipótese que está tentando estabelecer. Entre o experimento que prova e o experimento que invalida, abre-se um espaço epistêmico no qual o experimento testemunha a inadequação da hipótese e, às vezes, até mesmo sua aproximação. O que a experiência revela, então, é a impotência da hipótese para explicar não tanto a singularidade da realidade, mas sua instabilidade. Sabe-se que, historicamente, essa descoberta deu origem a duas reações diferentes: uma que transforma a função da experiência — a experiência tem de ser reformulada até se tornar adequada à hipótese que estamos tentando estabelecer graças a ela; a hipótese então se torna o núcleo invariante da multiplicidade de experimentos realizados; estamos muito longe de um sistema de provas absolutamente convincente; a outra, que pressupõe que o paradigma do experimento é aquele que se afasta resolutamente das condições materiais concretas e se expressa no experimento de pensamento. Esse é, por excelência, o caso do experimento na Torre de Pisa descrito por Galileu, que tinha como objetivo final desenvolver um modelo científico.

O que se furta nesses dois usos da experiência, poderíamos quase dizer que é a própria experiência, entendida desta vez como a experiência do sujeito conhecedor. E esse desaparecimento do sujeito está no ponto de encontro de uma dupla justificativa: 1) para que o conhecimento seja objetivo, ele deve silenciar as incertezas do sujeito; 2) para que o conhecimento seja objetivo, ele deve ser o conhecimento que se supõe que Deus tenha do mundo.

Ora, há um espaço discursivo, poder-se-ia até dizer uma máquina discursiva, que propõe esse ponto de junção da experiência do sujeito como uma experiência panóptica, e esse é o espaço da ficção na Era Clássica.

Diante da impossibilidade de obter acesso à causalidade divina ou à ação da matéria invisível, a interpretação que podemos propor da atitude do sujeito conhecedor não se contenta em lamentar nossa impotência epistêmica. Nossa hipótese pode ser formulada da seguinte forma: não é porque somos imperfeitos que nosso conhecimento é incerto, mas porque o mundo é mutável e instável. A seguir, propomos descrever uma nova atitude epistêmica que oferece uma resposta não-kantiana à consciência de nossa limitação epistêmica. Enquanto Kant optou por circunscrever os limites de nosso conhecimento para transformá-los em um poder de conhecer graças à figura do sujeito transcendental, o instrumento de sua própria revolução copernicana, este artigo procura identificar a maneira pela qual a ficção científica joga com esses limites para propor outro papel para o sujeito epistêmico.

1 - O fantasma panóptico

Podemos inicialmente nos surpreender: se a ficção é um cenário possível, mas não real, uma história nascida da imaginação do autor que transporta o leitor para outro mundo, o que isso tem a ver com a ciência, que tem como objetivo descrever e explicar o chamado mundo real produzindo leis, evidências e até mesmo argumentos?

Como sabemos, o pensamento contemporâneo sobre a ficção geralmente se refere a uma teoria de mundos possíveis que está mais ou menos intimamente relacionada à filosofia de Leibniz. E, nesse aspecto, a questão das alternativas críveis ou plausíveis para o mundo real é central, assim como a relação de acessibilidade entre esse mundo e o mundo real, conforme teorizado por Saul Kripke. Mas, para o que nos interessa aqui, deve-se enfatizar que a *Lógica dos nomes próprios* de Kripke entende os mundos possíveis como construções abstratas. É uma questão de pensar em um conjunto de proposições que possibilitam a descrição de estados de coisas não contraditórios. Esse mundo é totalmente constituído e, como tal, designado como um mundo completo, no sentido de que é sempre possível dizer, para cada uma das proposições que o constituem, se elas são verdadeiras ou falsas. Um mundo possível é, portanto, um mundo coerente e determinado (desprovido de indeterminação).

E ele distingue o que é necessário, como o que é verdadeiro, em todos os mundos possíveis, e o que é possível, como o que é verdadeiro, em pelo menos um desses mundos.

O ponto de partida para os usos leibnizianos de mundos possíveis é geralmente o sonho de Teodoro no final dos *Ensaios sobre Teodiceia*, publicados em 1710. O sonho mostra Teodoro, sacerdote de Delfos, a caminho de ver a deusa Pallas, filha de Júpiter, que lhe mostra o palácio dos destinos. O que há nesse palácio?

> Há representações não apenas do que acontece, mas também de tudo o que é possível, e Júpiter, depois de examiná-las antes do início do mundo existente, digeriu as possibilidades em mundos e escolheu o melhor de todos eles. Ele vem de tempos em tempos visitar esses lugares, para se dar o prazer de recapitular as coisas e renovar sua própria escolha, na qual não pode deixar de se deleitar. Tudo o que tenho a fazer é falar e veremos um mundo inteiro que meu Pai poderia produzir, onde tudo o que podemos solicitar está representado, e por esse meio ainda podemos saber o que aconteceria se essa ou aquela possibilidade devesse existir.

Esse sonho define como mundos possíveis os apartamentos-bibliotecas de uma pirâmide infinita que contém todas as versões e variantes possíveis da vida de Sextus Tarquinus se ele tivesse optado por ouvir o conselho de Júpiter de não ir a Roma e renunciar ao trono (cito novamente: "então a Deusa levou Teodoro a um dos apartamentos: quando ele estava lá, não era mais um apartamento, mas um mundo"). No topo da pirâmide está o mais belo dos mundos, o melhor de todos os mundos possíveis, o mundo como ele é.

Esse dispositivo permite que Theodore acesse todas as possibilidades do mundo a partir de um entendimento finito? Será que, de certa forma, ele provoca um curto-circuito na concepção leibniziana de percepção como um ponto de vista finito que envolve o infinito?

Ou será que o sonho não vai além do ponto de vista perspectivo, declinando, a partir de uma compreensão finita, como seria rever as possibilidades? Se ele alcança uma espécie de fantasma panóptico, tornando possível entender racionalmente por que o que existe é o melhor dos possíveis, ele o faz precisamente dentro da estrutura de uma concepção do mundo que só pode ser apreendida a partir de um entendimento finito.

O princípio da razão suficiente, garantidor da ordem da natureza, funciona então como um instrumento que nos coloca no nível da escolha divina. A ficção nos permite fazer essa mudança que "aproxima a metafísica de nossa visão", como escreveu Emilie du Châtelet no Prefácio de *Instituições de Física.*

Interpretar o sonho de Teodoro dessa forma equivale a conceber a visão panóptica de Deus como um ideal epistêmico.

Entre outras questões, esse sonho levou à formulação de um duplo paradoxo de representação: 1°- que forma de realidade esses seres fictícios têm e, se a tiverem, que relação esses universos fictícios têm com os universos de referência? Traduzo essa primeira questão perguntando, mais especificamente, de que maneira a ficção — se ela tem uma relação com a realidade — nos ajuda a entender nosso mundo atual? E o segundo paradoxo: há algo na representação do Palácio dos Destinos que escapa à função expressiva estrita da filosofia leibniziana? A representação vai além da filosofia leibniziana? Estou me referindo aqui à interpretação de Lucien Vinciguerra desse motivo leibniziano em seu livro *La représentation excessive*.

O que constitui, em última análise, os dois lados do mesmo problema: há algo de real na ficção que a traz de volta ao mundo real? Ou, ao contrário, existe uma irredutibilidade entre a ficção e a realidade que a coloca em uma relação com a realidade que não seja a da acessibilidade?

Acima de tudo, a ficção científica torna possível questionar os pressupostos de uma teoria científica, identificar o que está em jogo, colocar a questão dos limites de sua relevância. Em uma palavra, a ficção opera no campo científico como um território no qual a crítica pode ser exercida, portanto, é uma instância na qual uma teoria científica, um modelo de inteligibilidade da natureza, pode ser colocada à prova.

Então, por que escrever ficções científicas? É claro que para nos ajudar a entender uma teoria científica por meio de imagens nos divertindo, mas também para avaliar a relevância e a solidez dessas teorias: uma função dupla heurística e crítica.

No entanto, isso, sem dúvida, não esgota completamente o significado da ficção científica, e eu gostaria de voltar a um ponto: no sonho de Teodoro, o que torna possível a dimensão heurística e crítica é sempre a adoção de outro ponto de vista, mas outro ponto de vista epistêmico: ou seja, um ponto de vista que não apenas me permita ver de forma diferente, mas que proponha a localização do conhecimento em outro lugar, em suma, que proponha uma forma de mobilidade epistêmica, como a apresentada hoje por Donna Haraway em seu *Manifesto Ciborgue*, no capítulo intitulado "Conhecimento situado: a questão da ciência no feminismo e o privilégio da perspectiva parcial".

Paradoxalmente, então, a ficção é menos um espaço de fuga, uma a- ou u-topia, do que uma maneira de situar as palavras do cientista em outro lugar. Ela oferece a possibilidade de se mover dentro da situação epistêmica, mas o que é central não é tanto o outro mundo, mas *a viagem* para outro mundo.

Portanto, a ficção seria menos o que nos permite alcançar o ponto de vista de Deus, porque, ao fazer isso, ela coloca radicalmente em crise uma concepção de conhecimento baseada nesse fantasma panóptico. Em outras palavras, ela tornaria obsoleto o "Truque divino" que Donna Haraway denuncia (que equivale a "ver tudo do nada") como garantidor de uma visão unificada, hegemônica e totalizante do conhecimento objetivo. Pelo contrário, a ficção formula a necessidade de pensar sobre uma "objetividade incorporada" que certamente está inscrita em um corpo, mas que, acima de tudo, traz à tona a experiência do sujeito. Mas, mais fundamentalmente, é a consideração de um ponto de vista singular, ou melhor, a possibilidade de mudar o ponto de vista, que a ficção científica torna possível?

Podemos nos perguntar seriamente se os dispositivos ficcionais que descrevemos podem ser considerados como provenientes de um operador modal, da mesma forma que "é possível que" ou "é necessário que", de modo que poderíamos introduzir "é uma ficção considerar que...". Se esse for o caso, e para fundamentar essa hipótese, precisamos mostrar como esse operador afeta o significado e o valor de verdade das proposições que ele introduz. Para nossos propósitos aqui, traduzo essa pergunta nos seguintes termos: dizer "é uma ficção" ou descrever um sonho ou uma experiência de transformação corporal sem dizer que é uma ficção, mas inscrevendo-a por meio de índices (sua possibilidade irrealizável, sua verossimilhança, etc.) em um regime ficcional (e devemos, é claro, distinguir entre o regime em que o sonho, por suas próprias características, se designa explicitamente como ficção e o regime em que a verossimilhança da narrativa requer elementos externos à narrativa para revelá-la como ficção), isso nos ensina algo diferente sobre a natureza das coisas do que as outras modalidades argumentativas pelas quais produzimos uma inteligibilidade da natureza?

Nossa hipótese é que isso nos ensina que há um espaço argumentativo que não busca discutir o que o mundo é, mas o que ele pode ser, e que, para isso, utiliza argumentos que não decorrem da necessidade de conformar o possível ao real, mas sim de entender que racionalidade é exercida dentro desse mundo de possibilidades.

Ao propor, por meio da ficção, modelos alternativos do universo, em suma, outros mundos que, na maioria das vezes, correspondem a leituras contrafactuais do mundo, o objetivo é comparar, como Teodoro, a racionalidade e a inteligibilidade da natureza que se escondem nesses outros mundos.

Mas trata-se sempre, neste dispositivo, como no caso de Leibniz, de usar a ficção para assegurar a racionalidade de nossa realidade, ou antes, como em outras ficções, tais como *Mundo glorioso*, de Margaret Cavendish, ou *A história cômica dos Estados e impérios do Sol*, de Cyrano de Bergerac, de questioná-la?

2 - Problema na ficção: incerteza e inteligibilidade

Margaret Cavendish é conhecida, quando você a conhece (!), por ir contra Robert Hooke e a tradição de filosofia experimental da Royal Society a fim de defender uma leitura literal da natureza. Em uma palavra, ela faz uma experiência contra a experimentação, como pode ser visto em *Observations on Experimental Philosophy* [Observações] (1666/68) e em seu *Mundo glorioso* (1666).

Gostaria de mostrar as maneiras pelas quais a ficção intervém nesse argumento em favor da experiência direta. De fato, a máquina discursiva que é a ficção assume uma dimensão particular quando é usada na ciência. É apenas uma questão de invocá-la por "sua capacidade de produzir imagens e narrativas e por suas propriedades heurísticas (ao ver, entendemos melhor) e retóricas (capturamos a imaginação dos leitores)"?

A ficção me diverte (híbridos do século XVII no *Mundo Glorioso* de criaturas metade homem, metade urso dedicadas à filosofia experimental, homens-pássaro à astronomia, homens-aranha e homens-piolho à matemática, etc.). Margaret Cavendish, que parece ter uma visão oposta da filosofia experimental e do uso de instrumentos ópticos, explicitamente hostil a Robert Hooke, critica essas próteses (instrumentos ópticos) que "distorcem o mundo" e usa a sátira para denunciar a crença cega em um certo conhecimento da natureza e advertir contra essa ilusão renovada que zomba da utopia da Nova Atlântida de Francis Bacon. Sandrine Parageau levanta o exemplo divertido desses híbridos (metade humanos, metade animais, aos quais ela se refere como *virtuosi*, derivado do nome dos colecionadores de curiosidades contemporâneos de Boyle, mais interessados em entretenimento do que na busca da verdade), nesse caso homens-urso, representantes da filosofia experimental, que tentam observar uma baleia sob um microscópio, e ela cita essa passagem cômica:

> Infelizmente, o formato da baleia era tão grande que sua circunferência excedia a qualidade de ampliação do vidro; não sei dizer com certeza se o erro foi causado pelo vidro ou por uma posição ruim da baleia em relação ao reflexo da luz.

Mas o que Cavendish está fazendo quando ridiculariza o "mundo da mente vacilante", ou seja, a Royal Society, em seu livro *Mundo Glorioso*?

O deslocamento e a invenção de outro mundo certamente nos ajudam a entender melhor a proposição científica que está sendo defendida ou discutida, que para Cavendish é o questionamento do conhecimento protético que o instrumento óptico alardeado pela Royal Society representa para ela.

Cavendish, no centro da ficção, afirma sua preferência pelo que ela chama de observação racional, o método dedutivo. Ela denunciou instrumentos que eram inúteis por serem artificiais, não confiáveis por serem imediatamente superados por novas técnicas, enganosos por estarem muito distantes da natureza e perigosos por perturbarem a ordem das faculdades.

No entanto, o objetivo desse dispositivo é sempre, como no caso de Leibniz, reafirmar a racionalidade de nossa realidade por meio da ficção, ou antes, como no caso de Cavendish, questioná-la?

Minha hipótese é a seguinte: é a ilusão de certeza em nosso conhecimento da natureza que Cavendish denuncia aqui ao zombar do novo paradigma promovido e defendido pela Royal Society, que afirma ser capaz de dominar a natureza com certeza graças a novas decisões metodológicas sobre a importância a ser atribuída à experiência. Isso significa que estamos adotando uma postura cética? Não. Pelo contrário, é o uso do instrumento cético que nos permite questionar expectativas que são tão óbvias que há muito deixaram de ser questionadas. Em primeiro lugar, a busca e a identificação de um primeiro princípio na natureza e, em segundo lugar, a possibilidade de alcançar, desde que adotemos o método apropriado, um conhecimento completo da natureza. O ceticismo é então usado como uma postura crítica que torna possível questionar essas expectativas, propondo, em vez disso, o acesso a verdades parciais ou mais prováveis: "um esforço para descobrir a verdade, ou pelo menos a probabilidade da verdade". Os limites do conhecimento são estabelecidos por nossa razão natural; tentar ir além deles é sucumbir à ilusão que Cavendish denuncia. Mas ao formular o problema nesses termos, o que ela faz? Ela muda a questão e até mesmo o significado do método: não é mais uma questão de buscar um método que nos permita alcançar um conhecimento completo e perfeito da natureza; é uma questão de entender que qualquer método deve se conformar e, para ser direto, limitar-se ao que é a nossa razão. Vemos aqui o diálogo com Boyle, que fez dessa consciência de nossos limites o ponto de partida para um pessimismo epistemológico, mas, mais ainda, vemos aqui como a introdução do provável como uma dimensão fundamental do conhecimento está inscrita na própria fronte de uma desilusão necessária. Ela abre um novo campo de pesquisa que transforma fundamentalmente o que é o conhecimento: em seu cerne estão incorporados não apenas os limites do conhecimento, mas também sua falibilidade.

Então, o que devemos concluir?

A ficção no *Mundo Glorioso* não está lá para propor um mundo possível alternativo que poderia ou deveria poder passar à existência; ela lá está, assim como o sonho no §8 das *Instituições de Física* de Emilie du Châtelet, que imagina mudanças em um cômodo que ela deixou e para o qual retorna, sem nenhuma causa explicável, ela está lá para questionar a possibilidade de um mundo sem razão suficiente. Um mundo no qual os eventos poderiam ocorrer sem razão, um mundo sem regularidade fenomênica, sem leis da natureza, em suma, um mundo sem estrutura. Naturalmente, esse mundo é imediatamente descartado, e certamente é apresentado para demonstrar a necessidade do princípio da razão, mas também abre uma área fascinante de discussão que questiona a permanência das leis da natureza: a natureza é tão regular e previsível quanto as leis nos levam a acreditar? Ela não é, ao contrário, composta de diferenças, irregularidades, discrepâncias e assim por diante?

Parece-me que o sonho abre esse espaço interpretativo: o de uma natureza imprevisível e que, ao fazê-lo, libera o status das leis da natureza: uma decisão que assume sua parcela de ficcionalismo. É claro que estou me referindo aqui ao trabalho de Hans Vaihinger e sua *Filosofia do como se* (o "como se" tornando-se a natureza da ficção), que é decisiva para perguntar se não há uma dimensão ficcional nas descrições do mundo fenomenal e também, mais fundamentalmente, para relembrar e defender a ideia de que os modelos são ficções. Tanto é assim que podemos nos perguntar se não valeria a pena considerar, ao lado dos operadores modais "é possível que" e "é necessário que", um terceiro operador modal que não abrange completamente o primeiro e que poderia ser formulado da seguinte forma: "é uma ficção que".

Essa proposta é naturalmente um pouco provocativa e é parcialmente baseada em um artigo de Vaihinger publicado em 1921 intitulado "As origens da filosofia do como se" (traduzido por Ch Bouriau em um artigo na *Philosophia scientiae* em 2016). Reproduzo aqui as características mais importantes:

> Em primeiro lugar, a forte presença do "como se" nos métodos científicos, ou seja, o gesto pelo qual usamos intencionalmente ideias e juízos que sabemos ser falsos, a ponto de ele afirmar que Vaihinger afirma que existe um "método ficcional do qual todas as ciências fazem mais ou menos uso".

Naturalmente, teremos de chegar a um acordo sobre o que significa "falso" aqui, mas a afirmação contundente da existência de um *método ficcional* torna possível questionar, por um lado, os próprios contornos do que deve ser um método científico (a questão da normatividade no campo da metodologia entra em jogo) e, por outro lado, questionar a função do recurso à ficção nas ciências — por que fazê-lo? Vaihinger fala um pouco adiante sobre sua utilidade. Cito:

> "O 'como se', a aparência, o que sabemos ser falso, desempenha um papel enorme na ciência, em nossa visão do mundo e na vida. Eu queria fazer uma enumeração completa de todos os métodos pelos quais operamos intencionalmente com ideias ou juízos que sabemos ser falsos. Eu queria descobrir a vida secreta desses métodos extraordinários. Eu queria apresentar uma teoria completa, uma anatomia e fisiologia, por assim dizer, ou até mesmo uma biologia do 'como se'. De fato, é nessa conjunção complexa: als ob, wie wenn, que se expressa o método ficcional do qual todas as ciências fazem mais ou menos uso". [A filosofia do "como se"] estabelece de forma simples e direta que todas as ciências usam conceitos e juízos cuja falsidade é conhecida e mostra que essas ficções científicas devem ser claramente distinguidas das hipóteses: as últimas são suposições plausíveis cuja possível verdade pode ser comprovada por novos experimentos. As hipóteses são, portanto, verificáveis. As ficções, por outro lado, nunca são verificáveis: são suposições cuja falsidade sabemos de antemão, mas que adotamos porque são úteis". (Vaihinger, *A filosofia do como se*, 1921).

Em resumo, isso nos permite distinguir entre ficção e hipótese: precisamos distinguir entre hipóteses, entendidas como suposições plausíveis que podem ser verificadas por meio de experimentos, e ficções, que são sabidamente falsas e nunca verificáveis, mas que têm uma função prática. E qual é essa função?

Para usar a expressão de Costabel de "ficção bem fundamentada", a ficção é uma possibilidade que não se torna realidade, mas que, por meio da racionalidade que oculta, pode contribuir para a inteligibilidade do mundo real.

Portanto, se a ficção contribui para a inteligibilidade, é precisamente na medida em que nos permite adotar vários pontos de vista sucessivos possíveis sobre o mundo. Em outras palavras, a ficção é usada para fazer variar as perspectivas e construir a inteligibilidade como resultado dessa mobilidade epistêmica.

3 - Perspectivismo e mobilidade epistêmica

Como se deve ter percebido, o objetivo do trabalho que estamos fazendo aqui para questionar e revisitar o que chamamos de "conhecimento" é fornecer argumentos para defender uma concepção de objetividade que pressupõe a necessidade de posicionamento. Isso envolve discutir o que se entende por conhecimento objetivo e mostrar qual é o problema que a crítica de Donna Haraway ao "Truque divino" aborda na concepção de conhecimento objetivo de Popper, ou seja, a crítica do Terceiro Mundo.

Antes de relembrar brevemente os argumentos que estão sendo trabalhados aqui, gostaria de enfatizar que o ponto de partida é a identificação de um problema comum: o que fazer com a deficiência constitutiva de nosso conhecimento? Se eu fosse simplificar as coisas ao extremo, diria que, para um dos lados, o sujeito deve ser neutralizado; para o outro, ele deve ser considerado o único ator possível no conhecimento.

O conhecimento objetivo é precisamente o título de uma obra que Popper publicou em 1971, no qual ele vincula a consciência de nossa falibilidade à necessidade de admitir um "terceiro mundo" que é o de uma "epistemologia sem um sujeito conhecedor" (título do capítulo 3).

Essa epistemologia aparentemente paradoxal é moldada contra qualquer teoria do conhecimento de senso comum, considerada:

> como um equívoco subjetivista. Esse equívoco dominou a filosofia ocidental. Tentei erradicá-lo e substituí-lo pela teoria objetiva de um conhecimento essencialmente conjectural. Uma afirmação ousada, talvez, mas pela qual não vou me desculpar. Podemos ver aqui como o problema da subjetivação inerradicável sempre em ação em nossas tentativas de produzir conhecimento objetivo é confrontado a partir de uma decisão, para não dizer um deslocamento: o do locus da falibilidade, não mais no sujeito, mas no próprio objeto do conhecimento, como sua dimensão constitutiva.

Mas é a consequência que Popper tira disso que precisa ser discutida: é realmente neutralizando o sujeito conhecedor no processo epistêmico que alcançamos a objetividade? No capítulo 3 de *O conhecimento objetivo*, Popper começa esse capítulo explicando o que significa um terceiro mundo: ao lado do mundo dos objetos físicos (o primeiro mundo) e do mundo dos estados de consciência (o segundo mundo), ele indica que há um terceiro mundo, o do conteúdo do pensamento objetivo. Esse terceiro mundo é explicitamente descrito como um mundo que permite dar sua preferência à crítica mais do que à crença. Não se trata de estudar crenças subjetivas, mas argumentos críticos.

O que isso pode significar? De certa forma, quando estamos lidando com epistemologia geral, todos e todas concordamos que esse ponto é válido. Mas o que exatamente Popper tem em mente aqui?

Ele começa esclarecendo o que, segundo ele, se deve entender por conhecimento quando se define a epistemologia como conhecimento científico. Seu critério de demarcação é o seguinte: o conhecimento científico não deve ser entendido no sentido da palavra conhecer, quando escrevemos "eu conheço": "Enquanto o conhecimento no sentido de 'eu conheço' pertence ao que chamo de 'segundo mundo', o mundo dos sujeitos, o conhecimento científico pertence ao terceiro mundo, o mundo das teorias objetivas, problemas objetivos e argumentos objetivos...". O conhecimento no sentido objetivo deve, portanto, ser pensado como tendo como objetos problemas, teorias e argumentos. É "conhecimento sem um conhecedor, sem um sujeito conhecedor". Ele é autônomo em relação ao segundo mundo. E essa autonomia é sutil: Popper nos diz que esse terceiro mundo é autônomo e que nós, os habitantes do primeiro e do segundo mundos, interagimos com ele. Para entender isso, precisamos nos referir ao que ele chama de sua terceira tese: "Uma epistemologia objetiva que estuda o terceiro mundo pode ajudar a lançar muita luz sobre o segundo mundo da consciência subjetiva, particularmente sobre os processos mentais subjetivos dos cientistas; mas o inverso não é verdadeiro". Isso permite que ele especifique que a abordagem objetiva é aquela que parte dos produtos, ou seja, das teorias e das discussões. Essa objetivação, que abre espaço para a discussão, é particularmente estimulante. Mas talvez a observação mais forte seja a que vincula a abordagem subjetiva com a sedução persistente pela exigência de causalidade. Ele mostra que o apelo da abordagem subjetiva decorre de sua capacidade de parecer mais científica na medida em que produz causas. Portanto, é também contra essa concepção de cientificidade (identificar causas) que Popper formula seu argumento.

Ainda precisamos entender o que Popper quer dizer aqui com a autonomia do terceiro mundo; em outras palavras, ainda precisamos entender que o terceiro mundo seja uma produção humana que, por sua vez, cria "seu próprio domínio de autonomia". O exemplo dado neste capítulo é esclarecedor: é verdade que criamos a sequência de números naturais, mas essa criação tem consequências que não previmos e que são inevitáveis, a saber, a distinção entre números pares e ímpares, que é uma ilustração do que Popper identifica como problemas autônomos (que não podemos controlar nem influenciar e que surgiram de nossa criação).

Se tivermos entendido em que consiste o conhecimento objetivo ("teorias conjecturais, problemas em aberto, situações problemáticas, discussões"), que cresce graças à função argumentativa da linguagem e progride por meio da crítica de erros previamente formulados, e como ele difere do conhecimento subjetivo (disposições inatas para agir que podem ser modificadas), agora é possível distinguir a epistemologia do segundo mundo (epistemologia tradicional), que se baseia na crença, da epistemologia do terceiro mundo, que é uma epistemologia crítica.

> Esse tipo de filosofia da crença não pode explicar (e nem mesmo tenta explicar) esse fenômeno decisivo, a saber, que os cientistas criticam suas teorias e, ao fazê-lo, as eliminam. Os cientistas tentam eliminar suas teorias falsas, tentam fazê-las morrer em seu lugar. O crente — seja animal ou humano — perece com suas crenças errôneas.

Em um texto bem conhecido, "Saberes localizados...", Haraway se opõe ao "Truque divino" (que equivale a "ver tudo de lugar nenhum") que garante uma visão unificada, hegemônica e totalizante do saber objetivo, com a necessidade de pensar em uma "objetividade incorporada" (literalmente inscrita em um corpo, mas fundamentalmente uma que não abole a experiência do sujeito) e, assim, propor uma visão diferente da subjetividade do sujeito conhecedor e da natureza enganosa e parcial do sujeito sensível. É uma questão de "recuperar o sistema sensorial que serviu para designar um salto para fora do corpo marcado em direção a um olhar dominante que emana do nada". O que precisamos entender nessa posição é o seguinte ponto crucial: de que maneira a perspectiva parcial e incorporada é o que de fato garante uma visão objetiva do mundo? Além do paradoxo um tanto provocador que essa posição provoca, e apesar dos benefícios da provocação, que nos encoraja a pensar questionando o deslocamento assim efetuado, qual é a base dessa afirmação?

O argumento central se baseia no esclarecimento da relação entre visão e responsabilidade, e envolve o questionamento da relação, mas, acima de tudo, da divisão entre sujeito e objeto. Se eu resumir brevemente o texto, trata-se de considerar o olhar, o ponto de vista, a situação como o ponto de partida de uma atividade, de um sistema ativo de percepção, e essa atividade consiste em ser capaz de "aprender a ver fielmente do ponto de vista do outro". Assumir essa localização do conhecimento significa levar em conta os pontos de vista do outro, dos outros, daqueles que podem ser vítimas de diferentes formas de injustiça epistêmica, mas sem falsa candura: "É muito importante desenvolver a capacidade de ver a partir das margens e das profundezas".

Mas isso implica o sério perigo de idealizar e/ou se apropriar da visão dos menos poderosos quando afirmamos ver a partir da posição deles. Ver de baixo não é um aprendizado fácil e não está isento de problemas, mesmo que "nós" habitemos "naturalmente" o grande terreno subterrâneo do conhecimento subjugado. As posições dos subjugados não estão isentas de reexame crítico, decodificação, desconstrução e interpretação, o que significa abordagens semiológicas e hermenêuticas para a investigação crítica. Os pontos de vista das pessoas subjugadas não são posições "inocentes".

Há vários elementos importantes nessa passagem: a reintegração do ponto de vista parcial, do ponto de vista minorado e invisibilizado, só pode ocorrer se exercermos uma atividade crítica e interpretativa, porque nenhuma situação é inocente; a localização do conhecimento e sua realocação para outro local diz duas coisas: Em primeiro lugar, a nossa mobilidade epistêmica, no sentido de que nos tornamos capazes de nos "deslocar" para algum outro ponto de observação; em segundo lugar (e como consequência), esse sujeito reintegrado precisa ser repensado: "O eu conhecedor é parcial em todas as suas manifestações, nunca finito, nunca inteiro, nunca simplesmente lá, nunca original; ele é sempre imperfeitamente composto e suturado e, portanto, capaz de se associar a outro, a fim de ver com ele sem afirmar ser o outro". Em uma palavra, o ponto de vista considerado aqui não é a expressão de uma visão imediata e fixa; pelo contrário, o posicionamento é o pré-requisito a partir do qual nos comprometemos com a organização do conhecimento, nos tornamos responsáveis ao decidir o que delimitamos como o perímetro para o conhecimento racional.

Se quisermos tirar até o fim as consequências desse deslocamento na natureza do conhecimento e no modo de acesso à sua objetividade, precisamos acrescentar um último e decisivo ponto: os objetos de conhecimento não são inertes e passivos, eles são atores do conhecimento.

Sob essa condição:

> A alternativa ao relativismo não é a totalização e a visão única, que, no final, sempre não passa de uma categoria não marcada que baseia seu poder na redução e no obscurecimento sistemáticos. A alternativa ao relativismo é os saberes parciais, localizáveis e críticos que mantêm a possibilidade de redes de conexão chamadas de solidariedade na política e conversas compartilhadas na epistemologia. (grifo nosso).

Essa é uma das principais questões em jogo, e também uma das hesitações: abrir mão da neutralidade do modelo de objetividade representado pela eliminação do sujeito não é um preço alto demais a ser pago? O risco de cair em um relativismo sem retorno. O interessante do texto de Haraway é que ele aborda essa dificuldade de frente e a rebate com muita clareza, indicando que a situação não é de abandono da exigência de objetividade em favor da valorização desta ou daquela opinião; pelo contrário, ela é a condição para isso, mas essa transformação do método que permite o acesso ao conhecimento objetivo pressupõe outra transformação: a da própria definição de objetividade.

Conclusão: qual perspectivismo?

A questão da certeza de nosso conhecimento do mundo foi estruturada por muito tempo por uma distinção entre a certeza matemática (expressa em leis da natureza) e a certeza metafísica (que fundamenta essas leis em um princípio transcendente), de modo que a incerteza que surge de nossas experiências do mundo, que é revelada quando a repetição de experiências não consegue nos fazer identificar uma estabilidade da natureza, é quase sistematicamente construída como um objeto a ser reabsorvido, dominado, capturado, enfim! Esse padrão, que dominou a era clássica, tem dois desdobramentos possíveis: o primeiro é tornar a incerteza uma dimensão fundamental do conhecimento sobre a natureza e, como tal, desenvolver leis probabilísticas, o que afeta a própria definição do que é ciência; o segundo é questionar a relevância da crença em uma ordem da natureza e endossar a hipótese, com tons céticos, de uma instabilidade fundamental da natureza que só pode ser descrita e fundamentada em universos fictícios. Isso me leva a formular (que espero que seja) fundamental: questionemos a escrita da história da filosofia, que nos levou sistematicamente a negligenciar a consideração da incerteza por si mesma. Isso não significou dar centralidade a certas questões (reduzir a incerteza), a certos textos (Descartes, Newton, Kant) em detrimento de outros? Que concepção de filosofia isso implica? E o que seria uma história da filosofia que desse espaço e direito a outras questões (identificar a incerteza como irredutível, a inconstância da natureza, etc.) e, portanto, a outros autores?

O caminho que eu gostaria de seguir com vocês hoje é aquele que dá voz às incertezas do sujeito conhecedor conforme expressas na ficção científica e, assim, revela um ideal normativo de conhecimento a ser discutido. Em contraste com o Truque Divino ou o Terceiro Mundo, integrar a mobilidade epistêmica que, por excelência, está no coração da ficção científica é a maneira de assumir um empreendimento epistêmico que se situa no nível do sujeito conhecedor, se assim posso dizer, ou seja, que não pressupõe que, para conhecer, é necessário despojar-se de sua humanidade, ou seja, de seu corpo, de sua experiência sensível e de sua incerteza. Escrever essa outra história do conhecimento, que é desenvolvida em estreito diálogo com o ceticismo, mobilizada como um instrumento crítico contra todos os tipos de avaliação, propõe outro *corpus*, que chamarei de *corpus* de inquietude, outros autores com os quais pressupomos que, ao escrever essa história, devemos construir o que Rancière chama de "*planos de igualdade*":

> Tenho me esforçado, por meio de minha escrita, para estabelecer um nível de igualdade entre blocos de linguagem e blocos de pensamento que normalmente são separados, sendo os primeiros colocados do lado do pensamento que explica, e os outros textos do lado do conteúdo a ser explicado. Se a igualdade em minha escrita está em jogo, ela está primeiramente e principalmente nesse nível, e não na relação entre o que escrevo e o eventual destinatário de meu discurso. A abordagem igualitária não é aquela que busca preencher a lacuna, mas aquela que questiona a própria topografia que dá origem a ela. É uma questão de construir, por meio da escrita, a cena de igualdade entre blocos de linguagem que normalmente são considerados como pertencentes a esferas diferentes.

Isso significa que a escrita não é um instrumento de transmissão de pensamento. É um trabalho de pesquisa que produz pensamento. E produz pensamento ao deslocar as posições normais que definem o que é pensamento e o que não é.

Let's do it !

Tradução de Caíque Silva Coelho e revisão de Fabiano Lemos

Política e religião em Espinosa: uma lógica da acomodação[14]

Chantal Jaquet
Université de Paris 1 Panthéon-Sorbonne

No capítulo XIX do *Tratado Teológico-Político*, Espinosa convida a refletir sobre a relação problemática entre as autoridades teológicas e as autoridades políticas, a fim de resolver os litígios que podem surgir da injunção contraditória de obediência a dois senhores: César e Deus. Não basta proclamar quc o rcino de Deus não é deste mundo e traçar uma linha de demarcação entre o mundano e o extramundano, pois a religião intervém no espaço público, de modo que conflitos de autoridade e lealdade podem surgir e levar a guerras internas. Toda a questão é, portanto, saber até onde se estende o direito de cada um e definir regras suscetíveis de preservar a paz civil. Desde o início do século XVII, a polêmica sobre o *jus circa sacra*, o direito sobre os assuntos sagrados, assola as Províncias Unidas. Em sua obra *Waerschouwinge Over de Vermaningheaen*

[14] Tradução do artigo « Religion et politique chez Spinoza : une logique de l'accommodement », publicado originalmente na *Revue La Pensée*, n°398, 2019, p.131-143.

R. Donteclok, publicada em Leiden em 1609, Gomar defende o princípio da "colateralidade" dos poderes espiritual e temporal, permitindo que a Igreja e o Estado legislem em seus próprios domínios sem interferência possível. Ele é refutado em 1610 por Uytenbogaert[15], o líder dos Remonstrantes, que defende a subordinação da Igreja ao Estado, sendo apoiado três anos depois por Grotius.[16]

Essa controvérsia não é uma simples querela de capela. O direito sobre os assuntos sagrados diz respeito não apenas aos ensinamentos e fundamentos da religião e à organização do culto; diz respeito igualmente à administração das finanças e dos bens do clero, à nomeação de seus ministros, assim como ao poder de julgar sobre os costumes, a piedade, de excomungar ou integrar na Igreja, de suprir as necessidades dos pobres.[17] A questão de saber quem detém o direito e a autoridade nessas matérias é crucial, pois "o povo depende das palavras daqueles que as detêm. Pode-se, portanto, afirmar que ter essa autoridade é reinar inteiramente sobre as almas. Quem quer arrebatá-la ao soberano procura, portanto, dividir o Estado."[18] É por isso que Espinosa defende claramente a subordinação da Igreja ao Estado, ao qual todos os homens, quaisquer que sejam as suas convicções religiosas, devem necessariamente obedecer. No capítulo XIX do *Tratado Teológico-Político*, ele argumenta que o soberano detém sozinho o direito sobre todas as coisas e, como tal, é o intérprete e defensor tanto do direito civil quanto do sagrado.[19] Não há, portanto, separação entre um direito civil atribuído ao soberano e um direito sagrado reservado à Igreja.

---

[15] Cf. Tractaet van t'AmptendeAuthoritheiteenerhoogerChristelickerOverheydt in kercklickesaeken.

[16] Cf. Ordinempietas, Leiden, 1613; ver também *De imperio summarum potestatum circa sacra* (Sobre o poder dos soberanos em relação aos assuntos religiosos), redigido entre 1614 e 1617 e publicado postumamente em 1647.

[17] Cf. TTP, XIX, 15.

[18] TTP, XIX, 16, G. III, p. 235.

[19] *Tratado teológico-político*, XIX, 1, G. III, p. 228, (doravante abreviado por TTP). Referimo-nos à tradução de Jacqueline Lagrée e Pierre-François Moreau, *Spinoza OEuvres* III, Paris, PUF, 1999, e damos a referência à edição latina de Carl Gebhardt *Spinoza Opera posthuma*, (G. na abreviatura, seguido do tomo e da página).

A posição de Espinosa não é, certamente, muito nova. Antes dele, Hobbes já via no soberano o intérprete das leis seculares e sagradas.[20] O que é mais original, entretanto, é que essa subordinação das autoridades teológicas às autoridades políticas assume a forma de uma acomodação. De fato, é o verbo latino *accommodare* que é usado de maneira central para definir essa relação, como evidenciado pelo título do capítulo XIX: "Mostra-se que o direito em assuntos sagrados está inteiramente nas mãos do soberano e que o culto externo da religião deve [ser acomodado][21] (*accommodari debere*) à paz da República, se quisermos obedecer corretamente a Deus."[22] Esse verbo *accommodare*, que significa adaptar, concordar, ajustar, acomodar, não é um hápax; ele é recorrente sob a pena de Espinosa[23], e podemos nos perguntar a que ele se refere. A diversidade de suas traduções em francês, de acordo com as diferentes edições do *Tratado Teológico-Político*, antecipa de fato uma dificuldade. Charles Appuhn escolhe traduzir *accommodare* como "ajuster" ou "régler"; Jacqueline Lagrée e Pierre-François Moreau optam, por sua vez, por "adapter" ou "accorder", como Madeleine Francès. Estamos lidando com um acordo entre as autoridades teológicas e políticas baseado em concessões recíprocas, com um ajuste de uma à outra que implica profundas alterações canônicas, com um arranjo de fachada pontual? Para além da forma dessa acomodação, podemos nos

[20] Cf. *Du Citoyen*, III, XV, 17. Ver também o capítulo XLII do *Leviatã*, no qual o soberano é definido como o chefe da Igreja.

[21] Modificamos a tradução de J. Lagrée e P.-F. Moreau para fazer aparecer a referência à *accommodatio*.

[22] TTP, GIII, p. 228

[23] Cf. TTP, XIX, 9, G. III, p. 232: "É, de fato, tempo de mostrar que todo o culto exterior da religião e todo o exercício da piedade, se quisermos obedecer corretamente a Deus, devem [se acomodar] (*debere acommodari*) à paz e à conservação da República"; TTP, XIX, 11, G. III, p. 232: "[...] ninguém pode obedecer corretamente a Deus se [não acomoda] (*accommodet*) o culto da piedade (a que todos estão obrigados) com a utilidade pública e, consequentemente, se não obedece a todos os decretos do Soberano"; TTP, XIX, 11, G. III, p. 233, "lhes foi necessário [...] acomodar (*accommoderent*) a religião apenas ao seu Estado"; *idem*, fim do §11: "Tudo isto mostra muito claramente que a religião foi sempre acomodada (*accommodatam*) ao interesse público"; TTP, XIX, 19, G. III, p. 236: "os ministros da palavra de Deus são aqueles que ensinam a piedade em virtude da autoridade do soberano, conformando-se com o decreto pelo qual ele a acomodou (*accommodata*) à utilidade pública."

interrogar sobre seu interesse e seus limites, na medida em que implica negociações e restrições que são necessariamente acompanhadas de tensões.

1 - Natureza da acomodação teológico-política

A fim de poder apreender a essência singular das acomodações teológico-políticas, é necessário primeiro esclarecer a significação desse conceito.

1.1 - Definição de acomodação

De uma maneira geral, a acomodação insere-se no quadro ontológico de uma coesão dentro da Natureza e designa o ato pelo qual as partes da natureza se ajustam umas às outras, de maneira a serem o menos possível contrárias.[24] Isso é o que emerge da carta XXXII a Oldenburg, na qual Espinosa afirma: "Por coesão das partes, entendo simplesmente que as leis ou a natureza de cada parte se acomodam (*sese accommodat*) de tal forma às leis ou à natureza de uma outra que se contrariam ao mínimo (*ut quam minimè sibi contrarientur*)".[25] A acomodação é a consequência de um regime de coerção, livremente consentido ou não, no qual as partes são forçadas a se modificar em vista de uma coesão, a fim de que suas naturezas sejam compatíveis e continuem a existir sendo o menos contrárias possível. É, portanto, o resultado de uma mudança, permitindo a redução da contrariedade, na falta de sua eliminação. O ato de acomodação instaura uma coesão ao diminuir o máximo possível a contradição e seu cortejo de conflitos.

[24] É a Sophie Laveran que cabe o crédito de ter destacado a dinâmica de acomodação em ação entre as partes da natureza e por ter sublinhado o papel fundamental deste conceito no pensamento de Espinosa. Cf. *Le concours des parties, critique de l'atomisme et redéfinition du singulier chez Spinoza* Paris, Classiques Garnier, 2014, ver em especial as páginas 277 a 331.

[25] Carta XXXII, G. IV, p. 170, linha 12-16.

Supõe, *a minima*, que as coisas sejam em parte contrárias e que mudem de maneira a poder coexistir e não se destruírem.

Embora não o exclua, a acomodação não deve, portanto, ser pensada de imediato sob a forma de um acordo e assimilada à *convenientia*, a conveniência de natureza.[26] Evitar ao máximo a discórdia não é ainda produzir a concórdia. É por isso que a tradução sistemática do verbo *accommodare* como "concordar" não é plenamente satisfatória. Na carta XXXII, Espinosa introduz uma distinção sutil entre a coesão das partes, onde a acomodação assume a forma da contrariedade mínima (*ut quam minimè sibi contrarientur*[27]), e a relação entre parte e todo, onde a acomodação é definida mais positivamente como um acordo. "Para a relação do todo e das partes, considero as coisas como partes de um certo todo, sempre que sua natureza se acomoda à de outras partes de maneira que haja, tanto quanto possível, acordo entre elas (*inter se consentiant*)".[28] A acomodação pode, portanto, ir da simples coexistência com um mínimo de contrariedades ao acordo com um máximo de afinidades. Se quisermos pensar a coesão das leis religiosas e das leis civis dentro do corpo político, é, portanto, necessário reduzir a contrariedade tanto quanto possível através de ajustes. Toda a questão, então, é saber qual forma a acomodação político-religiosa assume.

[26] Ela não deve ser confundida com uma simples forma de adaptação, como Ariel Suhamy observou. O verbo *adaptare* é usado por Espinosa no contexto de uma lógica do uso e de uma visão da natureza considerada como um conjunto de meios destinados a satisfazer fins, particularmente no capítulo XXVI do apêndice da *Ética* IV. Ele designa o ato pelo qual as coisas são utilizadas e transformadas para poderem se submeter ao nosso próprio interesse e permitir a satisfação de nossos apetites. Adaptar as coisas é esforçar-se para torná-las aptas a um fim que não é necessariamente o delas. Esse poder de transformação das coisas para nosso uso não é absoluto, pois a potência do homem é limitada diante de uma natureza que não está destinada a satisfazer seus fins. A partir de então, a lógica da adaptação dá lugar a uma lógica da acomodação. Cf. «Les accommodements raisonnables de Espinosa», em *L'essence plastique, Aptitudes et accommodements chez Spinoza*, sob a direção de Vincent Legeay, Paris, Éditions de la Sorbonne, 2018, p. 93-107.

[27] *Ibid.* linha 16.

[28] *Ibid.* linha 16 e seguintes.

1.2 - A esfera de extensão da acomodação

A fim de determinar sua natureza exata, convém precisar seus contornos e limites. Cabe notar, de um lado, que não se trata de uma relação recíproca implicando concessões mútuas das duas partes, diferentemente do que ocorria na carta XXXII. É a religião que deve ser acomodada ao Estado e não o Estado à religião. De outro lado, o esforço da acomodação não diz respeito à religião como um todo; refere-se unicamente à prática em ato da piedade e ao culto exterior, ou seja, às cerimônias e manifestações públicas, como precisa Espinosa: "Falo expressamente do exercício da piedade e do culto exterior da religião, não da piedade em si e do culto interior a Deus, isto é, dos meios pelos quais o espírito se dispõe internamente a honrar a Deus na integridade da alma."[29] Ele retoma uma distinção entre religião interna e religião externa já presente em Grotius[30] e que se encontra igualmente em Hobbes. O autor do *Leviatã* afirma, no capítulo XL, que apenas os atos externos da religião devem se conformar às leis do soberano, enquanto a crença e o pensamento interior dos homens, cujo conhecimento escapa aos governantes, não caem sob a obrigação.

Em Espinosa, a lógica da acomodação tampouco diz respeito à piedade em si, nem ao culto interior, pois ninguém pode coagir um homem a amar seu próximo em seu foro interior e dispor seu espírito a honrar sinceramente a Deus para alcançar a sua salvação. Cada um pode reivindicar, em matéria de religião, uma liberdade de julgar e de crer que se insere no quadro mais geral da defesa da liberdade de pensamento e expressão.

Isso é o que estabelece o capítulo VII do *Tratado Teológico-Político:*

> [...] como [a religião] consiste menos em ações externas do que na simplicidade da alma e sua veracidade, ela não é objeto de nenhum direito ou autoridade pública. A veracidade e a simplicidade da alma não se espalham entre os homens pelo império das leis ou por uma autoridade pública.

[29] TTP, XIX, 3, G. III, p. 229.

[30] *De imperio*, I, 8.

> Absolutamente ninguém pode ser coagido pela força ou pelas leis a alcançar a beatitude: para isso são necessários avisos fraternos e piedosos, uma boa educação e, mais do que tudo, um julgamento livre e pessoal. Como o direito soberano de pensar livremente, mesmo sobre a religião, pertence a cada um sem que se possa conceber que alguém se despoje dele, cada um disporá, portanto, do direito soberano e da autoridade suprema de julgar livremente sobre a religião e de interpretá-la para si.[31]

No que diz respeito à piedade e ao culto interior, portanto, não há nenhuma obrigação de se acomodar às autoridades políticas. No *Tratado Político*, Espinosa insistirá nesse ponto: não deve haver leis sobre as crenças.[32]

Somente as ações externas, o exercício da piedade e o culto exterior, estão sujeitas a um regime de acomodação, na medida em que podem interferir com as leis da República e contradizê-las, suscitando vivas tensões. Aos que se insurgiriam contra a ideia de que o Estado possa regular o direito sobre os assuntos sagrados, Espinosa responderia que o essencial está preservado, pois o coração da religião, ou seja, a crença que dispõe ao amor de Deus e do próximo, não está em questão. O culto exterior é secundário, pois ele não é determinante para a salvação. É o que lembra o *Tratado Político*: "No que diz respeito ao culto exterior, é certo que ele não contribui em nada para o verdadeiro conhecimento e o amor a Deus que dele resulta necessariamente, mas que pode, ao contrário, prejudicá-los; portanto, não se deve dar tanto valor a esse culto a ponto de a paz e a ordem pública serem perturbadas por sua causa."[33] Assim, é necessário saber transigir, distinguindo o essencial do acessório e atribuindo o justo valor às coisas.

---

[31] TTP, VII, 22, G. III, p. 116-117. Ver igualmente *Tratado Político*, III, 10 e VII, 26 (abreviado como TP).

[32] Cf. TP, VI, 40. O culto interior também não está sujeito às autoridades religiosas. No que diz respeito à religião, a lógica da acomodação muda aliás de sentido, pois não se trata da piedade se ajustar aos dogmas de fé, mas dos dogmas de fé se ajustarem à piedade. Cada um, de fato, "é obrigado a [acomodar] esses dogmas de fé à sua compreensão e a interpretá-los para si mesmo da maneira que lhe pareça mais própria para adotá-los com a maior facilidade, sem nenhuma hesitação e com um completo assentimento, a fim de obedecer a Deus com o completo assentimento de sua alma". Cf. TTP, XIV, 11, G. III, p. 178.

[33] TP, III, 10.

A regra da acomodação do teológico ao político, no entanto, não se aplica apenas às manifestações externas do culto, como ritos ou cerimônias, mas também ao exercício da piedade, que não pode ser considerado como uma questão menor. Se a piedade, na medida em que dispõe a alma ao amor ao próximo, não apresenta problemas, sua tradução na prática pode entrar em conflito com as leis do Estado e prejudicar sua conservação. Assim, retomando o exemplo mencionado por Espinosa[34], o ato piedoso que consiste em dar seu manto àquele que me ataca para roubar minha túnica vai contra os interesses do Estado, que considera tal atitude prejudicial e julga necessário, para sua conservação, processar os ladrões judicialmente. É esse tipo de contrariedade que a lógica da acomodação visa, acima de tudo, resolver, fazendo prevalecer os interesses do Estado, que decretará, se julgar conveniente, que é piedoso levar o ladrão ao tribunal e que qualquer pessoa que viole essa lei é ímpia. A exigência de acomodação, portanto, não se refere apenas às cerimônias e manifestações que ocorrem no espaço público, mas também aos atos privados e individuais que violam a jurisdição do Estado.

2 - As Figuras da acomodação

Depois de analisar a natureza e o alcance das acomodações teológico-políticas, resta compreender mais concretamente suas figuras e modalidades. Em que consistem concretamente? No que diz respeito à organização do culto exterior e sua presença no espaço público, Espinosa diz pouca coisa. O Estado, de acordo com sua natureza e interesses, decide o número, a localização e o tamanho dos edifícios religiosos, bem como o modo de financiamento de sua construção e de sua manutenção. Em uma monarquia, enquanto o rei dispõe de um templo em sua corte para praticar o culto de sua escolha, as religiões publicamente autorizadas pelo Estado podem construir templos se assim desejarem, mas às suas próprias custas.[35] Em uma aristocracia, os patrícios

[34] Cf. TTP, XIX, 10.
[35] TP, VI, 40.

devem professar a mesma religião simples e universal para evitar sua divisão em seitas; por isso, é necessário proibir as grandes manifestações para as outras religiões, que recebem apenas o direito de construir pequenos templos afastados uns dos outros. Em contrapartida, os edifícios religiosos onde os patrícios oficiam devem ser monumentais e suntuosos.[36] Os ajustes exigidos para o culto exterior, portanto, variam de acordo com a natureza do regime e as exigências de sua conservação. Espinosa, no entanto, não fala expressamente em termos de acomodação, diferentemente do que acontece com o exercício da piedade.

É de fato nesse contexto que sua necessidade se impõe, pois é onde a contrariedade é mais forte e onde a mudança exigida é, por vezes, considerável. A primazia do político sobre o religioso tem repercussões não apenas na prática da piedade, mas também no culto interno e na crença, que podem ser abalados, visto que é difícil separar o interior do exterior. A lógica de acomodação pode ir contra os preceitos religiosos e pode implicar grandes mudanças tanto em relação à letra quanto em relação ao espírito dos mandamentos divinos. Assim, em nome da preservação do Estado, o soberano é levado a interpretar a lei do amor ao próximo, não como um dever incondicional de assistência ao outro, mas como uma prescrição que não exclui a delação ou a execução dos inimigos. Espinosa observa que, apesar do preceito "ame o próximo como a si mesmo", os hebreus eram obrigados a denunciar as infrações dos outros ao juiz e a executar os condenados à morte.[37]

A história dos hebreus é bastante elucidativa a esse respeito, pois não se trata simplesmente de um ajuste pontual do preceito a casos excepcionais, mas de variações da regra religiosa que admitem desvios consideráveis. Primeiro, para preservar sua liberdade e as terras conquistadas com grande esforço, "lhes foi necessário acomodar a religião ao seu próprio Estado e se separar das outras nações; e é por isso que lhes foi dito: ame o seu próximo e odeie o seu inimigo."[38] O mandamento do amor se declina também sob

[36] TP, VIII, 46.
[37] TTP, XIX, 12.
[38] TTP, XIX, 12, G. III, p. 233. Cf. igualmente XVII, 23.

a forma do ódio ao inimigo. Longe de pequenos arranjos, trata-se aqui de um tipo de acomodação extrema. Ela implica, de fato, uma contrariedade máxima e uma grande mudança, pois leva a restringir a acepção do termo "próximo" e a inverter parcialmente o princípio do mandamento em seu contrário, com "o ódio não apenas permitido, mas também piedoso."[39]

Essa lógica de acomodação acompanha as vicissitudes da história e dos interesses ligados à preservação dos hebreus. Assim, o preceito do amor ao próximo e do ódio ao inimigo é novamente modificado quando os hebreus perderam seu Estado e foram levados em cativeiro para Babilônia. Jeremias "lhes ensinou a também velar pela salvação da cidade onde estavam cativos."[40] Em outras palavras, as fronteiras do "próximo" se ampliam dos correligionários para seus novos senhores pagãos. O mandamento poderia assim assumir a forma de um "ame os hebreus e os babilônios e odeie os inimigos."

Por fim, após a diáspora, a necessidade de acomodar a religião para preservar os hebreus disseminados por toda a terra conduz ao princípio universal do amor ao próximo. "Depois que Cristo os viu prestes a serem dispersos por toda a terra, ele lhes ensinou a praticar a piedade para com todos, sem nenhuma reserva. Tudo isso mostra muito claramente que a religião sempre foi acomodada ao interesse público (*religionem reipublicae utilitati accommodatam semper fuisse*)."[41]

No limite, essa acomodação da religião ao interesse público pode ir até a proibição pura e simples de qualquer culto externo e de qualquer prática pública, especialmente fora das fronteiras. Espinosa menciona assim no capítulo V o caso do Reino do Japão, onde a religião cristã foi proibida em 1614 e onde "os holandeses que lá vivem são obrigados, por ordem da Companhia das Índias Orientais, a abster-se de qualquer culto exterior."[42] Em troca do direito de comerciar e ter um entreposto, os holandeses

[39] TTP, XVII, 24. G. III, p.215.
[40] TTP, XIX, 12, G. III, p. 233.
[41] *Ibid.*
[42] TTP, V, 13, G. III, p. 176. Ele retorna igualmente a este ponto no XVI, 22, G. III, p. 200.

comprometeram-se a não praticar a religião publicamente, e puderam usufruir do monopólio das trocas com o Japão, que havia fechado suas fronteiras na era Edo. É verdade que, nesse caso, Espinosa fala de abstenção e proibição em vez de acomodação. A amplitude da acomodação, portanto, se inscreve entre dois limites, indo da proibição do culto exterior e do exercício da piedade à sua coincidência e conveniência com o Estado na teocracia.

3 - As comodidades de uma incomodidade

Qualquer que seja sua amplitude, a acomodação é muito restritiva para a religião. Nessa situação, podemos nos perguntar que interesse ela poderia ter em se submeter às mudanças exigidas pelo Estado. A acomodação implica positivamente a busca por *commoda*, vantagens que venham a compensar os inconvenientes.[43] Inclui a ideia de uma comodidade tirada de uma incomodidade. A acomodação, em suma, é a vantagem dos inconvenientes. Acomodar-se, portanto, é aprender a tirar proveito das contrariedades.

3.1 - Os benefícios religiosos

Dado isso, que proveito a religião tira desta renúncia em exercer suas prerrogativas em matéria de culto exterior? Na verdade, ela tem todo o interesse nisso, pois, de prerrogativa, ela pouco possui, já que sem o Estado ela não tem efetividade alguma e não pode governar. Para Espinosa, "Deus não tem nenhum reino particular entre os homens, exceto por meio daqueles que detêm a soberania."[44] Sem o Estado, a religião permanece, por assim dizer, no estado de natureza, e seu direito se mostra mais teórico do que real, porque ela não tem potência para impor seus mandamentos. No estado de natureza, tanto os ensinamentos religiosos

[43] Ver sobre este ponto Sophie Laveran, *Le concours des parties*, op. cit., p. 280, ver igualmente Ariel Suhamy, «Les accommodements raisonnables», art. cit., p. 97-98.
[44] TTP, XIX, 2, G. III, p. 228.

que pregam o amor ao próximo quanto os da razão são atacados pelos apetites humanos e permanecem letra morta. "É por isso que, no estado de natureza, não podemos conceber o pecado, nem Deus como um juiz que puniria os homens por seus pecados: ao contrário, tudo nos parece acontecer de acordo com as leis comuns da natureza inteira, que (para falar como Salomão) o mesmo destino cabe ao justo e ao ímpio, ao puro e ao impuro, e que nem a justiça nem a caridade têm lugar ali."[45] Somente quando os homens renunciam ao seu direito natural e o transferem a um poder soberano capaz de fazer cumprir as leis é que a justiça e a caridade adquirem força de direito.[46] Isso se deve ao fato de que os decretos de Deus não são nada além de verdades eternas e não têm relação alguma com os mandamentos de um príncipe ou legislador.[47] Somente o Estado pode trazer o reino de Deus à terra. Ele é o braço armado da religião.

A teocracia dos hebreus, que transferiram seu direito a Deus, poderia, no entanto, parecer um contraexemplo. Espinosa afirma no capítulo XVII que "pela força do pacto, esse Estado foi o único a ser chamado com razão de Reino de Deus, e Deus, com razão, Rei dos hebreus."[48] Mas, se os hebreus tiveram a intenção de transferir seus direitos a Deus, na verdade, eles não o fizeram. Na realidade, eles mantiveram absolutamente o direito do Estado, até que o transferiram a Moisés, que então se tornou seu rei absoluto e fez neste momento advir o reino de Deus ao dar força aos seus mandamentos.[49] Assim, a teocracia, longe de invalidar a ideia de que o reino de Deus só acontece pela mão de César, serve como uma contraprova privilegiada para confirmá-la.

A acomodação acarreta, em contrapartida, uma segunda vantagem. Os reis têm uma eficácia maior em fazer cumprir as leis do que os profetas, e essa eficácia não se deve apenas à existência do aparato coercitivo do Estado. Eles contam com a força impessoal do direito, à qual os homens se submetem mais prontamente do

---

[45] TTP, XIX, 4. G. III, p. 229. Ver igualmente TP, I, 5.
[46] Cf. TTP, XIX, 5.
[47] Cf. TTP, XIX, 8, que remete à TTP, IV, 8-10.
[48] TTP, XVII, 8, G. III, p. 206.
[49] Cf. TTP XIX, 6, G. III, p. 230.

que a simples indivíduos, como os profetas, que irritam mais os vícios do que os corrigem com suas admoestações.[50] Assim, a religião se submete à autoridade do soberano em troca da garantia de uma existência real do reino de Deus e de uma obediência efetiva ao mandamento do amor ao próximo. O direito divino, portanto, depende do direito do soberano e segue suas vicissitudes; nasce e perece com ele. Enfraquecer o Estado, por conseguinte, é sempre enfraquecer a religião, de modo que a autoridade teológica não tem nenhum interesse em minar a autoridade política.

3.2 - Os benefícios políticos

E quanto ao Estado? Por que ele buscaria a acomodação, se poderia ter interesse em eliminar uma autoridade potencialmente concorrente? Se o Estado não se acomoda *à* religião, ele se acomoda *com* a religião, encontrando por sua vez a comodidade da incomodidade. De um ponto de vista político, o objetivo não é absorver a contrariedade erradicando a religião, sob o pretexto de que seus fundamentos não são objeto de uma certeza matemática e que seus ministros representam uma ameaça ao Estado. Mais uma vez, a lógica da acomodação leva a tirar proveito do que poderia ser contrário e a aproveitar os benefícios dentro dos inconvenientes. Certamente, a religião não pode provar que os homens que praticam a justiça e a caridade serão salvos e alcançarão a beatitude pela fé e a obediência. Mas, como afirma Espinosa, "o que é confirmado pelos testemunhos de tantos profetas, o que proporciona tanto consolo àqueles que pouco usam a razão, o que resulta para o Estado em uma utilidade considerável, e que podemos acreditar sem o menor perigo ou dano, é tolice recusar aceitar isso apenas porque não se pode demonstrar matematicamente."[51] Sem dúvida, a religião tem uma virtude opiácea, pois acalma a tristeza daqueles que são dominados pelos afetos e oferece o consolo de uma salvação pela fé, na falta de poder realizá-la pela razão. No entanto, não se trata de combatê-la como

[50] Cf. TTP, XIX, 18.
[51] TTP, XV, 7, G. III, p. 187.

um veneno perigoso. Ela não é apenas inofensiva e sem prejuízo, mas é útil para o Estado, pois reforça suas leis e reconforta seus súditos. Se a obediência à lei divina consiste em amar o próximo e praticar a justiça e a caridade, isso só pode favorecer a obediência à lei civil, fortalecendo a sociabilidade e o respeito pelo direito alheio. A autoridade religiosa, portanto, é menos uma autoridade concorrente do que uma autoridade que contribui para a paz civil.

Isso foi perfeitamente compreendido por Moisés, um bom político, consciente de que é melhor que o povo obedeça voluntariamente do que pela força, por amor à pátria do que por medo do soberano. Assim, ele "introduziu a religião na república para que o povo cumprisse seu dever por devoção mais do que por medo."[52] Além da teocracia hebraica, a religião é um poderoso adjuvante da autoridade do Estado, pois acostuma as pessoas a obedecer às ordens e a depender daquele que comanda. Espinosa insiste fortemente na função política das cerimônias religiosas no Antigo Testamento e especifica que elas foram tão perfeitamente acomodadas ao Estado dos hebreus que, na maioria das vezes, não podiam ser celebradas individualmente, mas apenas coletivamente[53], reforçando assim a coesão social. As cerimônias não servem em nada para a beatitude; elas dizem respeito apenas à felicidade temporal do corpo e do Estado e visam a dobrar os homens a uma obediência contínua em troca de vantagens materiais: "Esse foi o objetivo das cerimônias: que os homens não fizessem nada por vontade própria, mas tudo por comando de outrem; que reconhecessem, por ações e meditações contínuas, que não dependiam em nada de seus próprios direitos, mas em tudo ao direito de outrem (*alterius juris*)."[54] A religião, portanto, contribui para resolver a difícil equação colocada pela instituição de um direito civil e de uma comunidade política: como passar de um modo de ser *sui juris* para um modo de ser *alterius juris*?

[52] TTP, V, 11, G. III, p. 75

[53] Cf. TTP, V, 1, G. III, p. 69.

[54] TTP, V, 12, G. III, p. 76. Se no *Novo Testamento* as cerimônias dos cristãos não foram instituídas no interesse do Estado, como ocorre na república dos Hebreus, não deixa de ser verdade que "elas foram instituídas no interesse da sociedade inteira" (TTP, V, 8, G. III, p. 76) e não têm utilidade para a virtude e a beatitude.

Ela conjura, assim, os riscos de rebelião contra a autoridade do Estado, acrescentando à força do sabre a força do báculo.

Apesar de suas vantagens, essas acomodações são sempre razoáveis e não conduzem os homens "a lutar por sua servidão como se fosse sua salvação", submetendo-se de maneira incondicional ao soberano, mesmo quando ele exerce o poder de forma tirânica?

4 - Acomodações reversíveis?

Se, de maneira geral, é a religião que deve se acomodar ao estado civil e se dobrar às mudanças necessárias para a preservação da paz da república, existem, no entanto, exceções que podem colocar em questão o caráter absoluto da regra. No capítulo XVI, Espinosa menciona o caso de consciência de um fiel que se perguntaria o que fazer caso o soberano desse ordens contrárias à religião e à obediência a Deus. Deve-se obedecer ao mandamento divino ou humano? Contra todas as expectativas, a resposta é que "deve-se obedecer primeiro a Deus, quando dispomos de uma revelação certa e indubitável."[55]

A prioridade da lei divina sobre a lei humana, no entanto, só vale no caso de uma revelação indubitável, ou seja, uma revelação baseada não em uma simples certeza moral, mas em uma certeza matemática, como as produzidas pelas demonstrações do entendimento. Ora, como os homens geralmente se enganam em matéria de religião e rivalizam em imaginação a esse respeito devido à diversidade de suas complexões, Espinosa argumenta que, se cada um julgasse a lei civil incompatível com a sua fé, aproveitaria a oportunidade para violá-la, e, portanto, não haveria direito algum. Ele conclui que "é o Soberano [...] que detém o direito supremo de legislar sobre a religião como bem entender."[56]

Espinosa, no entanto, retoma as exceções no parágrafo seguinte. A regra segundo a qual o sujeito que fez o contrato renunciou ao poder de defender sua religião prevalece "exceto para aquele

[55] TTP, XVI, 21, G. III, p.199.
[56] *Ibid.*

a quem Deus, por uma revelação certa, prometeu ajuda contra o tirano ou para quem ele quis fazer expressamente uma exceção."[57] Espinosa então invoca o caso de três jovens cativos na Babilônia que alegaram uma ajuda certa de Deus para recusar obedecer a Nabucodonosor. Trata-se de Sadrac, Mesaque e Abede-nego[58], a quem o rei havia ordenado, como a todos os seus súditos, que se prostrassem e adorassem a estátua de ouro erigida por sua ordem assim que a música soasse, sob pena de serem lançados na fornalha. Recusando-se a obedecer, esses três rebeldes foram denunciados pelos caldeus e convocados pelo rei, que reiterou suas ordens e se deparou com sua resistência em nome de Deus. Lançados na fornalha, eles não foram queimados, graças a um socorro divino milagroso, o que lhes valeu a libertação e o reconhecimento de seu Deus por Nabucodonosor. Este é um dos raros casos em que a lógica da acomodação do teológico ao político parece ser invertida e onde a lei divina prevalece sobre a lei política.

No entanto, o caso é mais complexo do que parece, pois o direito divino reivindicado pelos três jovens só existe enquanto o Estado dos hebreus existe. Não é, portanto, tanto um direito sagrado quanto um direito político. Como Espinosa argumenta, "a religião revelada, após a destruição do Estado dos hebreus, deixou de ter força de direito."[59] A lealdade ao rei da Babilônia anula todo direito anterior, de modo que os jovens não poderiam mais invocar o direito divino e eram obrigados a obedecer, como Jeremias havia recomendado aos hebreus cativos que fizessem. Esse exemplo, portanto, não pode invalidar a regra da acomodação, e isso talvez explique por que Espinosa não o apresentou expressamente como uma exceção.

O problema da exceção, no entanto, retorna com força com o caso de Cristo e de seus apóstolos. A quem se perguntar "com que direito os discípulos de Cristo, ou seja, simples particulares, podiam [...] pregar a religião", Espinosa responde: "pelo direito que lhes foi conferido pelo poder que receberam de Cristo contra

[57] TTP, XVI, 22, G. III, p. 200.
[58] Cf. Daniel, 3.
[59] TTP, XIX, 6, G. III, p. 230.

os espíritos impuros (Mateus 10:1)."[60] Em outras palavras, ele admite aqui que os discípulos não se submetem à regra da acomodação e que propagam legitimamente a religião, mesmo nos Estados onde ela é proibida, em nome da autoridade legítima que lhes foi dada por Cristo.[61] De fato, Cristo comunica-se com Deus de maneira imediata, de espírito a espírito[62], sem precisar de palavras e imagens, e, nesse sentido, possui uma revelação indubitável. Ele pode, portanto, transmiti-la com certeza e prometer aos discípulos um auxílio especial contra os tiranos, como fez ao lhes dizer para não temerem aqueles que matam os corpos.[63]

Isso significa que uma brecha foi aberta e que as acomodações teológico-políticas podem sempre ser reversíveis, desde que o temor a Deus prevaleça sobre o temor ao rei? Longe disso. Espinosa deixa claro que "a autoridade dada por Cristo a seus discípulos foi dada a eles pessoalmente, e ninguém pode se autorizar por esse exemplo."[64] Exceto no caso "dos profetas, que por uma revelação particular podiam com segurança perdoar o parricídio"[65] e se colocar assim acima da lei, e no caso dos discípulos de Cristo, a regra aplica-se sem exceção. Uma vez que esses casos são passados, pois não há mais profetas[66] nem apóstolos hoje, os soberanos possuem um direito absoluto, de modo que as exceções, longe de invalidar a regra, a confirmam.

Em última análise, a regra de ajuste do direito sagrado ao direito civil não é rígida; ela acompanha as flutuações dos interesses dos Estados ao longo de sua história. No entanto, a religião permanece incômoda, como qualquer parte da natureza que pretendesse desempenhar sua parte em detrimento da coesão do todo. O Estado, portanto, deve estar vigilante se quiser preservar sua unidade. A conclusão do capítulo XIX soa, nesse sentido, como um aviso. Os soberanos possuirão sempre o direito absoluto de legislar sobre os assuntos sagrados, desde que não permitam que

[60] *Ibid.*
[61] Cf. igualmente TP, III, X.
[62] Cf. TTP, I, 18-19.
[63] Cf. TTP, XIX, 13. Cf. Mateus 10: 28.
[64] TTP, XIX, 13, G. III, p. 234.
[65] TTP, XIX, 22, G. III, p. 238.
[66] Cf. TTP, I, 6 et XIX, 22.

os dogmas se proliferem e se confundam com as ciências.[67] Não há pior inimigo do que uma teologia que pretende passar por filosofia e transformar a fé em verdade.

Tradução de Marcos André Gleizer

[67] TTP, XIX, 22.

Natureza e inteligência: anjos ambivalentes e o antropoceno

Christoph Asmuth
Augustana Hochschule

Nós, pós-modernos, nos habituamos a pensar o seguinte: a consideração histórica dos conceitos culturais torna altamente plausível para nós que as representações, posições e apresentações de épocas passadas sejam relativas à experiência histórica em que surgiram. Por isso, aceitamos que a validade desses conceitos, sobretudo quando surgidos de uma argumentação filosófica, seja simultânea e igualmente relativizada. É assim que argumentações filosóficas reivindicam sua validade, mesmo que tenham surgido em tempos remotos. Ao mesmo tempo, nós negamos-lhes precisamente essa validade na medida em que as relativizamos historicamente.

Isso se torna óbvio com o conceito de "natureza", que desempenhou um papel dominante na história da filosofia desde o início. O destino deste termo é cambiável. A natureza é o objeto das ciências emergentes; é o material que deveria estar à disposição do ser humano; é o ventre e a ama do ser humano, que, sendo ele próprio natureza, nasce na e da natureza. Encontramos semelhantes rupturas e entrecruzamentos, ambivalências e deslocamentos nas compreensões míticas de natureza. A natureza como totalidade contrasta com a natureza como uma realidade efetiva divisível e dividida. Por fim, a natureza sofre, no Iluminismo europeu, uma despotencialização, na medida em que lhe é oposta a cultura, a partir da qual se pode e se deve propriamente falar sobre a natureza. Assim, a natureza torna-se o outro da cultura, aquilo que a cultura deixa de lado; aquilo que a cultura não cultiva é natureza. A cultura faz isso quando, por exemplo, protege a natureza. Ela cerca a natureza, delimitando o lugar em que esta deve existir, protegida das invasões da cultura — uma óbvia contradição performativa. A esse respeito, é instrutivo lançar o olhar sobre outros entendimentos de natureza, sem refletir previamente sobre como suas pretensões de validade poderiam ser relativizadas. Aqui, eu gostaria de usar um exemplo que, sob a perspectiva atual, é levemente bizarro para discutir como os argumentos racionais se movem ao longo de falhas históricas. Na antiguidade, inteligências faziam parte da filosofia da natureza. A alma é uma parte da natureza. Por isso, ela é tratada na física e não na metafísica. Estas inteligências, pertencentes ao mundo natural, tornam-se anjos, pertencentes a um mundo cultural de representação, exaltadas, em parte, miticamente, em parte, esteticamente.

Filósofos têm problemas com anjos. Isso se deve, poder-se-ia dizer, à natureza da questão. Na filosofia, reina um impulso para o esclarecimento e a racionalidade. A mitologia cristã, ao contrário, seja ela rica em cores brilhantes ou sombria, enraizada na crença popular ou dogmática, coloca em oposição à tendência filosófica uma decisiva resistência. O filósofo busca clareza e explicação do mundo por meio de uma representação completamente mundana da atuação dos seres humanos e da natureza. A crença piedosa, ao contrário, responde à questão sobre o sentido da vida em um mundo contingente através da atuação de poderes superiores, cujas ações se espelham no mundo. Isto inclui histórias de seres hermafroditas, inspiradores e alados, parcialmente corpóreos, parcialmente incorpóreos, semelhantes a Deus e mensageiros enviados por Deus. Ao lado e aquém daquilo que se deixa experimentar ou conhecer por meio da razão, o ser humano crente pressente o mundo de Deus, seu reino, no qual atua invisivelmente por meio de seus anjos. São eles que oferecem proteção ao ser humano, abrigando-o sob o manto inviolável de sua bondade paterna. Contra todos os perigos da vida, contra a vulnerabilidade do corpo mundano, contra a definitividade da morte, Deus envia seus anjos e deixa-os anunciar que no final tudo ficará bem, que o confuso curso do mundo terminará na harmonia celestial dos coros de anjos que proclamam nas hostes o poder de Deus.

Este consolo tornou-se obsoleto para a razão esclarecida. Ela não quer mais acreditar naquilo que lhe é interditado saber. Ela encontrou dentro de si seu próprio reino, um reino mais ou menos secular que ela mesma administra e no qual só pode haver aquilo que se pode identificar perante ela. Os anjos parecem, portanto, há muito exilados[68].

Poder-se-ia pensar que se trata de uma questão da época, isto é, da história, que haveria de ser escrita como o processo gradual de ganho de racionalidade, como um processo cujo fim seria acompanhado pela perda total do saber sobre anjos. Por trás da razão vitoriosa, estabeleceu-se um conglomerado eclético proveniente de diferentes fontes — passando por esoterismo, mundos de crenças privadas, arte e mitologias seculares[69]. Assim, as narrativas sobre anjos estariam enraizadas nas profundezas da história. Ali, os tempos arcaicos e antigos ainda repousavam na indistinguibilidade entre razão c mito, racionalidade e ficcionalidade. A tensão entre o Iluminismo e a crença em anjos seria, portanto, apenas uma exigência posterior que fazia valer uma razão tornada autoconsciente contra a rica visão de mundo cheia de fantasia

[68] Sobre anjos em geral, cf. G. Adler, *Erinnerungen an die Engel. Wiederentdeckte Erfahrungen*, Freiburg, 1986; K. M. Michel, *Von Eulen, Engeln und Sirenen*, Frankfurt, 1988; J. Ströter-Bender, *Engel. Ihre Stimme, ihr Duft, ihr Gewandt und ihr Tanz*, Stuttgart 1988; B. Lang — C. Macdannell, *Der Himmel. Eine Kulturgeschichte des Ewigen Lebens*, Frankfurt a. M., 1990.

[69] Sobre isso, cf. o seguinte inventário toológico com orientação da científica da cultura: U. Wolff, „Die Wiederkehr der Engel. Boten zwischen New Age, Dichtung und Theologie", in: *Evangelische Zentralstelle für Weltanschauungsfragen*. EZW-Texte. Impulse Nr. 32, 1991, II, S. 1-35.

dos antigos. Segundo essa reflexão, a razão teria tornado os anjos mundanos. Ela teria atribuído a essência angelical à humana. A razão profanou os anjos, podou suas asas, os secularizou. Com isso, os anjos teriam pousado, sem cerimônia, sobre o outro lado da razão: na crença popular, na superstição, na crença infantil. Sua existência limitou-se à alegoria cristã. Os anjos seriam, assim, vítimas de diligentes historiadores da arte que esquematizam, racionalizam, categorizam ou reconhecem as imagens de anjos. Por fim, eles acabaram em cartões postais cafonas ou no comércio de produtos devocionais. Existem muitos exemplos de tais anjos secularizados, que há muito deixaram para trás a crença popular e o seu esclarecimento: o anjo da guarda em tempos de guerra, impresso em cartões para banalizar o medo que correspondia à iminente perda total do ser humano e da humanidade nas tempestades de aço da moderna maquinaria de guerra; ou o ridículo anjo Miguel, que, como um mal-educado habitante do céu — naturalmente segundo os padrões de Hollywood — se mistura com os mundanos, bebendo cerveja, fumando, blasfemando, sendo apenas tolerável na tela porque incorporado pelo celestial John Travolta. Tudo isso mina a santa seriedade da piedade, tanto quanto a franqueza da razão do Iluminismo. Assim, os anjos permaneceram apenas para o jogo irônico ou cínico de natureza completamente mundana, para além do simbolismo religioso: um bando de aves cafonas de penas servilmente podadas, adaptadas às necessidades de nossos dias.

Minhas reflexões estão na contramão dessa simples reconstrução. Duvido que tenha acontecido assim — primeiro a partir de uma perspectiva puramente histórica. Em minha concepção, nem o lado iluminista pode ser nitidamente identificado, nem o papel dos anjos é sempre situado no lado irracional e antinatural do mundo. Além disso, pode ser que os anjos tenham entrado em um nível de discussão inadequado a eles. Tentarei mostrar que nem sempre os anjos aparecem com penas e asas ou sem abdômen, mas sim com belas vozes, falando em línguas angelicais, cobertos com cabelos angelicais, fazendo música com harpas, címbalos e tímpanos celestiais. A tradição também conhece anjos "abstratos" que não oferecem nenhum alimento para a alegre fantasia dos contemporâneos e nascidos tardiamente e que não precisam de nenhum alimento, nenhum pão dos anjos (Salmo 78:25), [nenhum] maná. Eles não estão em conformidade com o interesse conduzido pela imagem de uma cultura contemporânea da imagem[70].

A partir disso, procuro mostrar que alguns desses anjos surgem do lado da razão, de modo que o jogo esquemático — razão empoeirada aqui, mundo colorido de imagens acolá — não é, a rigor, tão fácil de jogar com os anjos. Para fazer isso, destacarei uma determinada imagem de anjo que pode não corresponder às expectativas populares. Defenderei que tais conceitos de anjos são plausíveis, naturalmente dentro de suas respectivas épocas. No total, o meu texto levanta a questão de como a natureza e a cultura, enquanto conceitos historicamente relativos, são rompidas na concepção do anjo. Ao fazê-lo, reconstruo e desconstruo simultaneamente nossa própria perspectiva sobre as construções históricas.

Minha tese é a seguinte: embora a filosofia tenha dissolvido a mitologia cristã, ela não a substituiu[71]. Eu me volto explicitamente contra uma representação contínua e linear da aplicação gradual de uma visão de mundo 'racional' contra um passado mítico-religioso e também contra o fato de que nós mesmos vivemos em uma época em que existe a necessidade de se opor contra a razão vitoriosa, mas maligna, em nome da humanidade. De fato, há de se constatar enormes mudanças: rupturas de épocas, perturbações e destruições de visões de mundo, deslocamentos, catástrofes e perdas, recuperação, reconstrução e renascença. Mas nem sempre é claro de que lado se pode encontrar o progresso sob o signo da razão. Sim, tem que permanecer questionável o que em geral significa "razão" e "racionalidade" quando se refere a um material historicamente díspar. Ceticamente, poder-se-ia perguntar, por fim, se não é a nossa árida "razão", atrofiada em

[70] Cf. Asmuth, Christoph: *Bilder über Bilder, Bilder ohne Bilder. Eine neue Theorie der Bildlichkeit*. Darmstadt, 2011.

[71] O jogo de palavras feito pelo autor, entre "aufgelöst" (dissolvido) e "abgelöst" (substituido) não pode ser reproduzido em português. (N. T.)

mera racionalidade teleológica, que nós transformamos unilateralmente em passado, apenas para reconquistá-la para nós, seja como fantasma aterrorizante, bode expiatório ou poder espantoso de autoelevação humana. E torna-se questionável qual posição a "natureza" pode assumir nesse jogo de conceitos. A própria representação de uma natureza ameaçada na era do Antropoceno é minada por contínuos emaranhados performativos. Assim, no final, os anjos retornam, ainda que com uma roupagem secular e clandestina, carregando sua mensagem sobre o fim do mundo, a mensagem sobre as últimas coisas.

Em todo caso, para os primeiros cristãos, os anjos eram demônios, em parte benignos, em parte malignos. Nisso, os cristãos pouco se diferenciavam de outros povos ou agrupamentos religiosos, especialmente dos judeus. Apenas os filósofos e os eruditos, dos quais não havia muitos na antiguidade, mas ainda assim *suficientemente*, constituíam uma exceção. Klaus Berger relata em sua *História Teológica do Cristianismo Primitivo* que a efetividade religiosa dos seres humanos incluía a percepção dos anjos. Não se tratava obviamente de alegorias ou mitos[72]. Os anjos estavam presentes para os seres humanos. Eles estavam no cotidiano religioso e determinavam a prática tanto na comunidade como também, indissociavelmente, na oração, nos hinos ou na litania. Berger reconstrói o cristianismo primitivo como um ramo da mística judaica primitiva, surgida sob a pressão da cultura helenística.

---

72 Cf. K. Berger, *Philosophiegeschichte des Urchristentums. Theologie des Neuen Testaments.* Tübingen/Basel, 1994, pp. 44-48. — Sobre o cristianismo originário e sua incorporação na Antiguidade, cf. também: *Anges et démons. Actes du colloque de Liège et de Louvain-la-Neuve.* (Ed.) J. Ries. Louvain-la-Neuve, 1989; *Engel und Dämonen. Theologische, Anthropologische und Religionsgeschichtliche Aspekte des Guten und Bösen.* (Ed.) G. Ahn — M. Dietrich. Münster, 1997; Charles A. Gieschien, *Angelomorphic Christology. Antecedens and Early Evidence.* (Arbeiten zur Geschichte des antiken Judentums und des Urchristentums; XLII), Leiden, 1998. — Sobre a discussão contemporânea sobre anjos na teologia protestante, cf. A. Welcker, „Über Gottes Engel. Systematisch-theologische Überlegungen im Anschluß an Claus Westermann und Hartmut Gese", in: *Jahrbuch für biblische Theologie* 2 (1987), pp. 194-209; E. Stubbe, *Die Wirklichkeit der Engel in Literatur, Kunst und Religion.* Münster, 1995, especialmente pp. 237-255; D. Heidtmann, *Die Engel. Grenzgestalten Gottes. Über Notwendigkeit und Möglichkeit der christlichen Rede von den Engeln.* Neukirchen-Vluyn, 1999 (este especialmente no debate com o teólogo Karl Barths).

Este cristianismo vivencia um mundo de anjos dividido em duas partes: anjos bons e anjos maus; anjos e demônios; enviados de Deus ou de Satanás. Esses seres inteiramente corpóreos servem à comunicação, mas não em nosso sentido atual. Berger descreve a compreensão cristã primitiva da pessoa, em sua diferença da compreensão atual, como "transcendente". Uma pessoa pode se representar em uma outra ou em muitas outras. Portanto, não apenas Deus e Satanás têm "embaixadores", mas também seres humanos escolhidos. Assim, é dito em Mateus: "Cuidado para que não desprezeis nenhum destes pequeninos [crianças, Ch. A.]. Pois eu vos digo que seus anjos no céu sempre veem a face de meu Pai no céu" (Mat. 18:10). Portanto, não apenas Deus tem anjos nos quais ele se comunica com os seres humanos, mas também o inverso: os seres humanos — aqui a criança, que Jesus chama para si — têm um anjo, um representante, junto a Deus em uma forma de imediatidade. Cada um tem seu próprio anjo. Berger suspeita que essa seja a origem dos "'anjos da guarda', que originalmente não representavam guardiões enviados por Deus, mas sim uma espécie de gêmeo celestial do ser humano junto a Deus, uma espécie de representação permanente no reino dos céus.

Neste mundo em que os anjos estão corporalmente presentes, a razão não confronta a experiência mística como o seu outro. É racional viver com os anjos e através deles. Eles pertencem à experiência cotidiana, tal como árvores, ruas, seres humanos, doença e morte. Portanto, no interior deste mundo, não se pode perguntar se anjos existem, nem mesmo qual é a característica de seus corpos. A existência dos anjos é tão pouco questionável quanto a existência de Deus ou de Satanás e seus efeitos e ações no mundo tangível e perceptível.

Uma outra imagem se mostra no século XIII[73]. O cristianismo vivenciou múltiplas alterações. Seus textos, ainda em processo de concepção nos primeiros séculos depois da era cristã, já estavam há muito tempo canonizados; sua doutrina, ainda

[73] Uma história da angeologia medieval, claramente sem referência mais próxima à Escola de Albert e à teoria do intelecto (Dietrich von Freiberg, Meister Eckhart) encontra-se em: D. Keck, *Angels and Angelology in the Middle Ages*. New York/ Oxford, 1998.

totalmente dispersa e heterogênea no século III, estava há muito tempo dogmaticamente estabelecida e tinha crescido, em um longo período de latência, transformando-se em um poderoso baluarte. Porém, ainda mais significativo do que isso foi o fato de que o Cristianismo — e com isso quero dizer em particular a Igreja Católica Ocidental — ascendeu à supremacia mundana e espiritual, mas por um preço elevado. Ela teve de incorporar os padrões de racionalidade da antiguidade estabelecidos nos textos canônicos dos filósofos. Ela havia incorporado a ciência do velho mundo, tanto quanto possível, a fim de sustentar o seu próprio poder e validade. Na fermentação de um novo mundo emergente, que começou já no século IX e atingiu o seu ápice no século XIII, ela teve de pagar um tributo por isso[74].

Um conceito físico-cosmológico de movimento que continha um rico potencial para conflito permaneceu adormecido nos textos transmitidos de Platão e de Aristóteles. No *Timeu* de Platão, por exemplo, o demiurgo cria uma alma do mundo constituída matematicamente, ou seja, por meio da doutrina das proporções. Ele conecta o centro da alma do mundo com o centro do corpo, de modo que a alma penetra no corpo do mundo visível desde o centro até o céu mais elevado. Então, a própria alma começa a circular dentro de si, começando sua vida racional sem fim. Apenas o corpo celeste é visível; a alma, porém, permanece invisível, mas pode ser reconhecida por meio da razão, precisamente devido à sua harmonia inerente, ou seja, ao movimento que pode ser apreendido em proporções. Por isso a alma do mundo é a melhor de todas as coisas criadas, uma joia, como diz Platão, para a alegria dos deuses eternos. O cosmos é, portanto, um ser vivo imperecível com uma natureza eterna. Contudo, enquanto reprodução da razão divina, ele não é perfeito. A característica daquilo que é reproduzido é o movimento. É por isso que o cosmos é uma "reprodução móvel da eternidade", um céu ordenado. A eternidade que permanece sem movimento no Uno é reproduzida em uma reprodução que progride em números, mas que é, no entanto, tão

---

[74] Cf. Mojsisch, Burkhard, „Art. Intelligenzen I. Definition; Scholastik", in: *Lexikon des Mittelalters*. Vol. 5, pp. 549-461.

eterna quanto o Uno original. Essa reprodução é o tempo, que se precipita em dia e noite, mês e ano, ou seja, nos movimentos regulares das estrelas e planetas, que, enquanto todo, permanecem invariáveis. A alma do mundo de Platão garante, portanto, o movimento regular dos corpos celestes, que dão aos seres humanos o tempo e — pelo menos tão importante em contextos antigos — a orientação, possibilitando a navegação no mar imprevisível. A alma do mundo é um princípio cósmico de movimento e a concepção de Platão, a narrativa colocada na boca de Timeu sobre a criação do mundo por um demiurgo, nada mais é do que a explicação racional para a regularidade do movimento celeste. A alma do mundo é um objeto natural e é tratada no interior da física, da doutrina da natureza.

No pano de fundo desta interpretação, encontra-se uma representação da alma como princípio de movimento e, nomeadamente, como causa eficiente e causa final. Este conceito de alma é completamente diferente de nosso conceito atual de alma fortemente individualizado. Portanto, na antiguidade, assim como em geral no século XIX, a alma enquanto objeto científico pertencia às ciências da natureza e, na filosofia, à filosofia da natureza. Semelhante a Platão, Aristóteles também descreve, em *Metafísica* XII, 8, os processos cosmológicos como efeitos de uma alma. Além do motor imóvel, princípio teleológico de tudo e causa de um movimento circular eterno e originário, a forma mais perfeita de movimento, Aristóteles conhece outros motores, algo em torno de 55 em número. O primeiro princípio de movimento eterno e propriamente imóvel é causa de um movimento igualmente primeiro, eterno e uniforme (cf. *Física* VIII, 9). Como os antigos cosmólogos[75], Aristóteles presumia que se tratava de uma abóbada [*Schale*], uma esfera móvel sobre a qual gira o céu visível, o "primeiro céu". Nós diríamos que é o céu estrelado fixo [ou firmamento] [*Fixsternhimmel*], cujo "movimento" fenomenal descreve Aristóteles. Para os antigos, entretanto, o movimento dos planetas, nomeadamente Saturno,

[75] Cf. por exemplo Eudoxos von Knidos (408-355 v. Chr.); Kallipos von Kyzikos (um 330 v. Chr.).

Júpiter, Marte, Vênus, Mercúrio, mas também Sol e Lua, era diferente e mais problemático. Devido às suas diferentes órbitas ao redor do Sol e também às suas diferentes velocidades orbitais, os planetas — observados da Terra — não parecem descrever nenhuma órbita linear, circular ou elíptica. Em vez disso, de vez em quando ficam parados, ou até, de modo mais excêntrico, realizam um movimento retrógrado [*Schleifenbewegung*]. Contudo, apenas um movimento circular pode ser adequado a um corpo celeste. Assim, os antigos cosmólogos admitiam esferas subjacentes com movimento circular, contudo diverso — talvez muito diferente — para cada estrela errante, entre elas abóbadas que avançam e retornam, o que poderia explicar os excêntricos movimentos retrógrados.

Naturalmente, não havia dúvida de que a regularidade das órbitas e o seu regresso cíclico se baseavam na matemática, que, portanto, as órbitas possuíam razão, que elas são racionais. Em todo caso, Aristóteles concluiu que havia outros motores além do primeiro motor imóvel. Ele admitiu princípios racionais que ele — assim como já o fizera Platão — identificou com almas, inteligências imateriais, incorpóreas, mas que, no entanto, agem sobre corpos. Segundo Aristóteles, os princípios do movimento dizem respeito aos seres vivos animados. Eles são superiores aos seres humanos em sua racionalidade porque suas ações são imutáveis e matematicamente perfeitas, enquanto as ações humanas são mutáveis e imprecisas, contingentes e às vezes caóticas. As inteligências são intelectuais; elas formam o pano de fundo de uma cosmologia racional. A natureza não está nas mãos de deuses que agem arbitrariamente e à mercê de seu prazer e humor. Pelo contrário, é a própria razão, um deus racional e cosmológico, uma divindade, uma inteligência absoluta, que domina o cosmos através de inteligências mediadoras. Razão e natureza não surgem fora uma da outra, mas são partes integrantes de um mundo natural-espiritual.

Os pensadores da segunda metade do século XIII tiveram que lidar com uma estranha miscelânea completamente heterogênea, cujos ingredientes e origem eram apenas parcialmente conhecidos por eles e a maior parte possivelmente desconhecida[76]. Muitos tomavam por aristotélico aquilo que era significativamente mais recente e resultado de múltiplas compilações e redações[77]. Continuação e transformação inescrutáveis determinam a imagem da tradição. Os neoplatônicos esboçaram modelos nos quais as inteligências emanam do princípio originário e originariamente uno. Transmitidos sob o nome de Aristóteles, traduzidos para o árabe e novamente traduzidos para o latim, eles tornaram-se textos autorizados, de modo que contradizê-los exige um grande esforço e um enorme ônus de prova. Comentários árabes e traduções de Aristóteles confundiram ainda mais a situação. O que deve ser lembrado aqui é o efeito perturbador da tradução de Averróis (1126-1198), que, ainda mais do que Avicena, causou inquietação no Ocidente latino com a sua teoria sobre um e único intelecto. O próprio Avicena (980-1037) pensava em um ser absolutamente necessário como princípio que precederia todo ser meramente possível. Unicamente necessário em si mesmo, ele cria em uma ampla hierarquia as diferentes inteligências que, a partir de si mesmas, criam a hierarquia dos céus.

Aqui abriu-se a possibilidade de identificar as inteligências com aqueles anjos que eram conhecidos por todos os teóricos da Idade Média desde a Hierarquia Celestial de Dionísio, o Areopagita (2ª metade do século V). Com isso, a controvérsia teológico-filosófica parece inevitável. Por um lado, havia as reivindicações de racionalidade dos filósofos aristotelizados e, por outro lado, havia as afirmações da revelação, cuja versão textual remetia ao cristianismo primitivo. Em Dietrich von Freiberg (ca. de 1240-1318/20), um aluno de Alberto, o Grande, encontra-se, portanto, a rejeição de anjos no cosmos natural, mas, ao lado disso, a aceitação de inteligências incorpóreas como motores das

[76] Sobre a doutrina dos anjos na Idade Média, cf. D. Keck, *Angels and Angelology in Middle Ages*. New York/Oxford, 1998.

[77] Sobre *Liber de causis* cf. K. Ruh, *Geschichte der abendländischen Mystik. Bd. III: Die Mystik des deutschen Predigerordens und ihre Grundlegung durch die Hochscholastik*, München, 1996, pp. 19-32. Tomás de Aquino foi o primeiro a reconhecer, em 1272, sob o título *Liber Aristotelis de expositione bonitatis purae*, o escrito transmitido como excerto do *Elementatio theologica* de Proklos (411-485).

estrelas[78]. Elas são substâncias separadas da matéria. Ao mesmo tempo, surgiu uma nova visão de mundo da física que sugeria uma renúncia às inteligências como impulsionadoras de estrelas: a teoria do ímpeto foi transferida para a mecânica celeste por Johannes Buridan e outros.

Como um importante documento dessa disputa, poderíamos citar A *condenação de 1277*. Nela o bispo de Paris condenou 219 teses como heresias e ameaçou com agudas consequências caso essas doutrinas fossem difundidas ou defendidas. O bispo não cita nenhum nome, mas hoje conhecemos os autores de toda uma série dessas teses. Sobre outros autores temos suposições fundamentadas, de modo que poucas são as autorias que permanecem vagas ou desconhecidas. Um ponto importante da condenação diz respeito aos anjos. A interpretação de que os anjos teriam um significado exclusivamente cosmológico é explicitamente rejeitada. Por isso, o bispo condena, por exemplo, a tese de que as substâncias separadas, ou seja, as inteligências imateriais não se alterariam em sua obra[79]. Aquilo que os torna, aos olhos dos teóricos da natureza, adequados para ser a explicação dos processos cosmológicos, nomeadamente, a sua imutabilidade, é-lhes negado. Com isso, fica resolvido o conflito entre a mitologia religiosa e a interpretação racional da natureza em favor da imaginação piedosa. Os embaixadores de Deus, os acompanhantes celestiais, os serventes de Deus na Terra e finalmente também Lúcifer como um anjo caído — nenhum deles poderia ser reconciliado com a visão de mundo racional dos intérpretes de Aristóteles, para quem os anjos eram unicamente aquelas inteligências imutáveis. É por isso que o bispo também condena a seguinte tese: É impossível que as substâncias separadas possam se alterar, não tendo nem sequer a possibilidade de fazê-lo, porque são eternas e desprovidas de matéria[80]. Matéria e possibilidade formam o constructo metafísico sobre cujo pano de fundo a alteração é em geral pensável.

---

[78] Cf. Dietrich von Freiberg, *De animatione* caeli, in: Opera omnia, vol. III, Hamburg, 1983, pp. 1-46.

[79] Cf. *Aufklärung im Mittelalter? Die Verurteilung von 1277. Das Dokument des Bischofs von Paris übersetzt und erklärt von Kurt Flasch.* (excerpta classica; VI) Mainz, 1989, p. 161.

[80] Cf. *Aufklärung im Mittelalter?*, p. 163.

Uma inteligência pura, livre de matéria, livre de temporalidade, constantemente mera efetividade, nada mais é do que a lei que provoca objetiva e atualmente o movimento das estrelas e dos planetas. Objetivamente, porque está ligada à representação de uma substância da alma; atualmente, porque seu efeito é sempre um movimento efetivo.

Essas inteligências não só são inalteráveis, elas também não surgem de novo[81]. Pois se surgissem novamente, por exemplo, por meio da vontade de Deus, elas não seriam eternas. Também essa tese tem que ser condenada pelo bispo de Paris. Os filósofos pensam as inteligências como criadas, porém, ao mesmo tempo, como eternas. E eles as pensam como criativas: as substâncias separadas criam as coisas com seu intelecto[82]. Para muitos teólogos, isso aproximou as inteligências demasiadamente da força criativa de Deus. Naturalmente, ninguém pensou em equiparar as inteligências com a criatividade de Deus, mas a representação de que nem Deus sozinho é responsável pela criação prejudicou a doutrina do Deus todo-poderoso. Ainda mais: como observa Kurt Flasch, ela coloca a relação entre ser e conhecer sob uma outra luz. A prioridade do ser divino é deslocada por meio das inteligências com o seu intelecto criativo para uma prioridade do conhecimento — um movimento dos discípulos de Alberto[83] apa-

[81] Cf. *Aufklärung im Mittelalter?*, p. 163.
[82] Cf. *Aufklärung im Mittelalter?*, p. 165.
[83] Cf. sobretudo Dietrich von Freiberg. Dietrich von Freiberg, *Opera omnia*. (Corpus Philosophorum Medii Aevi, II, 1-4) 4 Bde. Hamburg, 1977-1985. — Traduções [em alemão]: Dietrich von Freiberg, *Abhandlung über den Intellekt und den Erkenntnisinhalt*. (Ed.) B. Mojsisch, Hamburg, 1980; Dietrich von Freiberg, *Der tätige Intellekt und die beseligende Schau*, in: Geschichte der Philosophie in Text und Darstellung. Vol. 2: Mittelalter, (Ed.) K. Flasch, Stuttgart, 1982, pp. 412-431; Dietrich von Freiberg, *Abhandlung über die Akzidentien*, lat./dt., (Ed.) M. R. Pagnoni-Sturlese, Hamburg, 1994; Dietrich von Freiberg, *Abhandlung über den Ursprung der kategorial bestimmten Realität*. Capítulo 5. (Ed.) B. Mojsisch, in: *Bochumer Philosophisches Jahrbuch für Antike und Mittelalter* 2/1997 (1998), pp. 157-185; Dietrich von Freiberg, *Tractatus de visione beatifica. Abhandlung über die beseligende Schau*. Lateinisch/Deutsch. (Ed.) Mojsisch, Burkhard. Tbilisi, 2003. — Além disso: Flasch, K., „Kennt die mittelalterliche Philosophie die konstitutive Funktion des menschlichen Denkens? Eine Untersuchung zu Dietrich von Freiberg", *Kant-Studien* 63 (1972), pp. 182-206; Mojsisch, B., *Die Theorie des Intellekts bei Dietrich von Freiberg*, Hamburg, 1977; „The theory of Intellectual Construction in Theodoric of Freiberg", in: *Bochumer Philosophisches Jahrbuch für Antike und Mittelalter* 2 (1997), pp. 69-79.

rentemente restrito ao interior de sua escola, mas que, quando se olha para o desenvolvimento do pensamento em um quadro mais amplo, enfatiza elementos constitutivos do conhecimento, embora não no sentido moderno, mas em especial no sentido aristotelizante do final do século XIII e início do século XIV.

Os condenados anjos-inteligências são intelectos imateriais altamente racionais e poderosos da matemática. Eles não garantem apenas a racionalidade dos movimentos cósmicos, mas também o conhecimento e as coisas do mundo sublunar. A condenação em Paris teve um efeito semelhante ao de Oxford alguns dias depois. A tendência radical aristotélica seria silenciada pela censura durante os vinte anos seguintes, resume Kurt Flasch[84]. No entanto, seus pensamentos não se deixaram oprimir por longo tempo. Aristóteles e as suas perigosas concepções sobre a eternidade do mundo, a natureza da alma e a tarefa cosmológica das inteligências fundiram-se perfeitamente no discurso do Renascimento italiano do século XIV. A teoria das inteligências fracassou devido a desenvolvimentos completamente diferentes. Ela tornou-se rapidamente obsoleta quando foram encontrados outros e melhores modelos de explicação da mecânica celeste: a astronomia da ciência da natureza da Renascença e do início dos tempos modernos tornou os condutores das esferas angélicas completamente supérfluos.

Mas o fim dos motores estelares não significou o fim das inteligências puras. Por um lado, era preciso continuar a refletir sobre a relação entre corpo e alma no contexto da filosofia aristotélica e nela integrar a história sobre os anjos transmitida a partir das sagradas escrituras e tomadas como revelação. Por outro lado, o início do racionalismo fortaleceu a reflexão sobre o status dos processos inteligíveis que não foram pré-formados pela corporalidade. Pode ser surpreendente que exatamente os racionalistas desempenhem um papel de liderança nisso. Minha tese consiste em que os remanescentes dos anjos-inteligências estão agora começando a desempenhar um papel completamente diferente: nomeadamente, o de um conceito limítrofe. Por um lado, isso deve

[84] *Aufklärung im Mittelalter?*, p. 59.

ser entendido como reflexo de uma situação religiosa global que foi exacerbada e agravada pela Reforma e pela Guerra dos Trinta Anos; por outro lado, eu gostaria de advogar que o conceito de anjos-inteligências seja levado a sério filosófica e sistematicamente, ou seja, que seja verificada sua plausibilidade.

Inteligências ou anjos filosóficos, se assim se quiser, são — ao contrário do mundo bíblico-antigo das representações — desprovidos de corpo e livres de matéria. Isso também vale para o "racionalista" Leibniz. Ele projetou um sistema que propunha uma tradução da ontologia em teoria da consciência, a fim de evitar o dualismocorpo-alma que ele havia encontrado em muitos dos escritos de Descartes. Como complemento para um mundo corporal, ele propôs sua transformação em uma teoria da imanência, nomeadamente, em uma teoria das mônadas. O conceito de mônada compartilha com outras teorias da imanência a convicção de que a lógica das relações externas pode ser traduzida em relações internas. Mônadas são simples, incorpóreas e perceptivas. Elas espelham em si a totalidade, ou seja, o todo do mundo, que, entretanto, elas só podem perceber limitadamente, ou seja, ao mesmo tempo, perspectivamente[85]. As mônadas nunca estão sem o corpo, do qual elas são princípio vital. Leibniz afirma, consequentemente, a diferenciabilidade entre alma e corpo na simultânea inseparabilidade. Nas mônadas, Leibniz distingue entre almas habituais, que pertencem aos seres vivos como um todo, e espíritos especiais (*espirits*), que não só são capazes de ser espelho do universo criado, mas também reprodução do próprio Criador. Pelo fato de ser dotado de espírito, o ser humano reivindica um lugar excepcional na criação. Na obra tardia *Os Princípios Racionais da Natureza e da Graça* (1714), Leibniz diz que todas essas mônadas espirituais, sejam elas *espíritos ou gênios*, têm uma espécie de comunidade com Deus através da racionalidade eterna, formando um reino de razão, um Estado mais perfeito[86]. Pode-se presumir que o antiquizante conceito de *gênio* representa o lugar dos anjos.

[85] Landenne, Quentin; Asmuth, Christoph; Landenne, Quentin (Ed.): *Perspektivität als Grundstruktur der Erkenntnis*. (Kultur — System — Geschichte; 12) Würzburg, 2018.

[86] G. W. Leibniz: *Hauptschriften zur Grundlegung der Philosophie*. (Ed.) E. Cassirer. 2. Vol. Hamburg, ^{3}1966, vol. II: Schriften zur Metaphysik, p. 432.

O fato de tratar-se aqui de um conceito limítrofe pode ser visto claramente num escrito anterior intitulado *Considerações sobre a Doutrina de um Espírito único e amplo* [*Betrachtungen über die Lehre von einem einigen, allumfassenden Geiste*]. Com indicação muito pouco clara, porém relevante, Leibniz refere-se aos aristotélicos, especialmente a Pietro Pomponazzi (1462-1525),[87] que tinha suposto as inteligências como motores das estrelas. Esta teoria baseia-se na pressuposição de que poderiam existir princípios ou almas separadas da matéria. É precisamente a esta ideia que Leibniz se opõe: Anjos, mesmo que sejam inteligências, não têm lugar num mundo racional, porque a separação entre corpo e alma não pode ser fundamentada racionalmente. Com isso, Leibniz arranha perigosamente a representação religiosa de uma continuidade da alma individual após a morte. Mas Leibniz sente-se completamente à vontade na arena diplomática das disputas religiosas. Nada mais pode ser dito sobre os regulamentos especiais de Deus em relação à alma humana do que o que pode ser lido na Bíblia: "No entanto, não consigo descobrir nenhum fundamento religioso ou filosófico que me obrigaria a abdicar da doutrina do paralelismo entre alma e corpo e a permitir uma separação completa dos dois. Então, por que a alma nem sempre deveria manter um corpo sutil, organizado à sua maneira, que até pode um dia, na ressuscitação, ser capaz de assumir a forma visível de seu antigo corpo, se necessário: é dado ao bem-aventurado um corpo glorificado e, ainda assim, os pais da igreja também concederam aos anjos um corpo sutil".[88]

Leibniz conhece o assunto. Ele sabe que anjos têm sido incorpóreos há séculos — pelo menos no que diz respeito à filosofia. Tomás de Aquino afirmou claramente em sua *Suma Teológica* que

[87] Cf. Petrus Pomponatius, *Tractatus de immortalitate animae. Abhandlung über die Unsterblichkeit der Seele*. Lat.-dtsch. (Ed.) B. Mojsisch. Hamburg, 1990.

[88] No original: "Nichtsdestoweniger vermag ich keinen religiösen oder philosophischen Grund zu entdecken, der mich zur Preisgabe der Lehre von dem Parallelismus von Seele und Körper und zur Zulassung einer vollkommenen Trennung beider zwänge. Denn warum sollte die Seele nicht stets einen feinen, auf seine Weise organisierten Körper beibehalten, der sogar eines Tages bei der Auferstehung imstande sein mag, die sichtbare Form seines früheren Körpers, soweit nötig, wieder anzunehmen: gibt man doch den Seligen einen verklärten Körper und haben doch auch die Kirchenväter den Engeln einen feinen Körper zugesprochen." G. W. Leibniz: *Hauptschriften zur Grundlegung der Philosophie*, vol. II, p. 55.

anjos são incorpóreos[89]. Em linguagem clara, Leibniz diz: Não há almas sem corpo. Quando se pretende saber mais, se ultrapassa os limites da razão, afirmando-se algo sobre o qual não existe sequer um conceito claro[90]. Tudo o que vocês acham que estão apresentando sobre a imortalidade da alma, sobre as inteligências e anjos, vocês não poderiam saber racionalmente. Pode ser possível em um mundo sobrenatural, no qual todo o possível é possível, e eu, Leibniz, não irei contradizer isso, desde que eu possa afirmar, sem contradições e incontestavelmente, a inseparabilidade *natural* entre corpo e alma.

Um destilado ainda mais refinado dos anjos outrora muito mundanos pode ser encontrado em Kant. Na *Fundamentação da Metafísica dos Costumes*, Kant descreve o conceito de vontade. Ele diz que a vontade é a capacidade de agir de acordo com a representação de uma lei, ou seja, de acordo com princípios. No entanto, isso requer razão, porque a ação, seja ela qual for, tem que ser derivada da lei. Portanto, essa vontade pressupõe a razão prática, porque determina a vontade conforme à lei. Temos agora, ou seja, na filosofia, um conceito de uma vontade que é determinada exclusivamente por meio da razão, embora isto não possa ser *nossa* vontade, pois o ser humano é sempre movido por outras 'molas propulsoras', ou seja, determinado por outros estímulos à ação. Visto que o ser humano não é apenas um ser racional, mas igualmente um ser sensível, os estímulos adicionais para a ação provêm da sensibilidade. A vontade prática pura, que nós, enquanto seres sensíveis, não temos, é um conceito limítrofe: ele marca uma inteligência que não é sensível, que está separada da sensibilidade. Isto até pode ser pensado, mas não é efetivamente real para nós.

[89] Cf. Tomás de Aquino, *Suma Teológica*, Q. 50,1. Tomás rejeita explicitamente a representação de que os anjos sejam corpóreos. Só se pode dizer que eles têm corporalidade em comparação com Deus, citando João de Damasco. Tomás reforça sua concepção: anjos não são apenas incorpóreos, mas também imateriais. (*Suma Teológica*, Q. 50.2). Para Tomás, anjos são seres intermediários, no meio entre Deus e as criaturas corpóreos. Nisto é corrigido por Meister Eckhart, que colocou a razão em sua pureza e interioridade acima do ser dos anjos (cf. por exemplo, *Sermão* 1).

[90] *Hauptschriften* II, p. 51 s.

No entanto, Kant pode obter ganhos intelectuais a partir deste pensamento. Para ele, é aqui que está fundamentado todo o poder contrafactual da razão prática, nomeadamente, agir não segundo o que é dado e seguindo-o irrevogavelmente, mas antes determinando-o através da liberdade e autonomia da vontade. A lei moral fornece uma razão puramente prática, independente dos objetos concretos da faculdade do desejo. A suposição da razão prática pura conduz Kant ao conceito de uma vontade imediatamente determinada pela lei, a uma vontade que é boa em si mesma. Ela é imediatamente conforme à lei. Não se trata de nossa vontade humana, que é constantemente determinada por estímulos de ação estranhos à razão. Nossa vontade não é boa a partir de si. Ela tem que ser obrigada por meio de um dever, um imperativo: "Uma vontade completamente boa estaria, portanto, exatamente submetida a leis objetivas (do bem), mas não pode ser representada como sendo *obrigada* a agir conforme à lei, porque ela mesma, segundo sua característica subjetiva, só pode ser determinada por meio da representação do bem. Portanto, nenhum imperativo vale para a vontade *divina* e em geral para uma vontade santa. O *dever* está aqui no lugar errado, porque o próprio *querer* já é necessariamente uníssono com a lei"[91]. Essa vontade pura em Kant é um mero conceito limítrofe, uma inteligência prática sem sensibilidade misturada, uma razão angélica, embora com potencial construtivo.

Os anjos da razão — e minha intenção era demonstrar isso — têm o seu próprio lugar no processo da racionalidade científica. Mas a razão esclarecida não expulsa de forma alguma todos os anjos para o outro lado, que seria o outro lado de si mesma, onde os anjos só teriam que levar uma existência sombria, um inconsciente da razão, no qual o sublimado, o sagrado, assim como o obsceno, teriam que ser novamente encontrados. E minha concepção é que certamente não se justifica jogar a imaginação religiosa contra a fria razão. [Não apenas porque] do lado da razão,

[91] Kant, *Grundlegung zur Metaphysik der Sitten*, in: Immanuel Kant: *Kant's gesammelte Schriften*. Ed. da Königlich Preußischen Akademie der Wissenschaften. Berlin, 1900 ss., aqui: Bd. IV, Berlin, 1903, p. 414.

anjos desempenham um papel constitutivo, [mas também porque] isso é inadequado para a própria imaginação religiosa. O jogo com os supostos atributos, esse distanciado deleite da plenitude da faculdade da imaginação e sua estranheza para nós atualmente, mina a santa seriedade que os anjos possuíam, e que de forma alguma faz dos anjos aqueles seres alados inofensivos, desajeitados, corpóreos e físicos. Yahweh enviou o seu anjo matador e matou todos os primogênitos do Egito, as crianças e o gado, um anjo que traz destruição aos inimigos de Israel. Lutero traduz: "Então ele enviou anjos maus entre eles / em sua ira feroz / lançando sobre eles furor e ódio / e sofrimento" (Salmo 78:49)[92]. Em outra passagem se diz: "E naquela mesma noite saiu o anjo do SENHOR e feriu no acampamento de Assíria cento e oitenta e cinco mil homens / E quando eles se levantaram na manhã seguinte / Eis / que tudo estava coberto de cadáveres." (2 Reis 19:35)[93].

São imagens apocalípticas. Elas mostram os anjos como furiosos mensageiros da calamidade que atinge os ímpios. São anjos maus que acompanham o apocalipse. Num certo sentido, eles também acompanham o pensamento contemporâneo sobre as coisas últimas. A crise da natureza, a extinção dos seres humanos por si mesmos no Antropoceno, é transmitida através de mensageiros. Isso não são apenas más notícias, mas enormes sinais de uma destruição do equilíbrio natural, da ordem natural, que impulsiona a Terra a uma doença. É assim que retornam no Antropoceno imagens religiosas. Os anjos agora têm um manto secular. Eles anunciam o fim da humanidade. A cxtinção ć a sua mensagem. O Antropoceno é uma construção histórica que necessita de declínio e extinção para que possa espalhar a esperança na salvação, não para os seres humanos, mas para a Terra, para a natureza. A apocalíptica do Antropoceno copia implicitamente uma representação religiosa da história e torpedeia a

[92] No original: "Da er böse Engel unter sie sandte / in seinem grimmigen Zorn / Und ließ sie toben und wüten / und leide thun," (Ps. 78,49).

[93] No original: "Und in der selben nacht / fuhr aus der Engel des HERRN / und schlug im Lager von Assyrien / hundert und fünff und achzig tausent Man /Und da sie sich des morgens früe auffmachten/ Sihe / da lags alles eitel todte Leichnam." (2 Könige 19, 35).

intelectualização iluminista do ser angélico. Ela lança a ressurreição de uma nova Terra que voltará ao equilíbrio, à sua ordem natural, tal como o tsunami que irrompe na terra, faz o seu trabalho destrutivo e flui de volta para o mar. A partir disso deve surgir uma ressurreição, porém sem a inteligência humana envenenada, que, no seu racionalismo teleológico, é identificada como o fundamento da doença da Terra. Assim, os anjos ainda estão em [sua] obra. Eles aparecem como advogados da ordem natural e quase não conseguem disfarçar sua origem na razão teleológica da tradição. Esses anjos-inteligências não são mais o outro da natureza, mas protagonistas de uma narrativa histórica baseada em motivos religiosos, uma historiografia que conta uma história da natureza baseada em motivos teológicos.

Tradução: Márcia Gonçalves

Notas críticas sobre uma interpretação transcendentalizante da filosofia de maturidade de Wittgenstein

Edgar Marques
UERJ - CNPq

Em seu artigo "Wittgenstein, Heidegger e a reificação da linguagem", apresentado originalmente em um simpósio na Universidade de Frankfurt em abril de 1989, em comemoração ao centenário de nascimento de Wittgenstein[94], Richard Rorty desenvolve uma interessante reflexão, segundo a qual a filosofia produzida inicialmente a partir do assim chamado "*linguistical turn*" deve ser compreendida como uma tentativa fracassada

[94] A versão alemã do artigo foi publicado na coletânea *"Der Löwe spricht... und wir können ihn nicht verstehen"*, Frankfurt am Main, Suhrkamp, 1991, 69-93. A versão inglesa, que diverge da alemã em alguns pequenos detalhes foi publicada em: Rorty, R., *Essays on Heidegger and others*, Cambridge, Cambridge University Press, 1991, 50-65. As citações do texto de Rorty no presente artigo referem-se a essa última edição.

de delimitação e preservação, para o filósofo, de uma espécie de território de conhecimento *a priori*, o qual seria, portanto, inacessível, por uma questão de princípio, aos esforços da ciência empírica. A filosofia analítica desenvolvida na primeira metade do século XX consistiria, por conseguinte, de acordo com Rorty, basicamente em uma retomada, com os meios fornecidos pela análise lógica da linguagem, do projeto transcendental kantiano de estabelecimento das condições não-empíricas de possibilidade do empírico, ressaltando-se, contudo, que se trataria, em Kant, da *experiência* empírica e, na filosofia analítica inicial — da qual o *Tractatus Logico-Philosophicus* seria a expressão máxima — do *discurso* empírico.

Rorty considera que a ruptura da filosofia analítica com essa concepção transcendental da filosofia tem sua origem na convicção, à qual Wittgenstein aderiu a partir da década de 1930, de que elementos empíricos necessariamente fazem parte das condições de significatividade da linguagem, não sendo, portanto, possível o desenvolvimento de uma investigação transcendental e pura desta. Rorty afirma, entretanto, ainda que não com essas palavras, que mesmo o segundo Wittgenstein teria, por assim dizer, sucumbido, mesmo que de leve, à "tentação do transcendental" ao introduzir a distinção entre proposições empíricas, por um lado, e proposições gramaticais, por outro. A "destranscendentalização" da filosofia analítica, mesmo tendo começado com o segundo Wittgenstein, somente teria atingido sua completude, de acordo com Rorty, em Davidson, através da adoção do holismo semântico e da rejeição da distinção entre esquema e conteúdo.[95]

Não quero discutir, no presente artigo, se a interpretação de Davidson apresentada por Rorty é correta ou não.[96] Não preten-

[95] "But Davidson's holism is more explicit and thoroughgoing than Wittgenstein's, and so its antiphilosophical consequences are more apparent. Whereas in the *Philosophical Investigations* Wittgenstein still toys with the idea of a distinction between the empirical and the grammatical, between nonphilosophical and philosophical inquiry, Davidson generalizes and extends Quine's refusal to countenance either a distinction between necessary and contingent truth or a distinction between philosophy and science", in Rorty, R., ibid, pág. 58.

[96] Somente gostaria de assinalar que o próprio Davidson declarou, em um texto escrito originalmente para o catálogo de uma exposição de quadros que utilizavam

do também defender nem criticar nenhuma posição definida no que se refere à determinação da possibilidade ou impossibilidade das filosofias que têm por objetivo a explicitação de esquemas categoriais presumidamente possibilitadores de certos discursos ou práticas empíricas.[97] Meu objetivo neste artigo consiste unicamente em apresentar uma interpretação do estatuto das proposições categoriais no segundo Wittgenstein, que *contraria* a afirmação de Rorty de que a distinção entre "empírico" e "gramatical" no segundo Wittgenstein envolveria um comprometimento residual deste com uma certa perspectiva transcendentalista assumida por ele quando da composição do *Tractatus Logico-Philosophicus*. Trata-se, portanto, para mim, simplesmente de mostrar por que essa distinção, ao contrário da afirmação de Rorty, não deve ser assimilada, no Wittgenstein da maturidade, à oposição tradicional entre uma esfera fundante e uma esfera fundada. Este artigo pode ser compreendido, portanto, como uma tentativa de conceber a ruptura operada em relação à tradição pelo Wittgenstein maduro de uma maneira mais radical do que o emprego, por parte deste, da distinção entre proposições empíricas e proposições gramaticais parece permitir, ao menos aos olhos de alguns intérpretes, como Rorty. Dessa maneira, a polêmica com Rorty serve não como o alvo principal de minha mirada, mas apenas como uma explicitação do pano de fundo a partir do qual torna -se relevante a discussão acerca do estatuto das proposições gramaticais na filosofia de Wittgenstein a partir das *Investigações Filosóficas*.

---

citações de seus textos como elementos de composição das obras, embora sem se referir explicitamente a Rorty, sentir-se, às vezes, pouco à vontade com algumas das filiações, ideias e similaridades a ele atribuídas: "What am I doing here? What is the point of the quotations from my work in these mysteriously explosive pictures by Robert Morris, made with his eyes closed? This is not the first I have found my writing in unexpected surroundings. (...) Is there something sinister, or at least *fin de siècle*, in my views that I have failed to recognize, something that portends the dissolution not only of the sort of philosophy I do but of philosophy itself? Why else would I find my name linked with Heidegger and Derrida?", in: Davidson, D., "The third man", *Critical Inquiry*, 19, 1993, pág. 607.

97 Gostaria, entretanto, de declarar minha adesão à ideia tradicional de que a filosofia consiste em um esforço analítico de explicitação das estruturas categoriais mais gerais que servem de fundamento para nossas teorias e práticas cotidianas, sendo, portanto, uma atividade de cunho eminentemente apriorístico.

Na primeira seção, reconstruo, em traços largos e ligeiros, a caracterização que Rorty faz em seu artigo do caráter "transcendental" da filosofia analítica em seus primórdios, detendo-me especialmente na elucidação dessa tese através de uma curta análise do exemplo do *Tractatus Logico-Philosophicus*. Na segunda seção, tento tornar claro que o modo como Wittgenstein — principalmente em *Sobre a certeza* — concebe a natureza das proposições gramaticais desautoriza, a meu ver, qualquer interpretação transcendentalizante de sua segunda filosofia.

I

Em sua análise da filosofia analítica produzida nas duas primeiras décadas do século XX, Rorty parte da hipótese interpretativa segundo a qual poderemos compreender melhor o sentido das teorias filosóficas produzidas nesse período, caso consideremos que se trata para esses autores, em última instância, "da tentativa de encontrar um substituto para o ponto de vista 'transcendental' de Kant. Através da descoberta do tema 'significado' e de sua colocação no lugar de 'mente' ou 'consciência', deveriam ser asseguradas, nos quadros da teoria filosófica, a pureza e a autonomia da filosofia por meio da oferta de um objeto nãoempírico de investigação."[98] As tentativas de estabelecimento, assim, por exemplo, de uma estrutura lógica da linguagem em geral ou das condições a serem necessariamente satisfeitas para a constituição de proposições significativas expressariam, de acordo com a visão de Rorty, simplesmente o desejo de encontrar um campo temático que fosse absolutamente infenso à metodologia característica das ciências empíricas e que pudesse, em função desse estatuto transempírico, ser transformado em uma espécie de 'área de preservação' de questões e conceitos unicamente filosóficos. A filosofia analítica inicial seria tributária, pois, de uma postura filosófica extremamente semelhante àquela presente no kantismo e que se caracterizaria por uma busca das condições de possibilidade dos

[98] Rorty, ibid., pág. 50.

fenômenos[99] acerca dos quais se reflete em detrimento de uma descrição efetiva desses fenômenos. Dessa descrição ocupar-se-iam precisamente as ciências ditas empíricas.

A ideia básica subjacente à interpretação de Rorty é, dessa maneira, a de que o enorme sucesso obtido pelas ciências empíricas, a partir da revolução científica, no conhecimento e manipulação da realidade, teria tido como consequência o surgimento, no seio da própria comunidade filosófica, de um certo sentimento de dúvida acerca da legitimidade de um conhecimento de tipo puramente filosófico. A filosofia, que sempre se arvorara em uma espécie de guardiã do saber universal, teria tido, a contragosto, de ceder aos poucos seu lugar a disciplinas desenvolvidas a partir de métodos radicalmente distintos dos seus e que se apossavam progressivamente de objetos do conhecimento antes a ela reservados. Com a 'partilha' dos campos fenomênicos que compõem o real entre as diversas ciências particulares nascentes, teria se tornado cada vez mais urgente uma redefinição do objeto da filosofia que possibilitasse sua preservação como disciplina autônoma, evitando assim tanto sua absorção por parte de alguma das ciências empíricas quanto sua completa e radical obsolescência enquanto saber de tipo teórico.

Segundo Rorty, é Kant quem primeiro formula uma solução aparentemente satisfatória para esse dilema vivido pela filosofia moderna. Essa solução consistiria basicamente em diferenciar a busca das condições *intramundanas* de efetivação dos fenômenos intramundanos de uma busca de presumidas condições *extramundanas* para a efetivação desses mesmos fenômenos. Enquanto o primeiro tipo de rastreamento seria realizado através da descoberta de nexos causais que ligariam os fenômenos a serem explicados a determinados outros fenômenos também constituintes do real, mas temporalmente anteriores àqueles, o segundo dar-se-ia através da tentativa de desvelamento de certas condições de possibilidade dos fenômenos, as quais, por sua vez, não possuiriam

[99] Utilizo-me do termo "fenômeno" aqui, e no restante do texto, em um sentido não-técnico. Ele está sendo utilizado no mesmo sentido em que usamos normalmente os termos "coisa" e "algo".

natureza semelhante à desses mesmos fenômenos simplesmente por não pertencerem à ordem do tempo. Em outras palavras, o que estaria em questão, em última instância, seria a oposição entre condições pertencentes à mesma ordem de realidade dos fenômenos por elas condicionados, por um lado, e condições de estatuto ontológico distinto dos fenômenos que elas condicionam, por outro. Fica claro que caberia às ciências empíricas a efetuação das investigações do primeiro tipo, ficando reservada à filosofia a consecução daquelas pertencentes ao segundo tipo.[100]

A 'descrição' elaborada por Rorty tem suas raízes, assim, na suspeita de que na solução kantiana seriam postuladas relações não-causais de possibilitação entre fenômenos temporais e certas 'entidades' — na falta de um termo melhor — atemporais, com o fito de delimitação de um objeto de pesquisa, o qual, por não ser propriamente um elemento do mundo empírico, somente seria acessível através do instrumental analítico do filósofo. Teríamos, dessa maneira, a postulação tanto de um plano de realidade distinto do plano empírico quanto de uma relação de determinação nãoempírica do segundo pelo primeiro. Tais posições seriam encontráveis, segundo Rorty, em autores tão distintos como Platão, Kant e Russell.[101]

O preço a ser pago pela manutenção de uma autonomia radical da filosofia face às ciências empíricas consistiria, nesse caso, em primeiro lugar, na hipostasiação de formas ou objetos inteligíveis e, em segundo lugar, na adoção da ideia de que, através do remetimento a tais formas ou objetos inteligíveis, dar-se-ia a experiência ou o reconhecimento de objetos empíricos, funcionando o conjunto de tais formas ou objetos inteligíveis, portanto, como

[100] "Whereas physics and history find conditions for the existence of actualities by discovering temporally prior actualities, philosophy can achieve autonomy only if it escapes from time by escaping from actuality to possibility. The kantian strategy for achieving this escape was to replace an atemporal Deity with an atemporal subject of experience", in: Rorty, ibid., p. 52.

[101] "Russel's logical objects, the Kantian categories, and the Platonic Forms were all supposed to make another set of objects — the enpirical objects, the Kantian intuitions, or the Platonic material particulars — knowable, or describable. In each case, we are told the latter objects need to be related by the former objects before they become available — before they may be experienced or described", in: Rorty, ibid., p. 76.

uma esfera fundante em relação à esfera empírica. Seria, desse modo, lançando aqui mão da metáfora iluminadora de Pears[102], através da exploração de recursos de dois mundos — um empírico e um transempírico — que as filosofias de inclinação metafísica explicariam os fenômenos da experiência — no caso kantiano — e da significatividade — no caso da filosofia analítica.

Seguindo o modelo interpretativo proposto por Rorty, podemos ver no *Tractatus Logico-Philosophicus* a culminação dessa tendência de pensamento presente, segundo ele, na filosofia analítica em seus primórdios[103].

O objetivo declarado do *Tractatus* consiste precisamente na determinação dos limites da linguagem através da explicitação das condições que necessariamente devem ser satisfeitas por todas as conexões de signos para que elas possam ser dotadas de sentido e, desse modo, pertencer a uma linguagem qualquer. O pressuposto básico de uma investigação dessa natureza consiste, evidentemente, na ideia de que a constituição de proposições significativas somente possa se dar caso determinadas condições necessárias tenham sido preenchidas. Uma tal investigação teria, portanto, como foco não o que as diversas linguagens possuem cada qual de específico e próprio, mas sim centrar-se-ia, mais propriamente, naqueles traços formais que devem estar presentes em toda e qualquer linguagem para que ela possa funcionar como linguagem. Isso implicaria, desse modo, uma diferenciação entre as características que o signo proposicional possuiria de maneira contingente e aquelas que ele possuiria de maneira necessária, sendo que as primeiras seriam responsáveis por seu pertencimento a uma linguagem específica e as segundas pelo fato de ele ser

[102] Pears, D., "The relation between Wittgenstein's picture theory of propositions and Russell's theories of judgement; em: Shanker, S. (ed.), *Ludwig Wittgenstein, Critical Assesments*, volume one, London, Routledge, 1986.

[103] Desenvolvo aqui simplesmente a interpretação transcendentalizante proposta por Rorty sem a problematizar através, por exemplo, da contraposição à interpretação resoluta de Cora Diammond e James Conant, segundo a qual a tarefa do *Tractatus* seria unicamente terapêutica, sem envolver quaisquer pretensões de mostrar através das pseudo-proposições tractarianas aquilo que não se pode dizer. Não o farei porque meu interesse principal no presente texto está voltado para a filosofia do segundo Wittgenstein e a discussão da leitura resoluta acabaria me afastando desse objetivo.

significativo e poder, consequentemente, pertencer a alguma linguagem *überhaupt*.[104] As primeiras constituiriam o objeto de estudo da linguística e da semiótica; as segundas, o da filosofia da linguagem desenvolvida no *Tractatus*.

O próprio esboço do projeto filosófico do *Tractatus* envolveria, assim, a pressuposição de uma distinção radical entre um conhecimento de natureza nãoempírica acerca das condições de possibilidade da significatividade, por um lado, e um conhecimento de natureza empírica acerca das características contingentes — isto é, não essenciais para a veiculação de conteúdos semânticos — dos diversos sistemas linguísticos, por outro.[105] Já de saída pressupor-se-ia, então, uma diferenciação entre uma esfera fundante e uma esfera fundada, correspondendo a cada uma delas tipos de conhecimento de natureza oposta.

A afirmação do primeiro Wittgenstein de que seria impossível e supérfluo constituir uma metalinguagem — isto é, uma linguagem que tomasse por objeto as próprias condições a priori de significatividade — consistiria, nesse caso, não em uma expressão de uma recusa desse 'projeto transcendental' de origem kantiana, mas, ao contrário, em uma sua radicalização, pois seria exatamente ao levar às últimas consequências a distinção entre (a) "aquilo que pode ser dito" e (b) "as condições do dizer" é que Wittgenstein teria se dado conta de que não se poderia — por problemas relacionados aos paradoxos da autorreferência[106] — formular proposições significativas acerca das próprias condições da significatividade, sendo mais apropriado o calar-se acerca disso que se mostra como indizível. O silêncio

[104] Em relação ao primeiro ponto, é interessante relembrar as proposições 3.34 e 3.341 do *Tractatus*: "A proposição possui traços essenciais e casuais. São casuais os traços que derivam da maneira particular de produzir o sinal proposicional. Essenciais os que, por si sós, habilitam a proposição a exprimir seu sentido "(3.34). "O essencial na proposição é, portanto, o que têm em comum todas as proposições que podem exprimir o mesmo sentido" (3.341).

[105] É por esse motivo que Wittgenstein, no *Tractatus*, considera ser a filosofia absolutamente distinta das ciências: "A palavra 'filosofia' deve significar algo que esteja acima ou abaixo, mas não ao lado, das ciências naturais" (4.111).

[106] Para um desenvolvimento mais extenso desse ponto, ver a segunda seção de meu artigo "Conseqüências ontológicas do argumento tractariano contra a possibilidade de uma metalinguagem", *Analytica*, vol. 2, no 1, 1997, 204-241.

acerca da estrutura constituidora da linguagem, que deveria se seguir a uma compreensão efetiva do *Tractatus*, deve ser tomado, portanto, não como uma negação, por parte do autor, da existência de uma tal estrutura, mas sim como a afirmação de que a nossa linguagem — e nós não dispomos de outra — por pertencer à esfera do fundado, não pode ser utilizada para descrições da esfera fundante.[107]

Mas isso não significa que, para Wittgenstein, não tenhamos nenhum tipo de compreensão dessas condições a priori de significatividade. Segundo ele, tudo aquilo que gostaríamos de *dizer* através das proposições pretensamente significativas que tentaríamos formular para comunicarmos os resultados de nossas pesquisas concernentes a esse arcabouço a priori da linguagem se *mostra* nas proposições significativas cotidianas que produzimos. A distinção tractariana entre o que pode ser dito e aquilo que somente pode ser mostrado é solidária, portanto, à distinção entre elementos empíricos e elementos apriorísticos da linguagem, resumindo-se a discordância do primeiro Wittgenstein em relação à tradição transcendental kantiana simplesmente à ideia de que os elementos apriorísticos se mostram na linguagem, não havendo a possibilidade de se formular um discurso significativo acerca deles.

Apenas essas rápidas considerações acerca do *Tractatus Logico-Philosophicus* já são suficientes, creio, para tornar claro que é pelo menos plausível a tese rortyana de que a filosofia analítica do início do século XX — e particularmente a filosofia do primeiro Wittgenstein — pode ser compreendida como uma tentativa de dar continuidade, através dos meios da análise lógica da linguagem, ao modelo filosófico tradicional de distinção entre a esfera do empírico e a esfera do a priori. Essa distinção forneceria, por sua vez, as bases para a fundamentação da autonomia da filosofia relativamente às disciplinas científicas de natureza empírica.

[107] "The young Wittgenstein saw, however, what Frege and the young Russell had not seen: that the search for nonempirical truth about the conditions of the possibility of describability raises the self-referential problem of its own possibility", Rorty, R., ibid., pág. 54.

II[108]

A concepção de linguagem desenvolvida por Wittgenstein a partir da década de 1930 possui como ponto de partida a ideia de que não se pode compreender o sentido dos termos que compõem a linguagem caso se faça abstração do uso concreto desses termos. Signos ganham um sentido qualquer única e exclusivamente através do modo como eles são utilizados por indivíduos no interior de uma comunidade linguística[109]. As regras que possibilitam a produção e compreensão de proposições significativas somente possuem validade no interior de determinadas práticas de uma comunidade e não podem ser descritas ou analisadas se se tentar abstrair de tais práticas. Uma investigação filosófica da linguagem somente torna-se possível, assim, a partir da aceitação de que não existe 'a' linguagem, mas sim, mais propriamente, uma pluralidade de distintas práticas sociais, nas quais proposições são formadas para se atingir os mais diversos objetivos. Linguagens são, desse modo, incompreensíveis sem o recurso às formas de vida às quais elas são solidárias.

A concepção agostiniana da linguagem, descrita e criticada nos primeiros parágrafos das *Investigações*, não comete apenas o erro de tomar uma determinada aplicação de uma linguagem pela totalidade da linguagem, mas contém, além disso, a falsa convicção de que essa função referencial da linguagem possui uma certa precedência lógica relativamente à práxis linguística, de tal modo que ela poderia ser esclarecida sem o recurso ao uso efetivo de proposições e de termos. Wittgenstein coloca em questão não apenas a universalidade dessa concepção, mas também sua possibilidade de esclarecer até mesmo o uso linguístico referencial de cuja descrição ela havia originalmente partido.

---

108 Retomo, nos parágrafos que se seguem, com modificações, algumas formulações presentes em meu artigo "Sobre o estatuto das proposições gramaticais no segundo Wittgenstein", *Cadernos do IFCH*, UFF, nº 82, 2003, 49-58.

109 Wittgenstein escreve de maneira clara no parágrafo 43 de suas *Investigações Filosóficas*: "A significação de uma palavra é seu uso na linguagem".

Se considerarmos, como o fazem inúmeros comentadores da obra de Wittgenstein, que essa passagem das *Investigações* deve ser compreendida como uma crítica não tão velada à teoria da linguagem presente no *Tractatus*, teremos, então, de aceitar que a mudança de perspectiva filosófica em Wittgenstein não pode ser compreendida unicamente nos termos do desenvolvimento de uma percepção mais aguçada da irredutível pluralidade dos jogos de linguagem, dizendo respeito, ao contrário, também ao modo de compreensão de cada jogo de linguagem tomado individualmente. Tentarei esclarecer melhor esse ponto.

Wittgenstein recusa, a meu ver, por dois motivos distintos, a teoria transcendental da linguagem presente no *Tractatus* e o projeto a ela associado de determinação das condições a priori de significatividade. Em primeiro lugar, pelo fato de eles — o projeto e a teoria — partirem do pressuposto de que haja traços ou características formais que todas as linguagens possuiriam em comum e que constituiriam nos "objetos" da análise filosófica. É precisamente essa ilusão que é combatida vigorosamente por Wittgenstein através da afirmação sempre repetida da diversidade das linguagens e da impossibilidade de se encontrar regras ou formas que sejam comuns a todas as linguagens. Os inúmeros exemplos introduzidos ao longo do texto devem tornar claro que não corresponde aos fatos da linguagem a ideia de que haja uma unidade fundamental profunda entre os diversos usos linguísticos.

A inserção de exemplos não desempenha, contudo, nos textos do segundo Wittgenstein, unicamente a função de chamar a atenção do leitor para a variedade de usos dos sinais linguísticos, mas envolve também uma tentativa de ilustrar a tese de que o uso social efetivo de uma linguagem é constitutivo para essa linguagem. O segundo motivo para se recusar a teoria da linguagem do *Tractatus* consiste precisamente na ideia de que o uso linguístico não pode ser visto como uma mera aplicação ou atualização de uma estrutura previamente estabelecida, cujos limites e possibilidades estejam definidos previamente a esse uso efetivo. O uso deve ser visto, ao contrário, como produtivo, havendo, a partir dele, alterações de limites e expansões de possibilidades de constituição de significado. É em função desse aspecto criativo da práxis linguística que é impensável para Wittgenstein uma determinação a priori dos limites de um jogo de linguagem.

A negação da tese da subsistência de traços formais comuns a tudo aquilo a que chamamos de linguagem, conjuntamente com a afirmação do caráter produtivo do uso linguístico, parece, assim, do ponto de vista das *Investigações Filosóficas*, justificar uma recusa do projeto tractariano de uma determinação apriorística dos limites da significatividade através de uma investigação das condições de possibilidade da constituição do sentido. Enquanto o primeiro Wittgenstein, em seu *Tractatus Logico-Philosophicus*, vê-se obrigado a assumir, em função dos problemas levantados pela autorreferência formal inevitável em proposições desse tipo, a absurdidade dessa empreitada, acabando por se refugiar na inefabilidade do objeto a ser tratado pelas proposições filosóficas demarcadoras desses limites, o segundo Wittgenstein está em posição de recusar esse projeto simplesmente por não haver uma essência da linguagem a ser descrita ou silenciada, uma vez que linguagens somente podem ser descritas ou compreendidas em ligação com suas situações concretas de emprego dos signos linguísticos.

Mas essa interpretação antitranscendentalista acima esboçada está longe de ser consensual entre os intérpretes da filosofia do segundo Wittgenstein. Muitos consideram que as *Investigações* devem ser compreendidas como consistindo, na verdade, em uma tentativa de determinação dos limites e da estrutura da linguagem que leva em conta o fato de não haver uma única linguagem, mas sim uma pluralidade irredutível de jogos de linguagem. Ela diferenciar-se-ia, assim, de uma análise transcendental da linguagem de espírito kantiano — que estaria presente, por exemplo, no *Tractatus Logico-Philosophicus* — simplesmente por substituir a determinação da estrutura formal constitutiva de todas as linguagens por uma análise da estrutura de cada jogo de linguagem tomado em particular. A diferença entre os projetos filosóficos assumidos por Wittgenstein nas duas fases de sua obra diria respeito, dessa maneira, não propriamente à fixação dos objetivos, mas sim ao estabelecimento dos fins a serem utilizados para se alcançar esses objetivos.[110]

Meredith Williams[111] e Thomas Morawetz[112] sustentam não apenas que há uma unidade de projeto filosófico entre o primeiro e o segundo Wittgenstein, mas também que esse projeto corresponde a uma aplicação à linguagem do propósito transcendental kantiano de determinação das condições a priori do empírico, tratando-se, em Kant, da experiência empírica e, em Wittgenstein, do discurso empírico. Mesmo estando consciente das diferenças entre as duas filosofias, Williams considera que essas diferenças dizem respeito a detalhes referentes à implementação do projeto, e não ao projeto em si:

> Enquanto Kant é sistemático, Wittgenstein claramente não o é. Enquanto Kant procura por (e tem por propósito encontrar) uma exaustiva lista de condições necessárias para toda experiência, Wittgenstein assume uma abordagem fragmentária, mapeando os contornos de áreas particulares do discurso. Enquanto Kant procura por princípio universal, Wittgenstein procura o caso concreto. Enquanto Kant localiza a fonte desses princípios, ou regras, constitutivos da experiência na natureza da mente racional, Wittgenstein localiza a fonte na convenção humana. Essas são todas diferenças significativas: mas nessa visão elas são diferenças em tática e detalhe — a estratégia global e o projeto permanecem inalterados.[113]

---

[110] Fann é um dos autores que assume de modo mais claro essa interpretação: "Nas *Investigações*, exatamente como no *Tractatus*, a tarefa de Wittgenstein é questionar as questões, demarcar os limites do sentido, indicar o que pode e o que não pode ser dito. O limite, tal como ele compreendeu no *Tractatus*, somente pode ser estabelecido na linguagem. Certamente a delimitação é traçada de forma diferente por diferentes razões nos dois livros. Ainda assim, traçar limites é a tarefa principal de Wittgenstein em ambos os livros", em: Fann, K. T., *Wittgenstein's conceptions of philosophy*, Oxford, 1969.

[111] Em seu artigo: "Wittgenstein, Kant, and the metaphysics of experience", *Kant-Studien* 81, 1990, 69-88.

[112] Em seu artigo: "Wittgenstein and the synthetic a priori judgements", *Philosophy* 49, 1974, 429-434.

[113] Williams, M., *op. cit.*, 71-72. Na página 74 ela é ainda mais clara: "O apelo de Wittgenstein à diversidade da linguagem é construída como a reivindicação de que há numerosas subdivisões no terreno ling6uístico e não uma totalidade singular a ser delimitada. Isso torna a tarefa transcendental mais complicada, mas não impossível".

A ideia fundamental dessa interpretação transcendental da filosofia do segundo Wittgenstein é a de que, nas *Investigações*, persiste uma diferenciação entre esquemas conceituais, por um lado, e as proposições que são formadas a partir desse esquema, por outro. Desse modo, uma descrição de um esquema conceitual conteria proposições que desfrutariam de um estatuto especial frente às proposições cuja constituição pressuporia exatamente o esquema descrito. Nós teríamos aqui, por assim dizer, esferas transcendentais que possuiriam uma validade meramente 'regional'. Não se falaria mais, nesse contexto, de fundamentos da linguagem enquanto tal, mas sim de princípios fundamentais constitutivos dos diversos jogos de linguagem, respectivamente. O mais importante, contudo, é que permaneceria uma distinção básica entre as esferas empíricas e as transcendentais, mesmo tendo-se 'renunciado' a uma esfera transcendental universal.

Essa interpretação é normalmente justificada através da referência a duas distinções que se encontram nas *Investigações* e em *Sobre a Certeza*[114], respectivamente, e que, na interpretação desenvolvida por mim no presente artigo, se recobrem, sem que, contudo, em função das limitações inerentes a um artigo, eu possa apresentar, no presente contexto, os argumentos interpretativos que me levam a sustentar essa identidade: as distinções entre proposições gramaticais e empíricas e entre proposições passíveis de dúvida e "proposições que se mantêm firmes" (*Sätze, die feststehen*).

As proposições gramaticais representam as regras que têm de ser seguidas para que se possam produzir proposições significativas no interior de um jogo de linguagem determinado. Elas não devem ser compreendidas, contudo, como sendo frases que veiculem um conteúdo unicamente sintático, uma vez que elas refletem a totalidade da imagem do mundo que é pressuposta pelo jogo de linguagem, expressando, portanto, também as certezas fundamentais constituidoras desse jogo, o que nos permite identificá-las com as "proposições que se mantêm firmes", introduzidas em *Sobre a Certeza*. Assim, segundo Wittgenstein, a gramática diz que

[114] Wittgenstein, L., *Über Gewißheit*, Frankfurt am Main, Suhrkamp, 1989.

tipo de objeto algo é e expressa sua essência[115]. Nós poderíamos, portanto, segundo essa interpretação transcendentalista, traçar os limites de um jogo de linguagem através da descrição de sua estrutura gramatical. Nas palavras de Williams: "Verdades gramaticais são descrições de formas de representação, que em conjunto fornecem uma figura composta ou "visão panorâmica" da linguagem. Limites são delineados — não para toda a linguagem, mas para áreas de discurso, cada qual dominada e controlada por sua própria forma adequada de representação. Como em Kant, sustenta-se que essas verdades gramaticais estabelecem o contexto de investigação — sua peculiaridade reside em seu papel epistêmico. Elas assemelham-se a descrições empíricas ordinárias de fato — todo evento tem uma causa, ninguém pode sentir minha dor, a terra existia muito antes de meu nascimento — mas elas não são. Elas fixam os padrões que tornam a investigação possível, tanto quanto estabelecem o escopo da investigação."[116]

O papel epistemológico desempenhado por essas proposições gramaticais é discutido longamente por Wittgenstein nas notas que compõem seu *Sobre a Certeza*. Essas proposições caracterizam-se pelo fato de fornecerem a base sobre a qual deve se apoiar todo aquele que pretenda duvidar de alguma proposição, uma vez que toda a dúvida, de acordo com ele, somente pode ser formulada a partir do solo de uma certeza prévia[117]. Indubitáveis serão, assim, aquelas proposições que representam o esquema conceitual no interior do qual as demais proposições podem ser colocadas em dúvida ou confirmadas. Elas representam, de certa

[115] Wittgenstein afirma nos parágrafos 371 e 373 de suas Investigações Filosóficas respectivamente: "A essência está expressa na gramática". "Que espécie de objeto alguma coisa é, é dito pela gramática. (teologia como gramática)". A esse respeito comenta Specht: "Um jogo de linguagem é uma totalidade na qual signos lingüísticos, objeto e atividade humana formam uma unidade indissolúvel, e de um tal modo que com o esboço das regras realiza-se ao mesmo tempo uma constituição de objetos. As regras do jogo de linguagem, sua gramética, determinam ao mesmo tempo o uso dos signos linguísticos e os traços essenciais do objeto", in: Specht, E., *Die sprachphilosophischen und ontologischen Graundlagen im Spätwerk Ludwig Wittgensteins*, Köln, 1963, pág. 156.

[116] Williams, M., *op. cit.*, 77-78.

[117] Wittgenstein escreve no parágrafo 115 de *Sobre a Certeza*: "Quem quisesse duvidar de tudo não iria chegar á dúvida. O jogo do duvidar já pressupõe a certeza".

maneira, o horizonte de sentido que contextualiza as proposições 'normais' e que fornece os critérios que possibilitam o exame do valor de verdade dessas últimas.

Partindo dessa concepção, Morawetz considera que as 'proposições que se mantêm firmes' desempenham, na filosofia do segundo Wittgenstein, o mesmo papel que os juízos sintéticos a priori desempenham na *Crítica da Razão Pura*, qual seja, o de fixar os quadros conceituais no interior dos quais a formação de juízos empíricos é possível.[118] Obviamente, Morawetz tem clareza acerca do fato de que os princípios kantianos do conhecimento são válidos independentemente de qualquer contexto, enquanto que os de Wittgenstein somente possuem validade no interior de jogos de linguagem restritos. Mas o que importa para ele, em relação a esse ponto, não é se tais princípios são ou não universais, mas sim se eles constituem o horizonte a partir do qual as proposições empíricas pertencentes a um determinado jogo de linguagem podem chegar a ser formuladas e compreendidas. Se a resposta a essa indagação for afirmativa, então as "proposições que se mantêm firmes" devem ser compreendidas como representando princípios transcendentais da constituição de proposições empíricas significativas, o que acabaria por aproximar a investigação wittgensteiniana daquela conduzida por Kant acerca da razão teórica: "Se Wittgenstein está interessado em responder as mesmas questões que Kant e as responde de maneira similar, ele não está menos que Kant respondendo a questões transcendentais."[119]

A ideia basilar dessa interpretação transcendental da filosofia do segundo Wittgenstein é, portanto, a de que há uma diferença de natureza entre as proposições empíricas e aquelas proposições que formam a estrutura conceitual que possibilita a formação das

[118] "Proposições indubitáveis desse tipo estão ligadas a proposições empíricas dubitáveis ordinárias de um modo especial. É possível duvidar de uma proposição dubitável e buscar isso somente se certas proposições indubitáveis se mantêm firmes. (...) A certeza de proposições que são as fundações do pensamento é uma condição de possibilidade da investigação empírica, uma condição para a possibilidade de vir a tornar-se certo acerca de matérias contingentes", in: Morawetz, T., *op. cit.*, pág. 432.

[119] Morawetz, T., *op. cit.*, pág. pág. 435.

primeiras. As proposições gramaticais — isto é, as 'proposições que se mantêm firmes' — constituiriam o plano sobre o qual se apoiariam as demais proposições para que essas pudessem ser constituídas. Poder-se-ia, assim, falar de uma relação de pressuposição, na qual as proposições empíricas pressuporiam essas proposições transcendentais.

Essa concepção fica clara na comparação que Specht realiza entre as proposições gramaticais e as proposições a priori: "Tal como as proposições a priori, também as proposições gramaticais referem-se à realidade sem que seu valor de verdade dependa dessa realidade; os dois tipos de proposição são válidos em universalidade estrita e, por isso, são necessariamente verdadeiros; seus respectivos contrários são, por conseguinte, irrepresentáveis ou impensáveis"[120]. As proposições a priori kantianas e as proposições gramaticais wittgensteinianas, por desfrutarem do mesmo estatuto gnosiológico, poderiam ser, assim, comparadas umas às outras. Elas constituiriam a base que seria pressuposta quando da consideração das proposições empíricas como verdadeiras ou falsas. Para que o sistema funcione, é indispensável, contudo, que se considere que essa base não necessita, por sua vez, de nenhuma fundamentação ulterior.

Creio, entretanto, que essa tentativa de kantianização da filosofia do segundo Wittgenstein repousa sobre uma interpretação acerca da natureza e do estatuto das proposições gramaticais — isto é, das 'proposições que se mantêm firmes' — que simplesmente desvirtua o que há dc mais próprio à elaboração wittgensteiniana. Tentarei, no que se segue, desenvolver uma interpretação que julgo mais adequada e, com isso, refutar a interpretação transcendentalista acima apresentada.

O tema principal tratado em *Sobre a Certeza* consiste precisamente na determinação das relações epistemológicas subsistentes entre proposições empíricas e gramaticais. Trata-se, em outras palavras, de uma reflexão acerca dos traços característicos das proposições das quais nós não podemos duvidar racionalmente, isto é, duvidar com a apresentação de motivos racionais. Essa

[120] Specht, K., *op. cit.*, pág. 131.

indubitabilidade levou Moore[121] a pensar que elas representam um tipo especial de conhecimento. Ele afirma que sabemos com certeza que elas são verdadeiras, mesmo que essa verdade não decorra da inconceptibilidade de sua falsidade. Wittgenstein tenta, ao contrário, mostrar que essas proposições não representam nenhum tipo de conhecimento e que elas constituem simplesmente o pano de fundo ao qual se faz referência quando se afirma que se sabe algo. Essas proposições representam as certezas fundamentais sobre as quais se baseia nosso conhecimento empírico, estando fora do jogo da verdade e da falsidade precisamente por fornecerem as condições para que tal jogo tenha lugar.

Disso não se segue, entretanto, para Wittgenstein, que subsista uma relação de pressuposição, de acordo com a qual o valor de verdade das proposições empíricas dependa do grau de aceitação dessas proposições que expressam as certezas fundamentais. Isto é: não devemos compreender essa relação a partir do padrão tradicional, segundo o qual as proposições tidas por mais fundamentais possuem uma espécie de precedência epistemológica relativamente às outras proposições, de tal modo que sua validade seja garantida independentemente do recurso às proposições que elas fundamentam. Não se pode falar, nesse contexto, da subsistência de uma relação de pressuposição, pois isso implicaria uma independência epistêmica total das 'proposições que se mantêm' em relação às proposições empíricas, e é precisamente essa ideia de independência que Wittgenstein recusa. Não são, segundo Wittgenstein, as 'proposições que se mantêm' que tornam as proposições empíricas mais seguras, mas sim essas últimas que, de algum modo, fornecem sustentação àquelas. Não devemos procurar partir da certeza de uma proposição de caráter geral para, então, nos assegurarmos da verdade de proposições particulares, mas sim percorrer o caminho inverso. É por estarmos certos acerca da verdade de um conjunto relativamente extenso de proposições empíricas que aceitamos um princípio fundamental que esteja em

[121] Em seu famoso artigo "Em defesa do senso comum", em: Moore, G.E., *Princípios éticos; Escritos filosóficos; Problemas fundamentais da filosofia*, seleção de textos de Hugh Lacey, traduções de Luiz João Baraúna, Pablo Rubén Mariconda, São Paulo, Abril Cultural, 1980, 81-102.

concordância com essas proposições. Essas 'proposições que se mantêm' não são consideradas, assim, como seguras em função de alguma característica a elas inerente[122], mas sim simplesmente em função do fato de elas serem coerentes e compatíveis com um conjunto de proposições empíricas das quais não se quer abrir mão. A certeza de uma 'proposição que se mantém' deriva-se não dela tomada isoladamente, mas sim do conjunto de proposições empíricas das quais se está certo e que são solidárias a ela. Dessa maneira, citando Wittgenstein, "isso, a que eu me agarro, não é uma proposição, mas uma rede de proposições."[123]

A relação entre as 'proposições que se mantêm de pé' e as proposições empíricas é, assim, de natureza totalmente distinta daquela subsistente nas relações de fundamentação de tipo transcendental. Enquanto nessas, as proposições basilares fornecem os fundamentos sobre os quais o discurso empírico é erigido independem epistemologicamente daquilo que elas fundamentam, naquela se dá exatamente o oposto: aquilo que é fundamentado é essencial para o asseguramento da base fundamentadora. Enquanto na visão transcendental, o conhecimento humano poderia ser visto como uma casa ancorada em alicerces de natureza apriorística que lhe dão sustentação, Wittgenstein considera que, nesse caso, é o próprio alicerce que somente se sustenta a partir do apoio solidário da casa como um todo: "Cheguei ao solo de minhas convicções. E poder-se-ia dizer acerca desse alicerce que ele é sustentado pela totalidade da casa."[124]

Não há, desse modo, nenhuma distinção de natureza entre as proposições empíricas e as 'proposições que se mantêm firmes'. Essas últimas diferenciam-se das primeiras unicamente por desempenharem um determinado papel, podendo, entretanto, esse papel ser desempenhado por qualquer proposição empírica.[125] Isso significa que essa distinção possui um sentido única

[122] Wittgenstein deixa esse ponto claro no parágrafo 144 de *Sobre a Certeza*: "Aquilo que permanece firme não o é assim por ser intrinsecamente óbvio ou convincente, senão que aquilo que o rodeia é que lhe dá consistência".

[123] Wittgenstein, *Sobre a Certeza*, § 225.

[124] Wittgenstein, *Sobre a Certeza*, § 248.

[125] "Eu digo sim: Qualquer proposição empírica pode ser transformada em um postulado — e torna-se uma norma da representação", Wittgenstein, *Sobre a Certeza*, § 321.

e exclusivamente funcional, nada tendo a ver com características intrínsecas às proposições. É em virtude do papel que as proposições desempenham no interior dos jogos de linguagem que podemos classificá-las como pertencendo a um ou a outro grupo e não em função de uma análise isolada delas. De certa maneira, é o conjunto das proposições que determina quais delas deverão ser tomadas como 'proposições que se mantêm firmes'. Assim, "não aprendo expressamente as proposições que para mim se mantêm firmes. Eu posso descobri-las subsequentemente como o eixo de rotação de um corpo que gira em torno de si mesmo. Esse eixo não se mantém firme no sentido de que algo o torne firme, mas o movimento em torno dele determina sua imobilidade."[126]

A ideia fundamental da concepção de linguagem do segundo Wittgenstein parece-me ser, portanto, a de que nenhuma proposição pode ser entendida ou descrita independentemente do recurso a um contexto formado por outras proposições e por práticas sociais extralinguísticas. Proposições significativas somente podem constituir-se a partir de um horizonte de sentido que serve de pano de fundo para sua emergência, possuindo, entretanto, esse horizonte um caráter eminentemente empírico e social, o que impede que se o determine aprioristicamente. Em lugar de uma investigação transcendental de uma forma geral — ou de formas particulares — da linguagem, oferece-nos o segundo Wittgenstein uma análise pontual que se ocupa com proposições e conceitos no interior de formas de vida particulares.

[126] Wittgenstein, *Sobre a Certeza*, §152.

As disjunções discursivas de Nicolas Malebranche

Fabiano Lemos
UERJ/CNPq

"Era apenas uma voz em que uma voz se imaginava (...)".
Maria Gabriela Llansol, *O livro das comunidades*.

À medida que avançamos na literatura de comentadores, convencemo-nos de que tornou-se um lugar-comum apontar o contraste entre a enorme repercussão que as obras de Nicolas Malebranche alcançaram entre os séculos XVII e XVIII e seu relativo esquecimento desde então, interrompido ocasionalmente por estudos sistemáticos como os escritos ou organizados por Gouhier (1948), Guéroult (1939, 1955, 1959a e 1959b), Rodis-Lewis (1963), Robinet (1965) e, mais recentemente, Bardout (1999) e Nadler (2000). Acreditou-se, nos anos 1960, que a publicação dos principais volumes de sua obra completa resultaria em uma verdadeira "ressurreição" (ROBINET, 1967, p. 9). Mas, em um seminário sobre Malebranche ministrado em 1986, Alain Badiou indica o anticlericalismo que se formou ao longo do século XVIII como responsável pelo apagamento de sua filosofia, com consequências duradouras: "A título de objeto acadêmico,

Malebranche existe, mas ele é muito raramente referido no movimento de uma obra, nas construções de um outro filósofo" (BADIOU, 2013, p. 26).

Podemos apenas supor que, nesse horizonte, sua escrita profundamente sinuosa, marcada por um movimento incessante de passagem da impessoalidade à pessoalidade, da visão do mundo à escuta do Verbo, do fora do Outro ao dentro do Eu, e vice-versa, tenha eclipsado o alcance de um pensamento cujo autor já se quis reconhecer como o último metafísico (cf. PINCHARD, 1998, p. 10) ou mesmo como inventor da linguagem filosófica do século XX (cf. VIEILLARD-BARON, 1998, p. 56). A escrita malebranchiana é, portanto, exigente não apenas porque ela testemunha seu contínuo retorno sobre si mesma, nas inúmeras ocasiões em que seu autor corrigiu, ampliou, eliminou parte dela, mas, sobretudo, porque as transfigurações autobiográficas, o lugar ocupado pelo discurso em primeira pessoa, operam nela, como procurarei mostrar, desvios muito maiores que os que encontramos em Descartes. Diante desses desvios, não só todo um léxico precisará ser constituído, nem sempre de modo definitivo e claro; mas, também, a própria relação entre o sujeito e seu discurso, ou entre a ideia de *autoria* e a de verdade, entrará em estado de suspeição. A hipótese geral que gostaria de analisar a seguir é a de que Malebranche se tornou relativamente inassimilável no que se refere à narrativa canônica da filosofia moderna, em grande medida devido a uma série de disjunções que são estruturantes de seu complexo conceitual e de sua linguagem. As importantes tentativas de sistematização de seu pensamento são obrigadas, pelos pressupostos historiográficos e exegéticos que assumem, a minimizar o impacto dessas disjunções. Penso, ao contrário, que, se as tomarmos menos como deficiências e mais como posições estruturantes da filosofia malebranchiana, poderíamos propor, quanto a ela, uma imagem renovada — certamente menos coerente, mas mais abrangente –, ao mesmo tempo em que nos encontraremos habilitados a avaliar os elementos que, na construção histórica do cânone filosófico moderno, se instauram como seu *limite*. Para fins programáticos, divido a série de disjunções que procuro investigar na sequência em dois estratos, que analiso separadamente: o dos conceitos e o da linguagem. Não é preciso insistir no fato de que, especialmente em um autor que experimentou tantos modelos narrativos, do tratado à conversação, esses dois níveis se interpenetram e se amplificam. Pareceu-me, contudo, que quaisquer leituras que procurassem discutir tal campo de interseções poderiam tirar proveito de um trabalho prévio, ainda que esquemático, acerca dos elementos que nelas estão envolvidos. O que se segue, portanto, limita-se a essa tarefa prévia.

1 - Disjunções conceituais.

É preciso demarcar, de início, o duplo, simultâneo e singular pertencimento de Malebranche ao cartesianismo e ao agostinianismo — ponto que já foi muitas vezes discutido pelos comentadores, embora frequentemente no sentido de matizar a incompatibilidade dessas tradições (cf. FAYE, 2000). Os impasses dessa articulação, no entanto, talvez sejam menos derivados da posição de Malebranche do que se supõe e representem, também, dificuldades da própria dívida cartesiana em relação a Agostinho. A associação entre as *Meditações* de Descartes e a filosofia agostiniana, especialmente no que diz respeito ao momento indexador do *cogito ergo sum*, está hoje bastante estabelecida, mas sua história é muito mais antiga e já foi estudada em detalhes em diversas ocasiões (cf. GOUHIER, 1978; FAYE, 2001, pp. 5-25; JANOWSKI, 2004, pp. 1-11). De fato, ela já havia sido notada, de passagem, por seus contemporâneos, como Marin Mersenne e Andreas Colvius o fizeram em 1637, mas foi discutida pontualmente nas quartas *Objeções*, enviadas por Arnauld a Descartes cerca de três anos depois (cf. *AT* X, p. 170). Tal associação, portanto, tinha percorrido uma certa tradição de comentários quando chegou a Malebranche, que encontrou seus elementos conceituais bem assinalados na introdução escrita por Claude Clerselier para a edição póstuma de *L'homme*, em 1664 — livro que promoveu a famosa conversão malebranchiana ao cartesianismo (cf. *OC* XVIII, pp. 44-49).

Mesmo antes, em 1657, o próprio Clerselier já havia editado algumas cartas de Descartes em uma coleção em cujo primeiro tomo podemos ler a resposta enviada por este a Mersenne, que havia lhe pedido uma indicação do texto de Agostinho que se poderia comparar ao encontro do *cogito* na segunda *Meditação*. A indicação é dada, assim, em carta de dezembro de 1640: "Houvestes me advertido de uma passagem de S. Agostinho a respeito de meu *eu penso, logo sou*, que solicitastes, me parece, desde então; é do livro décimo primeiro da *Civitate Dei*, cap. 26" (*AT* III, p. 261). Embora não se possa afirmar com certeza que Descartes tivesse lido a passagem como fonte de seu próprio texto, ainda que se considerem certas evidências circunstanciais de seu contato com os agostinianos da congregação do Oratório (MENN, 1998, pp. 7-ss.) — à qual pertenceria Malebranche –, sua referência à *Cidade de Deus* estabelece, de fato, muitos níveis de implicação, ou mesmo de continuidade com o projeto agostiniano. É preciso citar aqui tal passagem:

> Assim, somos, conhecemos que somos e estimamos esse ser e esse conhecer [Nam et sumus, et nos esse novimus, et id esse ac nosse diligimus]. E nas três ditas verdades não nos turva falsidade ou verossimilhança alguma. Não as tocamos como as coisas que estão fora, com os sentidos do corpo, como que vendo cores, ouvindo sons, cheirando odores, degustando sabores, sentindo, ao tocar, o que é mole ou duro; nem como lançamos o pensamento [cogitatione versamos] a imagens muito semelhantes, mas não corpóreas, das coisas sensíveis, que retemos na memória, e, graças a elas, nascem-nos os desejos dos objetos eles mesmos: mas, sem quaisquer fantasias ou fantasmas [sine ulla phantasiarum vel phantasmatum] da imaginação ludibriante, me é certíssimo que o somos, conhecemos e amamos [mihi esse me, idque nosse et amare certissimum est]. Não temo em nada, com essas verdades, os argumentos dos acadêmicos, ao dizerem: Quê? Se te enganas? Pois se me engano, sou [Se enim fallor, sum]. Assim, quem não é não pode mais se enganar, e, por isso, se me engano, sou. Na medida em que logo sou, se me engano, como me engano de que sou, quando é certo que sou, se me engano? (*O* XVI, p. 761; *Civitate Dei* XI, XXVI).

Muitos dos comentadores de Descartes — ou de Agostinho — se voltam para a convergência entre esse texto e a segunda meditação cartesiana, atentando para a persistência do argumento sobre a natureza do conhecimento imediato que temos de nós mesmos (cf. GILSON, 1967, p. 260). A relevância dessa questão epistêmica, no entanto, pode apenas superficialmente servir de álibi para a pouca atenção que tem sido dispensada a um outro traço do pensamento de Agostinho, nítido nessa mesma passagem, que se estenderia através do projeto cartesiano: a passagem para a narrativa em primeira pessoa. Para um leitor informado pelo debate sobre a espiritualidade do Seiscentos, o deslize nada acidental do *sumus, et nos esse novimus* para o *mihi esse me* representa uma dimensão estruturalmente plena de sentido para o exercício da escrita filosófica moderna. Esse mecanismo, que poderíamos considerar como uma *transfiguração autobiográfica da verdade*, revela em que medida essa espécie de *engolfamento* do discurso filosófico, constituído na forma de um *Eu / para mim* [mihi], ocupa a função de limiar da dúvida e, ao mesmo tempo, de seu ultrapassamento.

As muitas tentativas de comentadores (cf., por exemplo, HERMANS & KLEIN, 1996) de aproximarem as *Meditações* de Descartes da prática dos exercícios espirituais de Inácio de Loyola — considerando os nove anos de ensino do primeiro no colégio jesuíta de La Flèche — deixam de lado esse ponto que reunirá, mantidas as óbvias diferenças, Agostinho, Inácio, Descartes e Malebranche: uma instrumentalização do aspecto limítrofe do Eu e da escrita de si, que, submetendo a verdade objetiva a uma prova de disjunção, consolida o método como reapropriação da interioridade. A conquista de si, que, no discurso cartesiano, é inaugural, como na primeira sentença das *Meditações* — "Notei já há muitos anos..." (*AT* VII, p. 17) — é a conquista não apenas da *minha* identidade, mas da identidade ela mesma, e supõe, assim, uma inseparabilidade da coisa que pensa e do Eu que a sente (cf. *idem*, p. 29: "Quid est quod a meâ separatum dici possit?"). Há uma dimensão da espiritualidade agostiniana e inaciana que certamente insiste no sucesso dessa união incontornável, e é compreensível que a narrativa triunfalista que a modernidade construiu a respeito de si a tenha estendido através de uma leitura de Descartes que dispensa as tensões da autobiografia. Há, no entanto, na mesma espiritualidade agostiniana-inaciana — e seria possível, até onde vejo, sugerir que ela encontraria certos textos cartesianos — uma dimensão mais tensionada, que localiza o empreendimento da conquista de Si em um persistente horizonte disruptivo. É o que levava Agostinho, imaginando esses "frenéticos [Phrenetici], que dizem e fazem muitos absurdos" (*O* XVII, p. 1375; *Civitate Dei*, XIX, IV), a ter de conter suas lágrimas; é o que fez com que a única alternativa de Inácio diante de tão frequentes e involuntários choros, fosse criar um sistema precário para seu registro. A leitura de Malebranche esteve continuamente atenta para essa dimensão lacrimosa da relação entre autobiografia, verdade e salvação. Seu triunfalismo é de outro tipo, muito mais perturbador para a modernidade do que a versão retilínea do método cartesiano.

Embora a obra inaugural de Malebranche, *De la recherche de la verité* [*Da busca da verdade*], cujo primeiro volume apareceria em 1674, seja tão marcada quanto as *Meditações* cartesianas pelo constante deslizamento do *nós* ao *eu* — ao mesmo tempo como objeto e perspectiva de enunciação –, os livros que lhe seguiram exploraram, nas décadas posteriores, um número muito maior de formas literárias capazes de complicar essa relação, ao menos em relação àquelas utilizadas por Descartes. Para além das estratégias retóricas e narrativas da composição malebranchiana, que analisarei adiante, gostaria de remeter a variedade dessas experimentações a alguns elementos que se manifestam conceitualmente. O conjunto por eles formado, do ponto de vista dos problemas aqui indicados, se organiza em torno de duas cisões que tornam a identidade do sujeito um desafio, assim como farão de sua escrita um exercício de divergência: de um lado, a tese de Malebranche segundo a qual as ideias do conhecimento não estão no Eu, mas em Deus; de outro, a hipótese de que é Deus que age através desse Eu, tornando sua autonomia uma ilusão. Visão em Deus e ocasionalismo não representam, assim, apenas as duas hipóteses com que habitualmente se identifica a contribuição de Malebranche à história da filosofia; elas se anunciam, antes, como os dois limites disjuntivos de sua própria noção de subjetividade — e que, no entanto, se localizam, paradoxalmente, em seu próprio interior, produzindo uma topologia paradoxal pouco assimilável àquela que se desenhou no cânone moderno.

1.1 - A visão em Deus e a saturação do Eu

A respeito da tese malebranchiana da visão em Deus, poucos testemunhos são mais eloquentes, no que se refere à sua heterodoxia, quanto o interminável e áspero debate com Arnauld, atestado pelos quatro tomos que o representam na edição das obras completas de Robinet (*OC* VI a IX), os quais não deixam de voltar, de uma maneira ou de outra, à questão. Sem qualquer intenção de reconstruir essa polêmica, considero aqui a hipótese da visão das ideias em Deus exclusivamente a partir do tipo de *separação* que ela instaura no interior do Eu. De forma esquemática, o que se pretende aqui é resolver o dilema filosófico milenar da fonte de nossas ideias na produção do conhecimento, recolocado na ordem do dia pelo impacto do cartesianismo. Após recusar quatro hipóteses a esse respeito — a de que as ideias são produzidas pelos objetos materiais (cf. *OC* I, pp. 418-421; *Recherche* III, II, II), a que encontra sua origem em um poder próprio da alma, quando suscitada por um objeto externo (cf. *OC* I, pp. 422-428; *Recherche* III, II, III), a que supõe que Deus as criou e as cria intermitentemente em nós (cf. *OC* I, pp. 429-432; *Recherche* III, II, IV), e, enfim, a que compreende que o espírito pode chegar à essência das coisas apenas ao refletir sobre suas próprias perfeições (cf. *OC* I, pp. 433-436; *Recherche* III, II, V) –, Malebranche introduz sua própria solução no passo seguinte: "Assim, segundo nossa opinião, nós vemos Deus na medida em que vemos as verdades eternas: não que essas verdades sejam Deus, mas porque as ideias de que essas verdades dependem estão em Deus (...)" (*OC* I, p. 444; *Recherche* III, II VI). Essa estranha tese, que Arnauld insistentemente acusou, apesar das respostas de Malebranche em sentido contrário, de equivaler à pretensão de ver o próprio Deus (cf.

OC VI, pp. 135-138, por exemplo; cf. GOUHIER, 1948, pp. 312-329; ROBINET, 1965, pp. 225-230), sustenta-se no argumento de que nossas percepções não têm o poder de se colocar no lugar dos objetos, representando-os, ou seja, limitadas à interioridade do sujeito, elas podem produzir apenas um *sentimento* que não corresponde necessariamente ao objeto que o afeta (cf. *OC* I, p. 415; *Recherche* III, II, I). Se ideias são distintas das percepções, é porque estão fora do sujeito, localizadas em Deus, sendo capazes, somente nessa nova topologia, efetivamente de representar — ação para a qual somente a volição divina está habilitada. O que Malebranche pretende é, portanto, refutar a teoria cartesiana, que, segundo ele, confunde escolasticamente a ideia com a realidade formal, existente enquanto modificação da alma. Sua alternativa representa, assim, um retorno à ontologia das ideias platônico-agostinianas (cf. SCHMALTZ, 2000, p. 61), que traça, entre a atividade intrínseca do Eu, meramente perceptiva, e a visão das ideias em Deus, genuinamente ativa, um horizonte de transcendência que rasura a identidade do sujeito consigo mesmo. É essa linha de separação, digamos, *originária*, que fará do discurso autobiográfico no percurso da *busca pela verdade* um domínio ao mesmo tempo incontornável e insólito.

Uma vez que as ideias que nos permitem representar o mundo estão depositadas não apenas fora de nós, mas no extremo-fora, no fora-em-si, que é Deus, o que resta do domínio da interioridade, fechado sobre si mesmo sob a forma sempre tendencialmente enganosa da percepção? É preciso insistir sobre esse aspecto tendencial, liminar, para que a questão atinja seu sentido mais problemático. Diferentemente de Descartes, Malebranche entende que a percepção de si nunca pode produzir uma certeza sólida ou uma ideia clara do Eu, apta a fundar a ordem do conhecimento; mas essa relação primeira, não iluminada, do sujeito consigo mesmo não pode ser simplesmente desqualificada, pois ela expressa a própria condição humana, cujo reconhecimento deve ser *sentido* para que se dê a ocasião de uma iluminação vinda de fora — essa, sim, verdadeiro conhecimento. É preciso, assim, encontrar para esse impreciso saber de si seu lugar, sempre determinado pela perspectiva da transcendência em relação à verdadeira ação divina. É verdade, portanto, que a *Recherche* se afasta exemplarmente das *Meditações* cartesianas nesse ponto, ao defender a hipótese de que a alma não é mais cognoscível, pela sua proximidade, do que a extensão. Se "nossa alma não tem necessidade de ideias para perceber [apercevoir] todas as coisas da maneira pela qual as percebe porque estão dentro da alma" (*OC* I, p. 415; *Recherche*, III, II, I), isso não quer dizer que esse acesso designe uma real autonomia. *Não precisar de ideias* corresponde aqui a *não ser exatamente um conhecimento*, ou sê-lo apenas em sentido analógico. Isso que somente por extrapolação designamos conhecimento de si, assim como o discurso que dele deriva, tem, em Malebranche, um duplo valor, que satura o sujeito sob dois aspectos.

De um lado, ele expressa a condição inescapável para o homem de ser a única criatura que se percebe enquanto tal, premissa sem a qual não poderia haver qualquer iluminação, o que o satura de sua finitude trágica. No que se refere aos objetos externos, marcar esse limite significa separar o *sentimento* da *visão* das ideias em Deus que deverá excedê-lo: "Conheço um quadrado por uma ideia, mas não é senão por um *sentimento interior* de minha percepção que sei que o conheço" (*OC* VI, p. 54). Para o limite atingido diante de objetos do mundo, trata-se de uma lição de esperança, pois, por mais que vejamos suas ideias em Deus, me é vedado, enquanto ser finito, avaliar a adequação dessa correspondência. É preciso confiar: "Certamente, só a fé pode nos convencer de que há efetivamente corpos. Não se pode ter demonstração exata da existência de um outro ser além daquela que é necessária" (*OC* III, p. 64; *Éclairc. VI*). É esse o motivo pelo qual Malebranche é levado a distinguir entre verdades contingentes, ligadas a esse saber perceptivo de que conheço, ou seja, de que a visão das ideias *me* atinge, e verdades necessárias, reveladas por Deus através das ideias — o que institui, digamos, dois registros para o que chamamos de ciência (cf. CARBONE, 2018, pp. 36-37). No fundo, acreditar que o que pensamos, elaborado desde a imprecisão epistêmica da interioridade, corresponde às ideias é um "pequeno crime", como afirma o *Prefácio* da *Recherche* (*OC* I, p. 24). O que ocorre nessa interdição epistêmica, teológica e jurídica, é a saturação do Eu enquanto *intelecto finito*.

Quanto aos objetos internos, ou seja, para a autopercepção do Eu, esse limite impõe um outro exercício, dessa vez de humildade, porque, como Deus não disponibiliza ideias para o conhecimento de si, fazendo-o apenas para objetos extensos, o sujeito precisa aprender a lidar com sua cegueira constitutiva como parte inalienável da ordem divina. Apenas aparentemente tal cegueira pode ser tomada como um ponto de partida confiável. Foucault, comentando o papel que a imaginação, faculdade perceptiva, assume na filosofia de Malebranche, a reconstitui em seu vocabulário ao mesmo tempo cartesiano e agostiniano, científico e teológico: fala-se da "imaginação como revelação, como revelação de que tenho um corpo, sem o que eu não saberia que tenho um corpo" (FOUCAULT, 2022, p. 39). Não é possível exagerar o risco da ambiguidade desse ponto, que tornou o diálogo com Arnauld cada vez mais ilegível: que o Eu *saiba* que tem um corpo pelo acesso perceptivo de si é algo que aproxima Malebranche de Descartes; que esse saber seja, quando comparado às ideias em Deus, ínfimo e instável, é o que o coloca ao lado de Agostinho. Trata-se, na relação autocognitiva, fundamentalmente, de um tipo de saber que nunca encontrará o recurso da iluminação pelas ideias. A nona das *Meditações cristãs e metafísicas* formula-o explicitamente nas palavras que o Verbo divino dirige ao Eu. Ele admite um certo alcance do que chama, de início, conhecimento: "Conheces o que és, e o que és pensando, amando, sofrendo; pois tens sentimento interior de teu ser e de suas modificações"; logo na sequência, porém, determina sua particularidade: "sentimento confuso que te atinge, mas ainda um golpe, sentimento sem luz que não pode te esclarecer, sentimento que não pode te ensinar o que tu és nem servir para resolver as dificuldades que te embaraçam" (*OC* X, p. 103; *Méd. chr.* IX, XVIII). E se, em relação aos objetos do mundo, o indivíduo pode nutrir a esperança de ser socorrido pelas ideias em Deus, o mundo de sua interioridade está desabrigado. Na mesma nona meditação, o Verbo explica por que se recusa a dar ao espírito um conhecimento claro de si: primeiro, porque, se fosse o caso, o espírito não ia querer permanecer ligado ao corpo, já que este é infinitamente mais miserável que a ideia do ser, e perturbaria a economia salvífica do sacrifício exigido para o homem: "é bom que te tomes, assim, por teu corpo, a fim de que, ao sacrificá-lo, tu sacrifiques a ti mesmo pelo suplício devido a todos os pecadores" (*OC* X, p. 104; *Méd. chr.* IX, XIX). Em segundo lugar, porque a mera contemplação dessa ideia de Si, sendo clara e distinta, causaria uma impressão tão forte que o Eu não se ocuparia de mais nada e seria absorvido pelo seu fechamento, não se abrindo para os desígnios de Deus: "Deus não te fez para pensar somente em ti" (*OC* X, p. 105; *Méd. chr.* IX, XXI). É o que identifica sua saturação providencial, enquanto *criatura de salvação*.

O quadro do discurso de verdade do Eu em Malebranche está determinado, portanto, por duas coordenadas que se põem continuamente à prova e se reverberam: a contrapartida da transcendência vertical, entre homem e Deus, é a obscuridade estruturante horizontal, do Sujeito para consigo mesmo. O mero deslocamento topológico da questão da natureza das ideias, que, como vemos, promove uma oscilação abissal entre dentro e fora, opera, em relação à filosofia cartesiana — e, por extensão, à filosofia moderna como um todo –, uma demanda radical de pauperização da subjetividade, tornando o Eu quase tão ínfimo que se torna indetectável, imprevisível, e, portanto, perigoso para todo projeto narrativo que não conte com a graça divina para capturá-lo em sua liminar nadidade. Vê-se como a hipótese da visão em Deus, separando a luz da revelação da mecânica humana do olhar, colocava em risco, em um primeiro e importante aspecto, o projeto de homogeneização do discurso filosófico e científico.

1.2 - A ação cindida e o descentramento do sujeito

A questão se amplifica ainda mais com o avanço da segunda hipótese, a do ocasionalismo. Ela estava disponível de alguma forma entre os escolásticos medievais — como Gabriel Biel ou Pierre d'Ailly, mencionado por Malebranche como seus antecessores nessa questão (*OC* III, p. 243; Éclairc. *XV*) — ou entre os mutacalins, os teólogos muçulmanos, que, a exemplo de al-Ghazālī no século XI, procuravam uma explicação doutrinária capaz de preservar a transcendência radical do poder divino (cf. FAKHRY, 1958, pp. 13-15). Retrocedida a esse ponto, uma definição comum, no entanto, guarda o risco de produzir certos anacronismos, motivo pelo qual talvez seja mais plausível encontrar sob uma tal definição o que denominaríamos de *ocasionalismo moderno*. Em termos gerais, reconhece-se tal tese ocasionalista na medida em que ela pressupõe que a única causa eficiente de eventos no mundo seria Deus, e o envolvimento das demais criaturas se daria apenas enquanto elas podem ser identificadas como uma *ocasião* para a ação divina. A abrangência dessa hipótese, especialmente no século XVII, inclui a possibilidade de explicar as afecções dos órgãos perceptivos diante de objetos, a ligação entre a vontade como faculdade anímica e sua expressão física e as mudanças observadas na interação de dois corpos — todas essas questões se deixariam explicar através do princípio maximamente sintético da volição de Deus (cf. GARBER, 1993, pp. 9-10; NADLER, 2011, pp. 6-9). Trata-se, portanto, de uma hipótese que conduz o problema do conhecimento, da relação corpo-alma e da causalidade objetiva a um único fator, expressivo de uma certa teleologia, própria da ideia teológica de providência. Guéroult resume, portanto, do seguinte modo o escopo do ocasionalismo a partir das questões da epistemologia do Seiscentos:

> De fato, simplicidade das vias, legalidade, ocasionalismo, têm sua razão de ser no propósito divino, na medida em que um dos seus fatores constitutivos é a perfeição da conduta divina. Além disso, as especificações dessa legalidade, quer dizer, das diversas leis, não são instituídas senão para permitir, nos limites da perfeição das vias, a realização da mais bela obra. (GUÉROULT, 1959a, p. 209).

Não é difícil notar o quanto essa possibilidade de se estabelecer um princípio capaz de expressar tão amplamente a ordem do mundo poderia atrair os filósofos do século XVII, especialmente os cartesianos, às voltas com a dificuldade colocada pelo problema da relação entre corpo e alma. Apesar de não poder ser considerada como uma hipótese que teria por função resolver especificamente esse complicado passo do pensamento de Descartes (cf. NADLER, 1993, p. 4), a ideia de que somente a sabedoria divina produz a eficácia dessa interação entre corpos e mentes — e entre dois ou mais corpos — guardava consigo uma dupla potência. Sob uma certa perspectiva, ela acentua a coerência sistemática de ações transindividuais enquanto propósito cosmológico, oferecendo uma versão do providencialismo cristão compatibilizada com uma recente teoria geral da causalidade. Mas, simultaneamente, ela abre caminho para uma concepção de subjetividade tão passiva — dependendo do quão longe se leva a noção de que o Eu também é uma mera ocasião para a eficácia de Deus, e que sua fala é, em última análise, igualmente ocasião para a fala de um Outro — que faz reemergir, no ventre da racionalidade moderna, os dispositivos disjuntivos de uma mística da cisão da individualidade.

Até onde Malebranche teria levado essa hipótese é uma questão com que os comentadores têm se ocupado há bastante tempo. Admite-se, frequentemente, que sua introdução no primeiro volume da *Recherche* é ainda enviesada:

> Pois o entendimento é uma faculdade da alma puramente passiva; e a atividade não se acha senão na vontade. Seus desejos mesmos não são as causas verdadeiras das ideias, eles não são senão as causas ocasionais ou naturais de sua presença, em consequência das leis naturais da união da nossa alma com a Razão universal, como expliquei em outra parte. (*OC* I, pp. 448-449; *Recherche* III, II, VII).

Apesar dessa distinção, em 1674 Malebranche parece mais interessado em explorar a hipótese da visão das ideias em Deus, para a qual o ocasionalismo serve sobretudo como princípio de demarcação topológica, assinalando que, de modo algum, essa visão pode estar sendo produzida a partir do sujeito (cf. SCHMALTZ, 2000, p. 79). Os posteriores acréscimos da obra, no entanto, bem como a redação de outros livros, levarão Malebranche a uma investigação cada vez mais ampla sobre *como* se dá a eficácia dessa visão, motivo pelo qual Ferdinand Alquié afirma que, nesse ponto, "ele substitui a visão em Deus pela visão por Deus, e a realidade percebida em Deus por uma realidade que, existindo em Deus, produz as modificações que eu recebo" (ALQUIÉ, 1974, p. 239). Ainda que se possa questionar se esse deslocamento já não estava ao menos previsto desde o início do projeto da *Recherche* (cf. NOLAN, 2012, pp. 29-30), o fato é que ele vai assumindo contornos cada vez mais enfáticos — mas não menos problemáticos — nos textos posteriores. Nas *Meditações cristãs e metafísicas*, em 1683, é o próprio Verbo divino que ensina ao Eu essa tese: o movimento só pode ser explicado pela ação de Deus — não há senão Deus que pode mover os corpos" (*OC* X, p. 50; *Méd. chr.* V, VIII) –, as causas naturais, enquanto meras ocasiões do agir da providência, não têm qualquer virtude em si (cf. *OC* X, p. 55; *Méd. chr.* V, XVII) e a transcendência desse agir reafirma continuamente a limitação do ser mesmo do homem (cf. *OC* X, p. 16; *Méd. chr.* I, 18). Em suma, em todas essas lições, o único aprendizado que o Verbo pode dirigir efetivamente ao Eu exige um exercício de humilhação: "Não és senão trevas (...)" (*OC* X, p. 18; *Méd. chr.* I, 28).

Para a maioria dos comentadores de Malebranche, essa limitação restringiria, mas não eliminaria a função do agir humano, ainda que circunscrito às imprecisões do sentimento de si, em sua relação com o agir de Deus. Supõe-se, assim, algum nível no qual o Eu continua a agir com o *propósito* do conhecimento, ainda que não seja sua fonte, numa versão gnosiológica do que os teólogos modernos chamaram de *semipelagianismo*, doutrina que, a exemplo de Cassiano, admitia ao menos a possibilidade de o cristão voltar-se para a salvação (cf. BACKUS & GOUDRIAAN, 2014, pp. 25-26). Nenhum texto malebranchiano autoriza seus leitores a colocarem em questão a compreensão de que é por Deus e para Deus, ou seja, para a glória do Criador, que o entendimento é afetado e se move (cf. GOUHIER, 1948, p. 17; ROBINET, 1965, pp. 367-368), mas há certamente espaço, nas inúmeras lacunas e obscuridades desses textos, para que possamos entrever o resíduo de alguma especificidade do agir subjetivo. É nesse sentido que Jean-Christophe Bardout se refere a esse ponto de contato entre a atividade de Deus e a passividade do Eu como uma "mediação do finito e do infinito" e uma "transgressão da finitude" (BARDOUT, 2000, p. 152). Mesmo a leitura de Guéroult, que sublinha intermitentemente em Malebranche a distância entre a dependência do homem e a autonomia de Deus, recorre a um vocabulário relativamente ativo na apresentação da hipótese da visão das ideias em Deus: ela autorizaria ao sujeito "situar-se do ponto de vista de Deus e perceber, por sua razão, as vontades que governam o ato criador livre" (GUÉROULT, 1959a, p. 7). Há, sem dúvidas, muitas passagens na obra de Malebranche que sugerem um vocabulário em torno da ideia de colaboração, e é preciso admitir que tal concepção estaria historicamente bem situada no contexto contrarreformista do qual ele faz, de uma forma ou de outra, parte. É preciso, contudo, considerar nesse ponto o aporte do complexo mecanismo retórico empregado em sua filosofia, que, muitas vezes, sustenta uma afirmação apenas para acentuar o impacto de sua subsequente recusa. No livro III da *Recherche*, por exemplo, avança-se a hipótese de *participação* do homem nas ideias de Deus, apenas para, em seguida, se afirmar que ela é "quimérica", derivada da ignorância e da vaidade (*OC* I, p. 422; *Recherche* III, II, III). Tudo se complica com um texto tardio como a *Entretien d'un philosophe Chrétien et d'un philosophe chinois* (1708), onde o termo é reintroduzido, no discurso do personagem cristão, sob o preço de assumirmos a excêntrica tese de que participar não significa ser parte (cf. *OC* XV, p. 10). Por outro lado, no que se refere ao problema da capacidade da vontade humana de se voltar para o bem, Malebranche parece ter ao menos deixado em aberto a via de uma decisão de não ceder ao mal: essa é a razão pela qual as *Meditações cristãs* promovem uma distinção entre *esforço* [*effort*], que qualifica o movimento da parte do sujeito, e *eficácia* [*efficace*], a genuína ação divina (cf. *OC* X, pp. 64-65; *Méd. chr.* VI, XIV), evitando quaisquer suspeitas de quietismo. Mas é preciso verificar qual a relação entre esse "poder de suspender teu consentimento quanto aos falsos bens e ao erro que depende propriamente de ti" (*OC* X, p. 66; *Méd. chr.* VI, XIX) e a própria incapacidade do Eu de compreender *como* ele é capaz de operar esse poder, uma vez que é sumamente dependente — problema manifesto como pergunta ao final da sexta meditação — deixada, sintomaticamente, sem resposta (cf. *OC* X, p. 68; *Méd. chr.* VI, XXII; cf. GOUHIER, 1948, pp. 149-152).

Algumas raras interpretações do ocasionalismo de Malebranche, concentrando-se no aprofundamento da cisão entre o Eu e Deus, chegam perto de sugerir que não haveria aí qualquer interação, no sentido próprio do termo, e que, em última análise, quem vê a visão das ideias em Deus não é bem o sujeito, mas o próprio Deus. Para que essa hipótese seja viável, é preciso que consideremos as ideias em Deus não propriamente como objetos, mas como *ações* elas mesmas, de tal modo que não haveria um objeto a ser visto, mas esse objeto, ou seja, a ideia, seria um *ver*, cujo sujeito não poderia ser outro senão a sabedoria divina. Ideias seriam, portanto, não conteúdos, mas gestos (cf. PESSIN, 2004, p. 245). É nessa direção que se movem as leituras de Steven Nadler (2011, pp. 75-82) e Andrew Pessin (2004). Ambos admitem que se trata de uma hipótese que, pela estranheza em relação ao horizonte histórico filosófico disponível e pela ausência de uma confirmação textual inequívoca, permanece mais especulativa que hermenêutica. Não é o caso de reconstruir a complicadíssima cadeia de argumentos perseguida por Nadler e Pessin, que exigem uma reconsideração de muitos pontos da teoria malebranchiana, como a necessidade de referentes externos para as ideias (cf, GLAUSER, 1988, pp. 395-396), o significado da verossimilhança em contexto gnosiológico (cf. BARDOUT, 2000, pp. 203-204), o número de ideias que existem em Deus (cf. NOLAN, 2012, pp. 25-31) e muitos outros. No entanto, me parece que, ao mesmo tempo, Nadler e Pessin têm ao menos motivos negativos para sustentar suas leituras: compreender a ideia como ato e não só como objeto não seria a única tese contraintuitiva de Malebranche em relação a seus contemporâneos, muito menos a única a habitar complicadas margens de equivocidade. Essa interpretação, que poderíamos chamar de antisistemática e pessimista — uma vez que sufoca o Eu em uma passividade mais radical que aquela proposta na interpretação semipelagina –, enfatizaria, a meu ver, a persistência de uma dissolução mística de si que se verifica não tanto no nível conceitual, mas na escrita de Malebranche, que, não por acaso, se qualifica como uma autobiografia do *espírito que não pode dizer quem é.*

2 - As disjunções linguístico-retóricas

Se, em termos conceituais, a filosofia de Malebranche comporta ambiguidades, contradições e equivocidades em contínua disputa, sua escrita reproduz, de modo igualmente complexo, uma série de recursos e estratégias que frustram qualquer expectativa de legibilidade plena ou linear. Não por acaso, Alain Badiou se refere à forma filosófica malebranchiana como um "barroquismo experimental" (BADIOU, 2013, p. 23), conceito sobre o qual é preciso que nos detenhamos. Ele depende do que poderíamos denominar de hipótese da transcendência radical. A cisão que se instaura no discurso em primeira pessoa, servindo de matriz de inteligibilidade do discurso filosófico como um todo, avança na exploração da infinita fronteira, linha sempre abissal, mas sinuosa, entre Deus e os homens, entre o Eu e o Mundo, as ideias e os sentimentos, a alma e corpo: "O papel da filosofia é trazer à luz essa desproporção essencial, essa dualidade radical" (BRUNSCHWICG, 1971, p. 215). É essa transcendência ao mesmo tempo exemplar e paroxística, esse conjunto de síncopes produtoras de assimetrias, que nos autoriza a considerar a especificidade do barroco malebranchiano sob uma ótica diferente daquele de Leibniz, que buscava restituir para o conhecimento — e para a cadeia do Ser — o fluxo contínuo que a imaginação insiste em interceptar com sua tendência atomizante. Se Deleuze pôde fazer da *dobra* o dispositivo central do pensamento leibniziano, foi ao atribuir-lhe o problema, inventado pelo Barroco, dessa continuidade: "não como terminar uma dobra, mas como continuá-la, fazê-la atravessar o teto, levá-la ao infinito" (DELEUZE, 1988, p. 48). O experimentalismo que Badiou identificou em Malebranche consiste em indicar que essa linha infinita é, imprevisivelmente, atravessada por interrupções, impedimentos, demoras, retornos e hesitações. Menos uma curva que se revolve sem vincar-se, o barroco da *Recherche* — e, notavelmente, o das *Méditations chrétiennes et métaphysiques* — se traduz como uma série de inflexões angulares.

É verdade que, se olharmos mais de perto essas descontinuidades, encontraremos nelas a força ativa de uma linha contínua. O interesse de Malebranche pelos insetos, por exemplo, poderia sugerir a necessidade de descobrir a relação de continuidade que ligaria esses seres quase invisíveis ao homem, criatura privilegiada entre todas as outras na obra de Deus. Do mesmo modo, sua conversão ao cálculo infinitesimal, ao longo da década de 1680 e posteriormente, parece relacionada à intenção de encontrar, no conjunto de pequenas divergências angulares, infinitamente pequenas, a figura tendencial de uma curva, uma unidade capaz de transfigurar a irregularidade das microflexões em sinuosa igualdade. Essa igualdade a que se deve ascender é, contudo, enganosa. Com relação à entomologia de Malebranche, à qual voltarei mais adiante, podemos dizer que seu fundamento reside em outro lugar: não na possibilidade de reunir todas as criaturas em uma série cognoscível, mas na necessidade de reafirmar que, embora unitária, a finalidade da obra de Deus é incontornavelmente *transcendente*. O que aprendemos ao olhar para insetos cada vez menores não é tanto que somos capazes de estender a eles, progressivamente, nosso conhecimento, mas que nosso conhecimento, ao contrário, pode continuamente ser interrompido pela constatação de novos e invisíveis mundos. Trata-se, assim, de um exercício de humildade: "Não há ninguém que possa dizer que descobriu o menor dos animais. Antes, era o ácaro do queijo: mas hoje, esse pequeno ácaro se tornou monstruoso pela sua grandeza. Quanto mais se aperfeiçoa os microscópios, mas estamos persuadidos de que a pequenez da matéria não limita a sabedoria do Criador (...)" (*OC* XII, p. 228; cf. CHAMBERLAIN, 2020, pp. 206-224).

A entomologia malebranchiana, animada pelo princípio teológico da admissão da fraqueza da finitude, se torna ocasião para uma inversão moral: "estou confortável com o fato de que admiramos aquilo que todo mundo despreza" (*Idem*, p. 258) — assinalando o que poderíamos chamar de uma *entomoteologia*. Quanto ao cálculo, a admissão da identidade e, portanto, da continuidade, entre a unidade indivisível do infinito perfeito da curva e a unidade divisível dos segmentos de reta que tendem a ela parece, também, introduzir uma solução que reúne parte e todo, infinito e finito. Contudo, a metafísica da transcendência de Malebranche impede tal solução. Como mostrou André Robinet, se é verdade que há aqui um abandono progressivo da unidade perfeita do número e da aritmética em direção ao infinito infinitamente divisível do cálculo infinitesimal, isso só se dá pelo recurso de um compromisso de fé. Divisibilidade e infinito continuam sendo incompatíveis do ponto de vista do conhecimento humano: "E, de fato, quando Malebranche substitui as considerações aritméticas por considerações infinitesimais, é por um salto, como quando ele exigia que se admitisse a unidade divisível logo após demonstrar que a unidade era indivisível" (ROBINET, 1961, p. 235). Sua metafísica da matemática, assim como sua *entomoteologia*, é atravessada por essas síncopes que configuram um barroquismo muito peculiar — *experimental* em sentido próprio, como diria Badiou: saltos teológicos, filosóficos, conceituais, mas, de modo central, *saltos narrativos*. A dimensão metafórica, retórica e simbólica do texto de Malebranche é não menos marcante e determinante que sua base conceitual — e, muitas vezes, confunde-se com ela. O que gostaria de sugerir é que a interpretação dos impasses do ocasionalismo malebranchiano, assim como da singularidade de suas soluções, tomadas como momento importante na trajetória do Eu no discurso filosófico, se torna mais defensável à medida em que assumimos como eficiente esse seu dispositivo barroco experimental e nos dirigimos a esse nível da escrita e da forma.

É curioso que, apesar de importantes exceções (cf. ROGER, 1967; WIEL, 2004), pouca atenção tenha sido dada à reconstrução abrangente dos procedimentos de escrita de Malebranche. Por mais idiossincráticas que sejam as opções composicionais de sua filosofia — que não só esteve longe de se organizar formalmente enquanto sistema, mas também insistiu no uso de mecanismos pouco alinhados à autoimagem do discurso de cientificidade moderno, como são o caso da prece e das inúmeras digressões –, não deixa de surpreender que a escrita malebranchiana tenha sido tão prontamente deixada de lado, sobretudo quando consideramos que foi, em torno dela, que, nos séculos XVII e XVIII, muitas adesões e rejeições da filosofia mesma de Malebranche se produziram. É possível que a influente interpretação de Guéroult, com seu comentário em três volumes, publicado na segunda metade da década de 1950, tenha favorecido esse relativo esquecimento, uma vez que a dimensão estilístico-composicional não é integrada por ele de modo consistente em sua exegese imanente. Também se pode imaginar que a profunda e estruturante desconfiança que Malebranche guarda em relação à linguagem — que, pela sua disponibilidade indiferente, automatiza e adorna o pensamento, não deixando lugar para a reflexão atenta e pura (cf. *OC* I, p. 228: *Recherche* II.I.IV.V) — tenha colaborado nesse sentido. Seja como for, por pelo menos dois séculos essa não foi a situação entre seus leitores, que discutiam com entusiasmo o estilo de sua filosofia.

O artigo *Malebranchisme* [*Malebranchismo*] na *Encyclopédie* de Diderot e D'Alembert, atribuído ao primeiro, retratava a polêmica de Malebranche com Arnauld como um debate entre, respectivamente, "um filósofo muito sutil" e "um teólogo muito teimoso" (*E* IX, p. 942). É essa sutileza que se manifesta expressamente no nível estilístico de obras como a *Recherche*, mesmo quando, em termos estritamente conceituais, elas estão em desvantagem em relação ao trabalho de outros filósofos: "Uma página de Locke contém mais verdades que todos os volumes de Malebranche; mas uma linha desse último mostra mais sutilezas da imaginação, fineza de gênio, talvez, do que todo o grande livro de Locke" (*Idem*, p. 943). Elogio assumidamente contrário à posição malebranchiana, que desprezava ferozmente toda contribuição da imaginação na busca pela verdade. Eis, assim, a conclusão coerente de Diderot: "poeta, ele desprezava a poesia" (*Idem*). Um pouco antes, Montesquieu já havia colocado Malebranche entre os quatro grandes filósofos-poetas — junto a Platão, Shaftesbury e, ironicamente, Montaigne, que Malebranche ataca diretamente na *Recherche* justamente pela sedução de sua retórica (cf. FERRARO, 2019, p. 217). Quando, já no século XIX, Friedrich Schlegel nota a particularidade do gênio malebranchiano dentro da trajetória do cartesianismo, é sintomático que ele apareça como um *Mystiker* (cf. *KFSA* XII, p. 267), um místico, que, na linguagem do Romantismo de Schlegel, corresponde, em grande medida, a *poeta*.

É certo que nem todos esses leitores concordam sobre o quanto o exercício retórico de Malebranche, apesar dele mesmo, contribuiria para sua reflexão filosófica, mas a abrangência dessa discussão se deixa demonstrar pelo fato de que ela alcança mesmo os estratos aos quais a filosofia chega apenas com dificuldade, como é o caso entre as mulheres. Madame de Sevigné, por exemplo, em carta à sua filha, em junho de 1680, afirma que está lendo as *Conversations chrétiennes*, mas ainda tem dúvidas se estará à altura de compreendê-las (SEVIGNÉ, 1995, p. 774). Também aqui reside uma certa ironia amarga, uma vez que um dos perigos da linguagem, para Malebranche, consistia justamente no fato de que ela daria ocasião a uma "secreta inclinação para a moleza [mollesse] e para a voluptuosidade" (*OC* II, p. 361; *Recherche* II.III.V), atribuída por ele às mulheres. Há, certamente, entre a misoginia malebranchiana e sua hesitação diante da linguagem, uma não tão secreta colaboração, configuradora de um dispositivo político de leitura que certamente não lhe é exclusivo na história falocêntrica da filosofia. Ainda assim, entre seus comentadores mais recentes, não parece ser essa a razão pelo descrédito da retórica malebranchiana. Ela consiste em uma decisão hermenêutico-política que não mais exclui a leitura das mulheres, mas mantém a partilha entre retórica e verdade. Viellard-Baron pode, portanto, recusar a imagem de Malebranche como poeta para resgatar sua legitimidade como filósofo (VIELLARD-BARON, 1998, p. 55), uma atitude que já havia se anunciado no artigo de Jacques Roger em 1967 (p. 59). Todas essas transformações apenas atestam o quanto a superfície de seus textos permanece tão escorregadia quanto pareceu a Arnauld. Gostaria de propor, no que se segue, uma sistematização provisória das dificuldades que associam o nível da linguagem com o da construção conceitual em Malebranche, tornando-os, se não indistinguíveis, ao menos equívocos. Reúno-os sob três rubricas: I) a persistência da dimensão teológica do mistério, II) a substituição da linearidade cartesiana pela forma sincopada da *Recherche* e III) a ruptura da evidência autobiográfica.

2.1 - O mistério dissolvente.

A mitológica conversão de Malebranche ao cartesianismo, viabilizada por sua leitura de *L'homme* em 1664, o havia conduzido a uma desconfiança sistemática quanto às fontes do conhecimento humano, ao mesmo tempo em que o compelira a fazer do problema do método o núcleo de toda reflexão rigorosa sobre esse domínio. Essa lição, entretanto, não se conclui, no caso malebranchiano, no otimismo epistemológico que, nas *Meditações* de Descartes, derivava da autoidentificação do cogito consigo mesmo. Malebranche estava suficientemente informado pela posição de Agostinho acerca da impossibilidade de a alma iluminar a si mesma, tal como se afirma nas *Confissões*: se a alma racional se encontra "viciada [vitiosa]" — o que, para Malebranche, é uma marca estruturante da finitude –, não é capaz de perceber que deve "ser iluminada por outra luz [alio lumine illam illustrandam esse]" que não se alcança pela satisfação da mente consigo mesma (*O* II, p. 181). Alienação incontornável da identidade do Eu, cujo mistério é mantido por Deus, essa intuição *pessimista* — ao menos no que se refere à capacidade do Eu de atingir sua autonomia — anima já as primeiras páginas da *Recherche* e será retomada incessantemente em outras ocasiões. Se a consciência da existência, no sentido da autoafecção, é o primeiro conhecimento que a alma tem de si (cf. *OC* II, p. 369; *Recherche* VI.II.VI), é preciso introduzir um sentido limitado a esse saber, que certamente não se sustentará no tipo de evidência que assegurava a Descartes o acesso imediato à verdade do *cogito*. Na resposta às segundas objeções que encontramos no *Esclarecimento X*, acrescentado em 1678 e reconhecido como um texto central para a tese ocasionalista de Malebranche, a linha entre o saber da finitude e a possibilidade da iluminação é definitivamente marcada:

> Não somos senão trevas para nós mesmos; seria preciso que nos olhássemos fora de nós para nos vermos [il faut que nous nous regardions hors de nous pour nous voir]; e não conheceríamos jamais o que somos até que nos considerássemos naquele que é nossa luz e no qual todas as coisas se tornam luz (...) Pois nada é inteligível senão aquilo que pode afetar as inteligências. Certamente não há senão Deus, sua substância sempre eficaz, que possa tocar, afetar, esclarecer, nutrir nossos espíritos, como o diz S. Agostinho. (*OC* III, pp. 150-151).

A tese profundamente anticartesiana das trevas constitutivas do cogito malebranchiano é elaborada sob inúmeras formas narrativas: inaugurada como parte da *Recherche*, ela reaparece na voz de Jesus na IX das *Méditations chrétiennes*:

> Não conheces o que tu és, e que és pensando, amando, sofrendo; pois tens o sentimento interior de teu ser e de suas modificações: sentimento confuso que te choca, mas ainda um golpe [un coup], sentimento sem luz que não pode te esclarecer; sentimento que não pode te ensinar o que és, nem servir para resolver as dificuldades que te embaraçam. (*OC* X, p. 103).

Sob esse aspecto, a hipótese de Jacques Roger, segundo a qual a metáfora das luzes empregada por toda parte em Malebranche estaria na origem mesma do Iluminismo francês (ROGER, 1967, p. 48), deve ser relativizada. A topologia visual, nesse caso, é pontuada de elementos que a interrompem e que a conduzem continuamente a outros níveis perceptivos e narrativos, geralmente associados ao som. Contra a luz obscurecida pelos espaços opacos dentro do Eu, se fará apelo à voz de Jesus: "Faleis, e faleis alto o suficiente para vos fazer ouvir apesar do barulho confuso que meus sentidos e minhas paixões excitam sem cessar em meu espírito" (*OC* X, p. 9), pede a oração que abre as *Méditations*, recorrendo a essa representação das percepções internas do espírito como *barulho*, *bruit*, introduzida já no prefácio da *Recherche* (cf. *OC* I, p. 24). Ora, o erro de Descartes havia sido justamente o de tomar a voz da razão pelo ruído do Eu, e sua retórica límpida apenas espelharia, amplificada, essa ilusão fundante e fatal. Isso porque Malebranche tem absoluta consciência — uma vez que o tema é retomado em muitas oportunidades — de que o coeficiente inescapável de obscuridade do Eu diante da transcendência da verdade força a linguagem na direção de certas imprecisões: "É difícil, e, algumas vezes, enfadonho e desagradável, guardar em suas expressões uma exatidão rigorosa demais, e definir os termos, uma vez que a sequência do discurso determina o sentido no qual se o toma" (*OC* III, p. 44, *Éclairc.* III). Ao resguardar o lugar da obscuridade, a filosofia malebranchiana assume a necessidade de uma escrita que não mostra tudo, e se encontra distendida entre duas demandas, que faz transbordar aquela incapacidade de se conhecer para o mundo externo, em alguma medida, ainda que, para esse, seja possível contar com as ideias em Deus. De um lado, ela precisa reconhecer que a linguagem, território dos ardis de uma voluptuosidade vaidosa — nos termos misóginos que lhe são próprios: feminina –, nunca pode realmente manifestar a verdade tal como é revelada.

Eis o motivo pelo qual a *Recherche*, tal como descrita em seu *Prefácio*, não pode ser senão um *essai*, um *ensaio*, palavra que define, ao mesmo tempo, o gênero literário e o procedimento de leitura que ele apresenta (cf. *OC* I, p. 24). Por outro lado, ela não pode renunciar a se comunicar através desse espelho quebrado. O que está em jogo nessa dupla impossibilidade é uma espécie de fratura da identidade visual — do Eu consigo mesmo e do mundo com uma escala fixa qualquer –, o que desestabiliza as luzes do olhar humano. Lá onde haveria uma aparente evidência, a obscuridade produz um hiato: "Como há diferença entre ver e ver [voir et voir], entre saber o que nos dizem os homens, no tempo em que eles nos dizem, e saber o que nos diz a razão, no tempo em que ela nos responde!" (*OC* XII, pp. 87-88; *Entr. sur la mét.* IV.III). Separação, no limite, inabordável, ela faz submergir, ao mesmo tempo, a expectativa de uma ancoragem do olhar e da linguagem. A entomoteologia de Malebranche, nesse sentido, revela, através da microscopia progressiva que instaura, que há sempre um segundo olhar sob o nosso — segredo obscuro, mas belo, da Criação: "Um mundo preenchido de uma infinidade de animais, pequenos e grandes, é mais belo e marca mais a inteligência que um outro onde não haveria insetos" (*OC* XII, p. 272; *Entr. sur la mét.* XI.XII). Yves Séméria tem, portanto, razão em insistir no fato de que esse interesse pela microzoologia faz parte da metafísica de Malebranche (SÉMÉRIA, 1985, p. I). Mas é preciso lembrar que ele também está ligado às suas estratégias narrativas, e à obscuridade que faz pressentir, sob a linguagem, uma voz, e sob o signo — antes assegurado na tranquilidade da identidade visual –, uma fissura. Aqui reside o primeiro motivo pelo qual é realmente impossível para o Eu falar uma linguagem que o torne transparente: opaco para si mesmo, quase perdido em um universo que altera continuamente suas escalas, tudo que lhe resta é exercitar a fé, promovida, sobretudo, pela suspeita de que não é ele que habita em si — um tema, aliás, que aproximou, ao menos durante algum tempo, Malebranche e os jansenistas (cf. DELUMEAU, 1992, p. 167).

2.2 - A síncope monstruosa.

Também no que se refere a um certo ritmo da escrita, Malebranche mantém uma relação ambígua com Descartes, mas aqui as diferenças são mais nitidamente assinaláveis. Pode-se apenas especular como a *Recherche* do primeiro se inspirou no texto póstumo e inacabado que recebeu do segundo quase o mesmo título. O diálogo cartesiano *Recherche de la verité par la lumière naturelle*, cujo original Clerselier supunha ter sido escrito em francês (cf. *AT* X, p. 491), viria a ser publicado apenas em uma versão em latim em 1701, mas já circulava no círculo de cartesianos de Paris de que Malebranche fazia parte (RODIS-LEWIS, 1963, p. 21). O texto inacabado de Descartes, que retoma muitos dos temas principais de suas obras anteriores, provoca, ainda contemporaneamente, em seus leitores um intenso debate, especialmente quanto ao seu lugar na filosofia cartesiana como um todo (cf. CASSIRER, 1939; CARRAUD & OLIVO, 2013), mas no que se refere à sua influência direta sobre o estilo malebranchiano pouco pode ser de fato atestado. Ainda assim, uma comparação sumária entre a estrutura rítmica predominante na composição de ambos nos possibilita uma compreensão mais ampla dos impasses característicos do empreendimento de Malebranche.

Uma das características do método cartesiano, sob esse aspecto, é a importância dada à necessidade de concisão: uma de suas metas é, portanto, favorecer um percurso cada vez mais seguro e, ao mesmo tempo, *abreviado*, até a verdade. É assim que, pela repetição de uma longa cadeia de raciocínios — que as *Regras* de Descartes denominavam *enumeratione* (*AT* X, p. 387) –, somos capazes de "passar tão rapidamente [tam celeriter transire]" (*Idem*, p. 388) das proporções mais simples às mais complexas. A abreviação desse "movimento de pensamento contínuo e ininterrupto [continuo & nullibi interrupto cogitationis motu]" (*Idem*, p. 387) articula como condição última da ciência duas dimensões fundamentais no racionalismo cartesiano: celeridade e linearidade. Esse mecanismo se estende a tal ponto que se torna uma espécie de princípio rítmico, que admite apenas raras exceções — é o caso da intuição, que se dá "inteiramente a um só tempo [tota simul]" (*Idem*, p. 407). Reconhecemo-lo como antítese da imagem da deriva que Descartes apresenta no *Discurso do método* a fim de justificar a urgência para o estabelecimento de uma moral provisória: "Imitai nisto aqueles viajantes que, achando-se perdidos em alguma floresta, não devem errar andando em círculos, ora em um lugar, ora em outro, nem mesmo parar em um lugar, mas caminhar sempre o mais reto [droit] que podem na direção de um mesmo lugar" (*AT* VI, p. 24). Não é de se espantar, portanto, que, na ocasião em que Descartes escreve sobre o prazer e a composição musical, em seu *Compendium Musicae* em 1618, tudo gire em torno da previsibilidade da escuta. Se a finalidade do som é deleitar e mover em nós variados afetos (*AT* X, p. 89), é preciso que isso seja feito respeitando as regras da identidade: acima de tudo, proporção equilibrada entre os sons e correspondência com os sentidos — "proportio quaedam obiecti cum ipso sensu" (*Idem*, p. 91) — e clareza — "non nimis difficulter e confuse" (*Idem*). Garante-se, com isso, que nada seja deixado fora do caminho, que nenhum excesso se imponha: "no fim, o ouvido se satisfaz com o canto e nada mais espera" (*Idem*, p. 133).

Tudo se dá de modo completamente diverso em Malebranche. Em primeiro lugar, porque a dinâmica interna do *ensaio* — mas, por extensão, de outros modelos composicionais, como os *entretiens* ou a meditação — instaura uma instabilidade narrativa que impede a progressão linear no caminho de quem se dispõe a seguir na busca da verdade. A diferença rítmica emerge, consequentemente, ao longo de sua obra como objeto explicitamente formulado, como nos lembra o último parágrafo do livro IV da *Recherche*, que é preciso citar mais extensamente, na medida em que funciona como uma profissão de fé do estilo malebranchiano:

> e se ultrapassei os limites que me propus, é que tinha, me pareceu, coisas novas a dizer, que me pareciam importantes e que acreditava mesmo que se pudesse ler com prazer. Talvez tenha me enganado, mas eu devia ter essa presunção para ter a coragem de escrevê-las; pois por que falar quando não se espera ser escutado? É verdade que eu disse muitas coisas que não parecem pertencer tanto ao assunto de que trato quanto dessa particularidade dos movimentos da alma: confesso-o, mas não pretendo me forçar a nada, uma vez que me dou uma ordem. Dou-me uma ordem para me conduzir, mas pretendo que me seja permitido virar a cabeça se, enquanto caminho, encontro alguma coisa que mereça ser considerada. Pretendo mesmo que me seja permitido repousar em alguns lugares, isolado, desde que eu não perca de vista o caminho que devo seguir. Os que não querem se deixar levar [se délasser] comigo podem passar adiante, isso lhes é permitido, eles não têm senão que virar a página; mas se eles se cansam, que saibam que há muita gente que acha que esses lugares que escolho para repousar os fazem encontrar o caminho mais doce e mais agradável. (*OC* II, pp. 124-125; *Recherche* IV.XIII.II).

A assombrosa pergunta *por que falar?*, que acompanha a todo momento o ofício mesmo da escrita malebranchiana, impõe uma musicalidade declaradamente anticartesiana. Véronique Wiel se refere, nesse sentido, a uma "flutuação genérica duplicada por uma variedade — se não por uma instabilidade — estilística não menos manifesta, já que se mostra em uma veia cômica tão digna de Molière quanto da eloquência da cátedra" (WIEL, 2012, p. 210). É pouco provável que Malebranche tomasse essa deriva cômica como um elogio, mas o certo é que ele não se preocupou em evitá-la, nem em matizar o que poderia, na passagem citada, ser tomado como vaidade, o pior dos pecados. O preço a pagar por um estilo que se entrega voluntariamente à possibilidade de síncopes que o redirecionam, interrompem-no, fazem-no, enfim, *demorar*, é alto, especialmente se considerarmos o rigorismo retórico que a *Recherche* se impõe. Mas não é fácil ignorar o quão permissivo Malebranche é sob esse aspecto: o experimentalismo sincopado, que substitui a previsibilidade acelerada e retilínea da música do cartesianismo, se revela mesmo na necessidade de se expressar sob diferentes gêneros: meditações, *entretiens*, conversações, *recherche*, carta — em quase todos os casos, gêneros que recusam a ideia de uma única voz, que fraturam o discurso entre o Eu e o Outro.

É notável, no entanto, que mesmo lá onde encontraremos um texto que se distribui entre dois personagens, não se possa propriamente falar de uma forma *dialógica*, que pressuporia a estabilidade de ao menos duas identidades. Ao contrário, a deriva estilística malebranchiana consiste no aparecimento imediato de uma cisão, mais profunda, da própria identidade como núcleo da linguagem. Quando Jacques Roger afirma que "o diálogo é a forma literária menos adaptada ao pensamento de Malebranche" (ROGER, 1967, p. 53), talvez o que ele tenha em mente seja o modo como, mesmo nas conversações entre Théodore e Ariste, nos *Entretiens sur la métaphysique et la religion*, uma distinção clara entre os personagens, suas posições e seus discursos não seja tão nítida. Entre um e outro, o caminho é muito mais sinuoso do que se poderia supor. Também aqui, portanto, não devemos nos espantar a respeito da discordância entre a concepção musical de Descartes, que, como vimos, instancia seu projeto geral de concisão e previsibilidade, e a de Malebranche, que associa a dissonância com a imprevisibilidade de tudo o que é monstruoso na natureza, com deformidades que impedem a fixação de um estilo claro e de uma identidade determinada, mas que, de uma maneira ou de outra, participam do plano da Criação:

> As sombras são necessárias em um quadro, e as dissonâncias na Música. Logo, é preciso que as mulheres abortem e produzam uma infinidade de monstros. Que coerência!, eu responderia altivamente aos Filósofos. Esses monstros não são comumente vistos a não ser pelas parteiras, e não sobrevivem senão poucos dias: ainda assim eles são necessários à beleza do Universo! (*OC* VIII, p. 765).

2.3 - A autoria heterônima.

Tanto a persistência do mistério, que dissolve a imagem autorreferente de uma luminosidade plena, quanto as circunvoluções e demoras do método, que forçam a linguagem a revelar, a contragosto, sua monstruosidade e sua beleza, deságuam, em Malebranche, na difícil questão da assinatura: afinal, qual o significado do autor — no caso, do nome Nicolas Malebranche, designado na página de rosto de *seus* livros — em uma filosofia que lhe retira não só todo real privilégio, mas também toda real capacidade de agir, de querer falar em nome próprio? O que significa escrever em primeira pessoa quando o Eu está separado de si por todos os lados e se limita a ser uma ocasião para a revelação da verdade? Uma vez que a esperança cartesiana do acesso a si é definitivamente frustrada, uma vez que o Eu se relaciona com o mundo sensível através das ideias em Deus, o vínculo entre a consciência e a ontologia, entre o discurso do Eu e seu Ser, se torna, no mínimo, instável. O *real* como que perde sua *solidez*. É o que Bruno Pinchard denomina "ontologia leve", e ela tem uma consequência significativa que se deixa adivinhar pela própria sinuosidade da narrativa: ao contrário de uma metafísica que se deixe capturar pelo peso ontológico que deposita em seu centro, ela "progride a partir de uma experiência infinita, evanescente, vulnerável" (PINCHARD, 1998, p. 13). Leveza difícil, certamente, que não admite ser pensada como leviandade ou falta de rigor: antes, o que ela demanda, intermitentemente, sem exceções, é uma inexorável resistência à formação de qualquer centro de interesse que não seja, em última análise, Deus ele mesmo. Desprovido de ser, o autor deve exercitar-se sempre na iminência de seu desaparecimento — e só não estamos autorizados a dizer que ele deve *desejar* isso porque assim lhe atribuiríamos uma densidade ilegítima.

A função de Malebranche como filósofo não é, portanto, propriamente falando, ensinar e, consequentemente, *assinar* seu ensino. A ideia mesma de comunicação da verdade por parte do Eu que escreve em primeira pessoa — ou mesmo quando escreve na forma clássica do tratado ou do diálogo — não é bem adequada ao uso da linguagem que se faz aqui. Nesse estrato, o ocasionalismo malebranchiano parece ser obrigado a inventar um tipo novo de gênero literário, a *autobiografia escrita por um outro*. Sabemos, é claro, que esse outro é, na verdade, o Outro-em-Si, paradoxalmente, o único lugar da identidade: Deus. "A primeira pessoa é causa ocasional, ou antes, a atenção que ele desperta por meio de suas palavras é a causa ocasional; o verdadeiro diálogo não está tanto no nível humano quanto entre os humanos e a Razão Divina, para a qual a primeira pessoa é somente um intermediário" (CARR, 1981, p. 4).

Duas consequências se desenvolvem a partir dessa heteronomia teológica. A primeira é que os homens devem perder a esperança de se tornarem verdadeiramente autônomos através do discurso que pronunciam sobre o mundo, devendo voltar-se, atentamente, para si mesmos: nem a mais refinada das ciências do universo é capaz de se traduzir em sabedoria e felicidade. Que se leia sobre isso a advertência do *Prefácio* da *Recherche*: "Os homens podem considerar a astronomia, a química e quase todas as outras ciências como divertimentos de um homem honesto, mas não devem se deixar surpreender por seu brilho nem preferi-las *à ciência do homem*" (*OC* I, pp. 21-22). Ora, sabemos, contudo, que essa volta sobre si não encontrará senão o próprio Deus ou, no mínimo, a voz de Jesus: nas *Méditations chrétiennes*, o Eu suplicante deve obedecer às instruções dessa voz, repetida de várias maneiras — "Entra, portanto, em ti mesmo, e não escuta senão a mim" (*OC* X, p. 37; *Méd. chr.* IV.III; também *OC* X, pp. 110-111; *Méd. chr.* X.X). Em suma: todo discurso verdadeiro dirige-se unicamente a Deus. A segunda consequência dessa heteronomia do autor está relacionada não ao objeto da linguagem, mas à sua fonte. Embora o signatário de um livro não seja mais do que uma ocasião, no melhor dos casos, para a palavra divina, sabemos do horror que Malebranche tinha pelo nada — "O nada não tem propriedade" (*OC* I, p. 415; *Recherche* III.I.I) –, e será preciso designá-lo de algum modo. O termo escolhido para isso, também introduzido já no *Prefácio* da *Recherche*, não poderia ser outro senão *monitor* [*moniteur*] (*OC* I, p. 23). Intermediário sem densidade, quase fantasmagórico, ele constrói sua linguagem, diz seu nome, no meio do caminho entre a voz sem signos da Razão Divina e sua própria glória. O monitor malebranchiano está, portanto, vocacionado a, no aparecimento de sua linguagem, desaparecer. É mais esse paradoxo que torna tão difícil ao Eu, no paroxismo do discurso em primeira pessoa, saber distinguir dentro de si a voz do Outro. Nas *Méditations chrétiennes*, logo após ouvir interiormente o apelo de Jesus, o espírito atravessa sua mais dramática crise: "O que, meu Jesus, sois vós mesmos que me falais no mais secreto de minha Razão? É, pois, vossa voz que escuto?" (*OC* X, p. 23). Ao longo do tempo, a Sabedoria divina, pela sua iteração, convence o Eu da certeza de quem *ela* é, mas isso não significa — muito pelo contrário — que, com isso, o meditante chegará a saber quem *ele* é. No fundo, o projeto de Malebranche é, pelo seu vínculo com Agostinho, profundamente paulino. Sua espiritualidade se sustenta na exigência da separação radical expressa em 1Cor 7: "Porque a aparência deste mundo está partida". Do mesmo modo, é também na epístola de Paulo aos coríntios que se deve buscar o paradoxo da linguagem agostiniana de Malebranche: "Ou será que a palavra de Deus partiu de vós — ou só a vós foi comunicada?" (1Cor 14:36).

Conclusão

Em 1949, o teólogo Helmut Thielecke reuniu, em uma coletânea a que deu o título *Theologie der Anfechtung*, uma série de textos em que insiste na função dogmática da *ansiedade*, que, paradoxalmente, comporta em si, segundo sua leitura, um potencial cético — na incerteza diante da alteridade absoluta de Deus — destinado a converter-se em sua salvação. O *Eu* da espiritualidade luterana — mas poderíamos dizer exatamente o mesmo de Malebranche — *é, assim, um limite*, um lugar de inúmeros conflitos que não se conjugam por nenhuma espécie de dialética *avant la lettre*, mas pela ótica da conversão, pela qual o discurso da revelação deve passar, alcançando o confronto consigo mesmo para sair de si. Se é possível falar de uma *lei* objetiva, de um sentido do mundo e da possibilidade de sua realização — algo para o que os iluministas supunham ter descoberto um método –, é preciso considerar o instante tensionado da *Anfechtung*:

> O significado permanente da lei, *também para o cumprimento da lei*, na medida em que ela expressa a doutrina luterana da lei e do evangelho e a fórmula *simul justus et peccator* ['ao mesmo tempo justo e pecador'], também salvaguarda a historicidade da existência enquanto uma existência coram Deo [diante de Deus]: ela só 'é' na medida em que se torna constantemente 'consumada' ['vollzögen']. E ela só se torna 'consumada' no incessante movimento que vai do juízo à graça, da ansiedade [Anfechtung] à consolação, da observação *desesperançada* da existência a partir da perspectiva do coram se ipso [diante de si mesmo] à observação *consoladora* da existência a partir da perspectiva do coram Deo, do cor accusator [coração/ alma/ consciência acusador] ao Deus defensor" (THIELICKE, 1949, p. 93).

Esses conflitos estão entrelaçados no tecido do discurso filosófico moderno de modo muitas vezes insuspeito. Um autor como Malebranche, estudado sob diferentes aspectos em sua relação com a metafísica, a ética, a teoria do conhecimento e mesmo as ciências, permanece pouco associado a toda essa tradição da teologia da ansiedade, que está na base de seu radical ocasionalismo. Isso significa que, ao voltarmos nossa atenção para os muitos escritos em que Malebranche se pronuncia em primeira pessoa, seria realmente difícil ignorar o efeito que essa condição paradoxal de um Eu ao mesmo tempo presente e ausente exerce sobre seu estilo, sua espiritualidade subjacente, seu vocabulário e, sobretudo, sua *filosofia*.

Por mais que o ensino do Oratório tivesse deixado na *Recherche* e nas obras posteriores a marca de um certo desprezo quanto aos arcaísmos e ornamentos retóricos (cf. sobre isso *OC* XX, p. 138), por mais que o brilho literário de alguém como Montaigne seja denunciado como antirracional (cf. *OC* I, pp. 359-369; *Recherche* II.III.V), é notável que o esforço de Malebranche para consolidar a busca pela verdade se debate exatamente nos limites de uma linguagem que ele não pode pretender, propriamente, falar, mas de que, ao mesmo tempo, não consegue abdicar. Seu cartesianismo o compeliu a uma interiorização certamente vertiginosa, mas seu agostinianismo embaralhou as direções desse aprofundamento da identidade, ao ponto de conduzi-la à sua alteridade mesma. Diante das exigências crescentes de cientificidade e impessoalidade na filosofia do século XVII, o momento malebranchiano talvez consista em um desafio e uma aberração. A herança desses paradoxos autobiográficos persistirá, de um modo ou de outro, chegando a Rousseau e a Nietzsche — o que não significa, infelizmente, que estejamos dispostos a ouvi-los.

Abreviaturas utilizadas

AT = DESCARTES, R., *Oeuvres.*

E = DIDEROT, d. & D'ALEMBERT, J. le R. (ed.), *Encyclopédie, ou dictionnaire raisonné des sciences, des arts et des métiers, etc.*

KFSA = SCHLEGEL, F., *Kritische Ausgabe seiner Werke.*

O = AGUSTIN [AGOSTINHO], *Obras.*

OC = MALEBRANCHE, N., *Oeuvres complètes.*

Referências

AGUSTIN [AGOSTINHO], *Obras*, edición bilingüe, 41 vol., Madrid: Biblioteca de Autores Cristianos, 1946-2002.

ALQUIÉ, F., *Le cartesianisme de Malebranche*, Paris: Vrin, 1974.

BADIOU, A., *Malebranche. L'être 2. Figure théologique. 1986*, Paris: Arthème Fayard, 2013.

BARDOUT, J.-Ch., *Malebranche et la métaphysique*, Paris: PUF, 1999.

BEYSSADE, J.-M., "Mais quoi ce sont des fous" In: *Descartes au fil de l'ordre*, Paris: PUF, 2001.

BRUNSCHWICG, L., *Spinoza et ses contemporains*, Paris: PUF, 1971.

CARR, Th. M., "The Role of Language in the Theory of Communication of Nicolas Malebranche" In: HERNDERSON, M. (ed.), *Mid-America Linguistics Conference papers*, Kansas: University of Kansas, 1981.

CARRAUD, V. & OLIVO G., *Études du bon sens. La recherche de la vérité et autres écrits de jeunesse*, Paris: PUF, 2013.

CASSIRER, E., "La place de la « Recherche de la Vérité par la lumière naturelle » dans l'œuvre de Descartes" In: *Revue Philosophique de la France et de l'Étranger*, t. 127, n. 5-6, 1939.

CHAMBERLAIN, C., "'Leu us imagine that God had made a miniature earth and sky': Malebranche on the Body-Relativity of Visual Size" In: *Journal of American Philosophical Association*, vol. 6, issue 2, 2020.

DELEUZE, G., *Le pli. Leibniz et le Baroque*, Paris: Minuit, 1988.

DELUMEAU, J., *Le Catholicisme entre Luther et Voltaire*, 4e. éd., Paris: PUF, 1992.

______________, *Nascimento e afirmação da Reforma*, tradução de João Pedro Mendes, São Paulo: Pioneira, 1989.

DESCARTES, R., *Oeuvres*, 11 vol., éd. par Charles Adam et Paul Tannery, Paris: Vrin, 1996.

DIDEROT, D. & D'ALEMBERT, J. (ed.), *Encyclopédie, ou dictionnaire raisonné des sciences, des arts et des métiers, etc.*, University of Chicago: ARTFL Encyclopédie Project (Spring 2021 Edition), Robert Morrissey and Glenn Roe (eds), http://encyclopedie.uchicago.edu/.

FAKHRY, M., *Islamic Occasionalism and its Critique by Averroës and Aquinas*, London: Ruskin House, 1958.

FAYE, E., "Cartésiens et 'augustiniens' au XVIIe siècle: presentation de la question" In: *Corpus*, n. 37, 2000.

FERRARO, A., *La Réception de Malebranche em France au XVIIIe siècle. Mataphysique et épistémologie*, Paris: Garnier, 2019.

FOUCAULT, M., *La question anthropologique. Cours 1954-1955*, Paris: EHESS/ Gallimard/ Seuil, 2022.

GARBER, D., "Descartes and Occasionalism" In: NADLER, S. (ed.), *Causation in early modern philosophy: Cartesianism, Occasionalism, and pre-established harmony*, Pennsylvania: Pennsylvania State University Press, 1993.

GILSON, É., *Études sur le rôle de la pensée mediévale dans la formation du système cartésien*, Paris: Vrin, 1967.

GOUHIER, H., *Cartésianisme et augustinisme au XVIIe siècle*, Paris: Vrin, 1978.

____________, *La philosophie de Malebranche et son experience religieuse*, Paris: Vrin, 1948.

GUÉROULT, M., *Étendue et psychologie chez Malebranche*, Paris: Les Belles Lettres, 1939.

______________, *Malebranche I. La Vision en Dieu*, Paris: Aubier, 1955.

______________, *Malebranche II. Les cinq abimes de la Providence. L'ordre et l'ocasionalisme*, Paris: Aubier, 1959a.

______________, *Malebranche III. Les cinq abimes de la Providence. La nature et la grâce*, Paris: Aubier, 1959b.

HERMANS, M. & KLEIN, M., "Ces Exercices Spirituels que Descartes aurait pratiques" In: *Archives de Philosophie*, vol. 59, n. 3, 1996.

IGNACIO DE LOYOLA, *Obras completas*, 4ª edición revisada, Madrid: Biblioteca de Autores Cristianos, 1982.

JANOWSKI, Z., *Augustininan-Cartesian Index*, South Bend: Saint Augustin's Press, 2004.

MALEBRANCHE, N., *Oeuvres complètes*, 23 volumes, sous la direction d'André Robinet, Paris: Vrin, 1962-1990.

MENN, S., *Descartes and Augustine*, New York: Cambridge University Press, 1998.

MERCER, Ch., "Descartes' debt to Teresa of Ávila, or why we should work on women in the history of philosophy" In: *Philosophical Studies*, n. 174, 2017.

NADLER, S., "Introduction" In: NADLER, S. (ed.), *Causation in early modern philosophy: Cartesianism, Occasionalism, and pre-established harmony*, Pennsylvania: Pennsylvania State University Press, 1993.

__________, *Occasionalism. Causation Among the Cartesians*, New York: Oxford University Press, 2011.

__________, *The Cambridge Companion to Nicolas Malebranche*, New York: Cabridge University Press, 2000.

NOLAN, L., "Malebranche on Sensory Cognition and 'Seeing As'" In: *Journal of the History of Philosophy*, vol. 50, n. 1, 2012.

PINCHARD, B., "Souverainité de Malebranche: *Un amour dominant du possible?*" In: PINCHARD, B. (ed.), *La légèreté de l'être*, Paris: Vrin, 1998.

PIRARD, R., "Si l'inconscient est structuré comme un langage..." In: *Revue Philosophique de Louvain*, n. 36, 1979.

ROBINET, A., "La philosophie malebranchiste des mathématiques" In: *Revue d'histoire des sciences*, n. 14, vol. 3-4, 1961.

__________, "Philosophie et théologie: Malebranche et son temps" In: *Malebranche. L'homme et l'oeuvre 1638-1715*, Paris: Vrin, 1967.

__________, *Système et existence dans l'oeuvre de Malebranche*, Paris: Vrin, 1965.

RODIS-LEWIS, G., *Nicolas Malebranche*, Paris: PUF, 1963.

ROGER, J., "L'expression littéraire chez Malebranche" In: *Malebranche. L'homme et l'oeuvre 1638-1715*, Paris: Vrin, 1967.

SCHLEGEL, F., *Kritische Ausgabe seiner Werke*, 35 Bände. Herausgegeben von Ernst Behler unter Mitwirkung von Jean-Jacques Anstett und Hans Eichner, München/ Paderborn/ Wien: Ferdinand Schöningh,1958-2018.

SCHMALTZ, T., "Malebranche on Ideas and the Vision in God" In: NADLER, S. (ed.), *The Cambridge Companion to Nicolas Malebranche*, New York: Cambridge University Press, 2000.

SÉMÉRIA, Y., "Le philosophe et l'insecte, Nicolas Malebranche (1638-1715) ou: l'entomologiste de Dieu" In: *Bulletin mensuel de la Société linnéenne de Lyon*, n. 1, 1985.

SÉVIGNÉ, Mme. De, *Lettres*, vol. II, 1676-1684, Paris: Gallimard, 1955.

THIELICKE, H., *Theologie der Anfechtung*, Tübingen: Mohr Siebeck, 1949.

VIEILLARD-BARON, J.-L., "Malebranche ou *La pensée meditante*" In: PINCHARD, B. (ed.), *La légèreté de l'être*, Paris: Vrin, 1998.

WIEL, V., *Écriture et philosophie chez Malebranche*, Paris: Honoré Champion, 2004.

_______, "Écrire comme n'écrivant pas... ou de l'usage de la littérature chez Malebranche" In: *Dix-septième siècle*, n. 255, vol. 2, 2012.

Sentir o mundo: considerações sobre fenomenologias da afetividade

Fernanda Alt
PUC-Rio

A cada vez que um filósofo do tipo clássico insiste sobre a imperfeição de um fenômeno de conhecimento, a fenomenologia [...] põe essa negação como constitutiva do fenômeno. Se o sentimento é um fato obscuro da vida psicológica, a descrição fenomenológica tomará essa obscuridade como uma característica positiva do sentimento e não a pensará simplesmente como uma claridade diminuída.[127]
Emmanuel Levinas

Se considerarmos que, na história da filosofia ocidental, a divisão entre intelecto e sensibilidade, bem como entre razão e emoção, formou as bases dualistas das elaborações filosóficas, o abalo dessa divisão abre novos caminhos para a afetividade em meio ao pensamento filosófico. Isso porque, nesses dualismos, o polo da razão tende a triunfar de diferentes maneiras, rebaixando os afetos ao associá-los ao "erro", ao "irracional" ou a tudo aquilo que deve

[127] Todas as traduções são minhas

ser eliminado ou controlado no caminho da busca por princípios "verdadeiros". Além disso, ao ser cada vez mais confinado a uma esfera de subjetividade psicológica, o campo afetivo perde ainda mais espaço na busca pelo "verdadeiro" conhecimento, pois é visto como um fator que distorce a objetividade, como um olhar enviesado que compromete o trabalho frio e imparcial da razão. Neste sentido, não haveria nenhuma pretensão teórica para a afetividade.

Por outro lado, Ricœur (2004) ressalta que, se é fato que o sentimento é aquilo do qual o *logos* deve incessantemente se livrar, ele pode, inversamente, ser admirado na meditação filosófica por ser algo como a "voz do coração", apto a alcançar o que o entendimento não é capaz; ou seja, o sentimento seria um tipo de intuição pura não contaminada pela racionalidade. Podemos, assim, observar que, em ambos os casos, o dualismo se mantém, com o sentimento ora situado no plano daquilo que "atrapalha" as ambições da razão, ora como aquilo que revela a verdadeira "pureza" filosófica. De todo modo, se a história da filosofia ocidental pode ser compreendida como uma exaltação da razão (dentro dessa perspectiva dualista), não há grandes chances de protagonismo para o sentimento nas pretensões filosóficas.

É nesse contexto que, como dizia Heidegger (2005), a fenomenologia trará uma libertação para o sentimento[128]. Em primeiro lugar, podemos destacar o modo propriamente fenomenológico de lidar com tudo aquilo que era considerado pela tradição como uma "imperfeição" de um fenômeno, como se faz notar na citação acima de Levinas (2010). Se pode ser considerado como aquilo que vem eclipsar a luz da razão, agora não se pode simplesmente considerá-lo como fenômeno menor ou imperfeito. A opacidade será sua característica *legítima*, e com isso todo um horizonte de possibilidades de novas investigações se abre. Além disso, o sentimento possibilitará a realização de fenomenologias menos centradas em atos de conhecimento, menos imersas nos paradigmas da razão. Para Ricœur

[128] Segundo Heidegger, desde Aristóteles, a interpretação ontológica dos afetos não deu nenhum passo significativo. Estes passaram a figurar entre os fenômenos psíquicos, ao lado da representação e da vontade, de modo que "é um mérito da pesquisa fenomenológica ter criado uma visão mais livre desses fenômenos"(HEIDEGGER, 2005, p. 198)

(2004, p. 317), o sentimento é uma contrapartida da dualidade sujeito-objeto, pois desvela "fios secretos" que nos unem aos outros seres (que o autor chama de "tendências"); isto é, os sentimentos são os "fios" que nos ligam ao mundo antes do recuo ou oposição da objetividade. Ao contrário da objetivação — que nos opõe ao mundo —, sentir o mundo é estar em afinidade com ele. Veremos que, no campo fenomenológico, isso implicará um acento dos chamados atos não objetivantes em relação aos atos objetivantes.

1 - Afetividade, sentimentos e emoções

No âmbito de uma teoria da afetividade, encontramos uma série de conceitos inter-relacionados e por vezes sobrepostos: sentimento, humor ou disposição, estados, emoções, *pathos*, entre outros[129]. Natalie Depraz se propõe a distinguir essas noções, agrupando-as em três grupos gerais, de acordo com sua origem etimológica:

> 1. affectio: que deu origem aos termos "afeto", " afeição", "afetividade"", e que remete de um modo geral para o plano da "facticidade", entendida como aquilo que me é imposto, que me é dado ou que, literalmente, "me faz".
> 2. sentire, sensus: que nos remete para a esfera do "sentir", da "sensação", e, num sentido mais amplo, para o plano do "sentir", onde, como veremos, o sentido paradigmático é o do tato.
> 3. pathein, pathos: que dá origem ao domínio da "paixão", do "patético" e do "padecer", mas que também reivindica o âmbito da "simpatia", da "empatia" e da "compaixão", dando origem à problemática da "passividade"". (DEPRAZ, 2012, p. 40)

[129] No que diz respeito ao texto de Husserl, seguirei a tradução portuguesa de Alvez e Morujão do termo *Gefhül* em alemão para *sentimento* em português, observando que, em alguns textos, e também no "Dicionário dos Intraduzíveis" de Barbara Cassin, é possível encontrá-lo como indissociável de "emoção". Irei tratar "sentimento" e "emoção" de forma diferenciada, especialmente no momento final em que abordo a posteridade husserliana sobre o tema.

Já a emoção não corresponde, ao menos etimologicamente, a nenhum desses grupos, mas se associa à palavra "movimento", de onde vem *motus* e "mobilidade". Assim, "e-mover [e-mouvoir] significa literalmente 'pôr em movimento' e vem diretamente do latim *ex*-movere: mover, impulsionar, pôr ou levar para fora de si" (DEPRAZ, 2012, p. 40). Com esse sentido, podemos compreender mais facilmente a distinção entre emoção e sentimento, cara às autoras e autores pós-husserlianos: enquanto a emoção corresponde à relação intencional da consciência com o mundo, o sentimento refere-se à profundidade de uma relação mais originária com ele.

Quando falo em *fenomenologias* da afetividade, quero dizer duas coisas: entendo a afetividade como um campo mais amplo que inclui não somente os afetos, mas abarca outras noções, como emoções, sentimentos, paixões, humores, etc.; ou seja, a afetividade vai nomear aqui um campo teórico. Em segundo lugar, busco mostrar que as teorias sobre a afetividade em fenomenologia são múltiplas. Com isso, não quero, obviamente, esgotar o tema da afetividade[130] no campo fenomenológico, mas trazer apenas algumas considerações que destacam sua importância e, mais especificamente, a do sentimento. Nesse intuito, vou partir de uma breve exposição de base husserliana para, em seguida, apontar algumas leituras contemporâneas que mostram: 1) a distinção entre sentimento e emoção; 2) que nossa relação mais profunda e originária com o mundo é o sentir, isto é, *sentir o mundo*; 3) por fim, a dimensão histórica e, portanto, política da afetividade.

1.1 - A base husseliana

Encontramos na *V Investigação Lógica* o primeiro passo husserliano em direção a uma teoria da afetividade, que virá a ser desenvolvida ao longo de sua obra de forma periférica, mas não por isso menos importante. Este tratamento periférico é ele mesmo significativo do que está em jogo no tema dos sentimentos na

[130] Para um estudo aprofundado sobre autores da fenomenologia que versaram sobre a afetividade, ver: SZANTO, Thomas; LANDWEER, Hilge (orgs.). *The Routledge Handbook of Phenomenology of Emotion*. London: Routledge, 2020.

fenomenologia quando se leva em conta o primado da razão teórica no campo filosófico mencionado acima. Isto porque os sentimentos fazem parte do que Anne Montavont (1999) chama de "a parte sombria" da filosofia de Husserl, que se caracteriza pelo domínio da passividade e da profundidade das vivências em oposição ao foco em sua filosofia de "atos". Cada vez mais, Husserl se abriu para a dimensão passiva das vivências conscientes, o que caracterizará sua "virada genética" durante os anos 1920, limitando internamente os poderes constituintes do sujeito e levando "ao limite o racionalismo e o ideal de uma filosofia absolutamente fundada e rigorosa" (MONTAVONT, 1999, p. 9). Veremos assim, na fenomenologia, novos rumos possibilitados por uma inversão deste primado de atos de conhecimento, o que evidencia o papel inovador dos sentimentos.

Na obra de Husserl, destacam-se três conceitos centrais: sentimentos (*Gefühl*), sentimentos sensíveis (*Gefühlsempfindung*) e tonalidade afetiva ou "humor" (*Stimmung*). O que podemos entender como uma teoria husserliana da afetividade corresponde a diferentes períodos de sua obra, que não serão explorados neste artigo. Meu intuito é trazer brevemente a distinção entre os dois primeiros conceitos em *Investigações Lógicas* (1900-1901) para, em seguida, tecer algumas considerações sobre *Stimmung*[131].

É sabido que, na *V Investigação Lógica*, Husserl (2015) começa suas análises retomando para fins próprios a divisão que Brentano realizava em sua psicologia descritiva entre fenômenos físicos e fenômenos psíquicos. No entanto, esta divisão, apesar de contribuir com a delimitação de objetos próprios a distintos campos de investigação — os fenômenos psíquicos são relativos à Psicologia e os fenômenos físicos às Ciências da Natureza —, irá ser questionada por Husserl, visto que, a seu ver, nem tudo o que Brentano chama de "fenômenos psíquicos" compete ao domínio da psicologia, do mesmo modo que, dentre o que foi classificado como "fenômenos físicos", há, para Husserl, "fenômenos psíquicos" (utilizando ainda esta terminologia brentaniana, que será rejeitada). Segundo

[131] A análises husserlianas sobre o *Stimmung* se encontra nos *Estudos concernentes à estrutura da consciência* (1908-1914), manuscrito do grupo M dos Arquivos Husserl.

Husserl (§10), o valor das análises sobre os "fenômenos psíquicos" encontra-se em duas das seis características que foram a estes atribuídas: a primeira delas, a *intencionalidade* da consciência, uma valiosa ferramenta de realização para a nascente fenomenologia; e a segunda, o fato de que os fenômenos psíquicos "ou são representações ou repousam em representações como sua base" (BRENTANO *apud* HUSSERL, 2015, p. 318), será importante para as relações de fundação, necessárias para a compreensão dos sentimentos.

A característica mais importante é, sem dúvida, a intencionalidade. Brentano resgata um conceito da Idade Média, chamado em seu texto de "inexistência intencional", para dizer que, nos fenômenos psíquicos, há sempre uma referência a um conteúdo, um modo de direção para um objeto. Este objeto é considerado por Brentano como uma "objetividade imanente", ou seja, pertencente à esfera que, em seu contexto, é psíquica. Como Husserl (2015) neste momento[132] não admite que haja objetos na dimensão consciente, ele se apropria da ideia de intencionalidade, que é justamente esse modo de referência a um objeto, sem com isso aceitar que o objeto esteja *na* consciência. Para Husserl, não há objetos "mentais" ou "imanentes", mas apenas objetos intencionais, que se apresentam enquanto *visados* pela intenção. A consciência tampouco se equivale a uma esfera psicológica ou diz respeito a uma relação empírica. Ao tentar fundamentar uma teoria lógica, Husserl busca descrever *essências*, neste momento, dos atos de consciência, que são sempre intencionais. Em suma, a consciência é um "ato" sempre referente a um correlato visado, que não é um objeto empírico nem uma representação ou um objeto imanente, mas um objeto ideal: "o objeto é visado, ou seja, o visá-lo é uma vivência, mas ele é apenas presumido e, em verdade, nada é" (HUSSERL, 2015, p. 320).

Pode-se constatar, portanto, uma divisão entre a esfera da vivência consciente e a esfera transcendente, que é apenas visada e

[132] O quadro muda no momento da chamada "virada transcendental" husserliana com *A ideia da fenomenologia* (1907) e *Ideias I* (1913). Com o desenvolvimento do método de redução fenomenológica, Husserl passa a admitir objetos transcendentes na imanência da consciência, dado que foram *reduzidos*.

não interessa à investigação fenomenológica. Em meio à preocupação em delimitar o que pertence realmente (*Reell*) à esfera da consciência e o que não pertence, Husserl não admitirá objetos, como viemos de constatar, mas mostrará uma complexidade na estrutura da vivência (*Erlebnis*) que consiste nos atos, mas possui ainda "conteúdos" que, por sua vez, não são intencionais. É o que revela a descrição das *sensações*, fundamental para a compreensão dos sentimentos. As sensações "edificam o ato, possibilitam a intenção, enquanto pontos de referência necessários, mas eles próprios não são intentados", conclui Husserl (2015, p. 321).

No §15, Husserl busca justamente explicitar "se as vivências de um e mesmo gênero fenomenológico (em particular o gênero sentimento) podem ser em parte atos e em parte não atos" (título do parágrafo). As interrogações a respeito de a intencionalidade ser capaz de caracterizar essencialmente todos os fenômenos psíquicos, no caso de Brentano, e todas as vivências, no caso de Husserl, se acentuam quando se consideram os sentimentos. Cabe a Husserl questionar se na classe de vivências dos sentimentos há ou não determinação de essência com relação à estrutura da intencionalidade. Dito de outro modo, se há, dentre esta mesma classe de vivências denominada "sentimentos", estruturas intencionais e não intencionais. Por esta razão, o §15 é subdividido nos seguintes tópicos:

(a) "Se há em geral sentimentos intencionais": A resposta é sim. Husserl apresenta como indiscutível o caráter intencional dos sentimentos quando pensamos no caso do agrado ao ouvir uma melodia ou o desagrado ao ouvir um apito estridente, ou seja, a melodia e o apito são objetos intencionais do sentimento de agrado ou desagrado. Além de a intencionalidade dos sentimentos ser evidente aos olhos de Husserl, ele busca ainda, com base nas análises de Brentano, combater os "adversários da intencionalidade dos sentimentos" que creem que estes são simples estados e não *atos, intenções*. Husserl concorda com a posição de Brentano, contra os "adversários da intencionalidade dos sentimentos", de que *os sentimentos são intencionais*. Enquanto para os "adversários" os sentimentos em si não contêm qualquer intenção — eles se relacionam com um objeto apenas entrelaçados a outras representações —, para Brentano, no caso dos sentimentos, encontramos "*duas intenções* edificadas uma sobre a outra, das quais a fundante fornece o objeto representado e a fundada o objeto do sentimento" (p. 334, *grifo meu*). Isto significa que há uma dependência da intenção do sentimento com relação a uma intenção de base, representativa (na linguagem de Brentano). Husserl manterá, assim como Brentano, a ideia de dependência e fundação entre os atos: "o agrado ou o desagrado *dirigem-se*, antes, para o objeto representado e, sem uma tal direção, não poderiam existir de todo" (HUSSERL, 2015, p. 334), o que corresponde à segunda característica dos fenômenos psíquicos retida por Husserl, já citada acima, de que os fenômenos psíquicos "ou são representações ou repousam em representações como sua base". A diferença em relação aos "adversários da intencionalidade" é que, no caso de Husserl e Brentano, ambos os atos são intencionais. Segue-se que as intenções não estão *associadas* e nem uma está acima ou causa a outra; há apenas uma relação de dependência e de fundação do sentimento com relação a atos primeiros, como os atos de percepção:

> É, por exemplo, o caso — inaugural, do ponto de vista fenomenológico — da problemática husserliana, que toma como modelos os atos perceptivos e categoriais a título de atos privilegiados que dão acesso ao conhecimento do objeto, e que faz uso desses atos objetivantes como fundamento de atos não objetivantes, os quais revelariam indistintamente o campo prático, ético ou estético. Deste ponto de vista, as emoções, entendidas como *Gefühle*, o são a título de atos não objetivantes fundados sobre atos objetivantes, primariamente perceptivos, e encontram sua inscrição de um modo indiferenciado e em um campo que só podemos qualificar negativamente como não teórico. (DEPRAZ, 2012, p. 43)

(b) Sobre a possibilidade de haver sentimentos não intencionais, vemos operar a distinção entre o sentimento e o momento sensível do sentimento, os chamados *sentimentos sensíveis* (*Gefühlsempfindung*).

> Na esfera alargada dos chamados sentimentos sensíveis, não podemos encontrar quaisquer caracteres intencionais. Quando nos queimamos, é certo que a dor sensível não pode ser posta no mesmo plano de uma convicção, de uma suposição, uma volição etc., mas apenas no mesmo plano que conteúdos sensíveis como a aspereza ou a lisura, o vermelho ou o azul etc. (HUSSERL, 2015, p. 336)

A ideia aqui é que as sensações de dor e de prazer se aparentam, de acordo com sua essência e do ponto de vista descritivo, às sensações táteis, gustativas, olfativas etc., e não aos atos — sentimentos — de agrado ou desagrado. Os sentimentos sensíveis são uma fusão dos prazeres e dores às sensações, de modo "análogo" a como as sensações estão fusionadas entre si. Elas são animadas por uma "apreensão", "interpretação" ou "apercepção" constituindo o ato, *mas elas mesmas não são atos*. São como "pedras de construção" (2015, p. 329). A dor de uma queimadura ou de uma picada, por exemplo, fusionada com certas sensações táteis, parece ela mesma valer como uma sensação. Brentano já distinguia as sensações de dor e de prazer (sensações de sentimento) da dor e do prazer como sentimentos. Mas — aqui reside uma diferença importante — ele relega as sensações de sentimento ao plano dos "fenômenos físicos", enquanto, para Husserl, elas são *componentes não intencionais* do ato "psíquico", ou seja, da esfera da consciência. Em suas palavras:

> Assim, por exemplo, o contentamento acerca de um acontecimento feliz é seguramente um ato. Mas este ato, que não é um simples caráter intencional, mas antes uma vivência concreta e *eo ipso* complexa, encerra na sua unidade não apenas a representação do acontecimento feliz e o caráter de ato, a ele referido, do agrado, mas à representação liga-se ainda uma sensação de prazer que, por um lado, é apreendida e localizada como excitação sentimental do sujeito psico-físico que sente e, por outro lado, como propriedade objetiva. (HUSSERL, 2015, p. 338)

Em seguida, Husserl conclui que "o acontecimento aparece como que *aureolado por uma tonalidade cor-de-rosa*" (Ibid., *grifo* meu). Mas como, da sensação de prazer, que diz respeito ao mesmo tempo a uma reação física do sujeito e ao acontecimento, provém uma "cor" para o acontecimento? Como Husserl compreende que um acontecimento pode ser "tingido com as cores do prazer" (ibid.) ou com as "cores" da tristeza etc.? Ocorre na complexidade da vivência do sentimento essa dupla coexistência do intencional e do não intencional, aparecendo ligadas a uma "tonalidade": "não vejo sensações de cor, mas, sim, coisas coloridas; não ouço sensações de som, mas antes a canção da cantora etc." (HUSSERL, 2015, p. 321). Segundo Ricœur (2004), o sentimento é uma intencionalidade estranha e paradoxal, pois revela qualidades sentidas ao mesmo tempo sobre as coisas e sobre si, isto é, indica como a consciência é *intimamente afetada* pelas qualidades: "ao mesmo tempo que as coisas percebidas e as pessoas presentes objetivam o amável e o odiável, o amável e o odiável manifestam sobre as coisas o *meu* amor e *minha* raiva" (2004, p. 317). Os sentimentos possibilitam assim essa união entre o intencional e o não intencional pela sensação do sentir, que se manifesta corporalmente impregnada de sentido. O "objeto intencional" do sentimento é o acontecimento tingido com as cores afetivas, que são as qualidades que necessitam de objetos percebidos e conhecidos, algo como "adjetivos sentidos" ou "epítetos flutuantes". Husserl explica da seguinte maneira: "Percebo que *a tristeza me dá um nó na garganta,* que *a dor me rói o dente*, que *a pena me corta o coração*, no mesmo sentido em que percebo que o *vento sacode as árvores,* que *esta caixa é quadrada e pintada de marrom* etc." (HUSSERL, 1998, p. 174).

Assim, vemos o entrelaçamento de atos intencionais, que posicionam objetos em uma relação direta que permite descrição e um conhecimento "rigoroso e seguro" destes, com os atos não objetivantes. Estes últimos "colorem", tingem de afetividade ou vontade os objetos dos primeiros, ou seja, oferecem uma *qualidade* à experiência. Além disso, pode acontecer que, ao sentir prazer e dor, por exemplo, as sensações "podem perdurar, mesmo que tenham sido suprimidos os caracteres de ato sobre elas edificados"

(HUSSERL, 2015, p. 339). Assim, quando os fatos que suscitaram o prazer passam para segundo plano ou desaparecem, a excitação do prazer pode durar ainda por muito tempo e, eventualmente, ser agora ela própria sentida como agradável. Com isso, pode-se dizer que a distinção entre emoções e sentimentos de sensações é a pressuposição de sua análise posterior sobre emoções e *Stimmung*[133], presente no segundo volume dos *Estudos concernentes à estrutura da consciência* (FISETTE, 2017, p. 226).

Um sentimento, como a raiva, por exemplo, pode persistir e se espraiar de modo a impregnar o campo afetivo sem necessariamente se ligar a um objeto. Fisette (2017) retoma o exemplo de Husserl de que pode acontecer algo como um dia acordarmos com um sentimento que não nos abandona; estamos tristes "sem saber o porquê"[134] (2017, p. 227). Nesta independência afetiva cada vez maior dos objetos, que é a tonalidade, visto que mais distante, difusa e indireta, vemos se ampliar o domínio não objetivante e, portanto, menos posicionante do mundo em objetos. Depraz (2012) esclarece que a tonalidade afetiva faz aparecer o objeto não tanto como um conteúdo material determinado, mas como cor dos acontecimentos que os dota de suave impregnação (p. 53). No texto §5 do manuscrito em questão, Husserl (2023) explica esta motivação própria a *Stimmung*: se estou numa disposição alegre, tudo me parece bonito, me torno "receptivo" às belezas e me volto mais ainda para elas, me deleito com as músicas e paisagens que até então não eram tão prazerosas. O "grau de calor" do prazer é grande, diz Husserl (2023); é como se tudo se encontrasse

[133] Segundo o *Dicionário dos intraduzíveis* de Barbara Cassin (2014), Pascal David comenta que o termo *Stimmung* oferece resistências à tradução por conciliar, em alemão, desde o Séc. XVIII, uma analogia entre a afinação de instrumentos musicais e um estado psicológico (p. 1061). Mais conhecido pelas análises de Heidegger em *Ser e Tempo, Stimmung* já é utilizado por Husserl, em especial nos manuscritos dos *Estudos.* Disposição e humor são traduções mais questionadas, enquanto "tonalidade afetiva", utilizada com frequência em francês e em português, parece ser a que melhor mantém a referência musical suscitada pelo termo original. Além disso, Husserl fala em tonalidades, como vimos, ao se referir a cores, uma palavra que também pode nos remeter a notas musicais.

[134] Fisette cita HUSSERL, E. 2004a. Wahrnehmung und Aufmerksamkeit. Texte aus dem Nachlass (1893–1912). Edited by Thomas Vongehr and Regula Guiliani. Husserliana XXXVIII. Berlin: Springer, p. 227.

esquentado pela tonalidade, algo como um "brilho emprestado". A *Stimmung* não é um "efeito" de um acontecimento, lembrando que tal relação "distante" com os objetos não é de ordem causal. Husserl fala em *motivação*, que é o que faz com que o valor do objeto não encontre sua fonte nele mesmo, mas em referência a este pano de fundo que envolve o modo mesmo de apreendê-lo; as motivações chamam enquanto razões para o agir, que não são internas ao sujeito, mas que se encontram em aspectos do mundo circundante (FISETTE, p. 227). A percepção se dá assim sempre em meio a um *clima atmosférico afetivo* ou um sentimento global de um ambiente, ponto explorado por Heidegger (2005). Em *Ser e Tempo* (§29), compreendemos bem que a tonalidade afetiva é um existencial, isto é, essencial ao modo mesmo de nossa existência *no mundo* e não se encontra relacionada a qualquer "psicologia dos humores". O mundo nos aparece numa tonalidade afetiva, o que significa que, em nossa existência, estamos sempre sintonizados ou afinados num humor. Assim, antes mesmo de uma fenomenologia dos sentimentos, temos uma fenomenologia da *Stimmung*, que ressalta uma camada prévia que nos deixa suscetíveis aos próprios sentimentos, isto é, se já me encontro numa disposição brilhante, o mundo estará "sorrindo" e convidativo aos sentimentos de alegria e aos prazeres.

2 - Teorias da afetividade pós-husserlianas: os diferentes rumos da intencionalidade não-objetivante.

Em sua obra *Métaphysique du sentiment*, Renaud Barbaras (2020) apresenta as principais contribuições de alguns fenomenólogos ao campo da afetividade, a fim de desenvolver sua própria teoria sobre o sentimento. Segundo o autor, todas as fenomenologias pós-husserlianas convergem sobre um mesmo ponto, que é o de que o sentir não pode ser compreendido como envolvendo uma relação com o objeto, visto que ele não abre a nada de determinado. Suas diferenças aparecem somente com relação à maneira pela qual cada uma irá se distinguir da percepção objetivante e sobre qual será o estatuto do que escapa ao objeto e, por isso mesmo, sobre a modalidade de abertura a este nada de objetivo. A maior parte desses fenomenólogos continuará a proposta husserliana de pensar o sentimento sobre a base intencional, embora concebam a intencionalidade de modos bem distintos. Dos destacados por Barbaras, estão Merleau-Ponty e Heidegger. Poderíamos acrescentar Sartre e, como Barbaras mostra em outros momentos, Patočka. Por outro lado, Barbaras localiza Michel Henry e Henry Maldiney em uma vertente que não pensará mais a afetividade pelo viés intencional, visto que buscaram desligar o sentir da intencionalidade, embora com isso não tenham retornado a qualquer teoria psicológica. Irei apresentar brevemente algumas posições correspondentes ao primeiro grupo desta divisão, isto é, as fenomenologias contemporâneas que pensam a afetividade em sua relação com a intencionalidade.

2.1 - As emoções em Sartre e a intencionalidade afetiva em Merleau-Ponty

No *Esboço para uma teoria das emoções*, Sartre aposta na noção de intencionalidade husserliana para refutar uma psicologia introspectiva das emoções, noção que ele interpretava justamente como este movimento que nos joga no mundo (SARTRE, 1989). Além de intencional, Sartre insiste que a estrutura da emoção é pré-reflexiva, isto é, é um fenômeno de um modo mais imediato de estar no mundo, que não envolve reflexão ou deliberação intelectual. O autor parte de uma oposição à constatação feita por psicólogos que compreendem a emoção como algo que é disparado por uma percepção, como uma "representação-sinal", e que em seguida tende a se absorver em si mesma (1995, p. 39). Tal afastamento é o que Ricœur identificava como uma dificuldade de acordar ao objeto uma qualidade e, por isso, no que diz respeito ao sentimento, falar *somente* da subjetividade (2004, p. 316). Contrariamente a este gesto, Sartre afirma que a emoção e seu objeto estão "unidos em uma síntese indissolúvel" (1995, p. 39) e que a relação que os une implica uma *transformação* de ambos: "a consciência se transforma para transformar o objeto" (p.43). Em outras palavras, se "a emoção é uma certa maneira de apreender o mundo" (1995, p. 39), para apreender um mundo transformado é necessário, igualmente, transformar-se, pois nesta apreensão a consciência *crê* na maneira distinta pela qual o mundo aparece. Sartre define a emoção, portanto, como um fenômeno de crença, mas com isso de particular: é uma crença em que a consciência se vê cativa, no sentido de que se encontra presa no mundo que cria. Por outro lado, tal criação não é voluntária, ela se faz na própria abertura de uma intencionalidade pré-reflexiva que se assemelha a um adormecimento (descrição próxima ao fenômeno da má-fé em *O Ser e o Nada*). É curioso que o que irá motivar a emoção, para Sartre, é a lida prática com um mundo "muito difícil", de modo que a emoção possibilitará uma transformação "mágica" do mundo. Podemos compreender esse adormecimento como uma consciência mais opaca, mais entorpecida, que se mete em tal estado para, diante de dificuldades, criar magicamente um mundo diferente, não *agindo* sobre ele, mas "encantando-o". As próprias reações de dança e canto na alegria, por exemplo, são, para Sartre (1995), expressões desse modo de encantamento corporal. Assim, a consciência "muda de corpo" a fim de apreender o mundo desta outra maneira.

Já Merleau-Ponty (2014) irá apreender esta relação da afetividade com o corpo de forma muito distinta. Apesar de não ter uma teoria da afetividade propriamente dita, ele pensa uma intencionalidade corporal como o modo mesmo de ser da afetividade, que não é, como vimos, representativa ou objetivante. Barbaras (2020) diz que, para Merleau-Ponty, o recurso à afetividade funciona como uma espécie de *epoché* fenomenológica que permite não somente se aventurar no campo intencional não objetivante, mas passar por tais atos para acessar a própria essência da intencionalidade corporal em sua dimensão não tética. Assim, Merleau-Ponty (2014) coloca a afetividade como uma determinação da própria relação com o mundo e não como uma modalidade desta relação: "procuremos ver como um objeto ou um ser passa a existir para nós pelo desejo e pelo amor e veremos melhor como os objetos e os seres podem existir em geral" (p. 191), nos afirma o autor de *Fenomenologia da Percepção*. Nesta equivalência, a afetividade é dotada de um papel fundamental, como uma espécie de camada não objetivante que está presente *em toda visada*, seja ela objetivante ou não. Ricœur (2004) chamará esta camada de "textura estranha" da intencionalidade, que corresponde à dimensão afetiva de toda intencionalidade de conhecimento. Aos olhos de Barbaras (2020), apesar de confundir sentir com perceber, Merleau-Ponty tem o mérito de ver a afetividade como uma intencionalidade originária que nos abre à própria presença do mundo e não à sua representação. Esta forma de ligar a afetividade à abertura ao mundo será marcante para fenomenólogos contemporâneos.

3 - Barbaras e o sentimento para além do intencional

É neste ponto que se tornarão mais claras algumas diferenças em relação à afetividade, à emoção e ao sentimento. O passo em comum dado por Ricœur, Barbaras e também Mikel Dufrenne (em *Fenomenologia da Experiência Estética*) é o de pensar o sentimento como algo mais profundo ou mais amplo do que a correlação do plano intencional. Mesmo que Merleau-Ponty (2014) tenha radicalizado ao colocar a afetividade como parte de uma intencionalidade originária, ele ainda permanece restrito ao plano intencional, quadro que agora será ampliado.

Ao diferenciar afetos, sentimentos e emoções, Renaud Barbaras (2020) entende que os afetos e as emoções estão no plano de um mundo já dado — como aquilo que se experimenta ao ser afetado, e como conduta que corresponde à relacionalidade com os entes — que é o plano em que se localizam as filosofias de Sartre e Merleau-Ponty. Já o sentimento revela *um mundo* ou mesmo *abre* um mundo. Para compreender esta distinção, Barbaras (2020) explica que passamos da emoção ao sentimento quando, através de algum conteúdo (que suscita a emoção), somos desarmados e esvaziados, não encontramos nada de determinado e somos expostos a este nada (*rien*), que é o mundo; neste sentido, o sentimento é um *vazio de emoção*. Ao contrário de Husserl, aqui experimentamos a impossibilidade de dar uma qualidade ou uma cor ao que se dá, desnudados de toda emoção e, de certo modo, de toda autoafecção (p.186). Inspirado na fenomenologia estética de Dufrenne, que provoca um alargamento do sentimento estético a ponto de identificá-lo à própria abertura do sujeito ao mundo em sua plenitude e profundidade, Barbaras (2020) pensa o sentimento para além dos objetos sensíveis, ou seja, percebidos (p.182). Em sua filosofia, a noção de *desejo* corresponde ao vetor intencional, enquanto o sentimento é, numa linguagem heideggeriana, um existencial ou, se quiser, ainda uma "intencionalidade originária" (p. 188), só que com uma dimensão mais profunda e essencial que não se confunde com o impulso significante. Com isso, o sentimento abre para além do campo perceptivo, que é o campo da significação. Podemos dizer que Barbaras potencializa a tensão que Ricœur entrevia no que chamava de paradoxo do sentimento. Pois, sendo o sentimento esta abertura originária à profundidade do mundo, ele é ao mesmo tempo experiência profunda de si. E esta autoafecção não implica qualquer cisão do sujeito para com o mundo exterior; pelo contrário, ela indica que "nós só nos unimos a nós mesmos quando nos abrimos a uma alteridade" (p. 180). É o que ocorre no amor, a seu ver, experiência paradigmática do sentimento: o amor é "o sentimento de todos os sentimentos" pois ele é a prova máxima de uma transformação de si por meio da descoberta de um outro, onde "me experimento me perdendo, me uno a mim mesmo quando sou completamente atravessado e despossuído por um outro" (p. 180). Se estar perto de si é correlativo a uma abertura à alteridade, uma alteridade que vai além do objeto percebido, portanto da significação, então é possível a Barbaras esboçar, inversamente, uma teoria da alienação. Permanecer no plano das objetificações corresponde aqui a uma perda de si. Neste plano, protagonizam os objetos manufaturados, cuja função é "desmundaneizante". Tais objetos são correlativos a uma pessoa que é "ninguém", desafetados, estrangeiros ao que experimentam. Por outro lado, há "objetos" "carregados de mundo" (*chargés de monde*) que nos convidam ao acesso ao mundo e favorecem a eclosão do sentimento, como as obras de arte, realidades naturais ou outras pessoas. Dada a reciprocidade entre abertura ao mundo e proximidade a si, esses objetos contribuem para a transformação de si que o sentimento envolve. Há transformação das oposições clássicas — a intencionalidade não é somente um sair de si, mas também um retorno a si e, consequentemente, ela vai em duas direções opostas, sendo ela a unidade das duas direções (BARBARAS, 2020, p. 193).

4 - A afetividade é política

Pensar o sentimento e as emoções fora de uma perspectiva que os enclausura numa esfera psíquica nos abre para um horizonte afetivo histórico e político nem sempre explorado pelas fenomenologias. As emoções não são universais e naturais; elas são fabricadas e fabricam um próprio modo de sentir. Estudos etnopsicológicos mostram que emoções tidas como evidentes e naturais em determinados contextos são desconhecidas em outros e vice-versa, o que as dota de uma característica local, histórica e contingente. Ao questionar a universalidade das emoções, Vinciane Despret (2022), em seu estudo etnopsicológico, mostra que, mesmo quando se admite que há variações culturais sobre a emoção, a interpretação pode manter a presunção universal quando se pensa que há um "fundo de natureza" sob o qual diferentes culturas imprimiriam seus significados. Para além do enquadramento dualista entre natureza e cultura, entre versões em que as emoções emanariam de um corpo ou que são apenas expressões culturais, como pensar a afetividade? Os tipos de perguntas que fazemos a respeito do campo afetivo, ao mesmo tempo nos localizam no modo de pensar esse mesmo campo e nos abrem as possibilidades do que aparece como resposta. Algumas perguntas não fazem nenhum sentido em certos contextos.

A base fenomenológica me parece interessante para o intuito de pensar a política da afetividade, visto que a apresenta como modo de ser-no-mundo, sem cair na falsa alternativa de que a "origem" das emoções estaria ora no sujeito do qual a emoção emana, ora no mundo que ativou ou provocou uma reação. Nesse sentido, Sara Ahmed (2004, p. 8) destaca dois modos de compreender a "origem" das emoções: o modelo "de fora pra dentro" e o "de dentro pra fora" (*inside out* e *outside in*). O primeiro caracteriza a visão psicológica das emoções, em que estas são sempre "minhas", algo que eu tenho e que posso expressar ou não. Já o modelo "de fora para dentro", que tem Durkheim como expoente, entende as emoções como um fenômeno social que se impõe aos indivíduos, destituindo-os do lugar de origem dos sentimentos. Ahmed apresenta esses dois modelos no intuito de argumentar que ambos preservam uma divisão entre interior e exterior, indivíduo e social no entendimento das emoções. Seu modelo busca superar a divisão e inverter a ordem, priorizando a emoção na constituição dos fenômenos:

> as emoções não são simplesmente algo que "eu" ou "nós" temos. Pelo contrário, é através das emoções, ou da forma como reagimos aos objectos e aos outros, que se criam as superfícies ou as fronteiras: o "eu" e o "nós" são moldados pelo contacto com os outros, e até tomam a forma deste contacto. (AHMED, 2004, p. 10)

O campo emocional é, então, o terreno em que as próprias superfícies se constituem: o eu e o nós, o psíquico e o social. Se essas formas que se dão pelo contato com os outros são sempre vias afetivas, devemos interrogar como as diferentes fenomenologias pensam as gêneses de sentidos, das formas e panos de fundo, imersos na afetividade.

Ao elaborar tais teorias, lembremos que Fanon (1952) destacou a política da afetividade e mostrou que há uma "impureza" na visão de mundo própria ao povo colonizado que impede toda ontologia (p. 107). Ele reivindica a sua afetividade e sua poesia como armas em prol desse impedimento, porque foi do alto da "racionalidade" branca que o seu sentir foi taxado de "irracional" e mesmo a sua racionalidade foi diminuída pelo "verdadeiro racional" branco (p. 129). Alia Al-Saji (2020) propõe que uma fenomenologia da racialização é uma fenomenologia do afeto, não voltada para a percepção visual, mas para o nível abaixo do intencional, no sentido de como a própria afetividade estrutura a experiência "imediata". A autora traz a contribuição de Fanon para uma "fenomenologia anticolonial do afeto" (p. 210) que entende haver sempre um passado colonial *mediando* os sentidos e mesmo a autoafecção. Ao retomar o exemplo que Husserl dá em *Ideias II* sobre as mãos que se tocam revelando o corpo vivo (*Leib*) pela duplicidade do sentir, Al-Saji contrasta com a "carcassa" fanoniana em que o toque, sempre mediado pela ferida colonial, revela um corpo vivo-morto, que se contrai e evita o toque (p. 209). Assim, "não há afeto que escape à violência da colonização" (p. 210).

5 - Sentir o mundo

As diferentes fenomenologias irão divergir sobre os sentidos que adquirem os termos emoção, afetividade e sentimento. O passo fundamental neste agrupamento de visões sobre a afetividade é a importância que a vida afetiva adquire no que diz respeito à ligação mais originária e profunda com o mundo, o que vem a questionar os poderes da relação sujeito-objeto, típica do conhecimento, assim como suas pretensões de clareza, pureza, etc. Se a afetividade permeia cada vivência da consciência, das mais simples às mais complexas, e estrutura não só o próprio aparecer do mundo, mas também forma e fabrica sentidos, corpos e movimentos, o que faz sentido ou não, as motivações das ações, etc., ela se torna imprescindível para a compreensão da existência e mesmo para as pretensões do conhecimento. Não somente a fenomenologia faz com que o sentimento deixe de ser uma "imperfeição" para ser uma característica positiva do fenômeno, mas também dissolve o próprio dualismo entre razão e emoção — para o qual tal imperfeição faz sentido — abrindo o campo de um *conhecimento afetivo* que, como tal, só pode ser histórico e político.

Referências

AHMED, Sara. *The Cultural Politics of Emotions*. Edinburg: Edinburg University Press, 2004.

AL-SAJI, Alia. Frantz Fanon. In: SZANTO, Thomas; LANDWEER, Hilge (orgs.). *The Routledge Handbook of Phenomenology of Emotion*. London: Routledge, 2020. p. 207-214.

BARBARAS, Renaud. *Métaphysique du sentiment*. Paris: Les Éditions du Cerf, 2020.

CASSIN, Barbara (org.). *Dictionary of Untranslatables: A Philosophical Lexicon*. Tradução de Steven Rendall, Christian Hubert, Jeffrey Mehlman, Nathanael Stein e Michael Syrotinski. Princeton: Princeton University Press, 2014.

DEPRAZ, Natalie. Delimitación de la emoción: Acercamiento a una fenomenología del corazón. *Investigaciones Fenomenológicas*, [s.l.], n. 9, p. 39-68, 2012. Disponível em: https://www2.uned.es/dpto_fim/InvFen/InvFen09/pdf/02_DEPRAZ.pdf. Acesso em: agosto/2024.

DESPRET, Vinciane. *Ces émotions qui nous fabriquent: Ethnopsychologie de l'authenticité*. Paris: Les Empêcheurs de Penser en Rond/Le Seuil, 2022.

FISETTE, Denis. Emotions and Moods in Husserl's Phenomenology. In: DRUMMOND, J.; RINOFNER-KREIDL, S. (Eds.). *Emotional Experiences: Ethical and Social Significance*. London; New York: Rowman & Littlefield International, 2017. p. 220-231.

FANON, Frantz. *Peau noire, masques blancs*. Paris: Éditions du Seuil, 1952.

HEIDEGGER, M. *Ser e Tempo: Parte I*. Petrópolis: Vozes, 2005. (Trad. Márcia Sá Cavalcante)

HUSSERL, Edmund. *Sexta Investigação (elementos de uma elucidação fenomenológica do conhecimento)*. In: ____. *Investigações Lógicas*. São Paulo: Nova Cultural, 1988. (Trad. Željko Loparić e Andréa Maria Altino de Campos Loparić). (Coleção Os Pensadores).

_______. *Investigações Lógicas (Segundo Volume, Parte I: Investigações para a Fenomenologia e a Teoria do conhecimento)*. Lisboa: Centro de Filosofia da Universidade de Lisboa, 2007. (Trad. Pedro Alves).

______. Studies in the Structure of Consciousness. Edited by John Drummond, Rochus Sowa, and Thomas Vongehr. Translated by Elizabeth A. Behnke et al. New York: Routledge, 2023.

LEVINAS, Emmanuel. Réflexions sur la technique phénoménologique. In: ____. *En découvrant l'existence avec Husserl et Heidegger*. Paris: Vrin, 2010.

MERLEAU-PONTY, Maurice. *Phénoménologie de la perception*. Paris: Gallimard, 2014.

RICŒUR, P. *À l'école de la phénoménologie*. Paris: Vrin, 2004.

SARTRE, Jean-Paul. *Situations I: Essais critiques*. Paris: Gallimard, 1989.

_______. *Esquisse d'une théorie des émotions*. Paris: Hermann, 1995.

SZANTO, Thomas; LANDWEER, Hilge (orgs.). *The Routledge Handbook of Phenomenology of Emotion*. London: Routledge, 2020.

Problematização de um princípio ético-político platônico: "o interesse no bem comum"

Izabela Bocayuva
UERJ

1 - Introdução ou retomada de análises anteriores

Recentemente, publiquei um artigo sinalizando a fronteira tênue, no pensamento político de Platão, entre o exercício do máximo poder praticado pelo monarca ou governante sábio (o filósofo -rei na *República*/ o *epistemon* em *O Político)* e o exercício do máximo poder praticado pelo tirano[135]. Na *República*, não resta dúvida de que um governo tirânico é considerado não só ilegítimo em sua desmedida, tratada inclusive como

[135] BOCAYUVA, Izabela. *Monarquia platônica e Tirania* in: Marques, E. (org.), *Subjetividade e Natureza*, Kotter Editorial, Curitiba, 2023, 125-140.

patológica, como também é veementemente repudiado por seu autoritarismo voluntarista. O posicionamento da personagem Trasímaco, no livro I, defendendo a coincidência entre justiça e conveniência do poderoso, compõe bem a imagem desse autoritarismo voluntarista, repudiável tanto por sua proveniência do caos social quanto por sua influência na produção desse mesmo caos indesejável. É muito importante observar que, na *República*, a tirania aparece constantemente associada ao regime democrático, num contexto, portanto, de ampla participação popular no campo político, algo jamais visto com bons olhos por Platão, para quem a massa, os *hoi polloi*, é definitivamente incapaz de verdadeiramente pensar, de filosofar. Entretanto, ao considerarmos mais detidamente o conjunto das obras platônicas de caráter político, é possível observar que nem sempre a tirania é rechaçada ou tratada sob essa perspectiva. Algumas vezes, a tirania entra na análise política platônica apenas a partir do aspecto estratégico da posição de autoridade que o tirano ocupa, e, nesse sentido, fica claro que o foco principal do incômodo de Platão quanto a um tal regime não era exatamente o autoritarismo. Por que podemos afirmar isso? Em primeiro lugar, tomemos duas passagens, uma das *Leis* e outra da *Carta VII*. Na primeira, Platão faz o Ateniense admitir que, na cidade que vem sendo constituída por ele e seus companheiros, é desejável a governança de um tirano, desde que este reúna um conjunto de qualidades virtuosas, precisamente as mesmas que, na *República*, são apresentadas por Sócrates como necessariamente constitutivas da alma de cada um dos raros homens aptos a compor o corpo militar dos guardiões. Estes, por isso mesmo, por serem naturalmente bem dotados, mereceriam ser, exclusivamente, educados até que sobressaísse de seu grupo o melhor de todos, o mais seguramente virtuoso, o único verdadeiramente sábio e merecedor, de fato e de direito, da função de governante: o filósofo-rei. Diante dessa indiscernibilidade entre um tirano esclarecido nas *Leis* e o filósofo da *República*, desaparece de repente e de um modo desconcertante aquela oposição aparentemente tão óbvia entre monarquia e tirania em Platão?

No caso da *Carta VII*, Platão fornece autobiograficamente para a posteridade o dado histórico de suas viagens frustradas a Siracusa no intuito de viabilizar um governo filosófico através da conversão da alma de um ... tirano, que inclusive deixou evidências históricas de sua prática autoritária, além daquelas que o próprio relato de Platão não esconde na sua carta-testamento, onde ele registra aquele que seria o princípio político mais decisivo para a sua teoria política:

> Fui obrigado a dizer, louvando a verdadeira filosofia, que a ela cabe discernir o politicamente justo em tudo dos indivíduos, e que a espécie dos homens não renunciará aos males antes que a espécie dos que filosofam correta e verdadeiramente chegue ao poder político, ou a espécie dos que têm soberania nas cidades, por alguma graça divina, filosofe realmente. (326a5-b4)

Assim, segundo Platão, a única saída viável para se lograr uma organização política feliz depende da tutela política a ser exercida pelo filósofo sobre todos os indivíduos, a partir da posição máxima do poder, por exemplo, aquela que um tirano ocupa. Claro que, se o tirano não puder sofrer a conversão para uma prática filosófica do poder, como foi o caso de Dionísio II em Siracusa, nada feito. Mas fica evidente que é esse lugar (*tópos*) do topo absoluto do poder o que interessa à prática filosófica, o mesmo topo ocupado pela prática política da tirania.

Em segundo lugar, outro registro mostra o quanto o autoritarismo não é o que mais incomoda Platão no exercício do poder. Em *O Político*, o governante ideal verdadeiramente sábio, denominado o *epistemon*, está autorizado a agir e julgar prescindindo das leis[136], embora fique acentuadamente pontuado o quanto os governos correntes, na ausência de um governante

[136] "Necessariamente, pois, parece que entre todas as constituições, esta será, diferentemente, a única correta, na qual os chefes seriam descobridores da ciência verdadeira, e não somente de um simulacro de ciência; e esses chefes, quer governem segundo leis, quer sem leis, quer sejam voluntariamente aceitos, quer sejam apenas suportados, quer sejam pobres ou ricos, nada disso de modo algum jamais é para ser levado em conta quando se trata do mais correto. (O Político. 293c5-d2)

tão excelente como o *epistemon*, necessitam basear-se rigorosamente nas leis para garantir minimamente a manutenção da ordem social. A sabedoria excepcional do *epistemon*, no entanto, lhe permitiria superar uma grave limitação constitutiva do uso das leis. A necessária generalidade ou universalidade destas impede, diversas vezes, que se alcance a devida precisão e boa condução no julgamento e solução frente aos casos incomuns ou particularmente únicos. O poder da capacidade intelectual onisciente atribuído ao *epistemon* confere-lhe, portanto, ainda o direito (e o dever) de atuar sem o consentimento do povo[137]. Ora, se nesse mesmo diálogo a tirania havia sido inicialmente caracterizada como um regime político voluntarista, criticável por sua atuação sem qualquer consentimento do povo, há que se perguntar novamente: qual seria, nesse caso, a diferença entre monarquia e tirania? Poderíamos dizer que, já desde o início do diálogo, foi antecipada essa resposta à medida que já se começa denominando o governante perfeito com o termo *epistemon*, denominação agora justificada através da mostração da prática onisciente do monarca. Essa resposta, coerentemente correta, porém, não nos afasta da perplexidade diante da linha tênue, quase indiscernível, entre a prática do poder tirânica e a da filosofia presente na teoria política platônica. A fim de aprofundar essa questão, vamos recorrer a outra proposta de critério de discernimento entre o exercício do poder do tirano e o do filósofo. Essa proposta encontra-se na *República* e consiste em afirmar que, enquanto o regime monárquico governado pelo sábio filósofo tem como princípio -guia o interesse pelo bem comum, o regime político tirânico seria guiado pelo interesse egoísta do benefício pessoal, sem qualquer capacidade de visão de conjunto.[138]

---

[137] "quer governem a favor ou contra a vontade do povo; quer se inspirem ou não em leis escritas; quer sejam ricos ou pobres, deve-se considerá-los, de acordo com o nosso atual ponto de vista, governantes de um governo segundo uma arte competente. (O Político. 293a6-9).

[138] Livro I.

2 - Colocação da questão

A retomada de diversos elementos tratados no artigo anterior nos levou a uma outra formulação problemática no contexto da teoria política platônica: o "interesse pelo bem comum" enquanto orientação guia para a prática política do filósofo-rei. A partir de agora, nosso empenho visa procurar uma maior nitidez em relação ao que significaria o *comum* ou a comunidade que o monarca tem como princípio beneficiar.

Hoje, nossa compreensão do sentido da expressão "bem comum" está particularmente consolidada a partir do campo democrático e progressista. Nem os liberais, nem os mais conservadores, ainda reivindicariam para si essa preocupação. É sempre extremamente difícil evitarmos o anacronismo na interpretação de textos de outras épocas históricas, sobretudo quando a distância temporal e cultural deles nos separa milenarmente. Se, por um lado, nos cabe explorar com paciência um sentido mais nítido para a expressão "interesse pelo bem comum" presente em Platão, por outro, nos cabe mais ainda, e de início, prevenirmo-nos do equívoco de tomá-lo a partir do campo ideológico democrático. Platão era assumidamente um antidemocrata, e é preciso lê-lo como tal. Para um antidemocrata, a população, os *hoi polloi*, deve permanecer fora das decisões políticas, devendo ser tutelada pelos que decidem, por "todos", o andamento da sociedade, como acabamos de vê-lo afirmar na Carta VII: "que a ela (à filosofia) cabe discernir o politicamente justo em tudo dos indivíduos."

É possível que Platão realmente acreditasse que sua proposta teórica política beneficiaria a sociedade como um todo, gerando inevitavelmente, segundo seu ponto de vista, o sentimento generalizado de gratidão pelos governantes. No fim de *O Político*, assistimos à apoteose de tal sentimento:

> Eis, pois, terminado em perfeito tecido o estofo que a ação política urdiu quando, tomando os caracteres humanos de

> coragem e moderação, a arte real congrega e une suas duas vidas pela concórdia e amizade, realizando, assim, o mais magnífico e excelente de todos os tecidos. Abrange em cada cidade todo o povo, escravos ou homens livres, estreita-os todos na sua trama e governa e dirige, assegurando à cidade, sem falta ou desfalecimento, toda a felicidade de que deve desfrutar." (311b-c)

Porém, quando nos deparamos com esse todo estável, feliz, sem qualquer conflito social, e observamos a participação nele do grupo majoritário, o grupo da terceira classe, constituído pelos trabalhadores em geral (artesãos, etc.), desconfiamos do seu real pertencimento ao grupo beneficiado dos comuns. Sempre aparecendo acessoriamente, esse grupo é reiteradamente considerado nas análises da constituição da cidade ideal na mesma medida em que é discriminado e separado da classe governante. Essa operação contínua de exclusão da terceira classe contribui inclusive para a análise e maior esclarecimento do funcionamento positivo da cidade, sempre proporcionado pelos valiosos e valorizados membros da classe dirigente. Há aqui, na verdade, uma ambiguidade muito singular no uso da expressão "bem comum", que ora conduz a uma noção de totalidade dos cidadãos, ora conduz ao grupo das duas primeiras classes, que guardam em *comum* tudo mais de positivo e sempre contundentemente negado aos da terceira classe. Se o maior valor pertinente à classe dirigente é a capacidade intelectual e o saber, à terceira classe pertence, por sua vez, a incapacidade de aprender e a ignorância. E, como veremos mais adiante, a proposta política platônica cuidará de evitar terminantemente que os da terceira classe jamais possam alterar sua condição de excluídos, ainda que se mantenham como componentes do todo. Tal ambiguidade sustenta a sociedade estratificada em classes, sustenta uma diferenciação radical entre os que tutelam os incapazes de governar e esperam deles, como paga por seu tão valoroso e incomensurável favor, uma agradecida servidão voluntária.

Na *Genealogia da moral*, Nietzsche, um admirador da cultura grega, cunha a expressão 'pathos da distância' a fim de separar abismalmente nobres (ociosos) e plebeus (utilitários). Na sociedade grega de um modo geral, uma sociedade eminentemente aristocrática, havia um preconceito arraigado desde os arcaicos tempos dos nobres guerreiros, e que discriminava: livres (ricos ou pobres) e trabalhadores (a imensa maioria escrava). Platão está mergulhado nessa ideologia aristocrática preconceituosa, que se encontra na base de sua distinção epistêmica hierarquizante, por ele apresentada como novo critério de diferenciação da sociedade entre os superiores e os inferiores. A distinção muito bem definida entre conhecimento e opinião, muito antes e muito mais do que dizer respeito a um problema supostamente neutro de "teoria do conhecimento", consiste num problema político fundamental à medida que vale como critério determinante do lugar social pertinente a cada um.

3 - O mistério do acesso à virtude

Não resta a menor dúvida de que seja absolutamente necessário a um governante ter desenvolvido e ainda continuar desenvolvendo sua capacidade intelectual para enfrentar os mais diversos e complexos problemas de uma sociedade, mas na obra platônica assistimos a uma restrição a priori dessa capacidade, blindando-a em relação à maior parte da população, que dela permanece definitivamente excluída. Se no *Mênon*, onde a questão guia é a pergunta a respeito da possibilidade de desenvolver ou não, através do ensino e da aprendizagem, a virtude política (a condição para exercer o governo), vemos Platão até mesmo admitir um certo valor real, de utilidade, para as opiniões verdadeiras desenvolvidas a partir das experiências concretas no cotidiano, por outro lado, mesmo as opiniões verdadeiras estão excluídas do âmbito do verdadeiro conhecimento ao qual pertencem tanto o filósofo quanto o político. Usando o exemplo de Péricles, que, enquanto político, jamais conseguiu ensinar essa virtude a seus filhos, Platão deixa no ar o mistério de um tal acesso. Além disso, como fica exposto no *Teeteto*, ainda que não se possa chegar, ao longo de todo o diálogo, a uma definição cabal a respeito do que seja conhecimento, fica evidente que há condicionantes para que alguém possa participar de tão difícil discussão. Sócrates inicia o diálogo já fechando todas as portas de acesso, menos duas: a de Teodoro e a do melhor aluno de matemática deste último, Teeteto, o único jovem presente apto a desenvolver um processo válido de aprendizagem, a começar pela abstração matemática e seguindo gradativamente até a abstração dialética. Se no diálogo não há uma resposta positiva para o que seja o conhecimento, a conversa com Teeteto pelo menos deixa claro o que ele não é. E o conhecimento não pode emergir de nenhum tipo de experiência que aconteça cotidianamente, no plano material concreto, sensível, ainda que reconheçamos que a lida com algum ofício possa nos ensinar alguma coisa. Vemos, com isso, as portas da filosofia se fecharem de uma maneira muito geral.

A fundamentação tanto da discriminação entre episteme e doxa, quanto da discriminação entre os capazes e os incapazes de acessar o conhecimento reside na concepção platônica das diferentes naturezas das almas, algo decisivo no convencimento a respeito do caráter natural da estratificação tripartite da sociedade.

A proposta política platônica sempre procurou recuperar os tempos remotos em que a ordem aristocrática de caráter divino era cegamente respeitada. Historicamente, a aristocracia de sangue e, posteriormente, a aristocracia do poder econômico haviam fracassado no enfrentamento dos conflitos sociais provocados sobretudo pelo imenso contraste de diferenças materiais. Segundo Platão, a emergência da democracia era o claro sinal desse fracasso: um regime político anárquico, que inverte completamente a ordem hierárquica natural das coisas, corrompendo definitivamente a principal estrutura do poder (mando e obediência), o que levaria necessariamente à tirania, o pior regime de governo que existe:

> A anarquia penetra nas casas, chegando a alcançar até os brutos. (...) O que eu quero dizer é que o pai se costuma a parecer-se com o filho e começa a temer-se dele, e o filho toma o lugar do pai, sem o menor receio ou respeito de seus progenitores,

> para provar que é livre; o meteco se iguala ao cidadão, e vice-versa, o mesmo acontecendo com os estrangeiros. (...) e mais estas coisinhas do mesmo tipo: em semelhante situação, o professor tem medo dos alunos e passa a adulá-los; os alunos desprezam o professor, o mesmo se dando com relação aos preceptores. De modo geral, os moços procuram igualar-se aos velhos e competir com eles por atos ou por palavras, como os velhos, por sua vez, se esforçam por imitá-los nos gracejos e ditos espirituosos, a fim de não passarem por casmurros ou autoritários. (...) Porém, amigo, o ponto mais alto do abuso de liberdade a que pode atingir o povo em cidade com essa forma de governo, é quando tanto os escravos comprados, como as escravas, não são menos livres do que seus compradores. Ia esquecendo de dizer até onde vão a igualdade e a liberdade nas relações entre o homem e a mulher, e vice-versa. (...) A consequência de tais abusos, quando os consideramos em conjunto, é ficarem os cidadãos com a alma muito sensível, e, à menor tentativa de constrangimento, zangarem-se e revoltarem-se sem motivo. Por fim, como sabes muito bem, chegam ao ponto de não se incomodar com as leis, quer sejam escritas, quer não sejam; o que importa é não receberem ordens de ninguém. (...) Esta, amigo, no meu modo de pensar, é a bela e sedutora raiz de onde brota a tirania. (*República*, VIII, 562e-564a)

A fim de restaurar o pleno respeito à ordem hierárquica a ser instaurada através de uma sofocracia, Platão compreende que é preciso consolidar uma nova percepção de superioridade e inferioridade na estrutura da sociedade para que ela possa ser mais eficaz do que aquelas anteriores, que não resistiram aos questionamentos dos insatisfeitos. Sua grande estratégia foi explorar ao máximo a noção de alma já veiculada pelo orfismo: alma como aquilo que se encontra dentro do corpo e requer purificação para se libertar. Platão irá se valer precisamente da individuação que essa noção de interioridade propiciada pela concepção órfica de alma. No final do livro III da *República*, ao terminar de apresentar a primeira fase da educação dos(as) guardiães pela música e ginástica, Platão faz Sócrates propor-lhes uma complementação educacional através de um mito a ser interiorizado e perpetuado de geração em geração. O mito é apresentado como sendo fenício, ainda que seja profundamente semelhante ao mito das raças contado por Hesíodo em *Os Trabalhos e os Dias*. A narrativa mítica começa dizendo que aquela primeira educação recebida pelos guardiões precisava ser por eles considerada como um sonho: eles estavam, então, no interior da Terra, e, quando cada um alcançou sua plena formação, sua mãe *comum*, a própria Terra, dera à luz a todos que seriam, por isso, irmãos entre si e que deveriam sempre a proteger se ela por acaso viesse a ser atacada. E o mito segue:

> Todos vós que morais nessa cidade sois irmãos, (...), mas o deus que vos fez misturou ouro ao nascimento dos que revelavam capacidade de comando, para que se tornassem mais preciosos; nos auxiliares acrescentou prata, bem como ferro e bronze nos agricultores e demais artesãos. Porém, como todos vós tendes uma origem comum, na maioria das vezes dareis nascimento a filhos que se vos assemelhem, conquanto possa acontecer que de pais de ouro nasça um filho de prata, ou o inverso: um filho de ouro provenha de pais de prata, e assim por diante, em diferentes combinações. Antes e acima de tudo, determinou o deus aos dirigentes que sobre nada exerçam suas obrigações de guardas e zelem com mais cuidado do que a respeito dos nascimentos e da qualidade do elemento que entra na composição da alma de cada um, e, no caso de seus próprios filhos trazerem mistura de ferro ou de bronze, de nenhum modo deverão apiedar-se deles; mas, como prova de respeito à natureza deles mesmos, serão transferidos para a classe dos artesãos ou para a dos agricultores, como também o inverso: os filhos de qualquer destes que revelarem traços de ouro ou de prata, em homenagem ao seu valor, terão de ser promovidos para a classe dos guardas ou dos guerreiros, conforme o caso, em obediência às determinações do oráculo, quando ameaça de destruição à cidade que chegar a ser guardada por ferro ou bronze." (*República*, III, 415a-c)

Com esse mito que apela para uma adesão afetiva e irracional, Platão, evocando uma origem comum abstrata[139], faz emergir alma a alma individualmente, a partir da escolha voluntariosa de um deus. Sem haver qualquer necessidade de semelhança de

[139] Aqui, o comum evoca uma origem igualitária da humanidade como espécie, mas que é imediatamente abandonada.

natureza entre a alma do filho e a de seus pais, fica eliminada qualquer referência de origem genética e exterior a cada indivíduo em particular. O misterioso dom divino da alma de cada um, portanto, inaugura para cada um uma responsabilidade inalienável e ao mesmo tempo sem culpa (porque vontade do deus) de cuidar de tal dom, tanto no caso dessa responsabilidade corresponder à função social do mando, quanto no caso de corresponder à menosprezável, porém, ainda assim respeitada, função social de um trabalhador qualquer a quem cabe politicamente obedecer. É clara a função desse mito de naturalizar a estratificação de classes no conjunto da sociedade, elegendo uns homens como mais preciosos e valorosos, e outros menos. Mas não só. Ele visa também divinizar a nobreza dos que supostamente devem exercer o poder, tornando ímpia qualquer mobilidade social, mobilidade que no Livro IV da República foi denominada: a injustiça por excelência:

> **Sócrates**: No caso de pretender o carpinteiro realizar o trabalho do sapateiro, ou o sapateiro o do carpinteiro, ou de ambos trocarem os instrumentos de trabalho e as respectivas profissões, ou dedicar-se um deles aos dois misteres, e tudo mais desorganizado desse modo, és de opinião que a cidade viria a sofrer muito com isso?
> **Glauco**: Não muito.
> **Sócrates**: Porém, no meu modo de pensar, quando algum artesão ou qualquer indivíduo criado, segundo sua natureza, para ser comerciante, invejando a riqueza ou o poderio, o número de suas relações ou por qualquer outra vantagem do mesmo gênero, insiste em entrar para a classe dos guerreiros, ou algum dos guerreiros para a do(s) guarda(s) dirigente(s) — para o que não revela capacidade alguma –, e depois troquem as obrigações e os respectivos instrumentos de trabalho, ou se o mesmo indivíduo se abalançasse a exercer todos esses ofícios ao mesmo tempo, estou convencido de que para ti, também, semelhante baralhamento e tamanha multiplicidade de profissões provocaria a ruína da cidade.
> **Glauco**: Sem dúvida.
> **Sócrates**: Sendo assim, a mistura dessas três classes[140] e o exercício simultâneo das respectivas funções ocasionam

[140] Mais precisamente, a mistura da classe superior, a do filósofo, com qualquer uma das duas outras classes.

> prejuízo vultoso para a cidade, o que, com todo acerto, pode ser denominado crime (*kakourgía*).
> **Glauco**: É evidente.
> **Sócrates**: E ao mais grave crime contra sua própria cidade, não dás o nome de injustiça?
> **Glauco**: Como não?
> **Sócrates**: Aí temos, portanto, a injustiça. Quando nas classes dos comerciantes, dos auxiliares e do dirigente cada um cumpre a ponto suas atribuições de cidadãos, haverá o que descrevemos acima, a saber: justiça e o que faz justa a cidade. (IV, 434a-c. Tradução própria e grifo nosso)

Uma alteração de ofícios no interior da mesma classe não chegaria a ameaçar a estabilidade social pretendida pelo projeto político platônico, mas caso venha a ocorrer o mesmo entre o grupo governante e a terceira classe, isso passa a se chamar crime e justifica a intervenção corretiva dos guardiões autorizados a dominar do alto "os cidadãos de dentro que, porventura, se recusem a obedecer à lei" (*República*, III, 415d).

4 - Alma tripartite e alma tirânica

A alma individual de cada um é concebida por Platão como uma imagem em miniatura da cidade estratificada, tornando-se, ela mesma, tripartite e palco do conflito entre seu elemento constitutivo superior (*logos*/razão), cuja natureza é o mando; o seu elemento constitutivo inferior (*epithymia*/desejos, paixões), cuja natureza é desgovernada e deve ser submetida; e o elemento intermediário de ímpeto guardião militar (*thymós*), cuja natureza é moderar os conflitos entre os outros dois elementos, conflitos inevitáveis em absolutamente toda alma. Nossas vidas são feitas disso. A responsabilidade primeira e última de cada um consiste, pois, em enfrentar e resolver esses conflitos, procurando, de preferência, harmonizar os três elementos, segundo sua natureza própria. Todo o livro VIII da *República* é dedicado a mostrar o processo paulatino de decadência dos regimes políticos precisamente a partir da análise dos conflitos anímicos dos governantes representantes de cada um deles: o timocrata, o oligarca, o democrata e, por fim, o tirano, que terá todo o livro IX dedicado à análise caricatural de sua alma incapaz de autocontrole. Nela, os três elementos estão desgovernados a ponto de a razão estar submissa e entregue às paixões, levando, um tal desgoverno, à máxima ruína de uma existência sem amigos e prazeres verdadeiros. Comparada à vida do filósofo, que sabe autocontrolar-se e equilibrar seus conflitos internos, a vida do tirano seria surpreendentemente "setecentas e vinte e nove vezes" mais infeliz! (República IX 587e).

Mas algo mais surpreende na caricatura exagerada da alma tirânica construída por Platão no livro IX: o apelo a um certo pânico moral:

> Quando acontece de haver poucos indivíduos desse tipo em determinada cidade, sendo sensato o resto da população, aqueles emigram para compor a guarda pessoal de um tirano ou para se alistarem como soldados mercenários onde quer que haja guerra. Em épocas de paz e tranquilidade, deixam-se ficar na cidade, onde cometem um sem número de pequenas malfeitorias. (...) Por exemplo: roubam, arrombam casas, furtam bolsas, tomam aos viajantes as vestes, pilham templos e vendem como escravos pessoas livres. Alguns se tornam delatores, quando possuem o dom da palavra, ou prestam falso testemunho e se deixam subornar. (...) Tudo isso é zero, como se diz, ao lado das misérias e desgraças que um tirano pode causar a qualquer cidade. Quando cresce na comunidade o número dessa gente, reforçado, ainda por cima, pelos que se lhes agregam, e todos admitem consciência da própria força, são esses que, auxiliados pela estupidez do povo, geram o tirano, entre todos, justamente, o que trouxe na alma o déspota maior e o mais perfeito. (575b-d).

O contraste é evidente: enquanto o filósofo vinha sendo descrito como o melhor dentre os melhores, o tirano é apresentado como o pior dentre os piores. O exagero da violência absoluta pintada nesse quadro narrativo mostra nitidamente uma intenção de simultaneamente provocar medo e rejeição. Com efeito, o texto acima nos faz lembrar das narrativas que ouvimos da parte do poder público em relação aos "marginais que moram nas favelas cariocas". Parece-nos que Platão, ao sugerir desse modo tão exagerado a temeridade das tiranias e dos tiranos, oculta o que verdadeiramente lhe inspira temor nessa forma de governo. Talvez a "conscientização da própria força" enunciada acima possa ter alguma coisa a ver com isso?

5 - As tiranias históricas

Quando nos deparamos com o *modus operandi* da irrupção da maioria das tiranias históricas, especialmente aquelas que surgiram nos séculos VII e VI a.C., percebemos uma situação recorrente: um conflito entre a tradicional aristocracia opressora e o descontentamento da população, catalisado por um "homem providencial" (TRABULSI, 2001, p. 60) que virá a ser o tirano. Segundo Trabulsi:

> A exigência de justiça que atravessa o arcaísmo grego não é um dado universal gratuito. Ela foi forjada na luta social das camadas inferiores da população, num contexto histórico em que o crescimento demográfico e o controle dos nobres sobre a sociedade (a terra, a religião, o poder) colocava de maneira premente a questão da possibilidade de sua sobrevivência. (TRABULSI, 2001, p. 64-65)

Burkhardt confirma um tal contexto, ainda que o interprete desde uma perspectiva conservadora:

> A tirania é uma doença mortal da aristocracia. Esta pode ser ameaçada de início por dissensões internas; mas, se ela ainda tem em si a força para nomear temporariamente um "distribuidor do direito", como fez a nobreza de Lesbos com Pítaco e o patriciado romano com seus ditadores, ela pode ainda se salvar. Mais perigosa é a tirania que se proclama em nome dos oprimidos, das massas. Em seu princípio, ela é verdadeiramente uma democracia antecipada, representada por um só homem. (...) A cidade é amiúde encarnada perfeitamente num só homem dessa espécie, e a grande expansão desse

> fenômeno através de todo o mundo grego nos séculos VII e VI a.C. prova que ela devia corresponder a uma necessidade relativa. (*História da Cultura Grega*, 2024, p.186)

Burkhardt não esconde sua torcida pela conservação da nobreza no poder. No entanto, revela o papel das tiranias que se impuseram ao longo dos séculos VII e VI: democratizar, atender aos anseios dos oprimidos. Como "homens providenciais", os tiranos eram "saídos da elite, mas quase sempre de um ramo secundário, excêntrico, marginal". Então, com o apoio popular, conseguiam quebrar o monopólio do poder aristocrático vigente através de um golpe de Estado preparado no exercício de uma magistratura pública (TRABULSI, 2001, p.71). A consulta a fatos históricos nos oferece, portanto, outros elementos bem díspares a respeito do tirano descrito por Platão. Pode ser que os golpes de Estado levados a cabo por essa figura histórica emblemática tenham muitas vezes tido uma motivação meramente oportunista de tomada do poder, mas é fato que em muitos outros casos houve uma autêntica identificação com a causa popular de libertação, como é possível perceber a partir do seguinte resumo que abarca os diversos campos de atuação de tiranos que de fato apoiaram e contribuíram para a libertação popular, como é particularmente o caso do ateniense Pisístrato, exposto nas páginas 75 e 76 do *Ensaio sobre a mobilização política na Grécia Antiga*, de José Trabulsi:

> **No campo econômico**: quando violento, o tirano exila as famílias nobres e partilha sua terra (Lipselo em Corinto); quando moderado, toma medidas para acabar com a crise agrária e apoiar os pequenos proprietários (Pisístrato em Atenas). Segundo Burkhardt, Pisístrato generosamente pôs seus bens e jardins à disposição de todos[141].
> **No campo urbano**: o tirano exercia uma política de grandes obras (fontes, templos, teatros), frentes de trabalho que garantiam a subsistência do *demos* e que, segundo a explicação maldosa de Aristóteles, preveniam conspirações contra o tirano por manter todos sempre ocupados.

[141] Ver BURHARDT. *História da Cultura Grega*. Trad. Paulo Bonafina. Campinas: Kirion, 2024, p. 186.

No campo social: o tirano procura desestabilizar o controle dos nobres sobre o povo. Em Corinto, as reuniões aristocráticas eram proibidas. Em Atenas, para limitar o papel dos nobres na justiça rural, Pisístrato criou os juízes itinerantes dos *demoi*. Faltando-lhes tradições e justificativas religiosas, os tiranos atraem para suas cortes poetas e sábios de todo tipo e interferem no domínio cultural como, por exemplo, através da reorganização das festas de Sicione ou na valorização e reorganização das festas populares como as Panateneias e as Grandes Dionisíacas em Atenas. Pisístrato inaugurou os espetáculos populares de tragédias, obrigando os ricos a financiarem não só os próprios festivais como também a subsidiarem a presença da população trabalhadora.
No campo político: os tiranos tinham o cuidado de preencher os diversos cargos de magistrado com fiéis a sua pessoa, protegendo-se de golpes de Estado contra si mesmos. Sabendo se conciliar com os aristocratas, Pisístrato, sem pôr fim à supremacia social dessa classe, à qual ele próprio pertencia, quebra, no entanto, seu monopólio político para fundar seu próprio poder pessoal. Manifestações coletivas, como os concursos de teatro, foram por ele organizadas com o intuito consciente de afinar a consciência crítica e política do *demos*.[142]

Diante do que acabamos de ver, ao contrário da imagem monocromática e violenta construída por Platão, nos deparamos com tiranias que contribuíam significativamente para o real e concreto desenvolvimento da autonomia intelectual daqueles que nunca haviam tido qualquer direito de participação política. A criação proposital dos festivais de tragédia por parte de Pisístrato[143] nos parece o gesto mais importante nesse sentido. Até hoje, as tragédias gregas são grande provocação e inspiração para o pensamento, para o discernimento, consistindo numa verdadeira educação política e cultural. Naquele momento, elas faziam exatamente o papel de uma educação superior de cunho inteiramente popular, absolutamente disponível e acessível a todos.

[142] Por essas e outras medidas, os tiranos acabavam por fazer "desaparecerem as causas que criaram a necessidade e a possibilidade de seu poder" (p.76).

[143] E que logo será seguido pelo Festival grego de comédias, sempre tão comprometidas com a crítica política.

6 - Conclusão: Sentido não revelado do banimento dos poetas na República e a interpretação buscada do "bem comum"

Ora, o que dizer do sumário banimento empreendido pela filosofia, no livro X da *República*, de todo espetáculo trágico e cômico? Platão, desde o início, mostra claramente ter plena ciência do caráter educativo do que está sendo excluído. Ou melhor, segundo as argumentações ali apresentadas como motivadoras daquele banimento, os espetáculos trágicos e cômicos precisam ser recusados precisamente porque deseducam, porque atrapalham a educação de excelência. E por que a atrapalhariam? Porque aqueles poetas, não sendo filósofos, tomam como referência para as suas representações o comportamento não do homem maximamente excelente, que de tão raro e distante seria totalmente incompreensível, mas eles se limitam a tomar como referência para construirem as suas personagens os comportamentos do homem qualquer e em geral. Sem poder acessar e nem permitir o acesso a um outro nível perceptivo e afetivo, os poetas estancam, condenando a educação à mediocridade de uma repetição infinita[144]. Há, porém, uma outra justificativa mais ligeira e sutil do essa para o banimento dos espetáculos teatrais na abertura do livro X:

> Para falar-vos à puridade, pois decerto não ireis denunciar-me aos poetas trágicos e aos demais cultivadores da poesia imitativa, o que me parece é que todas essas composições corrompem o claro entendimento dos ouvintes, a menos que eles disponham do antídoto adequado: o conhecimento de sua verdadeira natureza. (*República*, X, 595b)

[144] Ver BOCAYUVA, Izabela. Por que não devemos condenar Platão pela condenação dos poetas? In: *Filosofia e Arte na Grécia Antiga*. Izabela Bocayuva (Org). Rio de Janeiro: Nau, 2011.

Nessa passagem, Sócrates avisa imediatamente que seu incômodo com a poesia trágica em relação à educação, primeiro, nada tem a ver com os próprios poetas e seus admiradores; e segundo, que todo esse incômodo poderia ser resolvido apenas com a intervenção de uma simples coisa no processo: o acontecimento do conhecimento, em cada ouvinte, de sua própria natureza, única coisa que poderia evitar o estrago de uma educação poética. Se repararmos bem, há uma diferença significativa no endereçamento dado por Platão à educação aqui no livro X em relação ao conjunto de todos os livros anteriores. Ao longo dos outros livros, a educação é prerrogativa das classes governantes. Aqui, porém, ela está endereçada "aos ouvintes" dos espetáculos. Quem seriam esses ouvintes senão todos, toda a sociedade? É então que surge o problema da necessidade do *phármakon*: a clara consciência, o conhecimento, da verdadeira natureza de cada um. Problema esse aparentemente insanável, já que toda a poesia trágica terá de sofrer o total banimento. Ora, a educação dos governantes, iniciada na mais tenra infância e rigorosamente assistida passo a passo, dificilmente causaria confusões no sentido de um claro reconhecimento de seu caráter ou natureza especialíssima. O problema da obnubilação em relação ao conhecimento da própria natureza encontra-se, portanto, junto ao grupo dos "outros ouvintes", os da terceira classe, aqueles que não pertencem ao grupo educado dos governantes. É só por causa deles que se torna necessário o gesto que bane os poetas trágicos da cidade, no intuito de conservar a cidade bela, boa e justa. Expostos às representações teatrais inevitavelmente espelhadas em seus próprios comportamentos, um tal grupo poderia confundir sua insignificância e limitação com algo de real importância, como acontece em sonhos ou na famosa cena descrita no livro VII da *República* de um acorrentado no fundo de uma caverna a confundir sombras com a realidade. Eis, na verdade, o grande perigo que motiva o banimento dos espetáculos trágicos e cômicos da cidade construída por Platão: eliminar quaisquer fontes de provocação que possam retirar a terceira classe de sua prisão. O banimento platônico dos poetas da vida social compartilhada significa, portanto, privar conscientemente os não aristocratas do livre acesso ao único método educativo de fato precioso e popular. Significa privá-los conscientemente do pensamento crítico provocador de revoltas que possam vir a abalar as hierarquias previamente instituídas, levando tiranos a deslocarem o filósofo do "seu" suposto lugar natural: o poder absoluto.

Não se trata aqui de ignorar os diversos problemas sociais enfrentados por inúmeras cidades gregas sob o regime democrático, inclusive Atenas. Nem tampouco de ignorar que muitas foram as tiranias sanguinárias que maltrataram a própria população que apoiou sua subida ao poder. Mas, por mais bem-intencionada que possa realmente ser a proposta política platônica, quando ela faz alusão ao "interesse do filósofo pelo bem comum", isso não faz de fato referência a um bem igualmente distribuível por todos. Vejamos.

> O gesto filosófico-político do banimento dos espetáculos populares das tragédias foi apresentado como uma realização interessada no bem de todos. Quais seriam, então, as concretas boas consequências daquele gesto para uma sociedade doravante sem poesia trágica e cômica? Aparentemente, todos teriam sido beneficiados por uma paz social, já que teria desaparecido inteiramente do cenário social um importante fator provocador de conflitos. Essa situação serenada nos remete àquela citação acima de *O Político*, onde vimos toda a cidade exultando de felicidade, até mesmo os escravos. Supondo que possa até ser possível a um escravo alegrar-se na sua condição, seria, no entanto, inconcebível não distinguir essa sua alegria, por exemplo, daquela experimentável por um homem livre. Mas por que voltamos a isso? O cuidado do político-filósofo em prevenir conflitos na sociedade garante uma benéfica tranquilidade para a classe governante em mais de um sentido. Primeiro, previne-lhe quaisquer golpes de usurpação do poder; segundo, libera ainda mais o tempo ocioso, garantindo-lhes, com certeza, em ambos os casos, uma verdadeira alegria prazerosa. Por sua vez, através do mesmíssimo gesto de banimento dos poetas, será que o mesmo seria proporcionado aos da terceira classe? Ou, antes, a serenidade por eles experimentada não seria, precisamente, algo a beneficiar não a eles mesmos, mas sim, e de fato, àqueles por eles alimentados e servidos? Enquanto a sensibilidade política de Pisístrato

> cuidou de proporcionar aos não aristocratas meios de crescerem intelectualmente, numa operação verdadeiramente inversa, a sensibilidade filosófica platônica cuidou de eliminar o quanto pôde os riscos que pudessem perturbar diretamente o grupo seleto da aristocracia governante.

É precisamente a partir desse entendimento que nos parece ser necessário interpretar o princípio político caro ao filósofo -rei. Seu cuidado político, quando se dedica ao "bem comum", não se dirige democraticamente a todos, mas apenas àqueles para quem "tudo é comum", inclusive as próprias mulheres e filhos! Quanto aos demais, ele lhes endereça o cuidado minucioso que se dedica em lhes manter o pensamento acorrentado, controlado, pronto para continuar pacificamente servindo, de preferência sem se aperceberem presos, para que não só a ordem conjuntural permaneça garantida, mas talvez também para permitir alguma oca alegria para os "sem *phármakon*", isto é, os sem conhecimento de sua verdadeira natureza.

Para concluir, evocamos uma organização política que inspirava Platão. Na cidade austera e conservadora que era Esparta, governava um seleto grupo que se autodenominava "os iguais", entre os quais, como na classe dos guardiões, tudo era comum, cabendo a todos os demais, sempre à distância, obedecer.

Referências

BOCAYUVA, Izabela. "Monarquia platônica e Tirania" in: *Subjetividade e Natureza*. Edgar Marques (Org). Curitiba: Kotter, 2023. pp. 125-140.

______________________ . *Por que não cabe censurar Platão por sua censura à arte?* In: Filosofia e arte na Grécia antiga. Izabela Bocayuva (Org). Rio de Janeiro: Nau, 2011.

BURHARDT. *História da Cultura Grega, vol.I*. Trad. Paulo Bonafina, 2024.

COULANGE. Fustel de. *A cidade antiga*. Trad. Fernando de Aguiar. São Paulo: Martins Fontes, 2000.

NIETZSCHE. *A Genealogia da Moral*. Trad. São Paulo: Companhia das Letras, Paulo Cesar de Souza, 1992.

PLATÃO. *A República*. Trad. Carlos Alberto Nunes. Belém: UFPA, 2016.

________. *Carta VII*. Trad. José Trindade dos Santos. São Paulo: Loyola, 2008.

________. *O Político*. Trad. Jorge Paleikat. São Paulo: Abril Cultural, 1972.

________. *Menon*. Trad. Maura Iglesias. São Paulo: Loyola, 2001.

________. *Teeteto*. Trad. Trad. Carlos Alberto Nunes. Belém: UFPA, 2001.

TRABULSI. José. *Ensaio sobre a mobilização política na Grécia Antiga*. Belo Horizonte: UFMG, 2001.

A terra como um organismo vivo: uma aproximação entre a filosofia da natureza de friedrich schelling e a cosmovisão indígena de Ailton Krenak[145]

Márcia Gonçalves[146]
Universidade do Estado do Rio de Janeiro - UERJ

O objetivo deste trabalho é demonstrar a proximidade entre a filosofia da natureza alemã do final do século XVIII e início do XIX — cujo principal representante é Friedrich Schelling (1775-1854) — e a cosmovisão dos povos originários brasileiros, tal como exposta pelo pensador indígena contemporâneo Ailton Krenak (1954-). As principais ideias filosóficas que buscarei aproximar são o conceito schellinguiano de natureza como organismo universal, ou como unidade entre subjetivo e objetivo ou entre produtividade e produtos, de um lado, e, de outro lado, a ideia

[145] A realização desse trabalho foi possível graças ao apoio do CNPq (Bolsa de Produtividade em Pesquisa), da CAPES (PROBRAL Capes-DAAD) e da UERJ (Programa Prociência). Expresso aqui meus agradecimentos a essas instituições.

[146] Doutora em Filosofia pela *Freie Universität Berlin*, Professora Titular do Programa de Pós-Graduação em Filosofia da UERJ.

defendida por Krenak de que a Terra é um organismo vivo e sagrado, e não meramente um recurso natural a ser explorado e consumido.

No presente trabalho, gostaria de apresentar de modo sintético algumas das teses derivadas dessas ideias, a fim de demonstrar minha hipótese sobre a proximidade entre esses dois pensamentos, apesar de sua distância histórica, geográfica e cultural. Um dos argumentos que nortearam minha pesquisa é que ambos os pensamentos se fundam em uma intuição muito antiga ou em uma verdade ancestral, que se perdeu ao longo da história e da cultura humanas, mas que pode ser rememorada, resgatada e recuperada por nós. Schelling nomeia essa antiga verdade de *alma do mundo*, enquanto Krenak nos fala de um *futuro ancestral*.

1 - Teses de Schelling que fundamentam o conceito de natureza como organismo

1.1 - Superação da oposição entre mecanismo e organismo

Uma das principais e mais originais teses da filosofia da natureza de Schelling é sobre a unidade entre mecanismo e organismo. Em sua obra de 1798, intitulada *Da Alma do Mundo*, que tem também o sugestivo subtítulo *Hipótese da física superior para o esclarecimento do organismo universal*, Schelling afirma que há um princípio comum que fundamenta tanto a chamada natureza inorgânica quanto a chamada natureza orgânica. Ou seja, um único princípio sobre o qual se baseiam tanto os entes aparentemente sem vida, como minerais e elementos químicos — manifestos, por exemplo, como um rio ou uma montanha, mas também como estrelas e planetas — quanto os seres animados, como plantas e animais, incluindo os corpos humanos. Com a demonstração científica desse princípio comum que rege tanto o mundo orgânico da vida quanto o mundo inorgânico e sem vida, Schelling pretende superar a crença, vigente entre grande parte dos pensadores da natureza de sua época moderna, em um abismo intransponível entre os dois lados do que ele considera a mesma e única natureza. Superar essa oposição não significa, entretanto, eliminar totalmente a ideia de que há na natureza mecanismo ou relações de causa e efeito. A proposta de Schelling é, ao contrário, conjugar os conceitos de mecanismo ou de causalidade com a ideia de organismo ou de organicidade. O conceito schellinguiano de organismo é descrito então como "uma sucessão (de causas e efeitos) que, fechada no interior de um certo todo, flui de volta para si mesmo". Isso significa que, no lugar da linha reta infinita da causalidade mecânica, Schelling concebe um círculo ou ciclo que retorna infinitamente, no sistema de auto-organização de cada organismo vivo, o qual, por sua vez, se mostra para Schelling como símbolo da ordem do mundo como um todo. Essa imagem de uma circularidade e retorno a si mesmo, atribuída pelo idealismo transcendental e subjetivo de Fichte, que inicialmente inspirou o pensamento de Schelling, à atividade autorreflexiva do Eu absoluto e à autonomia da subjetividade humana, é atribuída agora, pela filosofia da natureza do jovem Schelling, ao organismo da natureza, como modo precisamente de superar a oposição entre mecanismo e organismo, subjetividade e objetividade, necessidade e liberdade, finito e infinito.

Em sua obra de 1797 intitulada *Ideias para uma filosofia da natureza*, Schelling expressa a superação dessas oposições da seguinte forma:

> Ora, mas o mecanismo sozinho não é o que constitui a natureza. Pois, tão logo nós passamos para a região da *natureza orgânica,* terminam para nós todas as conexões mecânicas de causa e efeito. Cada produto orgânico constitui-se *por si mesmo*; sua existência não é dependente de nenhuma outra existência. Agora, porém, a causa nunca é *igual* ao efeito, só é possível uma relação de causa e efeito entre coisas totalmente *diferentes.* A organização, contudo, produz *a si mesma*, brota *a*

> *partir de si mesma*; cada planta singular é apenas produto de um indivíduo *de sua espécie* e, assim, apenas *seu gênero* continua a produzir e reproduzir cada organização singular até o infinito. Logo, nenhuma organização avança *continuamente*, mas, ao contrário, ela retorna, sempre *continuamente*, a *si mesma* até o infinito.[147]

Não é necessário lembrar que o conceito de *organização* é empregado aqui por Schelling, bem como em suas demais obras de filosofia da natureza, como sinônimo de organismo. A intenção de Schelling é exatamente demonstrar que o aparente mecanismo que rege a sucessão de causas e efeitos em um encadeamento linear e mau infinito (para usar uma expressão consagrada por Hegel) é de fato uma ilusão. Pois, na medida em que compreendemos esse processo em sua circularidade, a ilusão do mecanismo se desfaz, revelando então o infinito processo orgânico da natureza.

Ao superar a oposição entre mecanismo e organismo, Schelling dá um passo à frente em relação à concepção kantiana sobre a teleologia da natureza. Para Kant, embora a matéria organizada conduza ao conceito de finalidade da natureza e, consequentemente, "à ideia de natureza como um todo", ao considerar essa totalidade da natureza como "um sistema segundo a regra dos fins", ele defende que a ideia de natureza "tem que ser subordinada a todo mecanismo da natureza segundo princípios da razão". Ao contrário desse conceito kantiano de organismo, fundado na ideia de conformidade a fins e subordinado ao mecanismo da natureza, o conceito schellinguiano de organismo é ampliado para todo o universo, de modo a não mais ser possível diferenciar a natureza orgânica da inorgânica. Schelling concebe, assim, o universo como um organismo único, no qual os aspectos físicos, químicos e biológicos não podem ser inteiramente compreendidos se desconectados uns dos outros.

---

147 Schelling, Friedrich Wilhelm Joseph. *Ideen zu einer Philosophie der Natur* (1803). In: Sämtliche Werke. Ed. K.F.A. Schelling. Stuttgart: Cotta, 1856-61, Bd. I, 2, p. 40. A seguir citada como Schelling, *Ideen*, SW I, 2, seguido do número da página.

1.2 - O dualismo universal da natureza

Aquele princípio comum que conecta tanto os seres orgânicos como os seres aparentemente inorgânicos é descrito por Schelling em sua obra *Da Alma do Mundo* como o princípio dual da natureza: "O primeiro princípio de uma doutrina filosófica da natureza consiste em *partir da polaridade e do dualismo em toda a natureza.*"[148] A demonstração científica desse princípio pode ser encontrada na teoria da física dinâmica sobre as forças opostas da natureza, reveladas nos fenômenos da eletricidade, do magnetismo e do quimismo. Schelling reconhece também esse princípio dual das forças da natureza na relação dinâmica entre a Terra e o Sol, manifesta nos fenômenos da gravidade, da luz e também do clima em nosso planeta. Segundo ele, a interação entre a luz que emana do Sol e a matéria pesada que constitui a Terra consiste na ação e reação de uma força positiva (manifesta como luz) e de uma força negativa (manifesta na matéria presente já na atmosfera). Essa interação se realiza como um fenômeno físico-químico, de modo que a luz se cindiria para formar, juntamente com as matérias que lhe são opostas, o que Schelling denomina de "primeiros princípios do dualismo universal da natureza".[149] Essa dualidade das forças reais da gravidade e da luz fundamenta não apenas a tese schellinguiana do dualismo universal, mas também a de que o universo é um grandc organismo:

> A força positiva inicialmente desperta a negativa. Por isso, na natureza inteira, não há nenhuma destas forças sem a outra. Em nossa experiência, ocorrem tantas coisas individuais (semelhantes a esferas individuais de forças naturais universais) quantos diferentes graus da reação de forças negativas há.

[148] Schelling, *Weltseele*, SW I, 2, 459; AA I, 6, 151.

[149] No original: „Im Licht, so wie es von der Sonne ausströmt, scheint nur Eine Kraft zu herrschen, aber ohne Zweifel tritt es in der Nähe der Erde mit entgegengesetzten Materien zusammen, und bildet so, da es selbst einer Entzweiung fähig ist, mit ihnen zugleich die ersten Principien des allgemeinen Dualismus der Natur." Schelling, *Weltseele*, SW I, 2, 390; AA I, 6, 85. (trad. minha).

> Tudo o que pertence a nossa Terra possui uma propriedade comum, a de se opor ao princípio positivo que flui até nós desde o sol. Nesta antítese originária está o gérmen de uma organização universal do mundo.[150]

A partir dessa compreensão da conexão entre o Sol e a Terra, Schelling intui também a ideia de uma circularidade infinita, capaz não apenas de conectar nossa esfera com os demais corpos celestes, mas também de revelar o equilíbrio climático da Terra. Embora os estudos sobre o clima e a atmosfera terrestre fossem, no fim do século XVIII, bastante embrionários, Schelling reconhece a necessidade de aprofundar esses estudos para a compreensão de um equilíbrio circular de nosso planeta. Essa compreensão é, por sua vez, a base da ideia schellinguiana de que a Terra é um grande organismo vivo:

> O conhecimento mais profundo de nossa atmosfera dará a chave para uma doutrina da natureza inteiramente nova. A circulação universal, dentro da qual a natureza se perpetua, segue por meio da atmosfera; nesta é preparado, tal como em uma oficina secreta, aquilo que a primavera tem de encantador e que o verão tem de assustador; nela o entusiasmado pesquisador da natureza já vê finalmente o primeiro sinal e, ao mesmo tempo, o esquematismo de toda organização da Terra.[151]

O princípio do dualismo universal da natureza explica não apenas a conexão macrocósmica entre o magnetismo e a luz, ou

[150] No original: "Die positive Kraft erst erweckt die negative. Daher in der ganzen Natur keine dieser Kräfte ohne die andere da ist. In unserer Erfahrung kommen so viel einzelne Dinge (gleichsam einzelne Sphären der allgemeinen Naturkräfte) vor, als es verschiedene Grade der Reaktion negativer Kräfte gibt. Was unserer Erde angehört, hat als eine gemeinschaftliche Eigenschaft, diese, daß es dem positiven Princip, das von der Sonne uns zuströmt, entgegengesetzt ist. In dieser ursprünglichen Antithese liegt der Keim einer allgemeinen Weltorganisation." Schelling, *Weltseele*, SW I, 2, 396; AA I, 6, 90-91) (trad. minha).

[151] No original: „Die tiefere Kenntnis unsrer Atmosphäre wird den Schlüssel zu einer ganz neuen Naturlehre geben. Durch die Atmosphäre geht der allgemeine Kreislauf, in welchem die Natur fortdauert; in ihr als geheimer Werkstätte wird vorbereitet, was der Frühling Entzückendes oder der Sommer Schreckendes hat; in ihr endlich sieht der begeisterte Naturforscher schon den ersten Ansatz und gleichsam den Schematismus aller Organisation auf Erden." Schelling, *Weltseele*, SW I, 2, 460; AA I, 6, 151.

entre a polaridade magnética da Terra e sua interação gravitacional com o Sol, mas também a conexão microcósmica entre a polaridade elétrica e as interações químicas dos gases que compõem a atmosfera de nosso planeta. Essa interação eletroquímica que se observa nos fenômenos climáticos, envolvendo elementos como oxigênio e nitrogênio, está presente também, segundo Schelling, nos processos da vida que sustentam os organismos.[152] A intuição sobre a constituição eletroquímica da atmosfera da Terra conduz Schelling à compreensão de que existe uma conexão muito mais profunda entre todos os seres vivos do planeta.

1.3 - O laço divino da natureza

O ser humano é muito mais ligado à Terra do que pode representar nossa vã religião, pois a divina natureza, criadora de todos os seres do universo, depositou tanto em seu solo terroso quanto em sua atmosfera aérea os elementos químicos e suas polaridades, que compõem também todos os seres vivos do planeta:

> De fato, se o segredo da vida está em um conflito de princípios negativos, onde um deles parece lutar contra a vida (azótico) e o outro parece acendê-la sempre de novo, então, a natureza na atmosfera depositou o projeto da vida universal sobre a Terra, e o ser humano, se não quiser ser formado do pó da terra, tem ao menos que admitir que ele compartilha com todas as

[152] „Ich bemerke nur noch, daß das positive Element des Magnetismus zuverlässig dasselbe ist, das im Licht sich offenbart; daß aber ohne Zweifel die magnetische Polarität der Erde die ursprünglichste Erscheinung des allgemeinen Dualismus ist, der in der Physik weiter nicht abgeleitet, sondern schlechthin vorausgesetzt werden muß, und der in der elektrischen Polarität schon auf einer viel tieferen Stufe erscheint, bis er endlich in der Heterogenität zweier Luftarten in der Nähe der Erde, und zuletzt in den belebten Organisationen (wo er eine neue Welt bildet), für das gemeine Auge wenigstens verschwindet." (Eu observo ainda apenas que o elemento positivo do magnetismo é confiadamente aquele que se revela na luz; mas que, sem dúvida, a polaridade magnética da Terra é o aparecimento mais originário do dualismo universal, que, na física, não tem que continuar a ser deduzido, mas sim propriamente pressuposto, e que já aparece na polaridade elétrica em um nível muito mais profundo, até que ele finalmente desaparece — ao menos para os olhos comuns — na heterogeneidade de dois tipos de gases, na proximidade da Terra, e, por fim, nas organizações vivas (onde ele forma um novo mundo)). Schelling, *Weltseele*, SW I, 2, 489-490; AA I, 6, 179.

criaturas vivas a origem etérea que ele gostaria de atribuir ao seu gênero humano.[153]

A então recém-fundada ciência da química, com suas descobertas sobre as composições da matéria e sobre as relações de atração e repulsão entre os elementos, abre para Schelling uma nova perspectiva sobre a natureza e sobre a vida. Uma perspectiva que, ao contrário de substituir todo mistério e magia do universo por uma explicação puramente materialista dos processos físico-químicos que servem de base para a vida, só reforça em Schelling a ideia de um laço divino da natureza:

> A mesma unidade, que tudo contém e tudo prevê, que modera os movimentos da natureza universal, desde as mudanças mais calmas e constantes até as mais violentas e súbitas, em conformidade com a ideia, reconduz tudo ao círculo eterno. Essa mesma unidade divina é aquela que, com infinito prazer da afirmação, se configura no animal e na planta e, com irresistível poder, busca — decidido o momento de seu surgimento — transformar a terra, o ar e a água em seres vivos, em imagens da sua vida-do-universo.[154]

Essa expressão da vida universal ou da vida do universo (em alemão: *All-Leben*) remete também à ideia de que tudo vive. Não apenas os seres aparentemente orgânicos de nosso planeta, mas

---

[153] No original: „In der Tat, wenn das Geheimnis des Lebens in einem Conflict negativer Prinzipien liegt, davon das eine gegen das Leben (azotisch) anzukämpfen, das andere das Leben immer neu anzufachen scheint, so hat die Natur in der Atmosphäre schon den Entwurf des allgemeinen Lebens auf Erden niedergelegt, und der Mensch, wenn er nicht aus dem Erdenklos gebildet sein will, muß wenigstens bekennen, daß er den ätherischen Ursprung, den er seinem Geschlechte zueignen möchte, mit der ganzen belebten Schöpfung teilt." Schelling, *Weltseele*, SW I, 2, 512-513; AA I, 6, 202.

[154] No original: „Dieselbe alles enthaltende und vorsehende Einheit, welche die Bewegungen der allgemeinen Natur, die stillen und stetigen wie die gewaltsamen und plötzlichen Veränderungen nach der Idee des Ganzen mäßigt, und alles stets in den ewigen Kreis zurückführt dieselbe göttliche Einheit ist es, welche, unendlich bejahungslustig, sich in Tier und Pflanze gestaltet und mit unwiderstehlicher Macht, ist der Moment ihres Hervortretens entschieden, Erde, Luft und Wasser in lebendige Wesen, Bilder ihres All-Lebens, zu verwandeln sucht." Schelling, *Weltseele*, SW I, 2, 374; AA I, 6, 69.

também os aparentemente inorgânicos; não apenas os corpos formados em nosso planeta, mas também os formados em todo o universo. A natureza é para Schelling um organismo infinito, simbolizado por cada organismo, pois a infinitude do universo não pode e não deve excluir de si a finitude dos organismos relativos, assim como a vida não deve e não pode excluir de si a negatividade da morte. A ideia de um imenso organismo universal envolve assim a dualidade universal como motor de um processo infinito de formação não apenas de corpos singulares, mas também de infinitos mundos:

> (...) eu mostrarei, por indução, que o limite original do mecanismo não pode ser empiricamente explicável, mas apenas *postulado*. Contudo, há de se demonstrá-lo filosoficamente, posto que o mundo é infinito apenas em sua finitude, e um mecanismo ilimitado se auto destruiria, então, o mecanismo universal tem que ser *continuamente* obstruído ao *infinito*, e existirão tantos *mundos singulares e particulares* quanto as esferas existentes, no interior das quais o mecanismo universal retorna a si mesmo, e assim, ao fim, o *mundo* — uma *organização* ou um *organismo universal* — é ele mesmo a *condição* (e nessa medida o positivo) do *mecanismo*.[155]

A importância do estudo da obra de Schelling é reconhecida especialmente pelo fato de ele ter sido o primeiro filósofo moderno a sistematizar uma filosofia da natureza, não de modo a atribuir a seus fenômenos aparentemente caóticos uma racionalidade externa, mas, ao contrário, conferindo à própria natureza um caráter próprio ou imanente de sistematicidade ou organicidade, como

[155] No original: „Daß nun die ursprüngliche Grenze des Mechanismus empirisch nicht weiter erklärbar, sondern nur zu postulieren ist, werde ich in der Folge selbst durch Induktion zeigen; es ist aber philosophisch zu erweisen: denn da die Welt nur in ihrer Endlichkeit unendlich ist, und ein unbeschränkter Mechanismus sich selbst zerstören würde, so muß auch der allgemeine Mechanismus ins Unendliche fort gehemmt werden, und es wird so viele einzelne, besondere Welten geben, als es Sphären gibt, innerhalb welcher der allgemeine Mechanismus in sich selbst zurückkehrt, und so ist am Ende die Welt eine Organisation, und ein allgemeiner Organismus selbst die Bedingung (und insofern das Positive) des Mechanismus." Schelling, *Weltseele*, SW I, 2, 349-350; AA I, 6, 69.

uma reação bastante precoce à tendência moderna de reduzir a natureza a um mero objeto da ciência (como razão teórica) ou da técnica (como razão prática). Se no início do século XIX essa filosofia da natureza foi muitas vezes criticada e interpretada como um ideal romântico ou mesmo como um delírio místico, a partir do fim do século passado, com a chamada "crise ecológica", o conceito schellinguiano de natureza passou a ser revalorizado, o que se deixa atestar pelo recente crescimento e aprofundamento, em especial nas últimas décadas, das pesquisas filosóficas sobre Schelling.

Mas o objetivo de minha pesquisa é compreender a conexão entre essas teses fundamentais da filosofia da natureza de Schelling com a cosmovisão indígena brasileira, representada pelo pensamento de Ailton Krenak, como forma de ampliar nossa perspectiva filosófica em direção a uma filosofia prática, ética e política. Pois é preciso cada vez mais e sempre repensar o conceito filosófico de natureza a fim de superar as práticas predatórias e exploratórias da natureza ainda tão dominantes em nosso país e em nosso planeta.

Passo, então, agora para a exposição do pensamento filosófico e da prática política de Ailton Krenak.

2 - Do ativismo político às teses filosóficas de Ailton Krenak

No período em que Schelling produzia seus textos de filosofia da natureza, os antepassados de Ailton Krenak eram designados pelos colonos portugueses como Botocudos, devido ao antigo hábito de alongar lábios e orelhas com o uso de adornos chamados botoques. A falsa acusação de antropofagia justificou a chamada "guerra justa" decretada contra os Botocudos pelo príncipe regente Dom João em 1808.

Uma das principais lutas políticas de Ailton Krenak é fundamentada na ideia de que o processo de colonização que dizimou tanto os povos indígenas do continente americano quanto a maior parte de suas florestas originárias persiste ainda hoje na forma de um sistema econômico devastador para a natureza. Um dos mais trágicos exemplos dessa continuidade é a morte do Rio Doce após o crime ambiental causado pelo rompimento da Barragem de Mariana em novembro de 2015, que liberou rejeitos tóxicos de mineração de ferro da mineradora Samarco, subsidiada pela Vale. Além da morte do rio, pessoas foram mortas, e vilas inteiras foram arrastadas e cobertas pela lama tóxica. A reserva dos Krenak, situada no Vale do Rio Doce, na fronteira entre os estados de Minas Gerais e Espírito Santo, foi diretamente afetada por esse crime ambiental. No documentário de curta -metragem dirigido por Marco Alberg e intitulado *Ailton Krenak: O sonho da pedra*, Krenak descreve a dramática situação de sua aldeia após o desastre:

> Os Krenaks vivem na margem esquerda do Rio Doce. Tem uma cerca de 19 km separando a aldeia do rio, pra nem bicho nem gente chegar no rio, porque a água não pode ser consumida, nem pra agricultura nem pros animais, nem pra gente.[156]

Esse rio, chamado por eles de Watú, era a principal fonte de vida dos Krenak, que o consideram não como um mero acidente geográfico ou recurso natural, mas como um ser vivo e, mais ainda, como uma "pessoa", como um "avô"[157]. Como explica Ailton Krenak em outro trecho do filme, a ideia de um rio sagrado nem sempre é bem compreendida:

> Watú é um Rio Sagrado, mas as mentalidades colonizadas que tem ao redor da gente acreditam que você pode ter um rio sagrado lá na Índia, bem longe daqui, mas aqui tão perto da gente, tem um esgoto que nós vamos jogar tudo quanto é

[156] Ailton Krenak e O sonho da Pedra, parte 4 (final), 2:23 min. Disponível em: https://www.youtube.com/watch?v=CmcLihBACco. Acesso em: 29 de ago. de 2024. A seguir citado como *O sonho da Pedra*.

[157] Conferência de Ailton Krenak em Lisboa, de 10 de maio de 2017. Disponível em: https://www.youtube.com/watch?v=m8MI9IzdlZ8. Acesso em: 29 de ago. de 2024.

> merda nele. Essa é a mentalidade que alimenta a ideologia dominante no nosso povo, no nosso país.[158]

É importante dizer que Ailton Krenak, embora tenha tido oportunidade de estudar em escolas urbanas com formação na língua portuguesa do Brasil, conservou a língua de seu povo e também a sua cultura originária da oralidade. Por isso, grande parte de sua produção literária é composta pela transcrição de suas falas, conferências e entrevistas, sempre precisas e claras. Nelas, Krenak apresenta não apenas protestos políticos contra a ameaça de destruição das florestas e dos seus habitantes originários, mas também conceitos filosóficos fundamentados na cosmovisão indígena. A partir desse conteúdo mais conceitual de suas falas, é possível conectar suas ideias com algumas teses da filosofia clássica da natureza.

Neste trabalho, pretendo mostrar que o fundamento da luta política e ambientalista de Ailton Krenak se encontra em sua interpretação filosófica da natureza. Sua concepção de natureza pode ser descrita pela ideia de que tudo é natureza, de que o cosmos é natureza e de que a Terra é um organismo vivo. Com isso, espero demonstrar que as teses filosóficas de Krenak se aproximam, em muitos aspectos, da concepção schellinguiana de Natureza absoluta ou de universo infinito.

Eu gostaria de dividir minha interpretação sobre o pensamento de Krenak em quatro partes. Na primeira parte, apresentarei seu conceito de natureza como organismo vivo e mostrarei como esse conceito se relaciona com a filosofia da natureza clássica alemã do século XIX, não apenas com a de Schelling. Em seguida, mostrarei que, a partir da concepção de natureza de Krenak, é possível reconhecer três teses filosóficas: a primeira descreve uma unidade originária entre espírito e natureza; a segunda descreve o indígena como um sujeito coletivo; e a terceira descreve a unidade dos povos originários com outros seres vivos da floresta, com o planeta Terra e com a natureza cósmica.

[158] Cf. *O sonho da Pedra*.

2.1 - O conceito de natureza de Krenak e sua relação com a filosofia da natureza alemã

Em uma conferência proferida em Lisboa em 10 de maio de 2017, Krenak descreve a experiência vivida por seu povo após o crime ambiental de Mariana como uma "condição real de um mundo que acabou". Ele descreve a Terra como um "organismo vivo (...) que em alguns lugares, em algumas culturas, segue sendo reconhecida como a nossa mãe, a nossa provedora". Ailton explica os diferentes sentidos ou dimensões dessa expressão do seguinte modo:

> (A Terra é) "nossa mãe em amplos sentidos, na dimensão da subsistência, da manutenção das nossas vidas, mas também na dimensão transcendente, que dá sentido à nossa existência, que dá sentido às nossas vidas, que nos liga com aquela ideia antiga de uma humanidade.[159]

Ao indicar essa dupla dimensão da natureza, uma materialista, ligada à subsistência imediata da nossa espécie — como fonte de alimentos, oxigênio e energia — e outra espiritual, ligada ao sentido da própria existência humana, Krenak apresenta uma visão um pouco mais radical de natureza. Ele frequentemente critica a ideia de sustentabilidade e o conceito de recursos naturais, presentes no discurso de alguns ecologistas e ambientalistas, por estarem contaminados por um viés apenas materialista. Essa crítica é tão fundamental que ele muitas vezes recusa o título de ecologista ou ambientalista.

Em seu livro publicado em 2020, intitulado *A vida não é útil*, Krenak alerta para o fato de que a principal causa da destruição da natureza pelo ser humano é a desconexão desse organismo vivo que é a Terra e, consequentemente, a redução da natureza a um mero recurso a ser consumido:

[159] Idem.

> Estamos a tal ponto dopados por essa realidade nefasta de consumo e entretenimento que nos desconectamos do organismo vivo da Terra. Com todas as evidências, as geleiras derretendo, os oceanos cheios de lixo, as listas de espécies em extinção aumentando, será que a única maneira de mostrar para os negacionistas que a Terra é um organismo vivo é esquartejá-la? Picá-la em pedaços e mostrar: "Olha, ela é viva"? É de uma estupidez absurda.[160]

Essa passagem lembra a crítica que Goethe faz em sua clássica obra *Fausto* contra a apropriação da natureza pela ciência analítica. Mefistófeles compara o ensino da ciência da natureza com uma "fábrica de ideias" e diz:

> "Quem quer conhecer e descrever algo vivo
> Busca primeiro expulsar-lhe o espírito
> Então tem na mão todas as partes
> Falta-lhe — infelizmente! — o laço espiritual.
> *Encheiresin naturae*[161] chama-o a química,
> Zomba de si mesma e não sabe como."[162]

Em suas *Lições sobre Filosofia da Natureza*,[163] Hegel ilustra essa passagem de *Fausto* com a imagem de uma flor que, analisada pela ciência da química, perderia o chamado "laço espiritual", transformando-se em partes sem vida, ou em um agregado de substâncias: "ácidos cítricos, óleo etérico, carbono, hidrogênio

---

160 Krenak, Ailton. *A vida não é útil.* São Paulo, 2020, p. 18. A seguir citado como Krenak, *A vida não é útil.*

161 *Encheiresin naturae* é uma expressão alquímica que se refere à suposta ligação entre corpo e alma, ou seja, ao chamado "laço espiritual". Os alquimistas esperavam encontrar na natureza uma força análoga a esta ligação e com a sua ajuda, produzir a chamada "pedra dos sábios" ou "pedra filosofal". Mefistófeles ironiza esta pretensão de "saber" presente também, segundo ele, nas ciências da natureza modernas.

162 Goethe, J.W., *Faust. Eine Tragödie*, Tübingen, 1808, p. 119. (Trad. minha)

163 „'Ενχείρησιν naturae nennt's die Chemie, / Spottet ihrer selber und weiß nicht wie, / Hat freilich die Theile in ihrer Hand, / Fehlt leider nur das geistige Band, / wie Göthe sagt." Hegel, G.W.F., *Vorlesungen über die Philosophie der Natur*, Gesammelte Werke (GW), vol. 24,3, p. 1183. (A seguir citado como Hegel, *Philosophie der Natur*).

etc.".[164] Mas o espírito tem que superar essa forma de conhecimento, que Hegel denomina "reflexão do entendimento" (*Verstandensreflexion*). Entretanto, a saída que o espírito encontra para libertar-se dessa finitude do entendimento se bifurca, segundo o filósofo, em duas vias distintas — uma mais correta que a outra. Ambas podem começar (e em geral começam) com uma apreensão imediata do fenômeno da natureza, ou com a chamada "intuição" (*Anschauung*). Hegel interpreta a intuição da natureza em Goethe não como meramente sensível, mas sim como espiritual ou intelectual, e até mesmo estética e poética. Segundo Hegel, a primeira condição da filosofia da natureza de Goethe seria o "pressentimento" (*Ahnung*) de que o universo é um "todo orgânico" ou uma "totalidade racional". Esse pressentimento é complementado pelo "sentimento" (tanto no sentido sensível quanto no espiritual) de que há uma unidade própria em cada um dos indivíduos que habitam esse universo — o que aqui poderíamos interpretar como uma certa evidência da individuação. A primeira via de libertação do espírito de seu aprisionamento pela reflexão do entendimento — que é capaz de cindir analiticamente a unidade originária dos seres vivos, rompendo seu laço espiritual — seguiria, segundo Hegel, a tentativa de aplicar a intuição relativamente imediata da natureza de novo à esfera da reflexão. Como se fosse então possível reagrupar as várias partes cindidas pelo entendimento novamente em um único todo ou — voltando à imagem poética de Hegel — reconstruir ou sintetizar novamente a totalidade de uma flor a partir dos fragmentos resultantes da análise promovida pela química do entendimento. A segunda via, ao contrário, retorna da intuição para o conceito ou para a razão. Esse retorno da intuição para a via do conceito teria sido alcançado justamente pelo maior poeta do classicismo alemão, a quem Hegel novamente cita no adendo ao § 245 de suas *Lições sobre a Filosofia da Natureza*. Trata-se de uma passagem do ensaio *Sobre a Morfologia*, de 1820, no qual Goethe expressa de forma poética a ideia de uma totalidade orgânica da natureza:

[164] Idem.

A natureza ricamente e de bom grado tudo dá;
Ela não tem núcleo
Nem casca,
Ela é tudo de uma vez;
Experimenta-te a ti sobretudo
[E apenas vê] se tu és [só] núcleo ou [só] casca.[165]

A elevação da intuição ao conceito, traçada então por essa segunda via, dá-se como o reconhecimento de que a totalidade orgânica que confere aos seres da natureza sua vitalidade necessária ou sua alma universal é a mesma que em nós possibilita a "experiência" de que somos um e o mesmo, no interior e no exterior de nossa existência no mundo. Essa ideia de uma totalidade orgânica da natureza presente na poesia de Goethe e também na filosofia da natureza de Hegel é certamente compartilhada com a filosofia da natureza de Schelling.

Também no pensamento dos povos originários, exposto por Ailton Krenak, existe a ideia de uma unidade originária entre espírito e matéria, que pode ser percebida nos lugares mais preservados da natureza. Esses lugares são descritos por Krenak não como reservas florestais para os quais os seres humanos podem ir em busca de descanso, mas, ao contrário, como lugares onde a própria Terra descansa. E essa é a primeira tese filosófica que gostaria de detalhar a seguir.

2.2 - O lugar em que a Terra descansa como unificação entre espírito e natureza

Krenak descreve o "lugar onde a terra descansa"[166] como uma paisagem ainda não atingida pelo impacto destruidor do ser humano. No artigo intitulado *Ecologia Política* esse lugar aparece não como propriedade de alguém, mas como um lugar ao qual

[165] Goethe, *Freundlicher Zuruf.* Werke, Weimar: Böhlau, 1891, Teil II, Band 6, p. 245. Citado em Hegel, *Philosophie der Natur*, GW 24, 3, 1184.

[166] Cf. Krenak, Ailton; Moura, Adriana. *O lugar onde a terra descansa*. Eco Rio, 2000. A seguir citado como Krenak, *O lugar onde a terra descansa*).

alguém pertence. Como exemplo dessa relação, Ailton cita a luta por uma reserva indígena de uma tribo do Mato Grosso do Sul muito atacada nos últimos anos: "Os Kaiowá Guarani lutam pela terra porque pertencem à terra, não porque a terra pertence a eles; a terra não pertence a ninguém. Para o indígena da terra, não há outro lugar, não há outra ecologia". O lugar onde a terra descansa é descrito então por Krenak como um lugar que "transcende a Natureza em sua percepção como *recurso* e alcança a dimensão da existência como o sagrado. O lugar espiritual é onde a terra descansa, e se o lugar é sagrado é em razão da transcendência da Natureza da percepção como recurso"[167].

Podemos aqui facilmente reconhecer a unidade entre espírito e natureza, assim como a superação da oposição – ou mesmo apenas da diferença – entre sujeito e objeto, também defendidas por Schelling. Em Schelling a Terra ou a natureza não é mais um objeto apropriado por um sujeito, porque ela mesma se revela como sujeito ou como espírito. Em Krenak, a terra (com letra minúscula), ao contrário de ser propriedade de alguém, se amplia e se confunde com a Terra (com letra maiúscula), que se revela também como sujeito. As paisagens preservadas do planeta, onde se pode acreditar que o ser humano descansa, são, ao contrário, os lugares onde a própria Terra descansa de toda a exploração e agressividade dos seres humanos. Essa tese é resumida no trecho de uma conferência proferida por Krenak em 2017 na USP, por ocasião da *VI Reunião de Antropologia da Ciência e Tecnologia*, que recebeu o poético título de "Pensando com a cabeça na Terra":

> O lugar onde a terra descansa está em mim, ou está pelas paisagens onde me desloco, atribuo valores e significados? Se há um lugar onde a terra descansa, isto deve sugerir também que a terra pode ficar cansada, já que é pensada como um organismo vivo. O que não reflete a mesmice do pensamento racional e científico.[168]

---

[167] Krenak, Ailton, Ecologia Política. *Ethnoscientia,* vol. 3, 2018, p. 2. (A seguir citado como Krenak, *Ecologia Política*)

[168] Krenak, Pensando com a cabeça na Terra. *Anais da VI Reunião de Antropologia da Ciência e Tecnologia*, USP, 2017.

Essa inversão entre espírito e natureza ou entre sujeito e objeto presente na tese sobre o lugar onde a terra descansa, redimensiona também o próprio conceito de sujeito humano, o que, por sua vez, dá origem a uma segunda tese fundamental de Ailton Krenak.

2.3 - O sujeito coletivo como superação da relação de apropriação da natureza

A tese de Krenak sobre o sujeito coletivo está diretamente ligada à ideia descrita anteriormente a unidade entre espírito e natureza e entre sujeito e objeto e consequentemente com a tese sobre a inversão na relação de pertencimento entre o ser humano e a terra. Como esclarece Krenak em *Ecologia Política*: "O sujeito coletivo pertence ao lugar, é o oposto político do lugar que pertence ao indivíduo".[169] Há, contudo, um outro sentido do conceito de sujeito coletivo. Trata-se de superar a dimensão do ego – e, em última instância, do egoísmo, da vaidade, do narcisismo – para alcançar a dimensão da comunidade, a qual por sua vez, transcende os limites de espaço e de tempo.

O indígena é um sujeito coletivo porque corporifica a tradição de seu povo ancestral. Ele é um representante desse povo.[170] O conceito de um sujeito coletivo é atribuído por Ailton Krenak a si mesmo em seu discurso na Universidade Federal de Juiz de Fora, em 2017, após receber o título de professor *Honoris Causa*:

> Eu só consigo manter um pouco de serenidade diante de tanta celebração porque eu sei que não sou um sujeito no sentido singular da palavra. Eu sou um sujeito coletivo, e eu acho que o fato de eu ter me dedicado desde muito cedo a olhar em torno de mim e reconhecer as realidades que me circundavam e pensar o que eu podia fazer pra ajudar a melhorar essas realidades, eu me pus a fazer essa história, que resultou na

---

[169] Krenak, *Ecologia Política*, p. 2.

[170] Podemos aproximar esse conceito de sujeito coletivo como o conceito hegeliano de espírito, descrito em sua *Fenomenologia do Espírito* como um "eu que é (um) nós e (um) nós que é (um) eu". No original: "Ich, das Wir, und Wir, das Ich ist." Hegel, G.W.F., *Phänomenologie des Geistes*, GW 09, 108.

biografia de alguém que foi chamado de uma importante liderança indígena no nosso Brasil.[171]

Como sujeito coletivo, Ailton Krenak defende as ideias e a tradição de seu povo e dos demais povos da floresta que ainda habitam algumas paisagens brasileiras, em um movimento de resistência e preservação de sua cultura e da natureza. A cultura ancestral dos povos da floresta foi transmitida por muitos séculos de modo oral, por meio de mitos e de rituais desses povos. O pensamento de Ailton Krenak conserva essa cultura da oralidade, de modo que seus livros são transcrições de suas falas. Nesses discursos existe uma tese que trata exatamente da transmissão dessa cultura ancestral.

3 - O sonho, o canto e a dança ancestrais como unificação de todos os seres vivos da Terra

Esta tese descreve a unidade dos povos originários com as demais criaturas da floresta, com o planeta Terra e com a natureza cósmica. Uma unidade que se realiza por meio de algumas práticas culturais. A primeira e mais básica delas é a instituição do sonho. Krenak chama o sonho de instituição porque o vê como um exercício consciente. O sonho conecta o sujeito coletivo indígena com a natureza cósmica e com os espíritos ancestrais de seu povo. A segunda prática que conecta os povos originários à natureza a aos seus ancestrais são os rituais do canto e da dança. Os cantos indígenas narram sua relação originária com a natureza, ao mesmo tempo em que repetem e perpetuam as suas línguas originárias, que são um núcleo fundamental de resistência cultural. Também as suas danças repetem e perpetuam os movimentos dos corpos de seus antepassados ancestrais em contato com a terra, que por sua vez incorporam o ritmo da própria natureza.

[171] Cf. *O sonho da Pedra*.

A tese de Krenak sobre a instituição do sonho e importância da dança e do canto ancestrais se relaciona diretamente com a tese do sujeito coletivo. Esvaziado de um ego particular, o sujeito coletivo é capaz de sonhar os sonhos de sua cultura ancestral, invocando assim a presença de seus antepassados. Essa mesma evocação é feita pelos rituais ancestrais da dança e do canto coletivos. Em um dos trechos do documentário *O sonho da Pedra*, Ailton Krenak narra a história de um sonho que lhe foi dado de presente por seu pai, sobre um lugar na montanha onde os povos indígenas se reuniriam para cantar e dançar. Esse sonho se realizou no fim dos anos 80, quando ele encontrou o lugar desse sonho no Parque Nacional da Serra do Cipó, em Minas Gerais, dando origem ao Festival de Danças Indígenas, que reúne anualmente diversas tribos.

No pequeno, mas muito famoso, livro intitulado *Ideias para adiar o fim do mundo*, Krenak esclarece que o sonho tem uma função central na cultura indígena, muito similar àquela do ritual da dança e do canto, a função de elevar o sujeito particular à dimensão de um sujeito coletivo. O sonho faz despertar para o verdadeiro sentido da vida, na medida em que provoca a autoconsciência de estar vivo. Ao mesmo tempo, o sonho prolonga o prazer e a fruição própria da vida. O sonho possibilita ainda, – como gosta de afirmar Krenak de modo irônico e provocativo – "adiar o fim do mundo":

> O tipo de humanidade zumbi que estamos sendo convocados a integrar não tolera tanto prazer, tanta fruição de vida. Então, pregam o fim do mundo como uma possibilidade. de fazer a gente desistir dos nossos próprios sonhos. E a minha provocação sobre adiar o fim do mundo é exatamente sempre poder contar mais uma história. Se pudermos fazer isso, estaremos adiando o fim.[172]

No livro de 2020 intitulado *A vida não é útil*, encontramos também a descrição da importância do da instituição do sonho:

[172] Krenak, Ailton, *Ideias para adiar o fim do mundo*, 2019, p. 27. A seguir citado como Krenak, *Ideias*.

"O tipo de sonho a que me refiro é uma instituição. Uma instituição que admite sonhadores. Onde as pessoas aprendem diferentes linguagens, se apropriam de recursos para dar conta de si e do seu entorno".[173] Haveria, portanto, uma linguagem ancestral que pode ser aprendida nos sonhos, que revelaria o sentido da própria realidade. Essa instituição do sonho a que ser refere Krenak não pode ser confundida com uma experiência cotidiana de que tem durante o sono, mas é, ao contrário, um "exercício disciplinado" e um modo de conhecer verdades ancestrais. No sonho pode-se buscar orientação para as decisões da vida cotidiana, porque o sonho nada mais é do que a conexão com toda a natureza:

> O sonho não (deve) ser entendido como uma instituição do onírico (...), mas como uma disciplina de formação da visão de mundo, da tradição de diferentes povos, para quem os sonhos são uma forma de conhecimento, de autoconhecimento sobre vida, que eles interagem com o mundo e com outras pessoas.[174]

O sonho possui também, segundo Krenak, um aspecto afetivo, não apenas no sentido íntimo dos sentimentos, mas principalmente, porque "afeta o mundo sensível",[175] transformando assim a própria realidade. O sonho também afeta as ações cotidianas, na medida em que propicia uma "experiência coletiva", capaz de orientar as próprias escolhas: "é uma forma de preservar nossa integridadc, nossa ligação cósmica".[176] Mais uma vez Krenak conecta a experiência coletiva do sonho com a experiência coletiva da arte e da cultura ancestrais:

> Estamos andando aqui na Terra, mas andamos por outros lugares também. A maioria dos parentes indígenas faz isso. É só você olhar a produção dos mais jovens que estão interagindo

[173] Krenak, *A vida não é útil*, p. 19.

[174] Krenak, *Ideen um das Ende der Welt zu vertagen*. Trad. Michael Kegel. München: Btb Verlag, 2021, p. 42. (trad. minha).

[175] Krenak, *A vida não é útil*, p. 20.

[176] Ibid., p. 21.

> com o campo da arte e da cultura, publicando, falando. Você percebe neles essa perspectiva coletiva. Não conheço nenhum sujeito de nenhum povo que saiu sozinho pelo mundo. Andamos em constelação.[177]

A experiência da coletividade mediada pelo sonho e por uma arte ancestral e ritual não significa, contudo, que a conexão se faz apenas com um determinado povo. Essa conexão é cósmica, pois se faz a partir da experiência da unidade entre todos os seres vivos da Terra, não apenas de modo espiritual ou ideal, mas principalmente de modo material e corporal: "Alguns povos têm um entendimento de que nossos corpos estão relacionados com tudo o que é vida, que os ciclos da Terra são também os ciclos dos nossos corpos. Observamos a terra, o céu e sentimos que não estamos dissociados dos outros seres".[178]

Isso explica a tradição praticada pelos Krenak e por outros povos indígenas de "suspender o céu". Trata-se de um ritual, a partir de uma impressão sobre o aumento da "pressão" sobre a Terra, como se o Céu estivesse "perto demais": "Então é preciso dançar e cantar para suspendê-lo, para que as mudanças referentes à saúde da Terra e de todos os seres aconteçam nessa paisagem". Esse ritual, denominado *tarú andé* é praticado por vários povos indígenas visando "estabelecer a comunhão com a teia da vida".[179] Essa unificação com o laço vital do planeta implica então um movimento de expansão. Não é apenas o céu que fica mais amplo e mais alto, são também os sujeitos coletivos que se ampliam ao se harmonizarem com o ritmo da natureza:

> Suspender o céu é ampliar os horizontes de todos, não apenas só dos humanos. Trata-se de uma memória, uma herança cultural do tempo em que nossos ancestrais estavam tão harmonizados com o ritmo da natureza que só precisavam trabalhar algumas horas do dia para proverem tudo que era preciso para viver. E todo o resto do tempo você podia cantar, dançar, sonhar: o cotidiano era uma extensão do sonho.[180]

---

177 Idem.
178 Ibid., p. 24.
179 Idem.
180 Ibid., p. 25.

Essa recuperação da harmonia com o ritmo da natureza é descrita por Krenak não apenas como a rememoração de um passado ancestral de unidade com a natureza, mas também – e sobretudo – como projeção e esperança em um futuro possível:

> Quando pensamos na possibilidade de um tempo além deste, estamos sonhando com um mundo onde nós, humanos, teremos que estar reconfigurados para podermos circular. Vamos ter que produzir outros corpos, outros afetos, sonhar outros sonhos para sermos acolhidos por esse mundo e nele podermos habitar.[181]

Na coletânea de transcrições de falas de Ailton Krenak publicada em 2022 com o instigante título de *Futuro Ancestral,* podemos encontrar a resposta apenas aparentemente contraditória à questão recorrente sobre o nosso destino na Terra. Uma das frases mais significativas desta obra, com a qual gostaria de encerrar esse item sobre a tese filosófica de Krenak acerca do sonho é a seguinte: "... não podemos nos render à narrativa de fim de mundo que tem nos assombrado, porque ela serve para nos fazer desistir dos nossos sonhos, e dentro dos nossos sonhos estão as memórias da Terra e de nossos ancestrais"[182].

Conclusão

As ideias de Ailton Krenak se conectam com a tradição ancestral dos povos da floresta que, desde a chegada dos primeiros europeus na região denominada Brasil, em 1500, sempre estiveram ameaçados de extinção, não só no sentido natural, mas também e sobretudo no sentido espiritual e cultural. No entanto, esses povos continuam resistindo e enfrentando essa ameaça constante de forma absolutamente exemplar. Diante do desequilíbrio do ecossistema do nosso planeta, que ameaça a própria existência da espécie humana, esses povos indígenas conseguiram, nas últimas

[181] Idem.
[182] Krenak, *Futuro Ancestral*, São Paulo, 2022, p. 37.

décadas, levantar suas vozes em diferentes lugares do mundo. Eles são a demonstração viva e não apenas teórica da possibilidade de viver em harmonia com a natureza. Porém, reconhecer esse modo de vida em sintonia com a floresta não deve ser confundido com uma percepção ingênua ou romântica de "nobres selvagens". Muito pelo contrário. O modo de vida dos povos originários baseia-se na sabedoria de seus ancestrais, adquirida através de milênios de prática e convivência com a vida na floresta, incluindo o seu cultivo e o conhecimento sobre suas espécies conectadas em uma rede de vida.

Reconhecer a atualidade das teses de Schelling e a ancestralidade das teses de Krenak sobre a organicidade da natureza serve para provar que essa antiga verdade filosófica sobreviveu aos séculos. Assim como o discurso filosófico de Schelling, o discurso político de Ailton Krenak é dirigido àqueles que se desconectaram do organismo vivo da natureza. Schelling nos ensina a reconhecer a natureza racionalmente, mas também poeticamente, como um todo orgânico, absoluto, divino e infinito. Krenak traduz racionalmente a sabedoria de seus ancestrais, que ainda viviam em harmonia com a natureza, sem esquecer as expressões sagradas, poéticas e artísticas desse conhecimento. Nesse sentido, acredito que haja uma proximidade profunda entre esses dois pensamentos, de tempos e continentes distantes, cuja principal ligação é o laço espiritual da própria natureza.

Reconhecer a proximidade das teses schellinguianas sobre a identidade entre espírito e natureza e sobre a organicidade da natureza no discurso político de um pensador indígena de nossa época e de nosso espaço geográfico serve para provar que aquela verdade filosófica sobreviveu por séculos, porque surgiu não apenas antes de nossa experiência das mudanças climáticas e ameaças à nossa existência no planeta, mas também antes da colonização das terras habitadas pelos povos originários da floresta, que desde sempre compreenderam aquela identidade e desde então enfrentam a ameaça de sua destruição.

Reconhecer a importância do estudo da visão de mundo indígena não significa aderir ou propor uma visão mística do universo, nem um retorno romântico a uma vida primitiva como alternativa ao progresso econômico e científico. Minha intenção é tão somente alertar para as gravíssimas ameaças aos povos das florestas brasileiras e às próprias florestas — não como sua propriedade, mas como o lugar ao qual eles originalmente pertencem — com o objetivo de ampliar a reflexão filosófica sobre a nossa real e atual conexão com a natureza, com o nosso planeta e com o universo.

Referências

AILTON Krenak e o sonho da pedra. Direção: Marco Alberg. Roteiro: Marco Altberg e Ailton Krenak. Produção: Bárbara Gual e Marcelo Goulart. Rio de Janeiro, 2017. 52 min. Documentário. Disponível em: https://www.youtube.com/watch?v=CmcLihBACco. Acesso em: 29 ago. 2024.

GOETHE, Johann Wolfgang. *Faust. Eine Tragödie*. Tübingen: J. G. Cotta, 1808.

GOETHE, Johann Wolfgang. *Freundlicher Zuruf.* Goethes Werke, vol. 6: *Zur Morphologie*. Weimar: Böhlau Verlag, 1891.

HEGEL, Georg Wilhelm Friedrich. *Phänomenologie des Geistes*. Gesammelte Werke (GW), Bd. 09. Hamburg: Felix Meiner, 1980.

HEGEL, Georg Wilhelm Friedrich. *Vorlesungen über die Philosophie der Natur.* Hrsg. von Niklas Hebing. Gesammelte Werke (GW), Band 24,3. Hamburg: Felix Meiner, 2016.

KANT, Immanuel, *Kritik der Urteilskraft*. Werkausgabe Band X, Ed. Wilhelm Weischedel. Suhrkamp, Frankfurt am Main. 1992.

KRENAK, Ailton. *A vida não é útil*. São Paulo: Companhia das Letras, 2020.

KRENAK, Ailton. Ecologia Política. *Ethnoscientia,* vol. 3 (n.2 especial), 2018.

KRENAK, Ailton. *Futuro Ancestral*, São Paulo: Companhia das Letras, 2022.

KRENAK, Ailton. *Ideias para adiar o fim do mundo*. São Paulo: Companhia das Letras, 2019.

KRENAK, Ailton. *Ideen um das Ende der Welt zu vertagen*. Aus dem brasilianischen Portugiesisch von Michael Kegel. München: Btb Verlag, 2021.

KRENAK, Ailton; Moura, Adriana. *O lugar onde a terra descansa*. Rio de Janeiro: Petrobras, 2000.

KRENAK, Ailton. Pensando com a cabeça na Terra. *Anais da VI Reunião de Antropologia da Ciência e Tecnologia*, USP, 2017.

SCHELLING, Friedrich Wilhelm Joseph. *Da Alma do Mundo*. Trad. de Márcia C. F. Gonçalves. São Paulo: Edusp, 2024 (no prelo).

SCHELLING, Friedrich Wilhelm Joseph. *Ideen zu einer Philosophie der Natur* (1803). Sämtliche Werke. Hrsg. von K.F.A. Schelling. Bd. I, 2. Stuttgart: Cotta, 1856-61 (Ed. Digital: Total Verlag, 1997).

SCHELLING, Friedrich Wilhelm Joseph. *Ideen zu einer Philosophie der Natur* (1803). Historisch-kritische Ausgabe. Band I, 13. Hrsg. von Manfred Dunner und Patrick Leistner. Stuttgart: Frommann-Holzboog, 2017.

SCHELLING, Friedrich Wilhelm Joseph. *Von der Weltseele. — eine Hypothese der höhern Physik zur Erklärung des allgemeinen Organismus* (1803). Sämtliche Werke. Hrsg. von K.F.A. Schelling. Bd. I, 2. Stuttgart: Cotta, 1856-61 (Ed. Digital: Total Verlag, 1997).

SCHELLING, Friedrich Wilhelm Joseph. *Von der Weltseele. — eine Hypothese der höhern Physik zur Erklärung des allgemeinen Organismus* (1798). Historisch-kritische Ausgabe. Band I, 6. Hrsg. von Jörg Jantzen. Unter Mitwirkung von Thomas Kisser. Stuttgart: Frommann-Holzboog, 2000.

A linguagem do fenômeno: Heidegger e a gênese autárquica do discurso

Marco Antonio Casanova
UERJ, CNPq, CAPES

Tal como comenta Claude Romano em seu livro *No coração da razão, a fenomenologia*, nenhum elemento do método fenomenológico chama mais a atenção do leitor contemporâneo do que o fato de a linguagem não interferir na idealidade dos conteúdos descritos. Como formulado em uma passagem do livro sobre a noção do antepredicativo: "Se há uma tese que parece ser compartilhada por quase todos os fenomenólogos — talvez mesmo a única — é aquela segundo a qual os fenômenos se apresentam a nós com um sentido autóctone que não é projetado sobre eles por nossos esquemas linguísticos. Quer se trate do rosto que, em Levinas, nos fala antes de toda palavra, da carne e do gesto expressivos que estão, segundo Merleau-Ponty, na raiz da própria linguagem, da afetividade, do evento, e mesmo do *Sinn des Seins* de Heidegger — em todos esses casos, o que está em jogo é claramente uma significação pré-linguística".

Ora, mas o que torna tão estranha a posição fenomenológica? Em que medida a afirmação de que a linguagem não interfere de maneira restritiva nos conteúdos das descrições fenomênicas encontra imediatamente nossa má vontade em geral? Como pensar, em última instância, significados que se constituem de maneira pré-linguística? O pré aqui indica propriamente uma anterioridade cronológica desses significados em relação à linguagem? Responder a essas perguntas envolve, em primeiro lugar, ter clareza quanto à força pregnante de um modo tradicional de compreender a gênese mesma dos significados, que remonta a Platão e Aristóteles e se estende como um fio condutor constante até o mundo contemporâneo. Já no *Crátilo* platônico, nós nos deparamos com a afirmação socrática de que "(...) o nosso legislador deverá saber formar com os sons e as sílabas o nome por natureza apropriado para cada objeto, compondo todos os nomes e aplicando-os com os olhos sempre fixos no que é o nome em si, caso queira ser tido na conta de verdadeiro criador de nomes". Sem levar em conta a complexidade do texto platônico e os desdobramentos próprios ao diálogo em questão, o que importa é acompanhar o quanto o texto nos induz a pensar em uma dimensão irrelacional dos entes, aquilo que Platão denomina em diversos contextos como o *autó kath'autó*, a coisa mesma segundo ela mesma, e o movimento do legislador nomeando as coisas a partir de sua ancoragem nessa dimensão irrelacional. Exatamente esse modo de colocação do problema institui uma distância entre a coisa em si e a nomeação, que promove de imediato uma dificuldade intransponível para o conhecimento verdadeiro das coisas em geral: a dificuldade de aceder às coisas mesmas sem alterá-las em sua constituição por meio da relação que incontornavelmente estabelecemos com elas.

Essa dificuldade se reapresenta uma vez mais em uma passagem de abertura do *De interpretatione*, Aristóteles afirma: "Palavras faladas são símbolos ou signos de afecções da alma (ton en te psyché pathemáton symbola")"[183]. E ele prossegue um

[183] Aristóteles, *De interpretatione*, 16a 5.

pouco à frente: "Nenhum som é por natureza (physei) um nome: ele se torna um, na medida em que se transforma em um símbolo"[184]. Nós nos deparamos nessas duas sentenças, uma vez mais, com a afirmação de que os significados emergem no interior da alma e de que é em meio a processos anímicos que os sons conquistam significado e passam a poder designar os objetos que lhe são correspondentes. No momento em que institui a alma como o lugar propriamente dito de tal atribuição "simbólica", porém, reproduz-se a situação inicialmente encontrada no interior do *Crátilo* platônico. Se as palavras são modos particulares de o ser humano atribuir significados aos objetos, em que medida é possível escapar de uma contaminação dos objetos com as peculiaridades inerentes àquele que nomeia? Como é possível escapar da particularidade inerente ao ato mesmo de significar e à transformação dos sons em símbolos ou signos? Há, em outras palavras, um problema intrínseco ao modelo de compreensão da linguagem na tradição, que vai paulatinamente empurrando o pensamento tradicional para a percepção da impossibilidade de apagar os rastros da transformação imposta pelos processos cognitivos nos objetos sobre os quais esses processos, de um modo ou de outro, incidem. Se a linguagem nasce de um nexo estrutural que se inicia com o objeto externo, ou seja, se a linguagem é o último elo de um processo abstrativo que tem seu ponto de partida nas coisas presentes no mundo exterior, que se desenrola em meio a sensações e se consuma na representação ou no conceito, processo esse que está na base mesma da palavra, então o que temos aqui é uma transposição do objeto externo para a linguagem do conhecimento. Dito de outra forma, nesse modelo, a representação ou o conceito se revelam como traduções das coisas. A questão, contudo, é que essa tradução padece completamente da falta de um original, uma vez que as coisas já sempre aparecem no interior das traduções. Como bem o viu Friedrich Nietzsche em um texto de juventude chamado *Apresentação de retórica antiga*: "(...) a linguagem mesma é o resultado de puros artifícios retóricos; a força que Aristóteles denomina retórica, a

[184] Idem, 16a 26.

força de encontrar e fazer valer em cada coisa aquilo que atua e produz efeito é ao mesmo tempo a essência da linguagem: essa não se refere, assim como a retórica, à verdade, à essência das coisas, ela não quer instruir, mas transpor uma excitação e uma suposição subjetivas para os outros"[185].

Tudo isso, por fim, experimenta ainda uma derradeira intensificação, na medida em que a filosofia moderna se viu cada vez mais confrontada com a necessidade de acolher a historicidade e a regionalidade como um traço estrutural indelével na própria gênese da linguagem, como elemento operativo em nossos modos de fala como um todo. Seja na constante descrição diltheyana do nexo vital no qual se movimentam todas as nossas vivências; seja no acento quiniano sobre a incomunicabilidade entre ontologias; seja na afirmação heideggeriana do próprio horizonte de fenomenologização dos fenômenos em geral como atravessado originariamente por tradição encurtada: por toda parte vemos um mesmo questionamento da possibilidade de apagar os rastros da experiência humana em toda e qualquer tentativa de falar sobre as coisas. Bem, mas se as coisas se comportam dessa maneira, o que leva a fenomenologia a contestar tamanha convicção? Mais ainda, o que leva um pensador como Heidegger, marcado desde o princípio por uma transformação hermenêutica da fenomenologia, a aventar a possibilidade de que as coisas se digam por elas mesmas? Retornemos ao início do presente texto: por que os esquemas linguísticos não interferem nas descrições fenomenológicas? Para responder a essas perguntas, eu me dedicarei aqui a uma leitura detida do parágrafo 7 de *Ser e tempo*, parágrafo esse no qual Heidegger não apenas apresenta a sua compreensão da fenomenologia, mas também defende a possibilidade de uma linguagem do fenômeno. Determinar os elementos centrais dessa linguagem e o sentido mesmo da palavra fenômeno no presente contexto é nosso intuito primordial.

---

[185] Friedrich Nietzsche, *Darstellung der Antiken Rhetorik*, Preleção do semestre de verão de 1874.

1 - O conceito heideggeriano de fenômeno: distinções estruturais próprias ao conceito

> A expressão grega *phainómenon*, à qual o termo 'fenômeno' remonta, é derivada do verbo grego *phaínesthai*, que significa: mostrar-se; *phainómenon* designa, por isso, aquilo que se mostra, o que está se mostrando, o manifesto; *phaínesthai* mesmo é uma formação *medial* de *phaíno*, trazer à luz, colocar na claridade; *phaíno* pertence à raiz *pha-* como em *phôs*, a luz, a claridade, isto é, aquilo em que algo pode se tornar manifesto, pode se tornar visível nele mesmo. É preciso, portanto, *reter* como significado da expressão '*fenômeno*' o seguinte: *aquilo-que-se-mostra-nele-mesmo*, o manifesto. Os *phainómena*, 'fenômenos', então, são o conjunto daquilo que reside à luz do dia ou que pode ser trazido à luz, o que os gregos identificam por vezes simplesmente com *tà ónta* (o ente).[186]

É com essas palavras que se inicia propriamente o parágrafo de *Ser e tempo* devotado à determinação do conceito heideggeriano de fenomenologia. A passagem tem um conteúdo aparentemente modesto e se confunde, a princípio, com uma mera explicitação da palavra fenômeno em sua carga etimológica própria. Uma análise mais detida, porém, revela o quanto o texto possui camadas, que requisitam uma consideração das implicações presentes em cada uma de suas dimensões compreensivas. Ela se inicia com uma menção direta à relação entre a palavra fenômeno e a expressão grega "*phainómenon*" que, em sua ligação com o verbo grego "*phaínesthai*", significa aquilo que se mostra. Nesse sentido, a passagem nos dá a impressão de associar de saída a noção de "fenômeno" com a palavra "aparência" ou "aparição". A questão, contudo, logo se complica quando lembramos das condições necessárias para que algo por si mesmo se mostre. De acordo com Husserl, por exemplo, o mostrar-se dos objetos exigiria, antes de

[186] Martin Heidegger, *Ser e tempo*, §7, A, p. 28.

tudo, um encontro imediato com os seus campos de autodação, encontro esse que dependeria fundamentalmente de uma suspensão de todos os posicionamentos ontológicos em geral, de todas as teorias, assim como de um acompanhamento intuitivo daquilo que por si mesmo se dá. Algo dessa ordem, contudo, não tem como ser pensado nos termos de *Ser e tempo*, porque nós não conseguimos simplesmente suspender por vontade o lastro de historicidade, de tradição encurtada, que atravessa a própria dinâmica de realização dos fenômenos. Ao mesmo tempo, a noção de fenômeno em jogo na fenomenologia é completamente incompatível com a assunção tácita ou expressa de um ponto de vista e com a subsequente apreensão do conteúdo próprio à aparição a partir de tal ponto de vista[187]. Algo desse gênero faz com que o fenômeno não se mostre por si mesmo, ou seja, com que ele não se fenomenologize no seu próprio campo de manifestação, mas, antes, o faça no campo de manifestação e no quadro interpretativo daquele que o apreende. Não há, portanto, como falar de um mostrar-se por si mesmo nesse caso, mas apenas de um mostrar-se para alguém. E, mais do que isso, um mostrar-se para alguém a partir de *seu* modo de recepção. Não há, com isso, qualquer relação entre o "*phaínesthai*", que está na origem da palavra "fenômeno", e a ideia de que as coisas são tal como aparecem. Dito de maneira mais acentuada, não há nada menos fenomenológico do que o título da famosa peça de Pirandello *Assim é, se lhe parece*[188]. Há, contudo, ainda um segundo problema. Na medida em que Heidegger descreve a dinâmica ekstática originária própria ao existir humano como absorção em uma capa de preconceitos estruturada por tradição encurtada (estruturas prévias da interpretação — significância), o mostrar-se, de saída e na maioria das vezes, dos fenômenos dá-se incontornavelmente em meio a um horizonte que produz uma distorção na própria fenomenalidade. Para alcançarmos os fenômenos em seu próprio campo de autodação, portanto, necessitamos de muito mais do que de um

[187] Husserl distingue radicalmente a fenomenologia de toda e qualquer filosofia dos pontos de vista em *Ideias para uma fenomenologia pura e para uma filosofia fenomenológica*, no parágrafo

[188] Luigi Pirandello, *Assim é se lhe parece*, São Paulo: Editora Tordesilhas, 2011.

simples olhar para eles e de um seguir a sua aparição. Por fim, não podemos deixar de comentar a ligação originariamente estabelecida por Heidegger entre "*phainómena*" e "*tà ónta*". Se olharmos para essa ligação, não é difícil perceber o quanto ela nasce de uma modulação de uma posição caracteristicamente moderna. O que está em jogo aqui não é a relação de uma subjetividade com objetos, mas um acento no fato de os fenômenos constituírem aquilo que é. "*Tà ónta*", em verdade, é uma expressão composta a partir do particípio passado de "*einai*" (ser): "*tó ón*" — o singular de "*tà ónta*" — pode ser simplesmente traduzido por "aquilo que é", *ens* na tradução latina, *ente* em português. Tudo o que está em questão aqui, portanto, aponta na direção da explicitação dos modos de entitação dos entes como o cerne da noção de fenômeno, da tentativa de alcançar aquilo que por si mesmo se mostra, ou seja, aquilo que é em seu próprio modo de vir a ser o que é. A partir daí, uma série de distinções se impõem como que por si mesmas em meio a tais modos de entitação.

A primeira dessas distinções envolve um campo de problemas característico do pensamento tradicional: a distinção entre ser e aparência. Se os fenômenos se constituem como as coisas mesmas e se eles se confundem originariamente com os modos de entitação dos entes, então os fenômenos constituem o ser propriamente dito de tudo o que é. Assim, como comentamos acima, há uma tendência imediata de leitura da palavra fenomenologia que tenderia a assumir que tudo o que aparece é e que não há, com isso, como reter na fenomenologia a diferença entre ser e aparência. Contra essa posição, o texto de *Ser e tempo* nos diz: "Ente pode se mostrar agora por si mesmo de uma maneira diversa, sempre segundo o modo de acesso a ele. Subsiste até mesmo a possibilidade de que o ente se mostre como aquilo que ele nele mesmo *não* é. Nesse mostrar-se, o ente 'se assemelha com...'. Tal mostrar-se é por nós denominado *aparecer*. E, assim, mesmo no grego, a expressão *phainómenon*, fenômeno, tem o significado daquilo que se assemelha com, o 'que pode parecer', a 'aparência'; *phainómenon agathon* significa um bem que se parece com — mas, 'em realidade' não é como o que se dá"[189]. Mas qual é a diferença entre essa formulação fenomenológica do problema da aparência e a compreensão tradicional da diferença entre ser e aparência? Não estamos aqui diante de uma mera versão rebuscada de algo há muito já dito e estabelecido? Tal como Husserl evidencia, por exemplo, em sua 5ª Investigação Lógica, a distinção entre a coisa que aparece e a aparição da coisa não tem bases fenomenológicas[190]. Dizer isso explicita de maneira radical a diferença estrutural da argumentação fenomenológica. Ao distinguir ser de aparência, o que a tradição platônico-aristotélica faz é pressupor que o ser se encontraria para além de toda aparição e que o trabalho fundamental do pensamento seria justamente alijar todas as formas de aparição, a fim de encontrar o ser irrelacional que se constituiria como o realmente ente (*ontos on*). Contra essa posição, a fenomenologia busca um modo de relação com o que aparece marcado precisamente pela não invasão e pelo acompanhamento imediato de seu dar-se. Tudo aqui, portanto, constitui-se na aparição, mas apenas aquelas aparições que se autodeterminam, ou seja, apenas aquelas que não experimentam nenhuma interferência em sua dinâmica de autodação se revelam como as coisas mesmas. Isso, contudo, não implica dizer que as autodações jamais se constituem como aquilo que elas não são.

Andando na floresta ao final da tarde, alguém olha diretamente para um conjunto de galhos amontoados no chão e vê uma onça. Sua reação imediata é jogar o corpo para trás assustado. A imobilidade da onça, contudo, chama logo a atenção, e o andarilho resolve se aproximar um pouco. Logo em seguida, ele percebe que não se tratava de uma onça, mas de um amontoado de galhos formando um corpo que tinha o formato de uma onça. É claro que a fenomenologia não nega que haja ilusões, percepções falsas, aparências. O que ela faz, por outro lado, é apenas afirmar que jamais se corrige uma percepção por meio de um ser irrelacional e desprovido de qualquer fenomenalidade, mas, sim, por meio

[189] Martin Heidegger, *Ser e tempo*, §7, A, p. 28-29.
[190] Cf. entre outras passagens, Edmund Husserl, 5ª Investigação lógica, B382/383.

de novas percepções. Ninguém supera a ilusão de estar diante de uma onça por meio de uma correção da representação ou por meio de uma subsunção do visto ao conceito, mas antes por meio de uma aproximação e de uma nova configuração da aparição. A aparência, portanto, não possui nada em comum com uma dicotomia entre ser e aparência, mas se refere antes muito mais a uma modulação do próprio modo de aparecer, ou seja, à própria fenomenalidade. Mas o que vale para a aparência também se estende para a noção de manifestação, para a identificação de algo que não se mostra por meio do que se mostra.

É muito comum em contextos médicos, por exemplo, que alguém veja algo que aparece como sintoma de uma doença que se mantém oculta para além da aparência. É o caso da icterícia, uma doença que afeta muito frequentemente bebês recém-nascidos e que normalmente desaparece por si mesma sem deixar qualquer sequela. A identificação dessa doença não se dá a princípio por meio de nenhum exame clínico mais demorado, mas pela simples percepção da cor amarelada da pele do bebê. Ao ver a cor alterada da pele, o médico prescreve um banho de luz na incubadora, algo que na grande maioria dos casos devolve ao bebê a coloração natural de seu corpo. O que acontece aqui é denominado manifestação: a doença do fígado (icterícia) manifesta-se através da alteração no modo da aparição, na cor da pele. A manifestação propriamente dita não chega, nesse caso, a se fenomenologizar, uma vez que o fenômeno em jogo é a pele amarelada, mas ela depende necessariamente do fenômeno para se anunciar. O mesmo pode ser dito de indícios, representações ou símbolos. Em todos esses casos, como Heidegger acentua logo em seguida no texto, o que se tem é precisamente algo se mostrando através do fenômeno, o que significa que esses modos de manifestação só são, às últimas consequências, pensáveis a partir dos fenômenos, a partir do que por si mesmo se mostra, e não o contrário. Assim, a manifestação depende de um fenômeno, mas não é ela mesma um fenômeno, e, por isso, não faz qualquer sentido tentar definir os fenômenos por meio da noção de manifestação[191]. A questão, porém, é que manifestação se diz tanto no sentido de algo que se manifesta através de algo quanto no sentido daquilo mesmo que se manifesta. Tal como se encontra expresso no texto de *Ser e tempo*:

> A expressão 'manifestação' pode significar ela mesma uma vez mais algo duplo: por um lado, o *manifestar-se* no sentido do anunciar-se como não-se-mostrar e, então, como aquilo mesmo que se anuncia — que em seu mostrar-se indica algo que não-se-mostra. E, por fim, pode-se usar o manifestar como o título para o sentido autêntico de fenômeno como mostrar-se. Caso se denominem esses três estados de coisa diversos manifestação, então a confusão é inevitável[192].

Heidegger empreende aqui um movimento característico da fenomenologia: uma diferenciação nos significados de um conceito a partir de uma distinção entre os modos de dação que são constitutivos do fenômeno. Em primeiro lugar, manifestação como sintoma, indício ou símbolo; em segundo lugar, manifestação como a fenomenologização daquilo que a princípio não se encontra na superfície do que se manifesta; e, em terceiro lugar, manifestação como sinônimo daquilo que por si mesmo se mostra. Mas a diferenciação, tal como também é comum na fenomenologia husserliana, não se interrompe nesses três significados. Há ainda uma quarta possibilidade. Como no caso daquilo que se anuncia através da manifestação, é sempre necessário abandonar a manifestação em direção daquilo que se esconde e se retrai nela — pensemos no caso simples de alguém sem qualquer formação médica que jamais conseguiria distinguir uma simples pinta no corpo de uma manifestação de um carcinoma –, para que se consiga chegar àquilo que a manifestação anuncia, é preciso abandonar a manifestação e seguir a indicação que ela traz consigo para aquilo que se acha para além dela. A manifestação, portanto, aparece aqui como mera manifestação, o que aproxima a manifestação da mera aparência. Nas palavras

[191] Cf. Martin Heidegger, *Ser e tempo*, §6, p. 30.
[192] *Idem*, p. 30.

de Heidegger: "Sob uma determinada luz, alguém pode parecer estar com as bochechas vermelhas, cujo rubor que se mostra pode ser considerado como o anúncio da subsistência de febre, o que, por sua vez, indica uma vez mais uma perturbação no organismo"[193]. O que emerge daí, então, é uma distinção radical entre fenômeno, aparência, manifestação — nas três modalidades estruturais da manifestação: anunciar-se de algo por meio do fenômeno, fenomenologização daquilo que se anuncia e o próprio fenômeno — e mera manifestação que não se sustenta em campos diversos de constituição, mas que emerge do próprio modo de o fenômeno se mostrar enquanto fenômeno. Tal distinção, por sua vez, abre o espaço para uma cisão radical entre os significados de fenômeno e de manifestação:

> *Fenômeno* — o mostrar-se-nele-mesmo — significa um modo de encontro insigne de algo. *Manifestação*, em contrapartida, visa uma ligação referencial essente no próprio ente; e isso de tal modo, em verdade, que *o referente* (o que se anuncia) só pode satisfazer a sua função se ele se mostrar nele mesmo, se ele for 'fenômeno'. Manifestação e aparência estão elas mesmas fundadas de maneira diversa no fenômeno. A multiplicidade confusa dos 'fenômenos', que são denominados com os títulos fenômeno, aparência, manifestação e mera manifestação, só tem como ser deslindada se, desde o início, o conceito do fenômeno é compreendido: aquilo que-se-mostra-nele-mesmo.[194]

A passagem produz uma síntese daquilo que expusemos acima, na mesma medida em que acentua uma vez mais o significado de fenômeno. Fenômeno é aquilo que em si mesmo se mostra. Ter esse conceito em vista é fundamental para que se evitem várias confusões que impedem não apenas uma plena apreensão do que constitui propriamente o projeto fenomenológico, mas também e principalmente uma conquista do lugar mesmo em que certas diferenças precisam ser estabelecidas. Retomando algo que dissemos no início desse parágrafo, enquanto a tradição

[193] *Idem*, p. 30-31.
[194] *Idem*, p. 31.

operou desde o princípio com uma distinção entre ser e aparência e determinou o ser como aquilo mesmo que se encontra para além de toda aparência e de toda fenomenalidade, a fenomenologia reinscreve a discussão entre ser e aparência no próprio campo de fenomenologização dos fenômenos em geral. É apenas porque algo pode se mostrar nele mesmo que ele pode se mostrar como ele não é; seja essa possibilidade pensada no âmbito da ilusão, da falsidade ou da mentira. O mesmo vale para a manifestação ou para a mera manifestação. É sempre o conceito de fenômeno que se encontra na base de tais diferenciações. Isso, no entanto, coloca esse conceito de fenômeno em uma relação bem particular com aquilo que podemos chamar de conceito vulgar de fenômeno, um conceito que se confunde com a assunção de que o fenômeno é aquilo que aparece e que se acha presente até mesmo no modo kantiano de compreensão do fenômeno. De acordo com o que vimos acima, o trabalho da fenomenologia não é de maneira alguma acolher diretamente o que se mostra, mas se colocar no lugar para o qual o que se mostra se mostra como é em si mesmo, o que se confunde com a noção de intencionalidade. É apenas no interior de relações intencionais que as coisas se mostram tal como são nelas mesmas, ou seja, que elas se mostram tal como são em essência. Como há, contudo, aquilo que simplesmente aparece e como há também uma tendência a pensar a fenomenologia como se ela fosse mero acolhimento do que aparece, resta à fenomenologia uma especificação: "aquilo que nas manifestações, no fenômeno compreendido de maneira vulgar, mostra-se, sempre a cada vez de maneira prévia e concomitantemente corrente, pode ser trazido tematicamente para o mostrar-se, e isso que-nele-mesmo-se-mostra ('formas da intuição') são fenômenos da fenomenologia"[195]. Bem, mas nós nos detivemos até aqui no primeiro termo a compor o conteúdo etimológico da palavra "fenomenologia": o termo "fenômeno". Resta agora dar um passo à frente e tratar do termo "lógos".

---

[195] *Idem*, p. 31.

2 - Lógos como discurso do mundo e o problema da verdade propriamente dita dos fenômenos

O termo *lógos* é certamente um dos mais polissêmicos da língua filosófica grega. Em seu conteúdo originário, ele pode ser traduzido, como Heidegger explicita logo no início do texto, por "razão, juízo, conceito, definição, fundamento, relação"[196] etc. Diante dessa polissemia, impõe-se logo de saída um questionamento em relação às razões que levam o filósofo a associar diretamente o termo *lógos* com a palavra discurso ou fala (*Rede*). A razão de tal escolha aponta na direção de uma discussão de fundo entre Heidegger e Aristóteles. Tal como o parágrafo 33 de *Ser e tempo* evidencia, todo e qualquer enunciado tem "o sentido originário de *lógos* como *apóphansis*: deixar ver o ente a partir dele mesmo"[197], ou seja, o sentido originário de *lógos* possui uma ressonância de fundo com aquilo mesmo que no subtópico anterior veio à tona como o modo de ser do fenômeno: mostrar-se-nele-mesmo. Exatamente isso, porém, que ganha voz no parágrafo 33 como o elemento determinante do enunciado, o caráter mostrador do enunciado, aponta, segundo Heidegger, para uma função atribuída por Aristóteles de maneira mais incisiva ao discurso. No próprio contexto da ontologia grega, com isso, surge uma ligação entre discurso e mostração que legitima a tradução heideggeriana de *lógos*. Se o discurso é em essência mostrador e se há muitos modos intrafenomênicos de constituição da mostração, então a fenomenologia se constitui a princípio como o acompanhamento discursivo de tais modos de mostração. Isso exige de nós, contudo, uma análise um pouco mais detida da própria noção de *apóphansis*. Heidegger nos diz, por isso mesmo, em seguida no texto:

---

[196] Martin Heidegger, *Ser e tempo*,

[197] Martin Heidegger, *Ser e tempo*, §33, p. 154.

> O *lógos* deixa ver algo (*phaínesthai*), a saber, aquilo sobre o que o discurso é; e, com efeito, *para* aquele que fala (*medium*) ou para aqueles que falam uns com os outros. O discurso 'deixa ver' *apó*... a partir daquilo mesmo sobre o que o discurso é. No discurso (*apóphansis*), na medida em que ele é autêntico, deve ser haurido aquilo *que* é falado *a partir daquilo* sobre o que é falado, de tal modo que a comunicação discursiva torna manifesto e assim acessível ao outro em seu dito aquilo sobre o que ela fala. Essa é a estrutura do *lógos* como *apóphansis*.[198]

Com essa relação entre discurso e deixar ver aquilo que se mostra nele mesmo, porém, Heidegger produz uma mudança radical no próprio eixo de consideração do problema, isto é, ele nos leva para além de uma mera análise do conteúdo significativo do termo *lógos*. Na medida em que há uma ligação direta entre *lógos* e *fenômeno*, a passagem nos coloca no cerne da tentativa de descrever o fenômeno em sua possibilidade mesma de fenomenologização. Com a exposição da relação entre discurso e mostração, entre *lógos* e *apóphansis*, nós somos lançados diretamente para o interior do problema da verdade propriamente dita daquilo sobre o que se fala, o que quer sempre dizer, daquilo que se deixa ver. Essa ligação, contudo, tal como acontece nos parágrafos finais da preleção de 1929/30 sobre *Os conceitos fundamentais da metafísica (mundo — finitude — solidão)*[199], passa antes de tudo por uma consideração do problema da síntese e da *diaíresis* em Aristóteles.

Aristóteles acentua o caráter apofântico do discurso, mas restringe esse caráter aos enunciados declarativos. Para ele, não é todo discurso que merece ser denominado apofântico, mas tão somente aqueles que afirmam ou negam algo de algo. Nem os pedidos, nem as interjeições, nem as exortações imperativas cumprem essa função, e, com isso, nenhum deles pode erguer para si a pretensão de ser um discurso mostrador, de deixar ver o ente, ou seja, de ser verdadeiro ou falso. Por outro lado, o fundamento

[198] Martin Heidegger, *Ser e tempo*, §7, p. 32.

[199] Cf. Martin Heidegger, *Os conceitos fundamentais da metafísica (mundo — finitude — solidão)*, tradução de Marco Casanova, Rio de Janeiro: Forense Universitária, 2003, §§71-74.

propriamente dito de toda e qualquer declaração é, de acordo com a posição aristotélica, a unidade originária entre *nous* e *ousía*, entre pensamento e entidade. Para que eu possa afirmar, por exemplo, que um boi tem quatro patas ou que os seres humanos não são imortais, eu preciso já possuir de antemão o que constitui entitativamente um boi e um ser humano, algo que eu não tenho como conquistar ulteriormente pela mera concentração da atenção naquilo que é comum a todos os indivíduos do conjunto dos entes bovinos ou dos entes humanos, mas que eu trago comigo por uma ligação originária com aquilo que já era para ser, com o famoso *tó ti en einai*. A toda e qualquer síntese ou diaíresis enunciativa, portanto, corresponde uma síntese mais originária, a síntese própria ao *nous* em sua relação com as entidades. Heidegger não questiona, por sua vez, às últimas consequências a noção de apóphansis, nem tampouco a necessidade de síntese destacada por Aristóteles. O que ele faz, ao contrário, é repensar de maneira radical o caráter da síntese. Esse é um tema, claro, que domina a tradição fenomenológica desde Husserl, uma vez que todo o esforço da fenomenologia husserliana aponta na direção de escapar da ideia tradicional de que os objetos seriam constituídos em nosso aparato mental ou na reunião de suas propriedades ônticas a partir do impacto que sua aparência produz em nós. A noção de síntese passiva emerge justamente da tentativa de negar que os objetos sejam posicionados em sua objetividade *a posteriori* e de afirmar precisamente a sua autodação originária. Esse é um exemplo muito comum na fenomenologia, dizer que nós nunca vemos ondas visuais que, em nosso aparato cognitivo interno, são traduzidas como objetos, mas que nós já sempre vemos camisa do Flamengo, mangueira, carro preto etc. — ou que nós nunca ouvimos ondas sonoras, que posteriormente traduzimos como objetos, mas sempre helicóptero, carro de bombeiro, tiro na noite, barulho de ambulância. O ponto, para Heidegger, é que o segredo da síntese passiva é o mundo enquanto horizonte de manifestabilidade do ente enquanto ente, do algo como algo. Assim, o problema da *apóphansis* é transposto para o cerne da estrutura ser-no-mundo, sem que isso envolva alguma noção de síntese passiva. Como Heidegger mesmo explicita no texto: "O *syn* [de *synthesis*] tem aqui um significado puramente apofântico e diz: deixar ver algo em seu *estar reunido* com algo, algo *como* algo"[200]. Bem, mas em que medida o problema da síntese pode ser tratado de maneira suficiente por meio da noção de ser-no-mundo?

Responder à questão acima é algo que depende naturalmente de um acompanhamento do nexo estrutural que liga os parágrafos 31 e 32 de *Ser e tempo*, ou seja, o nexo estrutural entre compreensão e interpretação. Quando os entes intramundanos vêm ao nosso encontro, eles nunca o fazem simplesmente a partir de uma aparição isolada. Ao contrário, eles sempre vêm à tona a partir de uma articulação com a sua rede referencial sedimentada, com a totalidade de referências que determina o seu próprio significado. Ter um computador diante de si é já sempre se deparar com a escrivaninha, o mouse, os livros, a luminária, com a materialidade do teclado, com o fato de que ele foi feito por alguém, vendido por alguém e feito para alguém que tem mãos como as minhas e que ele serve, entre outras coisas, para que eu possa escrever diariamente o presente livro. Toda essa rede referencial que envolve utensílios correlatos, materiais de produção, presença da alteridade dos outros e finalidades utensiliares preferenciais não se constitui a partir da minha competência individual enquanto agente, mas determina de antemão o próprio significado do utensílio computador, dirigindo a partir daí de maneira normativa e normalizante meus comportamentos em geral em relação a ele. Ao mesmo tempo, porém, não é nunca apenas com vistas à rede referencial que eu ajo, mas sempre também em virtude de algo que sustenta o foco fenomenológico que me traz para esta atividade particular que agora desenvolvo. Dito de maneira mais expressa, há sempre um sentido que faz com que eu use um computador para escrever um livro, para projetar as plantas de uma casa, para falar com alguém no exterior, para dar aula, para buscar o preço de uma hospedagem em um local para o qual viajarei em um futuro próximo etc. A rede referencial sedimentada está na base da gênese dos significados fenomênicos na cotidianidade, assim

200 Martin Heidegger, *Ser e tempo*, §7, B, p. 33.

como os sentidos disponíveis no mundo circundante propiciam a relação do existente humano com um campo de ação particular. É somente nessa junção particular entre sentido e significância, ou seja, é apenas na realização efetiva de uma atividade no interior de um campo de ação específico, que algo vem ao meu encontro *como* algo; e isso constantemente em sintonia com aquilo que no parágrafo 32 aparecerá como as estruturas prévias da interpretação (*Vorhabe*, *Vorsicht* e *Vorgriff*): a posição prévia (a constituição posicional da rede), a visão prévia (o modo de abordagem de tal constituição) e a conceptualidade prévia (os conceitos que se encontram coligados em um campo de realização). Não há, em suma, nada que se mostre como algo, sem que o mundo enquanto horizonte de manifestabilidade do ente enquanto ente se descerre, na mesma medida em que não há descerramento de mundo, sem que um sentido suporte a significância. A síntese ôntica, portanto, a síntese que traz consigo o ente enquanto ente, não pode se dar sem o mundo, de tal modo que a linguagem que deixa ver algo *enquanto* algo precisa estar articulada com a linguagem propriamente dita do mundo, com aquilo que Heidegger chama em *Ser e tempo* de discurso (*Rede*). Há, contudo, um problema aqui que aponta na direção das estruturas mesmas que determinam o projeto da analítica existencial.

Tal como se encontra formulado em uma passagem central do parágrafo 9 de *Ser e tempo*: "O ser-aí *é* sempre a cada vez sua possibilidade e ele não a 'tem' ainda apenas sob o modo das propriedades enquanto algo por si subsistente. E como o ser-aí é essencialmente sua possibilidade, esse ente *pode* em seu ser 'escolher' a si mesmo, conquistar a si mesmo, ele pode se perder, ou nunca ou apenas 'aparentemente' se conquistar. Ter se perdido ou ainda não ter se conquistado é algo que ele só pode experimentar, na medida em que, segundo sua essência, ele é um *próprio* possível, ou seja, é próprio a si"[201]. A passagem explicita as duas possibilidades primordiais do existir humano: próprio e impróprio. Ao falar em perder-se de si, Heidegger não tem em vista algo completamente vago e indeterminado, mas, antes, a absorção inicial

[201] Martin Heidegger, *Ser e tempo*, §9, p. 42.

necessária para a existência no horizonte de manifestabilidade do ente enquanto ente que é o mundo. Tal absorção, por sua vez, não se dá a partir de uma transparência hermenêutica radical do mundo enquanto constituído por tradição encurtada, mas, antes, a partir de uma normalização normatizante de seus comportamentos em geral. Na medida em que o ser-aí humano é marcado por uma nadidade ontológica originária, em que ele é um ente constituído pelo caráter de poder-ser, em suma, na medida em que ele não é antes de ser, independentemente de ser, para além de ser, ele não tem como escapar dessa nadidade por si e depende de alguma instância que normalize normativamente seus comportamentos em geral. Essa instância é o mundo em sua mediania cotidiana enquanto o modo inicial como o ser-aí se depara com os entes em geral. Tal mediania cotidiana, por outro lado, uma mediania que envolve um perder-se de si e um modo de ser impróprio, uma vez que o ser-aí vê em tal modo de ser a sua nadidade atenuada e o surgimento de uma tendência ontológica para se tomar como dotado do modo de ser dos entes com os quais lida cotidianamente, ou seja, os utensílios enquanto entes dotados de propriedades, obscurece o caráter de poder-ser do existir e o próprio mundo enquanto horizonte de manifestabilidade do ente enquanto tal. A consequência disso é que, absorvido no mundo circundante, normalizado normativamente pela significância sustentada por sentidos pretensamente positivos do dia a dia, o ser-aí existe sob o domínio de uma medida de seus comportamentos que nasce da solidificação dos preconceitos, da calcificação dos modos de manifestação — modos esses que, como vimos, a destruição da história da ontologia procura precisamente afrouxar. Bem, mas por que isso tem uma relevância para o problema das sínteses que emergem do mundo? Até que ponto essa distinção acima entre impróprio e próprio impacta sobre os modos do discurso, ou seja, do lógos, assim como sobre o problema da verdade dos fenômenos?

Como vimos acima, a linguagem (*lógos*) aparece em *Ser e tempo* como discurso do mundo. Esse discurso está assentado sobre os fenômenos eles mesmos, na medida em que é como algo aparece, que ele é, é como ele é, que ele significa, e é como ele significa que eu o chamo. Temos aqui uma relação direta em termos de fundação que vai do mais originário ao mais derivado: fenômeno, ser, significado e palavra; isso ainda que não haja diferença cronológica entre eles. A questão, contudo, é que o modo mesmo de aparição dos entes na cotidianidade mediana, isto é, em meio à absorção inicial no mundo fático sedimentado, é marcado por um encurtamento da tradição e pela formação de uma capa de preconceitos que constitui propriamente a fenomenalidade dos fenômenos na cotidianidade. Com isso, de saída e na maioria das vezes, os entes não se mostram por si mesmos tal como são, ou seja, eles não se fenomenologizam em sua verdade, mas, ao contrário, experimentam a si mesmos a partir de uma historicidade que atravessa o próprio campo de sua fenomenologização, desfigurando sua determinação originária. Dito nos termos de *Ser e tempo*, o horizonte de manifestabilidade que é o mundo se modula na cotidianidade da verdade para a não-verdade. Ver-se jogado no mundo implica, de saída e na maioria das vezes, encontrar-se sob o domínio da não-verdade dos fenômenos, uma vez que os entes se mostram aí em uma relação de divergência para com os fenômenos originários. A possibilidade de verdade e falsidade, portanto, que na recepção de Aristóteles tende a ser pensada como própria ao discurso proposicional, mas que Heidegger mostra em sua relação com a questão da descoberta e da mostração de algo como algo, vem à tona radicalmente em sua ligação com o campo mesmo de manifestação dos fenômenos. Não é, portanto, o discurso o lugar da verdade, mas o mundo enquanto horizonte de manifestabilidade do ente enquanto ente. Toda a questão da verdade, com isso, depende não de se encontrar a formulação mais correta sobre os entes, mas de se destruir uma configuração calcificada da tradição, reconduzindo-a aos fenômenos de base por meio da abertura de novos modos de temporalização de possibilidades em geral. Por meio daí, porém, nós chegamos à possibilidade de reunir os dois termos até aqui analisados de maneira isolada: fenômeno e *lógos* (discurso).

3 - O conceito prévio de fenomenologia: deixar ver o ente tal como ele por ele mesmo se mostra

Nós tratamos até aqui dos dois termos que compõem o étimo da palavra fenomenologia, seguindo a estratégia mesma de exposição de *Ser e tempo*, de maneira separada. Tal como Heidegger explicita no início do tópico C do parágrafo 7, esses dois termos, os termos *phaínesthai* e *lègein*, não matizam e colorem apenas o significado da palavra fenomenologia, mas evidenciam de maneira radical o seu conteúdo significativo mais próprio:

> A expressão fenomenologia pode ser formulada em grego: *lègein tà phainómena*; *lègein*, porém, significa *apophaínesthai*. Fenomenologia diz, portanto: *apophaínesthai tà phainómena*: deixar ver aquilo que se mostra, tal como ele por ele mesmo se mostra, por ele mesmo. Esse é o sentido formal da pesquisa, que dá para si o nome de fenomenologia. Com isso, porém, não ganha voz outra coisa senão a máxima formulada acima: 'às coisas mesmas!'.[202]

Com essa formulação, contudo, Heidegger não avança propriamente nenhum elemento novo, mas se mantém inversamente no campo daquilo que ele tinha explicitado nos tópicos A e B. Fenomenologia emerge, com isso, da junção expressa de *phainómenon*, aquilo que por si mesmo se mostra, e *lègein*, discurso em seu caráter apofântico, deixar e fazer ver. Exatamente por meio daí, contudo, outras dimensões da fenomenologia se evidenciam. Em primeiro lugar, uma dimensão que remonta àquilo que Husserl designa no parágrafo 24 de seu *Ideias I* como o princípio dos princípios: "(...) toda intuição originariamente doadora é uma fonte legítima de conhecimento, (...) tudo aquilo que se nos oferece originariamente na 'intuição' (por assim dizer, em sua

[202] Martin Heidegger, *Ser e tempo*, §7, C, p. 35.

efetividade de carne e osso) *precisa ser acolhido simplesmente como ele se dá, mas também nos limites nos quais ele se dá*". Se fizermos isso, "nenhuma teoria equivocada pode nos induzir em erro". O que Husserl torna explícito por meio daí é justamente o fato de que o que é buscado pela fenomenologia é, antes de tudo, uma relação não invasiva e não violenta com os fenômenos em geral. Intuição, por um lado, é um termo para designar precisamente uma relação imediata com os fenômenos. Exatamente por isso, a tradição associou em grande medida a intuição com a sensibilidade. A questão, contudo, é que a assunção da essência *ekstática* da consciência faz com que a fenomenologia conteste desde o princípio que a relação originária com os fenômenos seja mediada por algo assim como a sensibilidade. Jogada para fora, a consciência já sempre se encontra, como Heidegger acentua no parágrafo 12 de *Ser e tempo*, junto aos entes, junto aos objetos. Com isso, uma lida intuitiva mostra-se aqui como originariamente doadora não porque ela doa para si os seus objetos, mas porque ela abre os espaços para que os objetos por si mesmos se doem. Uma vez que tal autodoação, contudo, se estabelece por si mesma, a consciência que acompanha sua autodação não interfere de maneira alguma no seu modo de dar-se e, assim, se encontra diante de uma forma de manifestação que não tem como ser questionada. É por isso que, acolhendo os objetos tal como se dão à intuição, nenhuma teoria pode nos induzir em erro. Aquilo que se dá originariamente constitui aquilo que a coisa é nela mesma, isto é, em sua verdade. A fenomenologia, portanto, é ciência dos fenômenos, é uma lida científica pautada pelo rigor das coisas mesmas. Descrição, por outro lado, é o traço metodológico próprio à fenomenologia como tal ciência. Na passagem supracitada, Heidegger retoma de maneira implícita tal contexto.

Há uma posição da fenomenologia desde Husserl que chama a atenção de todos aqueles que se movimentam no campo de realização da filosofia contemporânea. De acordo com essa posição, a linguagem não é capaz de interferir na constituição propriamente dita da descrição, de tal modo que as descrições abrem o espaço para que as coisas se articulem na linguagem tal como elas são nelas mesmas. Diante da famosa virada linguística e de uma intensificação cada vez maior da consciência da historicidade própria à linguagem em geral, parece, antes de tudo, uma ingenuidade supor que é possível dizer o que quer que seja sobre as coisas sem produzir ao mesmo tempo um encurtamento nos seus modos de aparição. Algo assim cheira a uma recaída em um realismo tosco ou ingênuo, a uma tentativa de repetir dogmaticamente posições há muito já refutadas. Quanto a essa impressão, contudo, o decisivo é acompanhar uma transformação pela qual passa a própria compreensão da gênese da linguagem na fenomenologia em geral e na fenomenologia hermenêutica heideggeriana em específico. Tal como procuramos mostrar em um outro contexto[203], há uma suposição na concepção tradicional da linguagem que aponta na direção de um processo de gênese das palavras que se inicia nos objetos externos e que se estende até a palavra, passando por vários processos de abstração. Justamente essa suposição faz com que surja um elemento perturbador constitutivo na relação entre as palavras e os fenômenos. Como as palavras são literalmente traduções dos fenômenos em linguagem humana, não há como escapar da consequência de que a tradução produz uma transformação inexorável no original. Essa consequência acirra-se de maneira adicional na medida em que não se tem, em última instância, nenhum acesso ao original para além daquele que nos é conferido por meio das palavras. Em outras palavras, a linguagem não tem com o que ser comparada e toda e qualquer tentativa de escapar de sua interferência na determinação das coisas mesmas se mostra desde o princípio como autodeceptiva. A questão, contudo, é que a fenomenologia contesta de maneira radical esse modo de pensar a gênese da linguagem, uma vez que assume radicalmente o fenômeno como ponto de emergência das palavras. Não é, por conseguinte, nunca em meu aparato cognitivo que se dá a gênese da linguagem, mas sempre nos próprios fenômenos. Tal como *Ser e tempo* explicita de maneira

[203] Eu trato especificamente desse problema na análise que faço do discurso no volume 1 de meu *Mundo e historicidade: Leituras fenomenológicas de Ser e tempo, Existência e mundaneidade*, Rio de Janeiro: Via Verita, p. 181-231.

indireta e como comentei acima, é porque algo se mostra como se mostra, que ele é como é; é porque ele é como é, que ele significa o que significa; e é, por fim, que ele significa o que significa que eu o chamo como eu o chamo. A palavra é o último elo de um acontecimento que tem no fenômeno sua determinação originária. Tal como se encontra expresso no parágrafo 18 da obra: "A significância mesma, porém, com a qual o ser-aí já se encontra sempre a cada vez familiarizado, abriga em si a condição ontológica da possibilidade para que o ser-aí compreensivo enquanto interpretante possa descerrar algo assim como 'significados', que, por sua vez, fundam o ser possível de palavra e linguagem"[204]. É porque já sempre se encontra jogado e porque conquista uma familiaridade com o mundo fático sedimentado, que o ser-aí se relaciona sempre a cada vez com um campo de sentido que sustenta possibilidades que aparecem enquanto possibilidades. Essas possibilidades significam o que significam e sustentam a linguagem. Bem, mas exatamente na medida em que a linguagem, em que os significados e as palavras nascem no mundo enquanto horizonte de manifestabilidade dos entes enquanto entes, a fala humana não é outra coisa senão repetição da fala do mundo, e toda a perspectiva em torno do problema da relação entre as palavras e as coisas precisa mudar de maneira drástica. Não faz simplesmente sentido pensar aqui em um encurtamento produzido pela fala, uma vez que a fala se confunde aqui com o modo como as coisas elas mesmas se mostram, como elas se dão a ver, como elas são. Isso, contudo, não significa dizer de modo algum que não haveria modos ilusórios, falsos, aparentes de mostração. Isso significa, ao contrário, que esses modos precisam ser pensados como modulações da maneira mesma de fenomenologização dos fenômenos no mundo. Aqui, por sua vez, encontramos a noção de verdade como desvelamento, como *alétheia*. Uma passagem do tópico C fornece uma indicação do caminho próprio à questão:

> O que é isto que a fenomenologia deve 'deixar ver'? O que é aquilo que precisa ser denominado em um sentido insigne

[204] Martin Heidegger, *Ser e tempo*, §18, p. 87.

'fenômeno'? O que é, segundo sua essência, *necessariamente* tema de uma mostração *expressa*? Manifestamente algo tal que precisamente *não* se mostra de saída e na maioria das vezes, o que se encontra *velado* em face daquilo que se mostra de saída e na maioria das vezes, mas ao mesmo tempo é algo, que essencialmente pertence àquilo que de saída e na maioria das vezes se mostra, de tal modo, com efeito, que ele constitui seu sentido e seu fundamento.

O que, porém, permanece *velado* em um sentido excepcional ou, uma vez mais, recai no *encobrimento* ou se mostra apenas '*dissimulado*' não é este ou aquele ente, mas, como as considerações anteriores indicaram, o *ser* do ente. Ele pode ser tão amplamente encoberto, que seja esquecido e que a pergunta sobre ele e seu sentido fique de fora. Por conseguinte, o que, em um sentido insigne, a partir de seu conteúdo coisal mais próprio, exige tornar-se fenômeno foi tomado tematicamente pela fenomenologia como objeto[205].

Essa é uma passagem que não tem como ser superestimada. Trata-se de uma passagem que envolve temas mais do que centrais na fenomenologia hermenêutica heideggeriana: verdade, ser, sentido de ser, fenômeno, velamento e desvelamento, etc. O que está em jogo aqui, porém, encontra-se explicitado naquilo que dissemos acima. Fenômeno, para a fenomenologia, não é simplesmente o que se mostra, o que aparece, o que se manifesta. Fenômeno é, antes de tudo, aquilo que *por si mesmo se mostra* no campo de manifestação que é o *dele*, ou seja, no mundo. Como vimos, no entanto, os modos iniciais de manifestação dos entes são marcados precisamente pelos encurtamentos da tradição. Com isso, os entes se mostram de saída e, na maioria das vezes, tal como eles não são. Jogado no mundo, o ser-aí humano existe, de saída e na maioria das vezes, sob o domínio da não-verdade, de tal modo que os fenômenos se fenomenologizam cotidianamente a partir de um encobrimento calcificante. Para que esse encobrimento se suspenda, é necessário, antes de tudo, que uma crise no próprio campo de manifestabilidade dos entes se dê; uma crise que age de maneira destrutiva sobre as camadas calcificadas constituídas por tradição encurtada, promovendo o surgimento de novos modos

[205] Martin Heidegger, *Ser e tempo*, §7, C, p. 35.

de temporalização das possibilidades mesmas do existir. Essa crise tem um impacto direto sobre a fala do mundo.

Como vimos acima, o mundo radicalmente fala, na medida em que a constituição propriamente dita da linguagem não aponta na direção de processos cognitivos responsáveis por tal constituição, mas, antes, para a própria dinâmica de fenomenologização dos fenômenos, dinâmica essa que acontece precisamente no mundo como horizonte de manifestabilidade do ente enquanto ente. É justamente como algo aparece no meu mundo que esse algo é, significa e é chamado. A fala do mundo, contudo, vem à tona de saída e, na maioria das vezes, como fala desfigurada, degradada, encobridora. Se, em Husserl, o que caracterizava a consciência natural era, em grande medida, a assunção do mundo como tese e como garantia de que as coisas são independentemente de toda e qualquer relação com a consciência, o modo cotidiano de existência é caracterizado para Heidegger pela calcificação de configurações do próprio campo fenomênico que produzem determinações desarticuladas dos fenômenos de base, preconceitos sem qualquer relação expressa com os fenômenos dos quais são preconceitos. Em parte, portanto, o projeto de *Ser e tempo* é precisamente produzir uma modulação nos modos de fala, isto é, nos modos de fenomenologização, destruindo as camadas calcificadas e as temporalizações promovidas por tradição com vistas a uma descrição radical das coisas mesmas. A questão, no entanto, é que, em uma repercussão indireta do tema do parágrafo 6, Heidegger acentua acima que "o que (...) permanece *velado* em um sentido excepcional ou, uma vez mais, recai no *encobrimento* ou se mostra apenas '*dissimulado*', não é este ou aquele ente, mas, como as considerações anteriores indicaram, o *ser* do ente". Ao dizer isso, ele está acentuando algo a mais.

De saída e, na maioria das vezes, os entes se mostram tal como não são, uma vez que eles se mostram como se pudessem conquistar sua determinação de ser para além do campo mesmo onde essa determinação se dá. Com isso, a presença das estruturas prévias da interpretação tende a se retrair e a sustentar a obviedade dos modos cotidianos de manifestação. Absorvido no mundo, o ser-aí humano tende a perder toda e qualquer relação de evidência com o mundo enquanto mundo e a pensar a si mesmo a partir do sentido de ser próprio aos entes com os quais ele lida de saída e, na maioria das vezes. Assim, o que se tem não é apenas o predomínio de uma ligação encobridora com os fenômenos em geral, mas o surgimento concomitante de uma medida ontológica que soterra não apenas o ser próprio ao ente humano, mas, juntamente com isso, a relação entre a existência e a compreensão de sentido de ser. Assumindo-se como uma coisa dotada de propriedades subsistentes, o ser-aí não apenas experimenta uma transgressão de gênero, mas também uma homogeneização da pluralidade ontológica do mundo. Tal homogeneização afeta de maneira direta o caráter compreensivo da existência, ou seja, o fato de que o ser-aí já sempre se relaciona com os entes em geral a partir de uma compreensão prévia de seu sentido de ser. A consequência imediata desse obscurecimento do caráter compreensivo do existir é, por um lado, a transgressão categorial, a redução de todos os fenômenos em geral ao modo de ser do ente dotado de propriedades. Por outro lado, porém, ele impacta diretamente sobre o problema da verdade, na medida em que a determinação do ente humano como um ente dotado de propriedades faz com que esse ente não se conquiste em sua temporalidade radical, em sua essência temporal mais própria, o que repercute sobre a totalidade do ente, uma vez que o tempo é o sentido articulador do descerramento mesmo de mundo. A destruição da história da ontologia, portanto, articula-se originariamente com o projeto de uma filosofia fenomenológica, porque só a destruição rompe com a dita homogeneização ontológica do todo, liberando a possibilidade de que o mundo reconquiste a sua pluralidade ontológica constitutiva, e porque só essa destruição é capaz de mobilizar a facticidade para além da sedimentação oriunda dos encurtamentos da tradição. Com isso, então, a relação entre fenomenologia e ontologia desponta como que por si mesma.

Nós acompanhamos, em nossas análises do parágrafo 3 de *Ser e tempo*, o quanto as ciências ônticas em geral precisam ser pensadas a partir de uma compreensão prévia de sentido de ser, a partir de uma "experiência e interpretação pré-científicas da região ontológica, na qual a própria região material é delimitada"[206]. Nós podemos agora levar essa posição adiante e explicitar um pouco melhor a relação entre as ontologias regionais e o sentido de ser. No momento mesmo em que se constitui a partir de uma dinâmica prospectiva voltada para a descoberta de propriedades, as ciências ônticas já operam a partir de uma compreensão prévia de sentido de ser que permanece inquestionada. Tal compreensão possui uma relação direta com a acima descrita homogeneização ontológica da totalidade. Imersa em seus campos de descoberta, as ciências ônticas em geral já sempre partem de uma determinação do ser dos entes investigados, seja explícita ou implicitamente, como entes por si subsistentes. A falta de radicalidade na constituição dos conceitos fundamentais diretrizes das ciências, com isso, não possui uma relação apenas com a assunção tácita da óbvia consistência desses conceitos, mas também e principalmente com a inquestionabilidade originária do sentido de ser que sustenta a realização das pesquisas em geral. Para que se consiga escapar de tal falta de radicalidade, portanto, é preciso que as ciências em geral e que a filosofia em particular desperte para a pergunta acerca do sentido de ser, pergunta essa que condiciona a possibilidade mesma de uma relação plena com os entes em seu campo de manifestação. Dizer isso, porém, equivale a afirmar a relação entre fenomenologia e ontologia, uma vez que os fenômenos só se mostram tal como são tanto quanto só se fazem e deixam ver como são, quando eles aparecem em sintonia com o sentido de ser próprio ao seu campo de manifestação. Nas palavras de Heidegger no parágrafo 7:

> A fenomenologia é o modo de acesso a e o modo de determinação mostradora daquilo que deve ser tema da ontologia. *Ontologia só é possível como fenomenologia.* O conceito fenomenológico de fenômeno visa, enquanto o que se mostra, o ser do ente, seu sentido, suas modificações e derivados. E o mostrar-se não é nada arbitrário nem tão pouco algo assim como

[206] Martin Heidegger, *Ser e tempo*, §3, p. 9.

> um aparecer. O ser do ente não pode de maneira alguma ser algum dia algo assim, 'por detrás do que' ainda se encontra algo, 'que não aparece'.[207]

A fenomenologia faz e deixa ver o ente tal como ele por ele mesmo se mostra. Para que isso aconteça, ela não precisa apenas encontrar o fenômeno em seu campo originário de manifestação, mas também tem de deixar que o fenômeno se fenomenologize no sentido de ser que lhe é próprio. Na medida em que os fenômenos não se determinam pura e simplesmente por meio da fixação de seu conteúdo significativo, mas sempre articulam seu significado a partir de um horizonte de sentido que acompanha a própria constituição de seu modo de ser em geral, a fenomenologia não diz respeito apenas à possibilidade de apreensão de tais conteúdos significativos, mas precisa antes de tudo questionar o sentido de ser próprio a cada campo ôntico em particular. Utensiliaridade, subsistência em si, vida, existência, realidade, realidade efetiva, consistência relacional, entre outros, são horizontes de sentido que jamais têm como ser acessados por meio de uma concepção estruturada pela demarcação do gênero supremo e da diferença específica de algo. Portanto, a fenomenologia se constitui como "o modo de acesso a e o modo de determinação mostradora daquilo que deve ser tema da ontologia", na medida em que os fenômenos propriamente ditos não se constituem originariamente em seu ser senão a partir dos horizontes de sentido em que eles se mostram tal como são. Esses horizontes de sentido, por sua vez, possuem uma relação estrutural com o caráter compreensivo da existência, com o fato de a existência se dar originariamente a partir de uma abertura compreensiva do horizonte de sentido com vistas ao qual o ente vem à tona em seu ser. Portanto, "*a ontologia só é possível como fenomenologia*", porque não há como escapar do primado da noção de subsistência em si na tradição e como resgatar a pluralidade ontológica do mundo, sem que primeiro se reconquiste a relação originária entre o campo de manifestação dos fenômenos, os horizontes de sentido que acompanham

[207] Martin Heidegger, *Ser e tempo*, §7, p. 35-36.

constantemente tais campos e o caráter compreensivo (projeto de sentido), que é próprio do dar-se mesmo da existência humana. O sentido de ser, porém, por mais que seja possível falar de "modificações e derivados", não se encontra por detrás dos fenômenos, reproduzindo de alguma forma a relação entre ser e aparência. Ao contrário, o sentido de ser é justamente o elemento que articula o fenômeno em sua fenomenalidade, uma vez que determina o modo de ser mesmo daquilo que aparece. Na medida, contudo, em que a compreensão de sentido de ser já sempre se deu; na medida em que o ser-aí não tem uma determinação prévia e, em seguida, a possibilidade de um projeto de sentido de ser, mas já sempre se movimenta em tal compreensão projetiva de sentido, como afirmamos acima, a compreensão de sentido de ser é aquilo que mais facilmente se retrai e o que é mais dificilmente compreensível. Essa dificuldade, então, traz consigo uma consequência para o pensamento fenomenológico e para a necessidade mesma da fenomenologia.

Há, tanto na fenomenologia husserliana quanto na fenomenologia hermenêutica heideggeriana, uma percepção da dificuldade de aceder às coisas mesmas. Essa dificuldade, no caso de Husserl, assenta-se na "direção antinatural da intuição e do pensamento, que é exigida na análise fenomenológica", ou seja, na requisição para que, "ao invés de imergir na *realização* de atos multiplamente construídos uns sobre os outros, posicionando, determinando ou estabelecendo hipoteticamente por assim dizer de maneira ingênua como sendo os objetos visados em seu sentido", se "reflita muito mais, isto é, tornem-se esses atos mesmos e seu conteúdo imanente de sentido em objetos"[208]. Em outras palavras, o que a fenomenologia husserliana acentua como tarefa fenomenológica é a suspensão da pretensão natural de que as coisas se constituem propriamente em seu ser para além de toda e qualquer relação com a consciência, para além de toda e qualquer intuição originariamente doadora, para além de toda e qualquer autodação. Partindo do pressuposto de que as coisas são o que são para além de toda relação com a consciência, a

[208] Edmund Husserl, *1ª Investigação Lógica*, p. B9.

experiência natural toma as coisas como já constituídas e constrói a partir daí teorias que buscam precisamente determinar tal constituição. Todo o movimento da fenomenologia husserliana, com isso, dá-se a partir de um abandono dessa posição natural em relação aos objetos e em direção ao campo no qual, sem supor nada sobre o ser dos objetos, a consciência abre o espaço para que eles por eles mesmos se deem. Não há aqui, portanto, algo como uma compreensão do falso enquanto marcado por uma inadequação ao ser do ente em questão ou por uma inconsistência no próprio modo de concepção. Ao contrário, a relação entre verdadeiro e falso se assenta, para Husserl, sobre a saída de um modo de ser hipostasiante e encurtador e a conquista de uma relação originária com o campo no qual os objetos por eles mesmos se dão. Heidegger modula, em certa medida, essa posição, mas segue de modo imediato o sentido mesmo daquilo que está em jogo na fenomenologia de Husserl. Para ele também, a fenomenologia se distingue das disciplinas teóricas tradicionais, uma vez que não se movimenta a partir de um anseio por alcançar uma concepção adequada ou coerente do ser dos objetos, mas, antes, a partir de um anseio por retornar às coisas mesmas, entendidas essas coisas como aquilo que por si mesmo se mostra. Com isso, reproduz-se aqui a ideia de que a relação entre verdade e não-verdade ou entre verdade e falsidade não possui qualquer ligação com a produção de enunciados adequados, consistentes ou coerentes, mas com a necessidade de sair de um modo de relação com os fenômenos para outro. De saída e, na maioria das vezes, o ser-aí humano se encontra absorvido em um modo de estruturação do horizonte mesmo de fenomenologização dos fenômenos que se caracteriza precisamente pela obstrução da fenomenalidade originária e pelo soterramento dessa fenomenalidade a partir de uma capa de preconceitos que passa a determiná-la. Contudo, não há — é o que o texto de *Ser e tempo* nos diz — um único modo de encobrimento, de soterramento, de calcificação.

Em primeiro lugar, há a possibilidade de se falar de fenômenos ainda não descobertos. Nesse caso, "não há nem conhecimento nem desconhecimento em relação à sua subsistência"[209]. A tradição não se caracteriza apenas pelo fato de produzir uma degradação do modo mesmo de fenomenologização dos fenômenos, de tal forma que eles podem se mostrar em um determinado contexto histórico específico como o que eles não são. Ao contrário, ela também pode apagar a possibilidade mesma de um fenômeno se fenomenologizar. Em contextos racistas, por exemplo, a possibilidade de se pensar a dignidade humana de minorias raciais simplesmente não se coloca, uma vez que esses contextos impedem que essas minorias se visibilizem como humanas, naturalizando, assim, a iniquidade. O mesmo vale para concepções científicas, por exemplo, uma vez que essas concepções sempre dependem da constituição de um certo quadro interpretativo prévio, no interior do qual pela primeira vez uma determinada abordagem dos fenômenos se faz presente. É famosa a passagem do parágrafo 44, na qual Heidegger parece vocalizar um preconceito idealista clássico: "As leis de *Newton*, antes dele, não eram nem verdadeiras nem falsas. Dizer isso não pode querer dizer que o ente, que elas mostram de maneira descobridora, não tinha sido antes disso. As leis se tornaram verdadeiras por meio de *Newton*, com elas o ente se tornou acessível nele mesmo para o ser-aí. Com a descoberta do ente se mostra esse ente precisamente como o ente, que antes disso ele já era. Descobrir dessa forma é o modo de ser da 'verdade'"[210]. Lendo a presente passagem a partir do que é dito no parágrafo 7, seu conteúdo se esclarece como que por si mesmo. Antes de Newton, as leis não eram nem verdadeiras nem falsas. Dizer isso não significa afirmar de maneira alguma que antes de Newton dois corpos ocupavam o mesmo lugar no espaço ou que a uma ação não corresponderia uma reação de igual intensidade e sentido contrário. Tal como se encontra explicitado acima, não se trata de dizer que os entes não eram anteriormente como as leis mostram que eles são. Ao contrário, o que está em jogo é, antes, dizer que o comportamento descobridor é indispensável para que algo se mostre

[209] Martin Heidegger, *Ser e tempo*, §7, p. 36.
[210] Martin Heidegger, *Ser e tempo*, §44, p. 227.

de uma maneira específica. Paradoxalmente, porém, o que ganha voz aqui tampouco nos remete para a suposição de que as coisas seriam tal como são antes do comportamento descobridor. Uma suposição como essa contrariaria radicalmente o ponto de partida fenomenológico, que reduz as coisas aos seus modos de autodação e contesta desde o princípio a possibilidade de aceder ao ser dos entes para além do acontecimento de sua fenomenologização. Toda a questão, portanto, envolve precisamente a ideia de que o comportamento descobridor faz e deixa ver o ente em sua articulação com o seu próprio horizonte de manifestação. Ele é, em suma, apofântico, sem que as mostrações possam erguer a pretensão de se confundirem com o que os entes são para além de toda e qualquer manifestação. Como diz explicitamente Husserl na 5ª Investigação lógica[211], a diferença entre a aparição da coisa e a coisa que aparece não tem bases fenomenológicas. Mas tudo isso não para por aqui. Como diz Heidegger em seguida no texto, "um fenômeno também pode ser *soterrado*"[212]. Essa noção de soterramento, então, nos coloca em contato com um tema já discutido nas análises do parágrafo 6, algo que fica claro quando constatamos o fato de Heidegger explicitar em seguida no texto o que ele tem em vista a princípio por um tal soterramento dos fenômenos e de ele empreender tal explicitação na direção dos temas da destruição da história da ontologia:

> Nisso [em tal soterramento] reside o seguinte: ele foi descoberto antes uma vez, mas decaiu uma vez mais em encobrimento. Esse encobrimento pode se tornar total, ou, contudo, o que é a regra, o antes descoberto é ainda visível, ainda que apenas como aparência. O quanto houver de aparência, porém, há de 'ser'. Esse encobrimento como 'dissimulação' é o mais frequente e o mais perigoso, porque aqui as possibilidades de ilusão e de desencaminhamento são particularmente tenazes. As estruturas ontológicas disponíveis, mas encobertas em sua consistência de solo, assim como seus conceitos talvez requisitem o seu direito no interior de um 'sistema'. Eles pretendem ser, com base na redução construtiva em um

[211] Edmund Husserl, *5ª Investigação lógica*, p. 356-361.
[212] Martin Heidegger, *Ser e tempo*, §7, p. 36.

> sistema, algo que não carece de nenhuma justificação ulterior e 'clara' e, por isso, pode servir a uma dedução progressiva como ponto de partida.[213]

Citei a passagem acima em toda a sua extensão, porque ela funciona como uma síntese de todo o percurso até aqui e porque ela reúne em si de alguma forma o direcionamento fundamental da fenomenologia heideggeriana. Como vimos, a passagem aparece como uma explicitação da noção de soterramento. Fenômenos podem ser soterrados. O que tal soterramento significa? Para que haja fenômenos, é necessário, antes de tudo, duas coisas: (1) um comportamento descerrador do ente humano, uma vez que não há fenômeno sem a abertura do horizonte de manifestabilidade que torna possível pela primeira vez que ele se mostre como ele aparece; (2) um comportamento descobridor que responda pelos modos como o fenômeno vem ao encontro do ser-aí humano sempre a cada vez. Sem mundo, não há fenômeno; sem descoberta, não há como responder às requisições dos fenômenos. Na medida em que um ente é descoberto, porém, essa descoberta não garante de imediato nem que ele seja descoberto tal como é, nem que ele não venha a cair uma vez mais em encobrimento. De acordo com uma formulação recorrente em nossos três volumes de comentários a *Ser e tempo*, a facticidade se constitui a partir de tradição encurtada. Historicidade é a matéria propriamente dita dos fenômenos, ainda que a historicidade se retraia em meio à autonomização dos modos normativos e normalizantes de lida com os entes em geral. Essa retração traz consigo como consequência o fato de que os modos de descoberta se calcificam e se transformam em posições óbvias, que tendem simplesmente a ser reproduzidas em meio a comportamentos práticos ou enunciativos. Quando, em um contexto cotidiano, alguém se acha hoje confrontado com uma situação de imposição autoritária de uma margem de escolha, tendemos simplesmente a dizer coisas como: "— você está interferindo na minha liberdade, e eu não tenho como permitir que isso aconteça". Ao dizer isso, a pessoa imediatamente

[213] *Idem*, p. 36.

articula a noção de liberdade como livre-arbítrio, sem jamais se voltar sobre o caminho histórico específico que está na base dessa noção. No caso do livre-arbítrio, por exemplo, o seu contexto de gênese é a tentativa medieval de responder à pergunta sobre por que Deus fez o ser humano com a capacidade do pecado, um contexto que se recolhe completamente no mundo moderno e que desaparece mesmo no mundo contemporâneo. Decair em encobrimento, por outro lado, não é algo que ocorre apenas com certos fenômenos, com determinados campos de descoberta. Ao contrário, o destino mesmo dos significados ônticos em geral é experimentar tal encobrimento, tal força encobridora. Heidegger, contudo, explicita o fato de que o encobrimento no caso dos fenômenos não precisa ser sempre total, mas pode muitas vezes acenar para o fenômeno que se encontra velado pelos encurtamentos da tradição. Pensemos na relação entre filosofia, metafísica e totalidade. Há claramente na tradição filosófica a percepção de que a verdade possui uma ligação direta com o universal e de que o ser dos entes não diz respeito apenas a um conjunto de entes, mas ao ente na totalidade. Toda essa relação, contudo, acaba por envolver uma carência de questionamento sobre o caráter mesmo da totalidade, sobre o modo de ser da verdade e sobre o problema do universal. Essa carência, então, mantém-se mesmo no caso em que se questiona a noção de totalidade como uma noção metafísica e se propõe uma impossibilidade de se falar de mais do que de campos genéricos limitados. A ligação, porém, entre filosofia, metafísica e totalidade continua plenamente vigente na compreensão heideggeriana da estrutura ser-no-mundo, de tal forma que essa estrutura recoloca a questão da totalidade e a definição da filosofia como marcada por tal questão em outras bases. Nesse caso, contudo, o que temos não é uma completa desfiguração do fenômeno, mas uma desfiguração que se mantém em uma articulação propriamente dita com aquilo de que ela é desfiguração, o que abre toda uma nova perspectiva para o conceito de aparência.

Uma outra passagem do parágrafo 44 de *Ser e tempo* nos auxilia na compreensão dessa desfiguração parcial, que mantém, de qualquer modo, uma indicação presente para o fenômeno de base em meio à constituição da mera aparência. Heidegger nos diz: "A imersão no impessoal significa o domínio da interpretidade pública. O descoberto e descerrado se encontra sob o modo do encobrimento e do fechamento por meio do falatório, da curiosidade e da ambiguidade. O ser em relação ao ente não é apagado, mas desenraizado. O ente não é completamente velado, mas precisamente descoberto, só que ao mesmo tempo desfigurado; ele se mostra — mas no modo da aparência. Ao mesmo tempo, o antes descoberto cai uma vez mais de volta na desfiguração e no velamento. *O ser-aí é, uma vez que essencialmente decadente, segundo a sua constituição ontológica, na 'não-verdade'*"[214]. Comecemos a análise da passagem com algumas perguntas fundamentais: O que seria necessário, tendo em vista o que é dito na passagem acima, para que o ente fosse completamente desfigurado, para que não houvesse mais nenhuma relação entre o modo de fenomenologização do fenômeno descoberto e o ente em questão em tal modo de fenomenologização? Como pensar a partir daí a relação entre ser (fenômeno) e aparência? Aquilo que Heidegger descreve por meio da noção de impessoalidade possui uma ligação direta com os encobrimentos provocados pela dinâmica de historicização da tradição. Não há, por um lado, nenhuma garantia de que uma compreensão originária dos entes se constitua a partir de uma radical descrição daquilo que por si mesmo se mostra, ou seja, como um deixar e fazer ver o fenômeno. De qualquer modo, originariamente, aquele que descobre o modo de ser de um ente possui, por outro, uma relação direta com aquilo que se encontra em causa na descoberta. O que acontece em seguida, porém, é algo completamente diverso. Se, originariamente, a compreensão possui uma ligação direta com aquilo de que ela é compreensão, mesmo no caso em que ela promove uma degradação na autodação do fenômeno, essa ligação permanece constantemente vigente. Em seguida, porém, o destino das compreensões originárias é se trivializar e passar a ser tomada como uma obviedade, como algo dado e inquestionável, como um lugar comum. Essa trivialização, por sua vez, não acontece por meio da transformação das compreensões

[214] Martin Heidegger, *Ser e tempo*, §44, p. 222.

originárias em concepções teoricamente difundidas. Isso pode acontecer também. De qualquer forma, o mais decisivo é o fato de que essas compreensões passam a dominar o próprio campo de manifestação dos entes, de tal modo que elas se confundem a partir de um certo momento de maneira inquestionada com aquilo que as coisas simplesmente são. A partir do momento em que isso acontece, aquilo que por si mesmo se mostra transforma-se em aparência, uma vez que perde completamente a ligação imediata com ele e passa simplesmente a deixar-se normatizar e normalizar por suas orientações autonomizadas. Nesse caso, não é possível retomar a relação originária tampouco questionar o quanto a tradição foi capaz de deixar e fazer ver o fenômeno, uma vez que a tradição vem à tona em seu puro e simples poder ditatorial. Trata-se de um elemento interessante da fenomenologia. Como ela está assentada sobre o caráter acontecencial da relação originária entre ato de consciência e campo de autodação dos fenômenos no caso de Husserl, e, no caso de Heidegger, entre descerramento existencial e compreensivo do horizonte de sentido a partir do qual o ente desponta em seu modo de ser e tal despontar, as correlações um dia alcançadas não se calcificam em seu conteúdo fenomênico, mas precisam ser constantemente repetidas para que possam ser descritas em seu conteúdo fenomênico próprio. Em fenomenologia, aquilo que um dia eu soube, eu só continuo sabendo se for capaz de retomar uma vez mais a experiência do saber. Não tenho condições de tratar disso mais detidamente aqui. De qualquer maneira, é isso que está às últimas consequências em jogo na compreensão heideggeriana da essência indicativo-formal dos conceitos filosóficos em geral: a menção ao fato de que os conceitos filosóficos não se esgotam na mera apreensão de seus conteúdos significativos alcançados por análise, mas dependem de uma experiência transformacional da própria existência, experiência que não tem como ser delegada a outro, que não pode ser transferida, mas que precisa ser performaticamente realizada por quem experimenta.[215] O próprio Heidegger, porém, explicita

[215] Quanto à noção de indicação formal, cf. Róbson Ramos dos Reis, "Verdade e indicação formal: a hermenêutica dialógica do primeiro Heidegger", 2019, *in:* https://

o fato de os encobrimentos estarem fundados em uma autonomização da tradição de seus campos originários de descoberta:

> O próprio encobrimento, quer ele seja concebido no sentido do velamento, do soterramento ou da desfiguração, tem, por sua vez, uma dupla possibilidade. Há encobrimentos casuais e necessários, isto é, tais, que se fundam no tipo de consistência do descoberto. Todo conceito e toda proposição fenomenológicos originariamente hauridos encontram-se enquanto enunciado comunicado sob a possibilidade da degradação. Ele é legado em uma compreensão vazia, ele perde o seu caráter autóctone e se torna uma tese que paira no ar. A possibilidade do enrijecimento e da falta de aderência do originariamente 'palpável' reside no trabalho concreto da própria fenomenologia. E a dificuldade dessa pesquisa reside precisamente no fato de ela ser crítica em relação a si mesma em um sentido positivo.[216]

Diante da afirmação de que a fenomenologia precisa lidar de maneira constitutiva com o fato de que os fenômenos possuem uma tendência incontornável para a calcificação e de que a facticidade se constrói precisamente a partir de tal tendência, o problema do acesso aos fenômenos originários se impõe como que por si mesmo.

Nós acompanhamos até aqui o quanto a compreensão heideggeriana da fenomenologia não envolve apenas um acompanhamento descritivo daquilo que se dá por si mesmo, ou seja, daquilo que emerge originariamente como um correlato dos comportamentos de descoberta. Fenomenologia, para Heidegger, não é algo que se restringe à articulação da voz significativa dos fenômenos, mas algo que se estende ao mesmo tempo na direção do enraizamento da descrição em um campo de sentido de ser que dê sustentação à fenomenologização dos fenômenos em sintonia com o seu modo de ser mais próprio. Dito em outras palavras, não há aqui apenas a possibilidade de um encobrimento dos fenômenos com vistas à sua significatividade originária, ao seu conteúdo

---

doi.org/10.15448/1984-6746.2001.4.35035.

[216] Martin Heidegger, *Ser e tempo*, §7, p. 36.

significativo próprio. Ao contrário, há ainda um outro tipo de encobrimento possível, um encobrimento de base ontológica, que diz respeito à possibilidade de um ente se mostrar tal como ele é, uma vez que ele pode ter sua fenomenalidade articulada por um campo de sentido de ser que o degrade em seu ser. Isso acontece, por exemplo, quando nos relacionamos com o ente humano como se ele fosse um ente dotado de propriedades subsistentes, com a vida como se ela fosse compatível com o modo de ser das máquinas, com os utensílios como se eles não passassem de objetos teóricos empregados em contextos práticos. Nas palavras de Heidegger:

> Na medida em que fenômeno na compreensão fenomenológica sempre se confunde apenas com aquilo que constitui ser, em que ser, porém, é sempre a cada vez ser de um ente, carece-se de antemão para o mirar uma liberação do ser de uma adução do ente mesmo. Esse precisa se mostrar na mesma medida no modo de acesso que lhe é genuinamente pertinente. E, assim, o conceito vulgar de fenômeno se torna fenomenologicamente relevante. A tarefa prévia de um asseguramento do ente exemplar como ponto de partida para a analítica propriamente dita já está sempre prelineado a partir do alvo da analítica.[217]

A passagem, contudo, não nos indica apenas a necessidade de ter em vista as transgressões genéricas que ocorrem em meio à constituição de relações com os fenômenos a partir de sentidos de ser que não são próprios ao seu modo de ser mais originário, mas ela também acentua a necessidade prévia de definir o ente nodal na própria instituição de tais campos de manifestação, isso que Heidegger define como "asseguramento do ente exemplar". À relação entre fenomenologia e ontologia, portanto, vem se somar agora a analítica existencial.

O ser-aí humano é o ente exemplar na formulação da pergunta fundamental de toda e qualquer ontologia, a pergunta acerca do sentido de ser. Isso se dá porque o ser-aí humano não apenas

[217] Martin Heidegger, *Ser e tempo*, §7, p. 37.

se mostra como o único ente que pode perguntar sobre o ser (argumento pragmático), mas também e principalmente porque ele já sempre se movimenta em uma compreensão prévia do sentido de ser (argumento ontológico). Não há comportamento de descoberta em relação a propriedades ônticas em geral que já não ocorra em sintonia com um descerramento do campo de sentido de ser no qual o ente se fenomenologiza em seu modo de ser. A questão do acesso pleno aos fenômenos em seu modo de ser originário se confunde, portanto, com a pergunta acerca do que torna possível a compreensão prévia de sentido de ser que seja própria aos fenômenos respectivamente em jogo. Essa pergunta, por sua vez, possui uma relação originária com o ser-aí humano e, portanto, implica a analítica do ser-aí. É somente na medida em que se analisa o modo de ser do ente que já sempre se movimenta em uma compreensão prévia do sentido de ser que se pode formular plenamente a questão do acesso originário aos fenômenos não apenas em seus significados fenomênicos, mas também e principalmente em seu modo próprio de ser, ou seja, em seu respectivo sentido de ser. Chegamos aqui, com isso, à ligação plena entre fenomenologia e ontologia, entre analítica existencial e ontologia fundamental. Fenomenologia, analítica existencial e ontologia fundamental, contudo, não se dão simplesmente em um espaço lógico qualquer, mas acontecem, inversamente, em um mundo constituído por historicidade. Como vimos na análise do parágrafo 6 de *Ser e tempo*, a própria questão acerca do ser possui uma determinação historiológica que se assenta sobre a historicidade própria à questão, na mesma medida em que essa historicidade se baseia na temporalidade como o sentido de ser próprio ao existir humano enquanto tal. Há, portanto, um vínculo direto entre fenomenologia, analítica existencial, ontologia fundamental e hermenêutica, compreendida a hermenêutica como a dinâmica de interpretação, ou seja, de atualização de possibilidades abertas por sentido. Todo o interesse de *Ser e tempo* aponta, em última instância, para a tarefa de pensar novas possibilidades do existir, o que significa sempre novas possibilidades do mundo; possibilidades essas que nos concernem não uma vez que são novas, mas uma vez que emergem do horizonte de sentido inerente a tudo aquilo que se fenomenologiza. À relação entre fenomenologia e ontologia, então, se alia ainda o problema da verdade própria às coisas mesmas, o problema do horizonte transcendente e transcendental a partir do qual tudo o que vem a ser conquista sua determinação ontológica própria. E é com esse contexto completo que o parágrafo 7 de *Ser e tempo* se fecha, resguardando ainda para o §8 o espaço para a apresentação do roteiro fundamental da obra, um roteiro que, como veremos uma vez mais em seguida, jamais chegou a ser levado a cabo em sua dimensão plena. Deixemos por agora, porém, a síntese mais própria do conceito heideggeriano de fenomenologia:

> Ontologia e fenomenologia não são duas disciplinas diversas entre outras que pertencem à filosofia. Os dois títulos caracterizam a filosofia mesma segundo objeto e modo de tratamento. A filosofia é ontologia fenomenológica universal, partindo da hermenêutica do ser-aí, que fixou enquanto analítica da *existência* o fim do fio condutor de todo questionamento filosófico lá, no lugar de onde ele *emerge* e para o qual ele *se rebate*.[218]

[218] Martin Heidegger, *Ser e tempo*, §7, C, p. 38.

Considerações sobre o modelo de natureza humana e o universalismo ético em Espinosa[219]

Marcos André Gleizer
UERJ/CNPq

A filosofia de Espinosa se destaca no rico panorama da filosofia moderna por seu racionalismo absoluto e encarna, enquanto tal, uma demanda radical de universalidade que transcende toda forma de particularismo. Essa exigência fica patente por sua adoção do método geométrico para estabelecer as teses de sua *Ética* e conduzir-nos "como que pela mão, ao conhecimento da mente humana e de sua suprema beatitude".[220] Com efeito, as diversas etapas deste percurso de liberação ética são deduzidas do conhecimento da natureza humana com a mesma necessidade e

[219] Este texto retoma, com modificações e ampliações importantes, uma parte do meu artigo "Modelo de natureza humana, universalismo ético e ideal democrático em Espinosa", publicado na *Revista Webmosaica*, v. 3, p. 22-39, 2011.

[220] *Cf.* EII, Prefácio. As citações da *Ética* (E) indicam em algarismos romanos a parte da obra, seguida em algarismos arábicos do número da respectiva definição (Def.), axioma (Ax.), proposição (P), corolário (Cor.) ou escólio (S).

universalidade com as quais são demonstradas as propriedades que decorrem de um objeto matemático, e, assim como o conhecimento matemático é *de direito* universalmente acessível, a experiência da beatitude resultante do conhecimento intelectual que Espinosa nos propõe em sua Ética é, ao menos *de direito*, aberta a todo ser humano considerado no que se segue exclusivamente das leis de sua natureza.

Evidentemente, é legítimo se perguntar se a elaboração de uma ética universalista é um projeto realmente possível ou se se trata de uma mera quimera. Há algo como uma "identidade universal do homem" ou uma "natureza humana" que fundamente a construção de éticas deste tipo? Como toda tese filosófica, a defesa da perspectiva universalista não é isenta de dificuldades de natureza metafísica, epistemológica, ética e política. No caso específico do pensamento de Espinosa, estas dificuldades se manifestam principalmente na tentativa de compreender como a tese de que a razão é capaz de fornecer uma norma ética universal se articula com outros elementos centrais de seu sistema, tais como: o fundamento individualista da conduta humana que decorre de sua teoria do *conatus*, a inspiração relativista que norteia a sua concepção acerca da origem e da natureza dos juízos de valor, a tendência nominalista presente em sua crítica do valor cognitivo e do alcance ontológico das ideias abstratas que fornecem o conteúdo de alguns de nossos modelos ideais e, por fim, a sua crítica radical da "ilusão finalista". Minha intenção aqui é apresentar e discutir essas dificuldades com o intuito de defender a atribuição a Espinosa de uma concepção coerente de universalismo ético.

Pode parecer paradoxal, à primeira vista, afirmar que uma filosofia que funda toda a conduta dos indivíduos sobre o princípio natural do *conatus*, isto é, sobre a tese segundo a qual "cada coisa esforça-se, tanto quanto está em si, por perseverar em seu ser"[221], contém um pensamento comprometido com a busca e a promoção de valores racionais comuns ao gênero humano. Como uma ética fundada sobre o esforço individual de autoconservação

[221] *Cf.* EIIIP6.

e autoafirmação — e sobre os diversos desejos nos quais esse esforço primordial se manifesta concretamente — pode revelar a existência de um acordo necessário vinculando os verdadeiros interesses dos homens e conduzi-los na busca de um bem comum essencialmente partilhável? Como um esforço naturalmente centrado sobre o que é útil a cada indivíduo pode conter um impulso que busca estabelecer laços tendendo a unir todos os seres humanos em uma comunidade universal?

Essas questões condensam alguns dos maiores desafios de interpretação do pensamento de Espinosa, mas não há dúvida alguma de que seu projeto filosófico é inteiramente dominado pelos desejos de união, de pertencimento e de participação em totalidades cada vez mais abrangentes — incluindo a união com a Natureza inteira –, pelas ideias de comunicação e de partilha, pela busca incessante e aberta de relações de composição com outros indivíduos e pelo estabelecimento de formas éticas e políticas de existência que favoreçam ao máximo a ampliação dessas relações. Para constatar isso, basta ler a formulação programática inicial deste projeto no *Tratado da emenda do intelecto*.

Com efeito, as demandas de união, comunicação e partilha são claramente enunciadas no preâmbulo do *Tratado*, onde Espinosa lança seu projeto de "indagar se existia algo que fosse um bem verdadeiro, capaz de comunicar-se [...] algo que, achado e adquirido, me desse para sempre o gozo de uma alegria contínua e suprema".[222] Esse bem "capaz de comunicar-se", caracterizado na sequência do texto como bem soberano, é definido pela aquisição e gozo — "com outros indivíduos, se possível" — de uma natureza humana mais potente, natureza esta que se realiza mediante o "conhecimento da união que a mente tem com a Natureza inteira".[223] O desejo de compartilhar ao máximo com outros do gozo desse bem soberano é ainda sublinhado no parágrafo seguinte, onde Espinosa afirma: "este é, portanto, o fim ao qual tendo: adquirir uma natureza assim e esforçar-me por que

[222] *Cf. TIE*, §1. As citações do *Tratado* adotam a seguinte convenção: sigla da obra (*TIE*), acompanhada do parágrafo em algarismos arábicos. A numeração dos parágrafos segue a divisão introduzida por Bruder.

[223] *Cf. TIE*, §13.

muitos a adquiram comigo; isto é, pertence também à minha felicidade fazer com que muitos outros entendam o mesmo que eu, a fim de que o intelecto e o desejo deles convenham totalmente com o meu intelecto e o meu desejo".[224] Enfim, esse projeto ético no qual a felicidade depende de um conhecimento intelectual e de um desejo compartilhados envolve também uma nítida preocupação política, pois Espinosa formula como uma das condições necessárias para a aquisição dessa natureza humana mais potente a formação de uma "sociedade para que o maior número chegue a isso do modo mais fácil e seguro".[225]

O projeto esboçado no início do *Tratado da emenda do intelecto* é minuciosamente desenvolvido e demonstrado por Espinosa ao longo de sua Ética. Na quarta parte dessa obra, após ter estabelecido na primeira parte uma de suas teses mais ousadas, a saber, a tese que identifica Deus e a Natureza, Espinosa retoma o tema do bem soberano anunciado no *Tratado* e demonstra que "o bem supremo da mente é o conhecimento de Deus e a sua suprema virtude é conhecer Deus"[226]; que o "bem supremo dos que seguem a virtude é comum a todos e todos podem desfrutá-lo igualmente"[227]; enfim, que "todo aquele que segue a virtude desejará, também para os outros homens, o bem que apetece para si próprio, e isso tanto mais quanto maior conhecimento tiver de Deus".[228] Ora, uma vez que Espinosa identifica os conceitos de virtude e de potência[229] e demonstra que agir virtuosamente consiste em "agir, viver ou conservar o seu ser sob a conduta da razão""[230], torna-se claro que essas proposições pretendem estabelecer a possibilidade de concebermos uma comunidade ética universal fundada sobre o que os homens necessariamente desejam na medida em que eles são conduzidos pela razão, a saber: compartilhar do gozo do bem supremo que nasce do conhecimento de Deus, isto é, do conhecimento da Natureza.

[224] *Cf. TIE*, §14.
[225] *Cf. TIE*, §14.
[226] *Cf.* EIVP28.
[227] *Cf.* EIVP36.
[228] *Cf.* EIVP37.
[229] *Cf.* EIV Def.8.
[230] *Cf.* EIVP24.

Ora, qual é a natureza do pensamento que propõe essa comunidade ética universal? Este pensamento nos exibe a dimensão inter-humana contida em um modelo ideal de natureza humana, modelo este que é anunciado no final do Prefácio da quarta parte da Ética e que retoma a noção de uma natureza humana mais potente mencionada no §13 do *Tratado*. Como se forma esse modelo segundo Espinosa? Qual é exatamente o seu status cognitivo, seu alcance ontológico e sua função prática? Como se demonstra o seu conteúdo inter-humano fundamental? Essas questões desdobram as questões formuladas inicialmente e levantam algumas das principais dificuldades envolvidas na interpretação do projeto de Espinosa. São elas que gostaria de examinar aqui, sem, no entanto, pretender esgotá-las.

***

Para aclarar o sentido e a função que um ideal universalista de comunidade ética pode adquirir na filosofia de Espinosa, é preciso explicitar, antes de tudo, alguns elementos centrais de sua reflexão acerca da origem e da natureza dos valores, pois só assim poderemos compreender a função normativa exercida pelo modelo de natureza humana ao qual ele se refere no Prefácio da quarta parte. Com efeito, a reflexão metaética proposta por Espinosa em sua obra possui uma nítida inspiração relativista que parece *prima facie* incompatível com a possibilidade de uma norma universal capaz de orientar a conduta dos homens em uma direção convergente. Segundo os dois tipos de explicação propostos por ele acerca da origem e da natureza dos juízos de valor, juízos sobre o bem, o mal, a perfeição e a imperfeição jamais representam algo de positivo nas coisas consideradas nelas mesmas, mas reenviam sempre a noções ou modos de pensar que indicam seja um efeito direto das coisas sobre nossos desejos, seja um efeito indireto mediatizado por uma comparação que estabelecemos entre elas e certos modelos gerais formados por nós.[231]

[231] *Cf.* EIV Prefácio: "Portanto, a perfeição e a imperfeição são, na realidade, apenas modos de pensar, isto é, noções que temos o hábito de inventar, por comparamos

O primeiro tipo de explicação sustenta que os juízos referentes ao bem e ao mal não representam propriedades intrínsecas das coisas, mas exprimem a consciência dos afetos alegres ou tristes que nascem das variações positivas ou negativas de nossos desejos na medida em que somos afetados pelas coisas. Segundo a famosa tese formulada na EIIIP9S, não é porque julgamos que as coisas são boas nelas mesmas que nós as desejamos, mas, ao contrário, é porque as desejamos que julgamos que elas são boas para nós. Assim, afirmar que uma coisa é boa ou má equivale a afirmar que somos conscientes de que ela nos alegra ou nos entristece, que nós a desejamos ou a temos em aversão, em suma, que ela é útil ou prejudicial ao nosso *conatus*.[232] Visto que a fonte única dos valores se encontra no desejo, isto é, no *conatus*, é fácil ver como essa tese pode conduzir a um relativismo absoluto. Basta considerarmos a imensa diversidade dos desejos passionais individuais e sua expressão na disparidade dos juízos de valor do senso comum, disparidade esta que, como Espinosa assinala, o vulgo formula em ditados populares como "cada cabeça, uma sentença".[233]

O segundo tipo de explicação, desenvolvido no Prefácio da quarta parte, procura mostrar como os juízos acerca da perfeição ou da imperfeição de uma coisa repousam sobre comparações explícitas ou implícitas. Em sua análise do complexo processo de formação desses juízos, Espinosa distingue três etapas cujas grandes linhas resumimos a seguir:

---

indivíduos da mesma espécie ou do mesmo gênero". "Quanto ao bem e ao mal, também não designam nada de positivo a respeito das coisas, consideradas em si mesmas, e nada mais são do que modos de pensar, ou noções, que formamos por compararmos as coisas entre si. Com efeito, uma única e mesma coisa pode ser boa e má ao mesmo tempo e ainda indiferente. Por exemplo, a música é boa para o melancólico, má para o aflito, nem boa, nem má, para o surdo".

232 *Cf.* EIIIP9S: "não é por julgarmos uma coisa boa que nos esforçamos por ela, que a queremos, que a apetecemos, que a desejamos, mas, ao contrário, é por nos esforçarmos por ela, por querê-la, por apetecê-la, por desejá-la, que a julgamos boa". Cf. também EIVP8: "o conhecimento do bem e do mal nada mais é do que o afeto de alegria ou de tristeza, à medida que dele estamos conscientes".

233 *Cf.* EI, Apêndice: "Pois, ditados como os seguintes estão na boca de todo o mundo. *Cada cabeça, uma sentença. A cada qual seu parecer lhe basta. Há tantos juízos, quantos são os gostos.* Estes ditados mostram suficientemente que os homens julgam as coisas de acordo com o estado do seu cérebro e que, mais do que as compreender, eles as imaginam".

(i) Na primeira etapa, Espinosa parte de uma análise etimológica do termo "perfeição" — que significa originalmente em latim aquilo que foi feito por inteiro, completo ou acabado — e mostra que uma obra feita por um ser humano foi qualificada inicialmente como perfeita ou imperfeita na medida em que ela foi completa ou incompletamente realizada em conformidade com o fim visado por seu autor; logo, um artefato recebe esses predicados na medida em que concorda mais ou menos completamente com o objetivo que seu autor desejou realizar.

(ii) Na segunda etapa, Espinosa mostra como a intenção do autor passou a ser negligenciada e substituída pela comparação das obras com certas ideias universais que os homens formam dos gêneros de coisas que essas obras exemplificam, ideias que, em virtude das preferências de cada um, os homens tomam como modelos para avaliá-las. As coisas artificiais (casas, edifícios, torres etc.) passam então a ser julgadas mais ou menos perfeitas na medida em que se aproximam mais ou menos desses modelos. Em sua análise, Espinosa indica que essas ideias universais têm geralmente uma origem imaginativa, o que significa, segundo a teoria do conhecimento formulada na segunda parte da Ética, que essas ideias são inadequadas e confusas, pois resultam de um processo de generalização que repousa sobre experiências sensíveis variáveis individualmente, experiências estas que, dada a potência finita que os corpos humanos possuem para formar imagens distintas das múltiplas coisas externas que os afetam, retêm dessas coisas apenas os traços que mais impressionaram cada indivíduo, de acordo com sua complexão particular.[234] Essas ideias abstratas indicam a maneira como nossos corpos são afetados e não a natureza dos corpos exteriores que nos afetam. Elas são, portanto, desprovidas de objetividade e dotadas na realidade de uma falsa universalidade. Essa gênese empírica das ideias imaginativas explica a variabilidade individual envolvida na formação e na adoção dos modelos de avaliação e, consequentemente, a relatividade dos juízos de valor fundados sobre eles. A análise sublinha, além disso, que o que permite tomar ideias gerais como normas para a avaliação de objetos singulares é a suposição segundo a qual esses objetos foram produzidos intencionalmente em conformidade com essas ideias. Ou seja, a transformação de uma ideia geral em

[234] *Cf.* EIIP40S1.

um modelo ideal supõe sempre a possibilidade de pensarmos que seu objeto resulta de alguma atividade teleológica.

(iii) Isso conduz Espinosa à terceira etapa, onde ele mostra que o uso de modelos para avaliar não mais artefatos humanos, mas as próprias coisas naturais, repousa sobre o fato de os homens formarem ideias gerais também desses tipos de coisas e, além disso, sobre o preconceito antropomórfico segundo o qual Deus ou a Natureza agiriam em vista de fins utilizando como modelos essas mesmas ideias. Em virtude desse preconceito, as coisas naturais passam então a ser pensadas como se fossem "artefatos divinos" criados, a partir das ideias arquetípicas que conteriam suas respectivas essências, com o propósito de exercer funções específicas na ordem do mundo. Assim, Espinosa mostra como os homens passam a qualificar moralmente as coisas e acontecimentos naturais, pois, quando "vêem que na Natureza ocorre algo que esteja menos de acordo com o que concebem como modelo das coisas desse gênero, acreditam que a própria Natureza errou ou pecou e que deixou esta coisa imperfeita".[235]

Ora, se a suposição de uma atividade teleológica pode ser aceita quando se trata de avaliar objetos produzidos ou transformados intencionalmente pelos homens, tal não é o caso quando se trata de avaliar as coisas naturais produzidas por Deus ou pela Natureza.[236] Com efeito, no Prefácio da quarta parte da Ética,

[235] *Cf.* EIV Prefácio.

[236] Uma das principais controvérsias que dividem os estudiosos do pensamento de Espinosa refere-se à determinação do alcance exato de sua crítica à doutrina das causas finais. Embora todos concordem que esta crítica acarreta a recusa radical de qualquer explicação teleológica da ação divina ou cósmica, o debate surge quando se trata de determinar se ela também acarreta a exclusão de toda e qualquer forma de explicação teleológica do comportamento dos entes finitos e, em particular, do ser humano. Em um artigo dedicado a esta questão (Gleizer, 2006) procurei mostrar que nem as formulações textuais de Espinosa nem seus argumentos excluem a legitimidade de explicações teleológicas da ação humana, e que estas explicações são totalmente compatíveis com seu determinismo absoluto e sua crítica radical do livre-arbítrio. Com efeito, a atribuição de crenças e desejos a um agente permite escapar do argumento tradicional (presente no Apêndice da primeira parte da Ética), segundo o qual a explicação teleológica produziria uma inversão da ordem da Natureza, pois não se trata de explicar uma ação a partir de seus efeitos futuros (o que de fato consistiria em fazer do efeito a causa de sua causa), mas de explicá-la a partir de estados mentais presentes que, precedendo a ação, fazem referência intencionalmente a seus efeitos representados como estados de coisas futuros possíveis (para retomar o exemplo dado por Espinosa no Prefácio da EIV, é a imaginação presente das comodidades da vida doméstica que

e no Apêndice da primeira parte ao qual ele reenvia, Espinosa denuncia toda e qualquer forma de doutrina finalista divina ou cósmica, ou seja, toda concepção providencialista, como sendo a expressão de um preconceito tenaz enraizado em uma projeção antropomórfica de origem imaginativa, preconceito sobre o qual repousam as piores superstições.[237] Sua recusa radical da "ilusão finalista" impede de considerar que as coisas naturais, entre as quais se encontra evidentemente o ser humano, possam ser pensadas como destinadas a exercer certas funções e a desenvolver certas aptidões que um modelo ou norma transcendente teria fixado para cada espécie. Assim, a análise crítica da origem e da natureza dos modelos ideais de avaliação proposta no Prefácio parece conduzir não apenas a uma concepção radicalmente relativista, mas, além disso, parece tornar ilegítima sua aplicação aos seres humanos.

No entanto, Espinosa afirma no final do Prefácio a necessidade de guardar as noções de "bem", "mal", "perfeição" e "imperfeição", com o sentido que ele acaba de explicar. Com efeito, diz ele:

> Como desejamos formar uma ideia de homem que seja vista como um modelo de natureza humana, nos será útil

determina causalmente o apetite de construir uma casa). Portanto, o fim não é um estado de coisas exterior, mas um objeto intencional que modifica de dentro o desejo e o determina como causa eficiente. Retomando uma expressão proposta por Bennett (que, no entanto, procura sustentar que Espinosa não aceita explicações teleológicas da ação humana), para Espinosa "a ideia da causa final funciona como uma causa eficiente". Sem poder retomar aqui os argumentos apresentados naquele artigo, indico apenas que sua conclusão é adotada em algumas interpretações sugeridas no presente artigo.

237 *Cf.* EIV Prefácio: "Vemos, assim, que, mais por preconceito do que por um verdadeiro conhecimento delas, os homens adquiriram o hábito de chamar de perfeitas ou imperfeitas as coisas naturais. Com efeito, mostramos, no apêndice da primeira parte, que a Natureza não age em vista de nenhum fim, pois o ente eterno e infinito que chamamos Deus ou Natureza age pela mesma necessidade da natureza pela qual existe". Cf. também EI Apêndice: "Todos os preconceitos que aqui me proponho a expor dependem de um único, a saber, que os homens pressupõem, em geral, que todas as coisas naturais agem, tal como eles próprios, em função de um fim, chegando até mesmo a dar como assentado que o próprio Deus dirige todas as coisas tendo em vista algum fim preciso, pois dizem que Deus fez todas as coisas em função do homem, e fez o homem, por sua vez, para que este lhe prestasse culto".

> conservar esses vocábulos no sentido que mencionei. Assim, por bem compreenderei aquilo que sabemos, com certeza, ser um meio para nos aproximarmos, cada vez mais, do modelo de natureza humana que estabelecemos. Por mal, por sua vez, compreenderei aquilo que, com certeza, sabemos que nos impede de atingir este modelo. Além disso, dizemos que os homens são mais perfeitos ou mais imperfeitos, à medida que se aproximem mais ou menos desse modelo.

Como, à luz de sua crítica, compreender a preservação por Espinosa dessas noções e o status cognitivo e prático do modelo que ele propõe? A quem reenvia o pronome "nós" contido nas expressões "nós desejamos formar uma ideia de homem" e "nós sabemos com certeza" presentes nessa passagem? É evidente que a explicitação do processo de formação, adoção e aplicação dos modelos ideais que Espinosa descreveu nos impede de crer que ele esteja simplesmente propondo a formulação de um novo modelo imaginativo, modelo este que repousaria sobre seu *ingenium* com suas experiências, afetos e preferências particulares, e cuja adoção por outros homens seria tão desprovida de privilégio epistêmico e prático quanto qualquer outro modelo imaginativo. Além disso, a suposição de uma origem imaginativa para o conteúdo desse modelo é incompatível com o rigor geométrico com o qual Espinosa deduz ao longo da quarta parte o conteúdo de suas teses sobre os traços de caráter e a conduta do homem livre. Essa dedução remete ao que ele chama, no escólio da EIIP18, de ordem do intelecto (ordem que é a mesma para todos os homens) e que ele contrapõe à ordem da memória (que varia de acordo com as complexões individuais).[238] Se, portanto, Espinosa insiste em manter a referência a um modelo de natureza humana, é porque a clarificação filosófica que ele acaba de oferecer das etapas e dos elementos envolvidos no processo de formação de modelos ideais lhe permite sua apropriação, depuração e transformação a partir de uma

[238] *Cf.* EIIP18S: "Digo, segundo, que essa concatenação [de ideias de afecções] ocorre conforme a ordem e a concatenação das afecções do Corpo humano, para distingui-la da concatenação de ideias que ocorre segundo a ordem do intelecto, pela qual a mente percebe as coisas por suas causas primeiras e que é a mesma em todos os homens".

perspectiva racional. Graças a essa clarificação, ele pode purificar esse processo dos preconceitos imaginativos que o dominavam e substituir os conteúdos variáveis dos modelos formados a partir das ideias inadequadas da imaginação por um conteúdo consensual engendrado a partir das ideias adequadas da razão. Isso não significa, porém, que o modelo construído pela razão exclua todo elemento oriundo da imaginação. Se o conteúdo do modelo pode ter sua origem nas ideias adequadas da razão, a própria forma do modelo remete a ideias da imaginação, pois apenas essas ideias permitem exibir o conteúdo do modelo como um estado de coisas ao qual podemos nos aproximar gradualmente, ou seja, como um estado de coisas futuro possível. As noções de possibilidade e contingência, assim como as noções temporais, sempre provêm das ideias inadequadas da imaginação.[239] Esse caráter inadequado, no entanto, não exclui que a imaginação possua uma positividade[240], e que, uma vez clarificada a origem, a natureza e a função de algumas de suas ideias, elas possam ser usadas como auxiliares nas tarefas epistêmicas e práticas da razão. Assim, o que Espinosa sugere nessa passagem do Prefácio é a possibilidade de construirmos um modelo racional que permita superar a divergência dos modelos imaginativos, fornecendo princípios de convergência entre os homens e tornando legítima a formulação de juízos de valor dotados de validade intersubjetiva e de objetividade.

São precisamente as exigências de validade intersubjetiva e de objetividade, introduzidas pelas ideias adequadas da razão, que são indicadas pelo uso reiterado do pronome pessoal na primeira pessoa do plural. Com a expressão "nós sabemos com certeza",

---

[239] *Cf.* EIIP44Cor.1: "Daí se segue depender só da imaginação que contemplemos as coisas, tanto a respeito do passado quanto do futuro, como contingentes".

[240] Embora o conhecimento imaginativo seja a única causa da falsidade (cf. EIIP41), Espinosa enfatiza várias vezes que "as imaginações do Espírito, consideradas em si mesmas, não contêm erro" (cf. EIIP17 esc. EIIP49S), ou ainda que a presença de uma ideia verdadeira pode suprimir o erro causado por um conhecimento imaginativo sem eliminar o que há de positivo nesse mesmo conhecimento (cf. EIVP1 com seu escólio). Embora Espinosa nunca qualifique como verdadeiras as ideias inadequadas da imaginação, ele sustenta que, no que elas têm de positivo, "não são contrárias à verdade e não se desvanecem em sua presença". Elas são, portanto, compatíveis com seu uso pela razão. Para uma análise das relações entre imaginação, inadequação, falsidade e erro remeto a (Gleizer, 2009).

Espinosa indica, por um lado, a intersubjetividade do saber fundado nas noções comuns constitutivas da razão e, por outro lado, a objetividade dessas noções, isto é, a verdade indubitável do que elas nos fazem conhecer. Com efeito, as noções comuns são as ideias adequadas constitutivas do que Espinosa chama de razão ou conhecimento do segundo gênero.[241] Essas ideias são ditas comuns por dois motivos: (i) elas representam propriedades comuns às coisas, seja a todas as coisas, seja a certos grupos de coisas, como, por exemplo, o corpo humano e certos corpos pelos quais ele costuma ser afetado[242]; (ii) elas são ideias ou noções comuns a todos os homens.[243]

Elas designam, portanto, conhecimentos intersubjetivos. Por outro lado, todas as ideias adequadas são necessariamente verdadeiras[244] e absolutamente certas.[245] Por isso, as ideias da razão são necessariamente dotadas de objetividade. Como algumas dessas noções representam propriedades comuns que estão presentes na natureza de todos os seres humanos, as ideias da razão são capazes de revelar os desejos que resultam dessa natureza enquanto ela é caracterizada por essas propriedades comuns, de estabelecer um acordo sobre o tipo de existência humana que dela decorre e de determinar os meios necessários para dela se aproximar cada vez mais. É a esse núcleo desejante comum, que se manifesta nos juízos de valor oriundos da razão, que Espinosa remete através da expressão "nós desejamos formar uma ideia de homem".

Evidentemente, Espinosa preserva o sentido relativo dos juízos de valor que são fundados sobre o modelo racional ("será útil conservar esses vocábulos no sentido que mencionei") e exclui, assim, que a objetividade por eles veiculada implique na reintrodução de valores considerados como representando propriedades intrínsecas das coisas. A tese permanente de Espinosa é que o bem e o mal, assim como a perfeição e a imperfeição, não designam nada de positivo nas coisas consideradas em si mesmas e

---

241 *Cf.* EIIP40S2.
242 *Cf.* EIIP38 e EIIP39.
243 *Cf.* EIIP38C.
244 *Cf.* EIIP41.
245 *Cf.* EIIP43.

permanecem sempre propriedades relativas, ou antes, se quisermos evitar as conotações subjetivistas associadas frequentemente ao termo "relativo", propriedades relacionais. Nada impede, no entanto, de considerarmos que certas propriedades relacionais possam ser objetivas[246] e de tomarmos as noções de "bem", "mal", "perfeição" e "imperfeição" formuladas da perspectiva da razão como reenviando àquilo que é verdadeiramente útil ou prejudicial *para* seres dotados de uma determinada natureza comum e se esforçando por produzir o mais ativamente possível os efeitos que decorrem dessa natureza.[247] Assim, o modelo consensual de natureza humana construído a partir das noções comuns da razão permite substituir o relativismo individual oriundo do conhecimento imaginativo por uma forma de relacionismo específico fundada sobre o que a razão revela ser verdadeiramente útil para os seres que partilham de uma mesma natureza comum e dos desejos que dela decorrem.[248] Ele permite, portanto, escapar do

[246] Este ponto central foi bem sublinhado por Nadler: "Relativismo não é subjetivismo. Se algo "ajuda ou restringe" o poder de agir de um indivíduo, seu *conatus*, se é uma causa de um afeto positivo passivo, isso é um fato objetivo, não dependente da mente. É um fato relacional (não um fato absoluto ou intrínseco) sobre a coisa, mas, ainda assim, um fato objetivo. Da mesma forma, ser solúvel em água é uma característica objetiva, e não dependente da mente, do sal - é independente das crenças ou atitudes de qualquer um em relação ao sal e sua relação com a água. No entanto, não é uma característica intrínseca e absoluta (não relacional) do sal, uma vez que também depende da constituição química da água e da interação entre os dois" (2019, p.268, tradução minha).

[247] Acerca da importância da caracterização racional do bem e do mal como aquilo que se pode saber com certeza ser verdadeiramente útil ou prejudicial, *cf.* EIVDef.1 e Def.2, e EIVP18S: "como a razão não exige nada que seja contra a Natureza, ela exige que cada qual ame a si próprio; que busque o que lhe seja útil, mas verdadeiramente útil [*revera utile*]; que deseje tudo aquilo que, efetivamente [*revera*], conduza o homem a uma maior perfeição".

[248] O relativismo individual fundado na imaginação poderia ser formulado pela seguinte expressão: "creio que *x* é bom para mim, pois *x*, aparentemente, é útil para satisfazer meus desejos passionais"; já o relacionismo específico fundado na razão poderia ser formulado da seguinte maneira: "sabemos que *x* é bom para nós, pois *x* é verdadeiramente útil para satisfazer nossos desejos racionais". Fica claro com estas formulações que todos os juízos de valor estão enraizados em desejos. A distinção entre os desejos passionais e os desejos racionais é uma distinção entre as duas formas básicas de derivação ou modificação que o desejo primordial constitutivo da essência do homem é passível de receber a partir dos dois tipos de afecção — inata ou adquirida — que lhe podem ocorrer (cf. EIII, Definições dos Afetos, explicação da definição 1). Os desejos passionais nascem das ideias das afecções adquiridas ao sabor das circunstâncias exteriores variáveis e, por isso,

perigo de relativismo amoral cético ao qual conduz a perspectiva da imaginação e substituí-lo por um relacionismo ético positivo fundado sobre a razão.[249] Embora Espinosa não volte a se referir ao modelo de natureza humana na sequência da Ética, boa parte da Ética IV pode e deve ser compreendida como dedicada à construção geométrica desse modelo, isto é, ao modelo ideal de uma vida racional, construção esta que passa pela demonstração do caráter essencialmente partilhável do *summum bonum* e que culmina com a descrição do "retrato do homem livre" apresentada nas sete últimas proposições.[250]

Como, no entanto, conciliar a função prática que Espinosa atribui ao modelo racional de natureza humana com o teor de sua crítica à "ilusão finalista"? Esta crítica, como vimos, implica que os homens não foram criados por Deus ou pela Natureza com o intuito de satisfazer as características contidas em nenhum modelo, seja ele imaginativo ou racional. Ela implica, portanto, que o modelo racional não pode ser pensado como representando uma norma transcendente que deveria ser seguida e em relação à qual qualquer desvio ou transgressão consistiria em um pecado.

---

estão vinculados a juízos imaginativos que indicam aquilo que cada indivíduo acredita ser útil para ele. Os desejos racionais, por sua vez, nascem de ideias adequadas que, por serem inatas e comuns a todos os homens, e por derivarem exclusivamente da natureza humana, se vinculam a juízos intersubjetivamente válidos que nos permitem conhecer o que é verdadeiramente útil para os seres dotados desta natureza. Assim, se todo juízo de valor é a expressão de um desejo, daí não se segue que todos os desejos possuam um status igual como fundamento dos juízos de valor, pois há desejos derivados que expressam adequadamente o desejo primordial constitutivo da natureza humana e que, dada a sua universalidade, permitem fornecer um ponto de referência privilegiado e escapar ao relativismo absoluto próprio do nível imaginativo.

[249] Como afirma Tosel: "Spinoza não sustenta o relativismo amoral cético, mas um relacionismo ético positivo" (TOSEL, 2010, p.221, tradução minha).

[250] A hipótese formulada por Emmanuela Scribano, segundo a qual a referência ao modelo de natureza humana no Prefácio não seria mais do que uma simples "sobrevivência do passado" (SCRIBANO, 2011, p.72), uma sobrevivência desnecessária que não cumpriria nenhuma função na sequência da *Ética*, não nos parece aceitável. É difícil acreditar que Espinosa simplesmente esqueceu de remover essa referência em uma obra que ele considerava pronta para a publicação. Além disso, essa hipótese é incompatível também com a maneira como Espinosa constrói geometricamente o "retrato do homem livre" na *Ética* IV. Esse "retrato" deduz uma parte importante do conteúdo do conceito de uma "natureza humana mais potente" à qual, como vimos, Espinosa já aludia na formulação programática inaugural de seu projeto ético no *Tractatus de Intellectus Emendatione*.

O modelo racional não pode representar o que *devemos* realizar em conformidade com uma suposta destinação inscrita na espécie humana, mas isso não impede que ele possa representar com clareza o que *desejamos* verdadeiramente realizar na medida em que somos causalmente determinados apenas pelas leis de nossa natureza, em suma, que ele tome nossos desejos ativos como norma imanente para nos guiar em nossos esforços de autoconservação e autoafirmação.

Com efeito, embora as coisas naturais não tenham sido criadas por Deus nem produzidas pela Natureza com a finalidade de exercer certas funções na economia do universo, isso não significa que essas coisas — que resultam de um determinismo universal cego — não possuam suas naturezas determinadas (definidas por certas estruturas, propriedades e graus de potência) e que dessas naturezas não decorram certas funções cujo exercício pode ser favorecido ou entravado pelas causas exteriores.[251] Ora, os seres humanos são seres naturais extremamente complexos dotados, entre outras coisas, da potência mental de produzir ideias adequadas e inadequadas. É essa potência que possibilita que eles representem seus próprios desejos e formem modelos imaginativos ou racionais que co-determinam seus esforços de autoconservação e autoafirmação, tendo em vista que essas ideias, como qualquer coisa natural, também possuem uma potência determinada da qual se segue necessariamente algum efeito.[252] A crítica da "ilusão finalista" permite, portanto, que tomemos esses modelos pelo que eles realmente são, a saber, não supostos arquétipos divinos aos quais deveríamos nos conformar, mas ideais formados por nós e que influenciam o nosso esforço para dirigir nossas vidas à luz das

[251] Que as coisas naturais possuam estruturas que determinam o exercício de certas funções é algo explicitamente afirmado por Espinosa em uma famosa passagem da EIIIP2S: "ninguém determinou, até agora, o que pode o corpo, isto é, a experiência a ninguém ensinou, até agora, o que o corpo — exclusivamente pelas leis da Natureza enquanto considerada apenas corporalmente, sem que seja determinada pela mente — pode e o que não pode fazer. Pois, ninguém conseguiu, até agora, conhecer tão precisamente a estrutura [*corporis fabricam*] do corpo que fosse capaz de explicar todas as tuas funções [*functiones*]...". Como o corpo e a mente são duas expressões distintas de uma mesma realidade (*cf.* EIIP7S), segue-se que também a mente tem uma estrutura que determina o exercício de certas funções.

[252] *Cf.* EIP36.

interpretações que eles nos oferecem do que somos e do que desejamos. Com efeito, dado que é impossível para um intelecto finito conhecer adequadamente o nexo infinito das causas finitas que determina a ocorrência e a duração de cada evento na Natureza[253], nunca podemos saber *a priori* até onde pode se estender a nossa potência. Assim, podemos sempre imaginar como possível um progresso gradual em direção ao que é proposto como ideal de vida por nossos modelos, e, enquanto não vemos nenhum obstáculo a essa progressão, somos incitados a buscar os meios que nos conduzem a ela.[254] Essa capacidade de autorrepresentação e de autoavaliação, essencial para a possibilidade de todo projeto ético, determina um desejo de autotransformação que torna possível que os homens, na medida de suas respectivas potências corporais e intelectuais, se esforcem por tornarem-se como que artesãos de sua própria existência.

***

O esclarecimento do status cognitivo e prático do modelo racional de natureza humana proposto por Espinosa nos permite

---

[253] *Cf.* EIIP31: "Da duração das coisas singulares que estão fora de nós não podemos ter senão um conhecimento extremamente inadequado".

[254] *Cf.* *TIE* §13: "Como, porém, a debilidade humana não alcança com o seu pensamento aquela ordem [a ordem eterna e as leis precisas da Natureza], mas, nesse ínterim, o homem concebe uma natureza humana muito mais firme do que a sua e, simultaneamente, não vê obstáculo em adquirir tal natureza, é incitado, pois, a buscar meios que o conduzam a tal perfeição; e tudo aquilo que pode ser meio para alcançar isso chama-se verdadeiro bem; o bem supremo, contudo, é alcançar e desfrutar de tal natureza, com outros indivíduos, se possível". Na *Ética*, a fraqueza humana ineliminável não se encontra na impossibilidade de conhecer adequadamente as leis da Natureza (pois elas podem ser conhecidas pelas noções comuns), mas na impossibilidade de conhecer adequadamente o nexo infinito de causas finitas que determina a sequência dos eventos e a duração das coisas singulares. É dessa impossibilidade (demonstrada nas EP30 e P31) que decorre a função ineliminável desempenhada pelas ideias imaginativas de possibilidade e contingência (*cf.* EIV, definições 3 e 4), assim como pelas noções temporais, na explicação proposta na quarta parte da *Ética* dos fatores que determinam nossa conduta, pois mesmo que saibamos com certeza pela primeira parte da *Ética* que tudo é absolutamente necessário, esse saber não nos permite conhecer os infinitos elos das diversas cadeias causais envolvidas na produção dos eventos espaço-temporais e, portanto, não nos permite prever com certeza até onde nossa potência pode se estender.

examinar agora de forma um pouco mais detida o tipo de relação ao outro que ele contém. Esse modelo nos faz conhecer o que é o ser humano e o que ele deseja na medida em que ele é determinado exclusivamente pelas leis de sua natureza, ou seja, enquanto ele é considerado apenas nele mesmo independentemente das modificações sofridas pela influência das causas exteriores. Essa natureza humana, do ponto de vista da mente, se define pelas ideias adequadas constitutivas da razão, e seu esforço se manifesta como desejo de conhecer. É o que Espinosa afirma na EIVP26: "tudo aquilo pelo qual, em virtude da razão, nós nos esforçamos, não é senão compreender; e a mente, à medida que utiliza a razão, não julga ser-lhe útil senão aquilo que a conduz ao compreender". É esse desejo fundamental de conhecimento da realidade que constitui a norma imanente para determinar o que é verdadeiramente útil para cada um de nós em nossas relações com o mundo.[255] É ele, portanto, que fornece o fio condutor para estabelecer em seguida que nada é mais útil ao homem do que procurar unir-se aos outros homens, e para demonstrar que, quando os homens buscam o que é útil para cada um sob a conduta da razão, eles são necessariamente conduzidos a buscar o útil comum a todos e a desejar compartilhá-lo. Como afirma Espinosa na EIVP18S:

> Portanto, nada é mais útil ao homem do que o próprio homem. Quero dizer com isso que os homens não podem aspirar nada que seja mais vantajoso para conservar o seu ser do que estarem, todos, em concordância em tudo, de maneira que as mentes e os corpos de todos componham como que uma só mente e um só corpo, e que todos, em conjunto, se esforcem, tanto quanto possam, por conservar o seu ser, e que busquem, juntos, o que é de utilidade comum para todos. Disso se segue que os homens que se regem pela razão, isto é, os homens que buscam, sob a condução da razão, o que lhes é útil, nada apetecem para si que não desejem também para os outros e são, por isso, justos, confiáveis e leais.

[255] *Cf.* EIVP27: "Não há nada que saibamos, com certeza, ser bom ou mau, exceto aquilo que nos leva efetivamente a compreender ou que possa nos impedir que compreendamos".

Como Espinosa estabelece essa ligação entre a busca racional do útil próprio a cada um e a busca do útil comum a todos os homens? Visto que o bem se define como o que sabemos com certeza ser verdadeiramente útil, a relação com qualquer outra coisa na Natureza é fundada sobre uma avaliação do seu grau de utilidade. No entanto, contrariamente ao que ocorre com as avaliações formuladas da perspectiva da imaginação, onde esse grau é estimado a partir de ideias inadequadas que julgam as coisas apenas por suas semelhanças aparentes, a razão possui um critério certo para avaliar a utilidade ou o caráter prejudicial de qualquer coisa singular, a saber: seu acordo em natureza conosco.

É essa noção de "acordo em natureza" que sustenta metafisicamente a demonstração de uma coincidência necessária na busca dos verdadeiros interesses comuns aos homens. Evidentemente, não é possível acompanhar aqui em detalhes a complexa demonstração dessa tese, mas cabe sublinhar alguns pontos centrais de sua argumentação. Ao procurar estabelecer a existência de uma mútua implicação entre as noções de "utilidade" e de "acordo em natureza", Espinosa assimila explicitamente essa última noção à expressão "possuir alguma coisa em comum", expressão que, por sua vez, remete à teoria das propriedades comuns introduzida na segunda parte da Ética, essas propriedades podendo ser compreendidas tanto como aquelas que estão igualmente presentes em todas as coisas, quanto como aquelas que estão igualmente presentes em certos grupos de coisas.[256] Espinosa articula essa teoria com a teoria do *conatus* e mostra que a posse de propriedades comuns entre duas coisas não apenas é uma condição necessária para que elas possam interagir, mas contribui também para o resultado dessas interações.[257] Com efeito, dada a tese segundo a qual nenhuma coisa traz em sua própria natureza o princípio de sua destruição, Espinosa demonstra que nenhuma coisa singular pode ser prejudicada por uma propriedade que ela possui em comum com outra coisa, pois se isso pudesse acontecer, a tese seria contrariada e a coisa incluiria em sua própria natureza uma

[256] *Cf.* EIIP37, P38 e P39.
[257] *Cf.* EIVP29 e P30.

propriedade incompatível com ela e capaz de destruí-la.[258] Assim, todos os efeitos causados por uma coisa enquanto ela nos afeta por uma propriedade que nós compartilhamos com ela são necessariamente úteis, e todos os efeitos causados por uma coisa enquanto ela nos afeta por uma propriedade que nos é contrária são necessariamente prejudiciais. Essa teoria permite determinar o verdadeiro grau de utilidade de uma coisa a partir do número de propriedades comuns que ela partilha conosco e permite provar que não existe nada que seja mais útil ao homem do que outros homens que vivem sob a conduta da razão, pois as noções comuns da razão exprimem no pensamento as propriedades comuns pelas quais os homens necessariamente concordam em natureza. É o que Espinosa estabelece na demonstração da EIVP35:

> Apenas à medida que vivem sob a conduta da razão, os homens necessariamente fazem o que é necessariamente bom para a natureza humana e, consequentemente, para cada homem, isto é (pela EIVP31C), aquilo que concorda com a natureza de cada homem. Por isso, igualmente, à medida que vivem sob a conduta da razão, os homens concordam, sempre e necessariamente, entre si.

Vemos por essa passagem que convir em natureza equivale a possuir uma natureza humana comum. Ora, como conciliar essa referência a uma natureza humana comum, que é, aliás, o objeto do modelo racional construído por Espinosa, com a crítica ao alcance ontológico das ideias universais que encontramos na segunda parte da *Ética* e com sua concepção segundo a qual cada coisa singular, e, portanto, cada indivíduo humano, tem sua essência singular?

Como indicamos ao resumir a segunda etapa envolvida na gênese dos modelos, Espinosa explica a formação das noções universais no escólio 1 da EIIP40 a partir de um processo fisiológico de fusão de imagens corporais que decorre da incapacidade do corpo humano de reter várias imagens distintas ao mesmo tempo e, paralelamente, de um processo psicológico correspondente

[258] A tese da impossibilidade da autodestruição, central para a teoria do *conatus*, é formulada na EIIIP4: "Nenhuma coisa pode ser destruída senão por uma causa exterior".

que forma ideias imaginativas que representam confusamente as coisas externas a partir do traço que mais impressionou cada corpo humano. Essa explicação mostra que as ideias universais formadas *post rem* por um processo de abstração simplificadora são falsos universais desprovidos de valor objetivo e sem qualquer alcance ontológico. Os gêneros e espécies formados por esse processo não representam nenhuma essência e não são nada além de modos de pensar imaginativos dotados de uma função puramente mnemônica e classificatória. No entanto, essa crítica não visa nem atinge o valor objetivo das noções comuns da razão, pois essas noções são para Espinosa ideias adequadas (portanto, necessariamente verdadeiras) que representam propriedades comuns efetivamente presentes em todas as coisas que as envolvem. A crítica aos "gêneros" e "espécies" formados pela imaginação através de um processo de generalização empírica, portanto, não atinge a universalidade *in re* das propriedades comuns conhecidas pelas ideias do segundo gênero de conhecimento. Essa universalidade, aliás, é explicitamente reconhecida por Espinosa no segundo escólio da EIIP40, onde ele destaca que temos três maneiras de formar noções universais:

> De tudo o que foi dito acima transparece claramente que percebemos muitas coisas e formamos noções universais: I° A partir de singulares, que são representados pelos sentidos de maneira mutilada, confusa e sem ordem para o intelecto [...] II° A partir dos signos [...]. Chamarei daqui por diante uma e outra maneira de contemplar as coisas de conhecimento do primeiro gênero, opinião ou imaginação; III° Finalmente, porque temos noções comuns e ideias adequadas das propriedades das coisas (ver o corolário da EIIP38, a EIIP39 com seu corolário e a EIIP40 desta parte); e a isso chamarei de razão e conhecimento do segundo gênero.[259]

Essa referência à universalidade das noções comuns significa que é necessário nuançar a atribuição frequente de uma posição

[259] Agradeço a Chantal Jaquet por ter chamado minha atenção para a importância do final desse trecho frequentemente negligenciado.

nominalista a Espinosa, pois sua posição em relação ao status das noções universais é mais complexa. Seu nominalismo em relação aos universais abstratos da imaginação não exclui seu realismo em relação aos universais concretos da razão, uma vez que as propriedades comuns têm uma existência extramental. No entanto, elas jamais existem independentemente da existência das coisas singulares que as instanciam. Assim, o que a posição de Espinosa sobre os universais rejeita radicalmente é todo e qualquer realismo de tipo platônico.[260]

Porém, será que essas propriedades comuns, que contêm as verdadeiras leis da Natureza, podem constituir naturezas comuns, ou seja, essências específicas, dado que Espinosa demonstra na EIIP37 que "o que é comum a tudo (ver acima o lema 2), e está igualmente na parte e no todo, não constitui a essência de nenhuma coisa singular"? Embora essa proposição faça referência explicitamente à essência da coisa singular, e não à essência singular da coisa, parece-nos que, para torná-la compatível com a existência *in re* de essências comuns, é necessário interpretá-la como se referindo exclusivamente à essência singular da coisa.[261] Mas essa interpretação restritiva nos obriga a fazer uma observação sobre a maneira de interpretar a regra de reciprocidade contida na definição do que pertence à essência de uma coisa, definição que é o *nervus probandi* de sua demonstração.[262] Com efeito, essa definição estabelece não apenas que uma coisa não pode ser nem ser concebida sem a sua essência, mas também que a essência não pode ser nem ser concebida sem a coisa. Ora, essa reciprocidade deve ser entendida de um sentido forte para as essências singulares e

[260] *Cf.* a este propósito HUBNER, 2021.

[261] Espinosa nunca utiliza na *Ética* a expressão "essência singular da coisa". No entanto, o uso da EII, definição 2 para estabelecer essa proposição, a referência às "ações que são compatíveis com a natureza de cada homem" na EIVP35 e, sobretudo, a referência à "essência de tal ou tal corpo humano" na EVP22 ("em Deus há necessariamente uma ideia que expressa a essência de tal ou tal corpo humano sob o aspecto da eternidade") são indicações muito claras de seu reconhecimento da existência das essências singulares.

[262] *Cf.* EII, Def.2: "Digo pertencer à essência de uma coisa aquilo que, dado, a coisa é necessariamente posta e, tirado, a coisa é necessariamente suprimida; ou aquilo sem o que a coisa não pode ser nem ser concebida e, vice-versa, que sem a coisa não pode ser nem ser concebido".

em um sentido fraco para as essências comuns. Embora as essências singulares não possam ser nem ser concebidas sem as coisas singulares das quais são as essências, as essências específicas não podem ser nem ser concebidas sem que exista alguma coisa singular que as instancie, sem que isso implique que elas dependam da existência de todas as suas instâncias tomadas coletivamente ou de uma dentre elas tomada em particular.

Se aceitarmos essa hipótese interpretativa, então nada nos impede, como mostrou bem Martial Gueroult, de considerar que certas propriedades comuns, nomeadamente, aquelas que ele designa como propriedades comuns e próprias, constituem essências específicas que permitem definir as coisas individuais que as compartilham a partir de seu pertencimento a certos tipos naturais.[263] Com efeito, segundo a teoria geral da formação dos indivíduos formulada por Espinosa no esboço de física contido na

---

[263] *Cf.* GUEROULT, 1974, capítulo XI, §§VIII a XV. Segundo Gueroult, "a essência constitutiva específica e a propriedade comum e própria são uma só e mesma coisa, mas percebidas de maneira diferente. A propriedade comum e própria expressa bem a estrutura específica da coisa e, consequentemente, sua essência específica. No entanto, a Razão só a conhece como uma propriedade, na medida em que a percebe de fora e não de dentro [...] não a deduzindo de sua causa, não penetra na interioridade essencial da coisa e só pode perceber a essência específica de fora, como uma propriedade dessa coisa. É ao conhecimento intuitivo que caberá deduzi-la de sua causa e conhecê-la assim internamente como constituinte da essência específica da coisa" (p. 343, tradução minha). MATHERON (2011, pp. 15 e 16, tradução minha) sustenta a mesma posição e defende a legitimidade de apreender as essências das coisas segundo diferentes níveis de generalidade: "Isso não é contraditório nem equívoco: o conhecimento do terceiro gênero (admito com Martial Gueroult que é este que está em ação na *Ética*) parte de Deus, reconstrói a partir daí a essência das coisas e, em seguida, deduz suas propriedades; mas essa essência das coisas pode ser apreendida em diferentes níveis de generalidade: seja como essência de qualquer modo finito (é o que ocorre no livro I), seja como essência de qualquer modo finito da extensão ou do pensamento (é o que acontece no início do livro II), seja como essência de tal ou tal espécie de modos finitos da extensão ou do pensamento, ou finalmente como essência singular de tal ou tal indivíduo; e enquanto esse último estágio não é alcançado, o que é conhecimento do terceiro gênero para um certo nível de generalidade aparece como conhecimento do segundo gênero para os níveis de generalidade inferiores que ainda não foram acessados [...] Ora, entre os níveis intermediários, há o nível do conhecimento das *essências específicas*. E isso não representa nenhum problema particular para Espinosa. [...] Portanto, há, entre outras coisas, uma espécie humana; e, consequentemente, um conhecimento específico do homem é possível de direito". Gueroult e Matheron reduzem, portanto, o problema a uma distinção epistêmica entre diferentes maneiras de apreender a essência das coisas, mas é preciso reconhecer que essa redução pressupõe uma solução prévia para o

Ética II, essas propriedades comuns contêm as leis de composição de movimento e repouso que definem a forma partilhada pelos indivíduos de uma mesma espécie.[264] Embora essas formas ou naturezas comuns não constituam o que há de singular na essência de nenhum indivíduo, isso não significa que elas não sejam leis verdadeiramente envolvidas nessas essências, de modo que a noção de natureza humana construída pela razão não é desprovida de objetividade e não pode ser equiparada a um simples ser de razão ou uma mera ficção da imaginação.

Ora, a teoria do indivíduo considera cada indivíduo como uma totalidade de partes organizada segundo uma relação constante que define a sua forma e regula o conjunto de variações internas e externas que ele é capaz de suportar preservando sua identidade. Essa teoria permite igualmente considerar cada indivíduo como parte de totalidades cada vez mais abrangentes, de modo que os indivíduos se articulam em sistemas que se encaixam e hierarquizam em graus crescentes de complexidade, culminando na consideração da Natureza inteira como "um só e mesmo indivíduo, cujas partes, isto é, todos os corpos, variam de infinitas maneiras, sem nenhuma mudança do Indivíduo inteiro".[265] É essa teoria, que articula o local no global e que nos permite pensar na composição de diferentes tipos de indivíduos, com diferentes graus de complexidade e integração, que sustenta a passagem da

---

problema ontológico levantado pela reciprocidade contida na definição espinosista do que pertence à essência (EII Def.2) e seu uso na EIIP37.

[264] *Cf.* EIIP13S. Para a identificação estabelecida por Espinosa entre lei e essência, veja, a respeito da natureza de Deus, EIP17D ("Da só necessidade da natureza divina ou — o que é o mesmo — somente das leis de sua natureza [...]); e a respeito dos modos finitos, a carta 32 ("*leges sive natura*", GIV170/13). Quanto ao uso do termo "espécie" para designar o acordo de natureza entre dois indivíduos, veja a EIV, capítulo IX ("não há nada que possa convir mais com a natureza de alguma coisa do que outros indivíduos da mesma espécie [...]). O emprego desse termo nesse trecho não pode se referir às ideias abstratas e confusas formadas pela imaginação. Como destaca Gueroult: "A palavra espécie deve ser entendida aqui segundo a "verdadeira lógica", ou seja, como um grupo de indivíduos que possui uma mesma propriedade comum em virtude da semelhança da lei interna que regula imutavelmente a proporção do movimento e do repouso entre suas partes, e não segundo a lógica antiga, como o gênero determinado por uma diferença específica, essas noções gerais sendo estranhas à Razão e pertencentes à terceira categoria dos *entia rationis*" (1974, nota 21, p. 339, tradução minha).

[265] *Cf.* EIIP13, lema VII, escólio.

EIVP18S citada acima, na qual Espinosa afirma que nada é mais desejável para os indivíduos humanos, sobretudo enquanto eles partilham de uma mesma natureza humana caracterizada pela razão, do que compor "como que uma só mente e um só corpo", isto é, formar um só e mesmo indivíduo mais complexo, uma só e mesma humanidade.

Ora, essa natureza ou essência humana comum implica um esforço comum, pois o esforço nada mais é do que a essência atual de uma coisa.[266] Assim, a natureza humana comum funda um esforço global da comunidade humana, o que significa que todos os homens, enquanto seres racionais, partilham os mesmos desejos e perseguem os mesmos objetivos.

Como garantir, no entanto, que essa convergência dos desejos racionais, essa universalidade espontânea de nossos interesses bem compreendidos, conduza não ao conflito, mas à concórdia e à promoção do útil comum à humanidade? O que garante a possibilidade dessa concórdia é o fato do conhecimento racional não ser concebido por Espinosa como um mero instrumento de cálculo a serviço da satisfação dos desejos passionais — desejos esses dirigidos sempre para a obtenção de bens monopolísticos –, mas engendrar o seu próprio desejo, desejo que consiste em um esforço de compreender por compreender.[267] Ora, uma vez que as ideias adequadas, incluindo a ideia adequada de Deus que fornecerá o ponto de partida para o terceiro gênero de conhecimento, estão igualmente presentes em todas as mentes humanas, o bem soberano que consiste no conhecimento de Deus é um bem comum que pode ser igualmente partilhado por todos.[268] É essa dimensão intelectualista, que coloca no contentamento e no amor que nascem do conhecimento de Deus, ou seja, da Natureza, o objetivo supremo da existência, que explica que os homens conduzidos pela razão não apenas desejem as mesmas coisas, mas desejem também compartilhá-las, e que eles possam desejar para outrem o que desejam para si próprios, a saber, conhecer.[269]

[266] *Cf.* EIIIP7.
[267] *Cf.* EIVP26.
[268] *Cf.* EIVP36.
[269] *Cf.* EIVP37.

Parece, aliás, que do ponto de vista desse desejo intelectual de compartilhar do bem soberano o caráter meramente instrumental da relação ao outro tende a ser ultrapassado, pois, do ponto de vista do acordo fundamental que identifica o desejo racional dos homens, eles podem ser considerados como compondo um só e mesmo indivíduo, de sorte que, como afirma Alexandre Matheron, nesse nível "o *ego* e o *alter* tendo se assimilado um ao outro, estamos agora além da oposição egoísmo-altruísmo".[270]

Vemos, portanto, como o modelo ideal de natureza humana contém um modelo ideal de sociabilidade definido pelo esforço comum para constituir uma comunidade humana fundada sobre a vida do espírito, isto é, sobre a busca comum do conhecimento racional e dos meios necessários para promovê-la. Essa comunidade, fundada sobre ideias adequadas e noções comuns envolvidas em todas as mentes, é essencialmente aberta e inclusiva. O ideal de vida contido nesse modelo implica, portanto, um esforço para favorecer o desenvolvimento dessas ideias em todos os seres humanos, quaisquer que sejam as diferenças particulares de origem étnica, cultural, nacional, religiosa, política ou outras que os afetem concretamente. Ele implica também que o esforço racional para estabelecer relações de composição com outros indivíduos se manifeste não através de comportamentos marcados pela violência, mas sim mediante condutas caracterizadas pela boa fé, a amizade e a generosidade.[271] Esse modelo ideal exibe, assim, uma forma elevada de universalismo ético.[272]

[270] *Cf.* MATHERON, 1969, p. 275. *Cf.* também a p.277 a propósito da humanidade considerada como um indivíduo único.

[271] *Cf.* EIVP71, P72 e P73S.

[272] No capítulo IV do *Tratado Teológico-Político* (*TTP*), Espinosa utiliza explicitamente a expressão "ética universal" em um longo trecho dedicado a expor sua concepção da lei divina natural. Esse trecho resume, em grandes linhas, sua tese, desenvolvida na *Ética*, sobre a natureza do bem supremo (o conhecimento de Deus e o amor que dele decorre) e os meios necessários para alcançá-lo: "[...] Os meios que essa finalidade requer de todas as ações humanas, isto é, o próprio Deus na medida em que a ideia dele está em nós, podem designar-se por mandamentos de Deus, uma vez que nos são de alguma forma prescritos por ele enquanto existe em nossa mente. Por isso, a regra de vida que concerne essa finalidade poderá com razão chamar-se lei divina. Quais são, porém, esses meios, qual a regra de vida que essa finalidade impõe? E como deduzir dela os fundamentos do melhor Estado e as regras de convivência entre os homens? Tais questões pertencem à Ética universal"

***

O modelo ideal de natureza humana, com o modelo de vida comunitária que ele contém, considera os desejos racionais que se seguem apenas de nossa natureza, abstração feita dos desejos passionais que nascem da conjunção dessa natureza com as causas exteriores. Esse modelo fornece, portanto, uma descrição teórica do que ocorre na medida em que os homens são determinados apenas pelas leis de sua natureza, e ele permite deduzir a existência de correlações necessárias conectando certas variáveis de natureza epistêmica, afetiva e ética, tais como as variações diretamente proporcionais entre os graus de conhecimento racional, ação, virtude, felicidade, liberdade e cooperação pacífica. No entanto, a condição descrita por esse modelo não pode jamais ser completamente preenchida, pois "não pode acontecer que o homem não seja parte da Natureza e que não possa padecer outras mudanças a não ser as que podem ser entendidas por sua só natureza e das quais é causa adequada".[273] Em suma, como afirma Espinosa de forma lapidar, o ser humano não pode ser concebido na Natureza "como um império dentro de um império".[274] Ele é uma parte da Natureza submetida como todas as outras às suas leis universais e ao nexo infinito das causas, e como essas leis e esse nexo não foram feitos para favorecer (nem tampouco para prejudicar) o desenvolvimento de seus desejos racionais, o homem está sempre afetando e sendo afetado por outras partes da Natureza segundo múltiplas relações de conveniência e inconveniência, de modo que ele está naturalmente exposto às paixões alegres ou tristes que decorrem dessas afecções.[275] Essas paixões,

(*TTP*, 2003, p. 70). "Se atentarmos agora na natureza da lei divina natural, tal como a explicamos, veremos o seguinte: primeiro, que ela é universal, isto é, comum a todos os homens, uma vez que a deduzimos da natureza humana na sua acepção universal [...]" (*TTP*, 2003, p. 70-71).

[273] *Cf.* EIVP4.

[274] *Cf.* EIII, Prefácio.

[275] *Cf.* EIVP4 e seu corolário. Como bem salienta Matheron, todos os desejos, sejam eles passionais ou racionais, são igualmente naturais e possuem a mesma dignidade ontológica (*cf.* "État et moralité selon Spinoza", in MATHERON, 2011,

aliás, tendem a ser muito mais fortes do que as ações que nascem exclusivamente de sua natureza racional, de sorte que o homem é sobretudo dominado pelas paixões. Ora, as paixões são essencialmente variáveis, inconstantes, causa de divisões no coração do homem e de antagonismos entre os homens. Seus mecanismos naturais de formação introduzem o conflito interior e a divergência exterior. Essa situação natural decorrente da condição de ser finito existindo na duração explica por que o modelo racional de natureza humana, com a demanda universalista que ele envolve, é um ideal que jamais pode ser inteiramente satisfeito. Isso, no entanto, de forma alguma impede que sua formação possa iluminar nossos verdadeiros interesses individuais e coletivos, suscitar em nós o desejo de nos aproximarmos cada vez mais do que ele nos propõe e orientar estrategicamente os nossos esforços na direção da sua maior satisfação possível.[276]

---

p. 18). Porém, embora do ponto de vista da Natureza como um todo não exista nenhum privilégio dos desejos racionais, do nosso ponto de vista, isto é, do ponto de vista da parte da Natureza que nós somos e do nosso esforço para nos tornarmos o mais ativos possível, é preciso conceder um privilégio axiológico a este desejo. Ao contrário do que Matheron sustenta neste artigo (posição, aliás, que diverge da que ele desenvolve no capítulo 7 de seu livro de 1969), o desejo racional representado no modelo de natureza humana não é uma projeção do conteúdo do desejo particular do filósofo, mas uma projeção, clarificada pela reflexão filosófica, do conteúdo universal do desejo de autonomia que deriva da natureza humana enquanto ela é considerada apenas nela mesma.

[276] A maior parte das formulações de Espinosa na *Ética IV* acerca das inclinações, traços de caráter e condutas do homem livre indica a presença de gradações nestas características, de modo que o modelo ideal da natureza humana deve ser compreendido como representando o ser humano apenas na medida e enquanto (*quatenus*) ele é considerado como livre, isto é, enquanto ele é considerado apenas como determinado internamente pelas ideias adequadas da razão, e não como representando um ser humano que seria inteira e absolutamente racional e livre. A primeira formulação reconhece a abstração das causas externas e a importância da consideração dos graus de atividade envolvidos na modelização da conduta de um ser finito existente na duração e sempre exposto à interação com outros seres finitos. A segunda dá a ilusão de que poderia haver na duração um ser finito exclusivamente ativo, o que é contraditório. Ora, o reconhecimento dessa contradição, ao torná-la manifesta, reduziria o modelo a uma simples quimera (*cf. Pensamentos Metafísicos*, Parte I, Capítulo I: "pelo nome de quimera, entende-se, aqui e adiante, uma contradição manifesta") desprovida de qualquer eficácia motivacional, pois embora seja possível desejar o que ignoramos ser impossível, ninguém pode desejar o que sabe (ou mesmo o que apenas acredita) ser impossível. Assim, é preciso interpretar o desejo envolvido na busca de atingir o ideal proposto pelo modelo de natureza humana como sendo o de alcançar a maior racionalidade, atividade e liberdade compatíveis com a condição de modos finitos existindo na duração

Referências

ESPINOSA, B. — *Ética demonstrada segunda a ordem geométrica*. Edição bilíngue. Tradução de Tomaz Tadeu, Belo Horizonte: Editora Autêntica, 2008.

ESPINOSA, B. — *Ética*. Edição bilíngue. Tradução do grupo de Estudos Espinosanos, coordenação de Marilena Chauí, São Paulo: Edusp, 2015.

ESPINOSA, B. — *Tratado da correção do intelecto*. Tradução e notas de Carlos Lopes de Mattos, Coleção "os Pensadores", São Paulo: Editora Abril, 1983.

ESPINOSA, B. — *Tratado da Emenda do Intelecto*. Edição em latim e português. Tradução e nota introdutória de Cristiano Novaes de Rezende. Campinas: Editora Unicamp, 2015.

ESPINOSA, B. — *Tratado Teológico-Político*. Tradução, introdução e notas de Diogo Pires Aurélio, São Paulo: Editora Martins Fontes, 2003.

ESPINOSA, B. — *Tratado Político*. Tradução, introdução e notas de Diogo Pires Aurélio, São Paulo: Editora Martins Fontes, 2009.

GLEIZER, M. — "Primeiras considerações sobre o problema da explicação teleológica da ação humana em Espinosa'. *Cadernos de História e Filosofia da Ciência*, Campinas, Série 3, v.16, n.1, p.163-198, jan.-jun. 2006.

GLEIZER, M. — "Primeiras considerações sobre o problema do erro em Espinosa: imaginação, inadequação e falsidade". *Analytica* (UFRJ), v. 13, n. 2, 2009.

GUEROULT, M. — *Spinoza, T.II. L'Âme*; Paris: Aubier-Montaigne, 1973.

HUBNER, Karolina. — "Spinoza on universals"; in Melamed, Y (org.), A companion to Spinoza, Hoboken: Wiley Blackwell, 2021.

e não o de alcançar a atividade absoluta que é própria da substância divina. O estabelecimento detalhado deste ponto, no entanto, exige uma discussão mais aprofundada que pretendemos desenvolver em outra ocasião.

CHANTAL, Jaquet. — Réponse à Emanuela Scribano « La connaissance du bien et du mal. Du Court Traité à l'Éthique » ; in *Spinoza transalpin : Les interprétations actuelles en Italie*. Paris: Éditions de la Sorbonne, 2012.

KISNER, M. & YOUPA, A. (eds.) — *Essays on Spinoza's Ethical Theory*; Oxford University Press, Oxford, 2014.

MATHERON. A. — *Individu et Communauté chez Spinoza*. Paris: Les Éditions de Minuit, 1969.

MATHERON. A. — *Études sur Spinoza et les philosophies de l'âge classique*. Lyon: ENS Éditions, 2011.

MELAMED, Y. (ed.) — *A Companion to Spinoza*; Hoboken: Wiley — Blackwell, 2021.

NADLER, S. — "Spinoza on Good and Bad", in: Setter, J. and Ramond, C. (eds.), *Spinoza in Twenty-First-Century American and French Philosophy*, Bloomsbury, 2019.

SCRIBANO, Emanuela. — « La connaissance du bien et du mal. Du Court Traité à l'Éthique » ; In : Spinoza transalpin : Les interprétations actuelles en Italie. Paris : Éditions de la Sorbonne, 2012.

SÉVERAC, P. — *Le devenir actif chez Spinoza*. Paris: Honoré Champion, 2005.

TOSEL, A. — « Poïétique et modèle de l›accomplissement humain », in : *Spinoza ou l'autre (in)finitude*, Paris : L'Harmattan, 2008.

Ver objetos

Marcos Rosa
UERJ

I

Nós representamos o mundo espaçotemporal como um conjunto segmentado de objetos ou corpos físicos, aos quais fazemos referência em nossos pensamentos empíricos e nas exteriorizações linguísticas desses pensamentos: livros, mesas, carros, árvores, aviões, montanhas e assim por diante. É possível ao menos imaginar o cenário de ontologias distintas da ontologia de objetos físicos ou corpos — por exemplo, segundo Quine, como veremos, uma ontologia de partes não destacadas de objetos ou ainda de estágios temporais de objetos. Não irei examinar aqui a questão acerca de em que sentido de "possível" — além de *metafisicamente* possível — o cenário de pessoas que representem o mundo espaçotemporal em termos de um esquema alternativo ao nosso esquema de objetos físicos é um cenário possível. Diferentemente, o meu objetivo é examinar a natureza da nossa — e deixarei em aberto o grau de abrangência desse "nossa" — representação do mundo externo como um mundo organizado em objetos físicos ou corpos. Mais exatamente, pretendo examinar a questão acerca de se a nossa representação do mundo como organizado em objetos físicos pode ser uma representação de natureza propriamente *perceptiva* ou é uma forma de representação exclusivamente *pós ou não*-perceptiva — isto é, a questão acerca de se, além de *pensar* ou *falar* sobre objetos físicos, nós podemos *perceber* ou, mais especificamente, *ver* objetos físicos *como* objetos físicos. Essa questão pode ser formulada também em termos de uma pergunta acerca de se a ontologia da experiência perceptiva compreende ou não objetos físicos ou corpos.

Neste texto, explorarei uma linha de argumentação visando mostrar que o processo de segmentação do mundo em corpos físicos pode ocorrer no nível das experiências perceptivas ou, mais precisamente, visuais e, assim, que é possível perceber ou ver (no sentido literal ou nãometafórico de "perceber" ou "ver") objetos físicos *como* objetos físicos — ou, ainda, que a ontologia da experiência perceptiva compreende ou pode compreender objetos ou corpos físicos. Procurarei definir a minha posição por meio de um contraste com uma versão da posição contrária formulada pela psicóloga Elisabeth Spelke em uma série de textos nos quais ela procura mostrar que — diferentemente do que afirma, por exemplo, como será visto, Quine — crianças pré-verbais são capazes de individuar objetos físicos como tais. Embora eu vá tentar definir a minha posição através de um contraste com a versão de Spelke da concepção segundo a qual a organização do mundo em objetos físicos é exclusivamente nãoperceptiva, caso a linha de argumentação explorada neste texto esteja correta, o modelo de crítica endereçada aqui a Spelke parece atingir qualquer versão desse tipo de concepção acerca da natureza da percepção. É necessário assinalar que, embora eu vá fazer referência e caracterizar a face propriamente científica e empírica do trabalho de Spelke, o alvo específico da linha de argumentação explorada aqui é um *argumento filosófico* formulado por ela no quadro de suas investigações empíricas.[277]

[277] Quine traça uma distinção entre objetos físicos e corpos, e o tipo de entidade à qual ele se refere ao utilizar o termo "corpo" é o mesmo tipo de entidade à qual Spelke se refere ao utilizar o termo "objeto físico". No texto que se segue, os termos "objeto físicos" e "corpos" serão utilizados como sinônimos e devem ser compreendidos

II

Como foi assinalado acima, um dos alvos centrais de Spelke, no âmbito de suas investigações sobre as capacidades cognitivas de crianças pré-verbais, é a tese quiniana de que a posse de uma linguagem é uma condição de possibilidade da capacidade de individuar objetos *qua* objetos ou corpos físicos. Em *Word and Object* e em uma série de outros escritos, Quine explora a possibilidade de um cenário de tradução radical, em que um linguista assume a tarefa de traduzir uma linguagem até então totalmente desconhecida e, ao observar que os falantes dessa linguagem pronunciam "gavagai" quando há coelhos em seus campos visuais, traduz esse fragmento de linguagem como "coelho". Segundo Quine, ao realizar esse movimento, o linguista assume, sobre bases evidenciais ainda insuficientes, que os indivíduos observados organizam a experiência do mesmo modo que nós o fazemos e pensam sobre o mundo em termos de um esquema conceitual idêntico ao nosso — isto é, em termos de um esquema "de objetos físicos móveis que perduram, idênticos de um tempo a outro tempo e de um lugar a outro lugar."[278]. Ao nos referirmos a uma entidade no mundo *como* um coelho — seja essa entidade de fato um coelho ou não —, estamos, *ipso facto*, nos referindo a essa entidade *como* um objeto físico perdurante e numericamente idêntico ao longo de diferentes tempos e lugarcs. Ao traduzir "gavagai" por "coelho", o linguista está, portanto, assumindo que — como nós — os indivíduos observados também representam a realidade como segmentada em objetos ou corpos físicos. Segundo Quine, no entanto, a observação de que os falantes de uma linguagem até então totalmente desconhecida pronunciam "gavagai" na presença de coelhos não pode, por si só, ser tomada como uma evidência empírica substancial que justificaria atribuir a esses indivíduos uma

---

como fazendo referência ao mesmo tipo de entidade à qual Quine se refere ao usar a expressão "corpo" e Spelke se refere ao usar a expressão "objeto físico".

[278] Quine, W. V. *Word and Object*. p. 114.

ontologia de objetos físicos ou corpos: essa mesma observação — argumenta ele — poderia ser tomada como uma evidência de que os objetos aos quais esses indivíduos se referem ao pronunciarem "gavagai" não são coelhos e sim, por exemplo, estágios ou segmentos temporais de coelhos ou, ainda, a totalidade das partes não destacadas de coelhos. Essa indecidibilidade entre diferentes ontologias possíveis permanece, afirma Quine, mesmo que a pronúncia de "gavagai" seja acompanhada de um gesto de ostensão ou ato de apontar. Em suas próprias palavras:

Parece que a indecisão imaginada entre coelhos, estágios de coelhos, partes integrais de coelhos e a coelhidade precisa dever-se meramente a algum defeito especial em nossa formulação de significado por estímulo, e que deveria poder ser solucionada por um mero apontar e perguntar suplementar? Considere, então, como. Aponte para um coelho e você terá apontado para um estágio de um coelho, para uma parte integral de coelho, para a fusão de coelho e para onde a coelhidade se manifesta. Aponte para uma parte integral de coelho e você terá apontado para os quatro tipos restantes de coisas e assim por diante.[279]

Quine realiza um exame não apenas da possibilidade de ontologias distintas da ontologia de objetos físicos, mas também um exame "interno" das condições de possibilidade da capacidade de individuar objetos *qua* objetos físicos — ou, mais especificamente, do processo "interno" da progressiva aquisição dessa capacidade e, assim, da progressiva aquisição de uma ontologia de corpos físicos. No âmbito desse exame, ele explora o cenário de uma criança em uma fase inicial do aprendizado da linguagem que aprende a dizer "mamãe" quando esta aparece em seu campo visual. Segundo a linha de argumentação quiniana, assim como a observação de que os falantes de uma linguagem totalmente desconhecida pronunciam "gavagai" quando há coelhos em seus campos visuais não pode por si só ser considerada uma evidência que justificaria atribuir a esses indivíduos uma ontologia de objetos físicos, a observação de que uma criança pronuncia "mamãe" quando sua mãe aparece em seu campo visual não pode por si só ser considerada

[279] Quine, W. V. *Word and Object*. p. 47.

uma evidência que justificaria atribuir uma ontologia de objetos ou corpos físicos a essa criança. Considerar essa observação uma evidência que nos autoriza a realizar esse movimento é concluir, com base na mesma , que ao pronunciar "mamãe" cada vez que revê a sua mãe, essa criança está utilizando esse termo para referir-se a uma pessoa particular que ela reconhece como o mesmo indivíduo numericamente falando, que de tempos em tempos desaparece e reaparece em seu campo de visão. Segundo Quine, no entanto, o uso do termo "mamãe" nas condições descritas acima deve ser compreendido (ainda que de modo imperfeito e apenas aproximado) tendo como modelo o nosso uso de termos como "água" e "vermelho". Em nosso uso padrão desses termos, eles não são empregados para fazer referência a um objeto que permanece numericamente idêntico a si mesmo no caso de um hiato entre uma observação e outra no qual este objeto sai e retorna ao nosso campo visual. Fazendo uso das palavras do próprio Quine:

> Mãe, vermelho e água são para a criança todos de um mesmo tipo; cada um é apenas uma história de encontros esporádicos, uma porção dispersa do que acontece. Seu primeiro aprendizado das três palavras é invariavelmente uma questão de aprender quanto do que acontece pode ser considerado como a mãe, ou como vermelho, ou como água. Não cabe à criança dizer, no primeiro caso, "Olá, mamãe de novo", no segundo caso, "Olá, outra coisa vermelha" e, no terceiro caso, "Olá, mais água". Eles são todos equivalentes: Olá, mais mamãe, mais vermelho, mais água[280].

Segundo a linha de pensamento de Quine, quando o que está em questão é a capacidade de individuar objetos físicos em um sentido pleno — isto é, a capacidade de individuar objetos físicos também em uma dimensão temporal –, a aquisição e o exercício de tal capacidade exige necessariamente o aprendizado de uma linguagem e um progressivo domínio de um aparato linguístico de individuação — mais especificamente, de um repertório conceitual contendo, *inter alia*, identidade, quantificação, negação e

[280] Quine, W. V. *Word and Object*. p. 47. Ver, também, 'Speaking of Objects", p.7

sortais. Apenas quando um indivíduo demonstra ter dominado esse aparato de individuação estamos, argumenta Quine, autorizados a atribuir a esse indivíduo a capacidade de organizar ou segmentar o mundo em objetos físicos como tais e a atribuir-lhe uma ontologia que compreenda tal tipo de entidade. De fato, segundo a linha de pensamento quiniana, antes de uma criança ter demonstrado um domínio desse aparato linguístico de individuação, não estamos exatamente desautorizados a atribuir-lhe uma ontologia diferente da nossa ontologia de objetos físicos: estamos, na verdade, desautorizados a atribuir-lhe qualquer ontologia, pura e simplesmente falando.

III

Em uma série de influentes textos, a psicóloga Elisabeth Spelke faz referência a um conjunto de experimentos que, segundo ela, forneceria evidências de que crianças pré-verbais são capazes (sob condições específicas) de individuar objetos *qua* objetos físicos e, assim, que — diferentemente do que afirma Quine — o aprendizado de uma linguagem e o domínio de um aparato linguístico de individuação (como vimos, segundo a caracterização quiniana, um repertório conceitual contendo, *inter alia*, identidade, quantificação, negação e sortais) não são condições de possibilidade da representação do mundo espaçotemporal como um mundo segmentado em objetos ou corpos físicos. Segundo Spelke, crianças pré-linguísticas seriam capazes de individuar objetos físicos como tais na medida em que possuem uma concepção do mundo visível como constituído de entidades dotadas de um conjunto específico de propriedades que restringiriam o espaço de possibilidades do comportamento dessas entidades ao longo do espaço e do tempo — como elas podem ser dispostas ou se mover. Mais especificamente, já em uma fase de nossas existências anterior ao aprendizado de uma linguagem, possuiríamos uma concepção do mundo perceptível como um mundo de entidades que são *coesas*, *delimitadas*, *substanciais* e *espaçotemporalmente contínuas*. Cada uma dessas propriedades, afirma Spelke, restringiria o comportamento de uma entidade que a possui da seguinte forma: representar uma entidade como coesa é representá-la como uma entidade que, ao mover-se, o faz como uma totalidade internamente conectada, preservando a sua integralidade ao deslocar-se de um lugar para outro e não como um mero agregado cujas partes se dispersam pelo espaço assim que entra em movimento; representar uma entidade como delimitada é representá-la como uma entidade que, ao mover-se, não se mistura com outras entidades (diferentemente, por exemplo, da água e do mercúrio); representar uma entidade como substancial é representá-la como uma entidade que, ao deslocar-se, o faz ao longo de um espaço não ocupado por corpos sólidos e não como uma entidade que pode atravessar tais corpos ao mover-se de um lugar a outro; por fim, representar uma entidade como espaçotemporalmente contínua é representá-la como uma entidade que, ao mover-se de um lugar para outro, o faz traçando um percurso contínuo entre esses dois lugares, e não como algo que desaparece em um lugar e reaparece em outro sem ter percorrido o espaço que os separa. É possível, afirma ainda Spelke, compreender esse conjunto de propriedades como constituindo conjuntamente um "*conceito de objeto* inicial"[281] que emergiria de uma "teoria do mundo físico" primitiva e não aprendida. Em suas próprias palavras: "O conceito de objeto (...) emerge de uma teoria intuitiva do mundo físico e de seu comportamento. Ele está presente, embora de forma empobrecida, perto do início da vida. Sua emergência não depende da linguagem, da atividade sensório-motora ou da aprendizagem associativa"[282]. Ainda segundo ela, essa "teoria do mundo físico" primitiva e não aprendida, da qual emerge um "*conceito de objeto* inicial", não compreenderia tudo o que desenvolvemos como uma teoria física na fase posterior à saída da fase pré-linguística de nossas existências, mas persistiria inalterada e desempenharia um papel constitutivo no modo como individuamos objetos ou corpos físicos.

[281] Spelke, Elizabeth. "Where Perceiving Ends and Thinking Begins: The Apprehension of Objects in Infancy, p.227.

[282] idem, p.230.

Não examinarei aqui as afirmações de Spelke sobre a natureza das capacidades cognitivas das crianças pré-linguísticas nem as possíveis implicações dessas afirmações. Para os meus propósitos neste texto, o que importa é a sua afirmação de que o mecanismo de segmentação do mundo em objetos físicos descrito por ela continua operando ao longo de nossas existências e que também nós — e o "nós" se refere aqui a nós, humanos adultos — organizamos o mundo externo em objetos ou corpos físicos ao representá-lo como constituído de entidades dotadas de um conjunto determinado de propriedades — mais especificamente, coesão, delimitabilidade, substancialidade e continuidade espaçotemporal — que restringiriam o espaço de possibilidades do comportamento dessas entidades no espaço e no tempo. De fato, parece que não consideraríamos como objeto físico algo em nosso campo visual que se desintegre ou se espalhe pelo espaço assim que inicia um movimento, que se mistura com outras entidades ao deslocar-se, que atravesse (ou seja atravessado por) um corpo sólido ao mover-se de um lugar a outro ou, ainda, que desapareça em um lugar e reapareça em outro sem ter percorrido o espaço entre eles. No entanto, a afirmação dessa tese — a meu ver, correta — acerca da natureza da representação do mundo como um mundo organizado em corpos físicos é seguida pela afirmação de uma outra tese cujo *status* é, a meu ver, problemático e que é exatamente o alvo central deste artigo: a tese de que o processo de segmentação da realidade em objetos físicos ou corpos não ocorre no nível das nossas experiências perceptivas e de que aquilo que realmente percebemos ou vemos (no sentido nãometafórico de "percebemos" ou "vemos") não são objetos físicos — ou, mais precisamente, de que aquilo que literalmente vemos não são objetos físicos *como* objetos físicos. "A apreensão de objetos", afirma Spelke, "é um ato cognitivo produzido por um mecanismo que começa a operar no ponto onde a percepção termina"."[283]. As propriedades de coesão, delimitabilidade, substancialidade e continuidade espaçotemporal — argumenta ela — são, *qua* propriedades, abstratas e, consequentemente,

[283] Idem, p.199.

não podem ser realmente *percebidas*. Em suas próprias palavras: "Cada uma dessas propriedades é abstrata: não pode ser vista, tocada ou possui odor. Essas propriedades, entretanto, podem ser conhecidas, pois cada uma restringe como os objetos podem ser organizados e como podem se mover".[284] Um modo possível de reconstruir esse argumento (de natureza especificamente filosófica), dando-lhe uma forma mais detalhada, é o seguinte: um aspecto essencial da diferença entre experiências perceptivas (visuais, táteis, olfativas e daí por diante) verídicas e experiências não verídicas — por exemplo, experiências alucinatórias — é o de que uma experiência verídica de um objeto é dependente, de um modo constitutivo, do objeto no mundo externo percebido. Tomemos como exemplo a alucinação visual de Macbeth: afirmar que Macbeth está sofrendo uma alucinação ao "ver" — ou acreditar que vê — um punhal é exatamente afirmar que não há, de fato, em seu campo visual, nenhum punhal que é a fonte causal de sua experiência visual. Ora, apenas particulares concretos localizados em um lugar determinado do espaço e no instante presente são capazes de interagir causalmente com os nossos sentidos: no caso específico do processo da visão, um item abstrato não pode ser a fonte da luz que atinge os fotorreceptores em nossas retinas. Na medida em que são itens abstratos, propriedades não podem exercer um impacto causal sobre os nossos sentidos (ou, em termos kantianos, "afetar" os nossos "sentidos externos"). Mas, se uma percepção (visual, tátil, olfativa e daí por diante) é constitutivamente causada pelo objeto respectivamente percebido, então propriedades, *qua* itens abstratos, não podem ser literalmente *percebidas* (não são vistas, tocadas ou emitem odor). E se a segmentação do mundo em objetos físicos pressupõe uma representação do mundo espaçotemporal como um mundo constituído de entidades dotadas de um certo conjunto de propriedades — como vimos, coesão, delimitabilidade, substancialidade e continuidade espaçotemporal — que determinam o comportamento dessas entidades, então o processo de organização ou segmentação do mundo em objetos físicos ou

[284] Idem, p.227

corpos pode ocorrer apenas nãoperceptivamente. Nas palavras da própria Spelke:

> Os sistemas perceptivos humanos parecem analisar matrizes de energia física de modo a trazer conhecimento de um plano contínuo de superfícies em um estado de constante mudança. Nós percebemos o plano e seus movimentos, deformações e rupturas. Esse plano contínuo não contém "coisas" espacialmente delimitadas e nem "eventos" temporalmente delimitados. Os sistemas perceptivos não compartimentam o mundo em unidades. A organização do mundo percebido em unidades pode ser uma tarefa central dos sistemas de pensamento humano. Diferentes sistemas de pensamento parecem se especializar em unidades de diferentes tipos: eles segmentam o mundo de diferentes modos para diferentes propósitos. No entanto, todos os sistemas cognitivos parecem funcionar para dividir o mundo contínuo percebido em coisas.[285]

Na próxima seção, procurarei explorar uma linha de argumentação visando mostrar que a concepção segundo a qual o processo de individuação de objetos físicos como tais não ocorre no nível das nossas experiências perceptivas parece ser incapaz de explicar o papel que tais experiências desempenham (ou podem desempenhar) no interior da estrutura de relações formada pelos diferentes tipos de estados mentais que atribuímos a nós mesmos. De fato, se a linha de argumentação que será explorada está correta, não apenas a versão de Spelke desse tipo de concepção acerca da natureza da experiência perceptiva, mas toda versão da mesma parece ser igualmente atingida pela forma de déficit de explicação que procurarei caracterizar.

IV

Nós atribuímos a nós mesmos uma multiplicidade de diferentes tipos de estados mentais — crenças, desejos, experiências

[285] Spelke, Elizabeth. "Where Perceiving Ends and Thinking Begins: The Apprehension of Objects in Infancy", p. 229.

perceptivas, emoções como o medo e a raiva, sensações como a dor e daí por diante — e compreendemos esses diferentes tipos de estados mentais como capazes de manter relações de natureza causal entre si e com estados corpóreos. Imaginemos, por exemplo, que eu veja um cão correndo em minha direção e corra de medo. Esse acontecimento pode ser descrito em termos de um circuito causal no qual uma experiência visual é causada por um objeto no mundo, experiência visual esta que, por sua vez, causa uma emoção (o medo), estado mental que, por sua vez, causa uma ação corporal. Mas nós compreendemos os diferentes tipos de estados mentais que atribuímos a nós mesmos — ou, ao menos, alguns desses tipos de estados mentais — como capazes de estabelecer não apenas relações causais uns com os outros, mas também relações *racionais* ou *lógicas.* Um exemplo paradigmático a esse respeito é o dos nossos raciocínios, nos quais certas crenças são não apenas causadas por outras crenças, mas também racionalmente justificadas por elas.

Em "A Coherence Theory of Truth and Justification", Donald Davidson argumenta que relações de natureza lógica ou racional podem ser mantidas apenas entre crenças e que experiências perceptivas não são capazes de desempenhar o papel de bases epistêmicas últimas e externas ao nosso sistema linguístico de crenças[286]. Ele recusa tanto a ideia de que nossas crenças empíricas podem ser confrontadas com a experiência uma por uma quanto a tese quiniana de que nossas crenças enfrentam o "tribunal da experiência" apenas sob a forma de um corpo organizado: segundo Davidson, a ideia mesma de um confronto entre nossas crenças sobre o mundo espaçotemporal (seja sob a forma de uma crença particular, seja sob a forma de um corpo articulado) e um "tribunal" extralinguístico ou da existência de um fundamento externo ao próprio sistema de crenças é, em última instância, uma ideia ininteligível. Em suas próprias palavras: "O que distingue uma teoria da coerência é simplesmente a afirmação de que nada pode contar como uma razão para sustentar uma crença, exceto

[286] Davidson, Donald. "A Coherence Theory of Truth and Knowledge", in *Subjective, Intersubjective, Objective.* Oxford: Clarendon Press, 2001.

outra crença. Suponho ser ininteligível a solicitação de um fundamento ou fonte de justificativa de outra natureza."[287] Segundo a linha de pensamento de Davidson, objetos no mundo externo espaçotemporal podem desempenhar o papel de fonte causal de experiências perceptivas, e essas experiências, por sua vez, podem desempenhar o papel de fonte causal de crenças sobre objetos no mundo, mas se experiências perceptivas podem desempenhar a função de intermediários causais, elas não podem desempenhar o papel de intermediários epistêmicos localizados entre os objetos no mundo e os nossos juízos acerca desses objetos. Fazendo uso novamente das palavras do próprio Davidson:

> A relação entre uma sensação e uma crença não pode ser lógica, posto que sensações não são crenças ou outras atitudes proposicionais. Qual é, então, a relação? A resposta é, eu penso, óbvia: a relação é causal. Sensações causam certas crenças e, nesse sentido, são a base ou o fundamento dessas crenças. Mas uma explicação causal de uma crença não mostra como ou por que a crença é justificada.[288]

Segundo Davidson, portanto, experiências perceptivas podem manter relações causais, mas não racionais com crenças empíricas. Imaginemos, no entanto, o seguinte cenário: um sujeito *A* que acredita (incorretamente) que todos os cisnes são brancos olha para um lago e vê um cisne negro nadando em suas águas[289]. Diante dessa cena, *A qua* um sujeito racional, parece não se encontrar *livre* para *decidir* continuar acreditando que todos os cisnes

[287] Davidson, Donald. "A Coherence Theory of Truth and Knowledge", p.141

[288] Davidson, Donald. "A Coherence Theory of Truth and Knowledge", p.143.

[289] Tomo esse exemplo de empréstimo a Fodor ("Burge on Perception". In *The Conceptual Mind. New Directions in the Study of Concepts.* Cambridge, MA: MIT Press, 2011). A formulação de uma parte essencial do argumento apresentado nesta seção é decisivamente tributária das reflexões desenvolvidas por Fodor neste artigo. A mesma afirmação é válida (no caso de uma outra parte do argumento) em relação às reflexões desenvolvidas por Michael Martin em "The Rational Role of Experience". (In *Proceedings of the Aristotelian Society*, New Series, Vol. 93 (1993), pp. 71-88). A parte restante do argumento (de fato, a maior parte) construído nesta seção é desenvolvida de um modo independente das reflexões de Fodor e Martin e conduz a um conjunto de conclusões com as quais eles não necessariamente concordariam.

são brancos — embora possa se encontrar livre para *dizer* que continua acreditando que todos os cisnes são brancos; em outras palavras, continuar acreditando que todos os cisnes são brancos — diferentemente do ato de dizer que continua acreditando que todos os cisnes são brancos — parece não poder ser ação voluntária[290]. Se procurarmos fornecer uma explicação desse fato, a explicação — ou parte essencial dela — é a de que há um conflito entre a crença de *A* de que todos os cisnes são brancos e a sua experiência visual — ou, em outros termos, a de que como as coisas aparecem visualmente para *A* é *inconsistente* com a sua crença de que todos os cisnes são brancos. Ora, a relação de inconsistência é uma relação de natureza lógica ou racional. Assim, se essa explicação de por que *A* se encontra racionalmente constrangido a revisar a sua crença de que todos os cisnes são brancos diante da cena descrita acima é uma explicação correta, é possível — diferentemente do que afirma Davidson — que uma experiência perceptiva desempenhe um papel racional e não apenas causal no interior da estrutura de relações formada pelos diferentes tipos de estados mentais que atribuímos a nós mesmos.

Imaginemos agora que ao olhar para o lago e ver algo que de fato é um cisne negro, *A* se engane e acredite estar vendo outra coisa — uma sombra projetada por um galho de uma árvore, suponhamos. Nesse caso, *A* não se encontra racionalmente constrangido a revisar a sua crença em face da cena que se apresenta a ele, porque ele não vê o cisne negro em seu campo visual *como* um cisne e, assim, não identifica a existência de um conflito entre a sua crença de que todos os cisnes são brancos e a sua experiência visual — ou, em outras palavras, não reconhece que a forma como as coisas aparecem visualmente para ele é inconsistente com a sua crença de que todos os cisnes são brancos. Para que fosse possível que *A* identificasse a existência de um conflito

[290] Para um exame do tema da natureza da relação entre vontade e crença, ver: Williams, Bernard. "Deciding to believe", In *Problems of the Self Philosophical Papers 1956—1972.* Cambridge University Press 1973. p.136-151. Para uma discussão da posição de Descartes sobre deste mesmo tema e da crítica de Espinosa a essa posição, ver Curley, E.M. "Spinoza, and the Ethics of Belief", In *Spinoza: essays in interpretation.* La Salle, Ill.,: Open Court. pp. 159-189

entre a sua crença de que todos os cisnes são brancos e a sua experiência visual e, assim, se encontrasse racionalmente constrangido a revisar essa crença particular sobre o mundo em face da cena que se apresenta a ele, seria necessário que *A* percebesse visualmente o cisne negro que se encontra diante dos seus olhos *como* um cisne. Ora, representar um *x* como um cisne (seja esse *x* de fato um cisne ou não) parece ser, *ipso facto*, representar esse *x* como um corpo ou objeto físico do mesmo modo que — como foi visto ao examinarmos a argumentação de Quine — representar um *y* como um coelho (seja esse *y* de fato um coelho ou não) parece ser, *ipso facto*, representar esse *y* como um objeto ou corpo físico ou representar um *z* como uma maçã (seja esse *z* de fato uma maçã ou não) parece ser, *ipso facto*, representar esse *z* como um objeto ou corpo físico. Se tudo isso está correto, a concepção segundo a qual a individuação de objetos físicos como tais ocorre apenas não-perceptivamente parece ser incapaz de explicar como é possível que *A* identifique a existência de um conflito entre aquilo que ele vê e aquilo em que ele acredita e, assim, como é possível que ele se encontre racionalmente constrangido a revisar a sua crença de que todos os cisnes são brancos diante de como as coisas aparecem perceptivamente para ele. Uma formulação mais geral de tal ponto parece poder assumir a forma da seguinte pergunta: como é possível que nossas experiências perceptivas sejam capazes de desempenhar o papel de evidências que tornam racional a revisão ou aquisição de crenças sobre o mundo se o que nós percebemos (no sentido não-metafórico de "percebemos") não é um mundo já organizado em objetos ou corpos físicos como tais? Tal tipo de déficit de explicação parece atingir não apenas a versão de Spelke da concepção segundo a qual a nossa representação do mundo como segmentado em corpos físicos é de natureza exclusivamente não-perceptiva, mas toda e qualquer versão dessa concepção. Com efeito, suponhamos, por exemplo, que proponentes da teoria dos *sense-data* como Russell estejam corretos e que aquilo que nós realmente percebemos não são objetos físicos e sim um fluxo de itens privados — cores, texturas e formas, e daí por diante — em um estado de contínua mudança[291]. Como é possível que algo como um fluxo privado de cores, formas ou texturas em um estado de contínua mudança seja capaz de desempenhar o papel de uma evidência que torna racional a revisão ou aquisição de uma crença sobre o mundo?

V

Como vimos, Spelke procura mostrar que a nossa representação de objetos ou corpos físicos como tais pressupõe algo como uma teoria do mundo físico primitiva, da qual emergiria um conceito inicial de objeto. É possível concordar com essa tese específica afirmada por Spelke e ainda assim discordar da tese, também por ela afirmada (e sustentada por uma longa tradição filosófica), de que a representação de objetos ou corpos físicos como tais é de natureza apenas não ou pós-perceptiva. Se é correto (e, a meu ver, de fato é correto) afirmar, como faz Spelke, que o processo de organização ou segmentação do mundo em objetos físicos pressupõe uma teoria física básica (e possivelmente inata) da qual emerge um conceito inicial de objeto, e se também é correto afirmar (como procurei demonstrar na seção anterior) que tal processo ocorre no nível de nossas próprias experiências perceptivas, então há um sentido no qual nossas experiências perceptivas ou visuais já incorporam algo como uma teoria primitiva do mundo físico, da qual surge um conceito inicial de corpo material ou físico. Essa afirmação pode ser compreendida como um retorno a Kant, no seguinte sentido: ao menos segundo uma leitura possível (e, a meu ver, correta) da *Crítica da Razão Pura*, Kant afirmaria que o exercício de nossas capacidades conceituais é uma condição de possibilidade não apenas para nossos pensamentos ou juízos empíricos, mas também para a experiência entendida como o meio pelo qual os objetos são *perceptivamente* dados a nós. Em termos mais específicos de Kant, segundo esse tipo de leitura, aquilo que ele chama de "intuição" (*Anschauung*) possui uma natureza

[291] Uma versão russelliana da teoria dos *sense-data* pode ser encontrada em *The Problems of Philosophy*. Oxford: Oxford University Press, 1982.

essencialmente conceitual, e a aplicação de conceitos (ao menos dos conceitos puros do entendimento ou categorias) seria uma condição necessária para que as intuições possam desempenhar o papel que Kant lhes atribui: o de representações singulares que nos dão os objetos aos quais nos referimos em nossos pensamentos empíricos, na medida em que tais objetos "afetam" nossos "sentidos externos".

A afirmação da ideia de que nossas próprias experiências perceptivas incorporam uma teoria primitiva do mundo físico pode ser entendida em termos de uma afirmação de uma forma de idealismo segundo o qual o mundo, tal como temos acesso a ele através dos sentidos, é uma construção teórica, e não o mundo tal como é objetivamente ou como se estrutura independentemente de nós e de nossas mentes. Essa interpretação, entretanto, não é obrigatória. É possível, de fato, compreender essa ideia em termos de uma concepção realista, segundo a qual a incorporação de tal teoria física primitiva seria precisamente o que tornaria possível uma relação básica e primária de isomorfismo entre nossas experiências perceptivas e o mundo espaçotemporal. O tipo de isomorfismo entre linguagem e realidade ao qual Wittgenstein se refere no *Tractatus Logico-Philosophicus* pode servir como um modelo aproximado para compreender o tipo de isomorfismo entre nossas experiências perceptivas e a realidade, ao qual me refiro aqui como um isomorfismo possibilitado pelo impacto de uma teoria primitiva do mundo físico na constituição dessas experiências. Segundo uma leitura realista do *Tractatus*, a forma do mundo, espelhada pela forma da linguagem, é algo que a realidade possui independentemente de nós e dessa mesma linguagem. De modo semelhante, o fato de que nossas experiências perceptivas incorporam a teoria física inicial (e possivelmente inata) descrita por Spelke é um fato que permite que essas experiências possuam (em um nível substancialmente básico) a mesma forma que o mundo físico possui independentemente de nós, de nossa mente e dessas próprias experiências.

A linha de pensamento desenvolvida nesta seção é apresentada de modo insuficientemente fundamentado. De fato, o que é exposto nesta última seção é um fragmento inicial de uma explicação que requer um desenvolvimento mais detalhado. No entanto, espero ter mostrado que essa linha de pensamento ao menos faz sentido e que um esforço para desenvolvê-la (esforço este não realizado aqui) é justificado.

Referências

ALLAIS, Lucy. *Manifest Reality*. Oxford: Oxford University Press, 2017.

BURGE, Tyler. *Origins of Objectivity*. Oxford: Oxford University Press, 2010.

CAMPBELL, John. "Does Visual Reference Depend on Sortal Classification? Reply to Clark" *Philosophical Studies (*2006) 127:221–237.

CAREY, Susan. *The Origin of Concepts*. Oxford: Oxford University Press, 2009.

CURLEY, E.M. "Descartes, Spinoza and the Ethics of Belief", in *Spinoza. Essays In Interpretation.* La Salle, Ill.: Open Court, 1975. pp. 159-189 (1975).

DAVIDSON, Donald. "A Coherence Theory of Truth and Knowledge", in *Subjective, Intersubjective, Objective.* Oxford: Clarendon Press, 2001.

FODOR, Jerry A. "Burge on Perception". In *The Conceptual Mind. New Directions in the Study of Concepts.* Cambridge, MA: MIT Press, 2015.

GINSBORG, Hannah. "Kant and the Problem of Experience". Philosophical Topics, Vol.34 (2006).

MARTIN, Michael. "The Rational Role of Experience". *Proceedings of the Aristotelian Society*, New Series, Vol. 93 (1993), pp. 71-88.

MCDOWELL, John. *Mind and World.* Harvard University Press, 2006.

QUINE, W. V. 'Speaking of Objects", in *Ontological Relativity and Other Essays*. New York: Columbia University Press, 1969.

QUINE, W. V. *Word and Object*. Cambridge, MA: MIT Press, 2013.

QUINE, W. V. "Things and Their Places in Theories"", in *Theories and Things*. Cambridge: Harvard University Press, 1981.

RUSSELL, Bertrand. *The Problems of Philosophy*. Oxford: Oxford University Press, 1982.

SPELKE, Elizabeth. "Where Perceiving Ends and Thinking Begins: The Apprehension of Objects in Infancy", in A. Yonas (ed.), *Perceptual Development in Infancy.* Hillsdale, NJ: Lawrence Erlbaum, 1988.

SPELKE, Elizabeth. 'Principles of Object Perception". *Cognitive Science* 14 (1990), 29–56.

SPELKE, Elizabeth. 'Spatiotemporal Integration and Object Perception in Infancy". *Child Development* 67 (1990), 2621-2640.

STRAWSON, P.F. *Individuals.* London and New York: Routledge, 2005.

STRAWSON, P.F. *The Bounds of Sense.* London and New York: Routledge, 2006.

WIGGINS, David. *Sameness and Substance Renewed*. New York: Cambridge University Press, 2004.

WIGGINS, David. "Sortal Concepts: A Reply To Xu", In *Continuants Their Activity, Their Being and Their Identity Twelve Essays.* Oxford: Oxford University Press, 2016.

WILLIAMS, Bernard. "Deciding to Believe". In *Problems of the Self. Philosophical Papers 1956 — 1972*. Harvard: Cambridge University Press, 1981.

XU, Fei. "Lot's Wife to a Pillar of Salt: Evidence that *Physical Object* is a Sortal Concept". *Mind and Language* 12 (3-4):365-392 (1997).

Mente, corpo e natureza: uma disputa sobre e das mulheres na filosofia francesa entre os séculos XVII e XVIII[292]

MARIA HELENA SOARES[293]

"Novas preocupações sociais geram novos problemas intelectuais e históricos. Por outro lado, novas interpretações do passado fornecem perspectivas sobre o presente e, portanto, o poder de mudá-lo"
Carolyn Merchant, *The Death of Nature*, 1980.

Uma análise sobre a natureza na perspectiva do mundo moderno ocidental passa, necessariamente, pela noção de corpo e pelo modo como ele foi pensado em relação à mente, desde a filosofia antiga de Platão até o racionalismo moderno de

[292] Este capítulo é parte do resultado da tese "A natureza-cultura em construção: histórias de filosofia e ciência sobre corpos e feminismos" defendida por Maria Helena Soares, orientada pelo professor Antonio Videira. A autora agradece o auxílio recebido pela bolsa de pesquisa do programa de doutorado-sanduíche CAPES-PRINT, realizado entre novembro de 2019 e março de 2020 (com retorno antecipado devido à epidemia de COVID-19), para o estágio na l'Université Paris X Nanterre, sob a supervisão da professora Anne-Lise Rey, a quem também agradecemos a hospitalidade.

[293] Professora Adjunta de Filosofia do Instituto de Aplicação Fernando Rodrigues da Silveira — Cap-Uerj.

Descartes. Neste capítulo, retornamos ao corpo como sujeito e objeto de uma disputa sob o signo do que se convencionou chamar de mulher. Para isso, delimitamos os séculos XVII e XVIII a fim de apresentar, de maneira introdutória, as contribuições do filósofo francês François Poulain de la Barre e da cientista-filósofa francesa Émilie du Châtelet. Ainda que a separação entre alma e corpo ou entre mente e corpo apresente pontos de partida importantes para a disputa sobre a qual nos debruçaremos — qual seja, a questão das mulheres pela e para a filosofia pós-cartesiana do século XVII e a presença de uma cientista-filósofa na França do século XVIII —, interessa-nos compreender de que modo essa distinção operou na reivindicação de direitos para a vida filosófica, social e política de mulheres deste período e localização.

A ideia de uma identidade pautada na diferença ainda se mostrava, em sua justificativa, determinada por um modelo marcado por definições morais acerca de macho e fêmea, isto é, por um binarismo marcado por papéis de gênero previamente definidos. As mulheres eram descritas, mesmo quanto aos seus órgãos e funções bioquímicas, a partir de metáforas ligadas à sensibilidade e fraqueza[294]. O fisiologismo era completamente moralizado por um discurso dualista que frequentemente associava o feminino aos, por assim dizer, mistérios da natureza. A própria construção de uma ideia de natureza obscura e misteriosa, como um espelho da alma feminina, expõe os problemas que essa imagem acarretaria à própria relação da humanidade com a (ou como) natureza[295].

Para nós, mulheres, a separação entre mente e corpo era algo ainda mais tensionado em uma disputa que visava à demarcação do papel social feminino, tanto para justificar a inaptidão para o exercício da razão quanto para fortalecer a ideia de que mulheres que alcançavam espaços públicos, entendidos como masculinos, eram, quanto à razão, masculinizadas. Não raro, portanto, eram os julgamentos e detrações da época direcionados àquelas que se colocavam não apenas a pensar e produzir, mas também e

[294] Sobre isso ver Rey, Anne-lise. *Médecine et philosophie de la nature humaine*, Classiques Garnier, 2014.

[295] Sobre isso ver: Merchant, Carolyn. *The Death of Nature*, 1980.

principalmente a publicizar seus trabalhos. Igualmente comum, por isso, era o número de publicações de mulheres assinadas com nomes masculinos, fictícios ou de maridos, pais e irmãos, ou sequer assinadas e sentenciadas a um duplo apagamento: de si e pela historiografia que as ignorava.

1 - A disputa sobre e das mulheres em sua origem

A questão da "igualdade feminina" não era impensada nos valores do Ocidente do século XVII. Ao contrário, já estava em voga na arte, na literatura, na filosofia natural, no direito e na teologia desde a Idade Média. Christine de Pizan (1364-1430), considerada a primeira mulher escritora profissional do mundo ocidental, marca as origens da *Querelle des Femmes*. Esse movimento, ou expressão, designa um conjunto de textos e argumentos de mulheres e homens que disputavam o estatuto da mulher na sociedade. Como defende Viennot (2019, p.49), a *Querelle* se limita a uma expressão em um determinado tempo — do fim da Idade Média até a Revolução Francesa —, lugar — funções públicas e nascimento e fortalecimento do ensino superior europeu — e questões que motivaram uma disputa aberta e verbalizada entre um campo a favor e um contra a igualdade entre os sexos, disputa esta que dizia respeito diretamente a uma disputa de poder, ou seja, sobre quem teria o direito de participar do jogo do conhecimento.

Nesse debate incluem-se, por exemplo, a já citada Pizan (1364-1430), Lucrezia Marinella (1571-1653), Gabrielle Suchon (1632-1703), Anna Maria Van Schurman (1607-1678), Marie de Gournay (1565-1645), François Poulain de la Barre — às vezes também mencionado como Poullain — (1647-1723), Nicolas de Condorcet (1743-1794), Mary Astell (1666-1731) e Mary Wollstonecraft (1759-1797). Sem se constituir como uma escola filosófica ou ativismo político, o estudo da Querelle des Femmes foi por muito tempo relegado à literatura e apenas muito recentemente discutido em sua amplitude filosófica. Tanto a igualdade entre os sexos, com a afirmação de um certo racionalismo que compreendia a razão como igualmente distribuída entre homens e mulheres, quanto a reivindicação da educação formal para mulheres constituíam temas recorrentes à Querelle e aos escritos de Pizan[296].

Quando pensamos em lógica e retórica, dificilmente as conectamos à ideia do que entendemos por feminismo. Entretanto, a Querelle, como analisa Elsa Dorlin (2000), pode ser estudada à luz de uma espécie de feminismo lógico, que buscava apontar as inconsistências e sofismas característicos das argumentações em favor da desigualdade entre os sexos. A lógica e a retórica, de acordo com Dorlin, eram utilizadas por filósofos aqui já citados, como Suchon, Van Schurman, de Gournay e Poulain de la Barre, enquanto método para refutar a tese que condenava as mulheres à submissão no lar e as ridicularizava nos espaços públicos. A natureza era, mais uma vez, usada como argumento de autoridade para determinar a diferença entre os sexos. Ou seja, havia no discurso em disputa uma sexualização da razão e da sensibilidade que ocultava seu processo de naturalização pela construção de uma narrativa que distinguia os papéis sexuais.

A *Querelle des Femmes* é, hoje, amplamente analisada por pesquisadores que não aceitam a narrativa de que o pensamento, as reivindicações e, consequentemente, a teoria feminista tenham surgido apenas após a Revolução Francesa ou em figuras exemplares como as representantes do movimento feminista sufragista europeu e norte-americano. Essa leitura condena a luta feminista por direitos a um eterno apagamento e silenciamento histórico e escamoteia a atividade prática e intelectual de incontáveis mulheres *anonimizadas* (VIENNOT, E. 2019). Retomar as narrativas sobre o conhecimento com as lentes de gênero constitui, portanto, um movimento contra o silenciamento ao qual as mulheres foram submetidas, ampliando-se, assim, o cânone filosófico.

[296] A morte de Pizan é estimada em proximidade da condenação de Joana d'Arc em 1431. Sobre Piza, ver: SCHMIDT, Ana Rieger, *Christine de Pizan*, Disponível em: https://www.blogs.unicamp.br/mulheresnafilosofia/cristina-de-pizan/ ISSN: 2526-6187 Blogs de Ciência da Universidade Estadual de Campinas: Mulheres na Filosofia, V. 6 N. 3, 2020, p.6.

Joan Kelly é considerada a pesquisadora que teria motivado esse movimento ao publicar, em 1982, um artigo defendendo que havia uma tradição de quatro séculos de mulheres refletindo sobre suas questões e sobre a política sexual na sociedade europeia antes da Revolução Francesa. Para a autora, havia nesse movimento uma teorização feminista originada no século XV, em íntima associação e reação ao novo regime do Estado moderno europeu, conduzida por mulheres formadas para viver em uma sociedade que as difamava e repelia. Kelly afirma ainda que Christine de Pizan foi a primeira escritora feminista e que o debate de quatro séculos que ela desencadeou, conhecido como a *Querelle des Femmes*, permitiu a evolução do pensamento feminista primitivo (KELLY, J. 1982, p.4-28).

Essa hipótese, aceita por parte das teóricas do novo regime[297] europeu, apresenta problemas quanto à imprecisão histórica e mesmo analítica. Essa historiografia recente, que atribui ao conceito de *Querelle des Femmes* uma série de eventos e agentes em um período tão amplo (XV-XVIII), recebe críticas por esvaziar o próprio sentido do que seria uma "*Querelle*" e por impor uma artificialidade narrativa a questões e estruturas de pensamento distintas.

> *Cela signifie donc que ce que l'on appelle 'Querelle des femmes' relève en réalité d'une unification a posteriori de débats sur des questions à chaque fois particulières, qui ne sont, chacune, vivaces, qu'à une époque donnée. Il est tout à fait remarquable que les protagonistes de cette supposée querelle, depuis le Moyen âge, ne l'ont jamais désignée par cette expression, contrairement par exemple à ce qui se passe pour la 'querelle des anciens et des modernes', ainsi nommée par ses acteurs mêmes.* (...) *On ne peut donc pas écarter l'hypothèse selon laquelle parler de 'Querelle des femmes' pour désigner ces différents débats relèverait d'une unification artificielle. On verrait à l'oeuvre, au travers de ces discussions hétérogènes, une même querelle générale, celle entre philogynes et misogynes de quasiment tous temps.* (...) *Ce qui frappe en effet, c'est que cette expression est largement usitée aujourd'hui,*

[297] A *Société Internationale pour l'Étude des Femmes de l'Ancien Régime* (SIEFAR disponível em: http://siefar.org/ visto em 13 de setembro de 2020.) reúne e fomenta um arquivo online sobre a *Querelle*. A pesquisadora Élianne Viennot também o faz em: http://www.elianeviennot.fr/Querelle.html visto em 13 de setembro de 2020.

> *alors que sa définition n'est pas arrêtée. Les jalons sont multiples qui ont affermi cette catégorie et il est assez intrigant que les spécialistes de l'histoire des femmes et les féministes contemporain(e)s adoptent si facilement une catégorie de l'historiographie la plus traditionnelle du XIXe siècle.* (PELLEGRIN, M.-F., 2013, p.71-72).

Pellegrin não pretende, com isso, diminuir a importância dos objetos, isto é, a igualdade e emancipação feminina, e dos sujeitos, as mulheres, em questão nessa unificação. Ela chama a atenção, ao contrário, para a importância e singularidade de cada uma dessas questões, fundamentais tanto para o feminismo quanto para a filosofia. Para ela, portanto, a *Querelle des Femmes* não é um conceito encerrado em si mesmo, mas sim a questão das mulheres, a qual é "recorrente e necessária para todo grande debate intelectual" (PELLEGRIN, M.-F., 2013, p.77). A generalização, sem uma análise crítica da *Querelle des Femmes* enquanto categoria de análise, apagaria, por exemplo, o reconhecimento da contribuição filosófica do cartesiano François Poulain de la Barre (1647-1723), que se distingue dos detratores das mulheres, conforme a autora defende:

> *Poulain refuse explicitement tout discours galant au profit d'un discours philosophique, même si, souligne-t-il, cela risque de moins plaire au public habitué à certaines formes de discours philogynes. Sur le fond ensuite puisqu'il prône une égalité totale entre les deux sexes du point de vue physique et intellectuel mais également social et politique. Il n'y a pas ici d'éloge topique de la supériorité des femmes, accompagné de listes de femmes fortes, pieuses, illustres ou savantes. Ses trois traités proposent une démonstration purement rationnelle s'appuyant sur la psycho-physiologie, le droit naturel et une exégèse critique de la Bible. Ainsi les arguments de Poulain ne s'inscrivent pas aisément dans le continuum d'une immense 'querelle des femmes'. Ils ne constituent pas seulement une évolution de l'argumentation mais un changement de paradigme, une irruption de la philosophie dans la réflexion philogyne.* (PELLEGRIN, M.-F., 2013, p.74).

2 - O feminismo pós-cartesiano de Poulain de la Barre

François Poulain de la Barre é um exemplo de filósofo que lançou mão de seu lugar de homem e intelectual na sociedade para defender, de maneira filosófica, racional, política e social — e não apenas retórica — que as mulheres deveriam ter igual direito à educação, tomando como justificativa teórica justamente a heteronomia das substâncias defendida por Descartes. Poulain, católico convertido ao calvinismo, defendia que a atividade do espírito não dependia do sexo do corpo ao qual é vinculada, uma vez que a existência da razão independe das propriedades corpóreas. Sua obra incita-nos à busca por verdades claras e distintas que nos afastem do erro e do preconceito quanto à igualdade entre os sexos. O cartesiano escreve três ensaios: *De l'Égalité des deux sexes* em 1673, *De l'Éducation des Dames* em 1674 e *De l'Excellence des Hommes* em 1675. Sua defesa da igualdade dos sexos passava por uma aposta maior na educação de toda a população. De la Barre encontra, assim, um sentido político na teoria do conhecimento cartesiana. Era mister educar todo o povo sem distinção de sexo, para que pudessem, de fato, fazer bom uso do bomsenso que lhes fora igualmente dado.

A misoginia tanto do senso comum quanto do meio erudito acerca da capacidade feminina para o pensamento crítico deveria ser superada, e suas obras se dedicam diretamente a este objetivo: o de demonstrar, por exemplos observáveis, que as capacidades racionais femininas eram simétricas às dos homens e que, se houvesse qualquer deficiência, ela se justificaria por uma educação limitada, voltada para a sensibilidade e o cuidado. Poulain utilizava o pensamento cartesiano contra o argumento amplamente aceito e fundamentado pela teoria dos humores da ciência médica que vigorava à época:

> *La pensée psycho-physiologique cartésienne fournit en effet des arguments nouveaux et décisifs afin de lutter contre les anthropologies adossées à une théorie des humeurs, dominantes à l'époque. Il est notamment significatif que Poulain discute Cureau de la Chambre, chantre d'une doctrine des tempéraments profondément sexuée, auteur alors très lu et apprécié (il fut le médecin personnel de Louis XIV). Pour Cureau, la femme non seulement sent et imagine selon les humeurs propres à son sexe mais elle pense également ainsi. Dans ces conditions, elle ne peut développer aucune pensée théorique et encore moins objective.* (PELLEGRIN, M.-F., 2016, p.166).

Em seu primeiro tratado (1673), Poulain defende a igualdade das mulheres, em um primeiro momento, a partir de comentários sobre sua observação de mulheres eruditas e do senso comum e, na segunda parte do texto, dedica-se a desmontar argumentos vindos de filósofos, juristas e do senso comum contrários à emancipação feminina. O pós-cartesiano sustenta que é inútil apoiar-se completamente na constituição do corpo para justificar qualquer diferença entre os sexos que se queira ver no espírito. Para ele, é fundamental a "verdade primeira" cartesiana que afirma a existência *a priori* da razão, isto é, sua distinção do corpo, como um bem comum a todos independente de sexo:

> Cada um tem direito sobre tudo o que diz respeito ao bom senso: o impulso da razão não tem limites; ela tem em todos os homens igual jurisdição. Todos nós nascemos juízes das coisas que nos tocam; e se não podemos dispor delas com um poder igual, podemos ao menos conhecê-las igualmente. E, como todos os homens gozam do uso da luz e do ar, sem que essa comunicação seja prejudicial a ninguém, todos podem também possuir a verdade sem se prejudicar uns aos outros. E quanto mais ela é conhecida, mais ela parece bela e luminosa: quanto mais pessoas a procuram mais cedo a descobrimos: se os dois sexos tivessem trabalhado nisso igualmente, a teríamos encontrado antes. De modo que a verdade e o saber são bens imprescritíveis: e aqueles que foram privados deles podem reavê-los sem prejudicar aqueles que já são mestres. Pode ser então que aqueles que querem dominar os espíritos

> pela crença tenham razão de temer esse retorno, por medo de que, se o saber se tornasse tão comum, a glória também o seria, e ficaria diminuída com a partilha. (de la BARRE, F.P., 2019, p.126).

Esse argumento é imune às opiniões do senso comum, às verdades da ciência e às leis que se pautavam em uma naturalização da inferioridade da mulher frente ao homem. A obra de Poulain busca, assim, demonstrar racionalmente que a associação da diferença a uma identidade marcada pela diferença sexual tem sua origem apenas no costume e na cultura, e não na natureza, como pretendiam os escritos da filosofia natural hegemônica. Para ele, o preconceito em relação ao físico e à racionalidade feminina tem origem no costume de atribuir à razão o que é da ordem da experiência:

> E como só a experiência pode julgar essa distinção [relativa aos atributos do corpo], não vemos que as mulheres são como nós: há fortes e fracas em ambas as partes: os homens educados na preguiça são, com frequência, piores do que as mulheres, e são os primeiros a se curvarem no trabalho: mas quando eles são endurecidos pela necessidade ou por outra coisa, tornam-se iguais, e algumas vezes superiores aos outros. O mesmo se diz das mulheres. Aquelas que fazem exercícios penosos são mais robustas do que as mulheres que apenas manejam uma agulha. O que pode levar a pensar que se exercitássemos igualmente os dois sexos, um adquiriria, talvez, tanto vigor quanto o outro; o que vimos outrora em uma república, onde a luta e os exercícios eram comuns; relata-se o mesmo das Amazonas, que estão no sul da América. [no original: *ce que l'on a vue autrefois dans une République ou la Lutte & les exercices leurs ettoient communs on rapporte le même des Amazones qui font au Midy de l'Amerique*] (de la BARRE, F.P., 2019, p. 142).

A diferença que se vê entre homens e mulheres, seja no exercício da razão, seja nos atributos corporais, tem sua origem na educação que lhes é permitida e na jurisdição que rege sua sociedade. Nesse sentido, de la Barre (2019, p. 98-99) entende que a dependência feminina, corporal e civil, é efeito do acaso, da violência ou do hábito, visto que os jurisconsultos atribuíram à natureza suas inferências, movidos pelo preconceito e pelo hábito. Contrário à subordinação feminina, Poulain afirma que tais defensores da diferença e misóginos restariam constrangidos ao serem convocados a explicar, inteligivelmente, o que entendem por "natureza" e pela própria distinção entre os dois sexos.

Poulain entende a igualdade entre os sexos como uma verdade evidente, mas que pode ser demonstrada pelos erros de seus adversários. Ele constrói sua argumentação a partir de uma desconstrução do que era até então comumente aceito como "natural" para as mulheres, sem levar em conta suas particularidades. Tendo em vista que o século de Poulain já conhecia inúmeras mulheres escritoras, cientistas, artistas e filósofas, para além das trabalhadoras que compunham o espaço público com sua força bruta, sem qualquer restrição quanto a uma possível fragilidade feminina imposta por seus "empregadores". Apenas o preconceito, como já antecipava Poulain, poderia fazer com que sua obra fosse considerada um marco revolucionário para o feminismo. Mas sua produção, nesse sentido, foi deveras incansável e categórica quanto à defesa da igualdade entre os sexos e de uma educação equânime:

> Não há nenhum inconveniente em que as mulheres se dediquem ao estudo como nós. Elas também são capazes de fazer muito bom uso dele e tirar as duas vantagens que podemos esperar, [1]uma, a de ter conhecimentos claros e distintos, que desejamos naturalmente, e cujo desejo é com frequência sufocado e destruído pela confusão dos pensamentos e pelas necessidades e agitações da vida; e a [2] outra, de empregar esses conhecimentos para sua conduta particular, e para a dos outros, nos diferentes estados da sociedade da qual fazemos parte. Isso não está de acordo com a opinião comum. Há muitos que acreditam que as mulheres podem aprender o que compreendemos como ciências físicas ou naturais, mas não que elas sejam tão capacitadas quanto os homens para aquelas que podemos chamar de civis, como a moral, a jurisprudência e a política, e que, se elas podem se conduzir a si mesmas pela aplicação das máximas dessas últimas, não

> poderão, por isso, conduzir os outros. Temos esse pensamento porque não prestamos atenção no fato de que o espírito só tem necessidade, em todas as suas ações, de discernimento e exatidão, e que, se alguém tem, ao mesmo tempo, essas qualidades em uma determinada coisa, pode tê-las com igual facilidade, e do mesmo modo, em todo o resto (de la BARRE, F.P., 2019, p. 127).

Sua obra, por isso, não foi bem aceita entre seus pares, e seu público leitor figurava majoritariamente entre as mulheres. Vale ressaltar também que, de início, dois dos ensaios foram publicados sem autoria e o segundo, "*De l'Éducation des dames*", foi assinado como "*d'un Poulin*" (PELLEGRIN, M.-F., 2011, p.11), possivelmente porque o autor esperava que seus escritos produzissem certa ebulição no meio acadêmico e gerassem profícuas controvérsias. Entretanto, a barreira misógina entre os letrados, o preconceito para com a atividade intelectual feminina, bem como a recusa do direito à educação, eram ainda mais difíceis de serem demovidas do que a limitação do senso comum.

Nesse segundo ensaio, Poulain escreve sobre a educação de mulheres a partir de um diálogo entre quatro personagens, dois sábios (Sophie e Stasimaque) e dois iniciantes (Eulalie e Timandre). Essa estrutura permite que a mulher seja não apenas objeto de sua escrita, mas, em certa medida, personagem ativa de sua própria demanda. Sophie, mulher sábia e discípula de Stasimaque, se apresenta como uma espécie de transfiguração do autor, que defende as ideias da obra, cujo título remete ao primeiro tratado de Poulain, "*l'Égalité des deux sexes*", de seu mentor, que a define como um exemplar mais profícuo que sua própria obra na causa das mulheres. A representatividade feminina, portanto, não é ignorada na obra de Poulain, mas seu argumento principal segue pela via da inteligibilidade da própria igualdade racional entre os sexos. Por isso, vemos em Sophie uma interlocutora que apresenta suas contribuições filosóficas próprias:

> *Pour moi, reprit Sophie, je ne trouve point de plus grande satisfaction que de bien savoir les choses, et de savoir en faire part aux autres. Et*

lorsque je compare cette satisfaction avec celle qui nous vient de sens, il me semble que celle-cy ne merite pas le beau nom de volupté qu'on luy donne. Car outre que nous ne nous porrons pas de nous mêmes à la volupté sensuelle, et que nous y sommes poussez malgré nons par la douleur qui nous incommode; Cette volupté n'est au fond qu'une diminution de douleur, soit qu'on la goutte quand on donne au corps ce qu'il desire pour la conservation, ou bien lors qu'on le delivre de ce qui le peine. (de la BARRE, *E.D.*, p. 17-18).

As obras de Poulain não geraram qualquer debate no meio erudito, e ele segue como autor clandestino e desprezado por fazer convergir temas considerados libertinos e eruditos em seu discurso filosófico. Poulain assim o faz não para defender uma eliminação da separação entre senso comum e ciência (filosofia), mas para exigir dos filósofos uma melhor produção teórica que entenda, de início, a separação entre natureza e cultura. Para o filósofo, apenas uma desatenção para com a origem dos preconceitos na ordem dos costumes, isto é, do hábito do senso comum e das normas sociais, poderia levar à aceitação da inferiorização do intelecto feminino. O anonimato escolhido para a publicação de suas obras constitui, de acordo com Pellegrin (2011, p.17-18), uma defesa para o autor tanto pelo caráter inovador de suas ideias quanto pelo perigo da censura, uma vez que ele tratava de temas proibidos, como o acesso a livros interditos e uma interpretação crítica da Bíblia.

O que pode ser interpretado como um pensamento radical, tanto pela força de seu argumento quanto por sua própria emancipação intelectual, que passa pela crítica à escolástica, ao catolicismo e à misoginia, encontra sua barreira mesmo entre os que eram considerados radicais à época, visto que a questão das mulheres, fundamental para Poulain, é completamente ignorada ou mesmo negada entre os cânones do pensamento revolucionário protoiluminista. Sua defesa do cartesianismo, do protestantismo e do feminismo o situam em um verdadeiro não-lugar, seja na filosofia, seja na sociedade.

A fim de romper essa barreira, o cartesiano se utiliza da ironia em seu terceiro escrito "*De l'Excellence des Hommes*" e coloca contraposições à sua tese, a fim de promover, ele mesmo, uma "*querelle*", mas suas ideias permaneceram inócuas à época. Os escritos de defensores da causa feminina não encontravam ressonância nem mesmo quando, como no caso de la Barre, se lançava luz ao argumento contrário, a fim de incitar uma análise lógica comparada do problema. Assim, o feminismo pós-cartesiano de Poulain teve, por muito tempo, destino semelhante ao de filósofas com as quais sua obra dialoga e intercede, como Marie de Gournay, Gabrielle Suchon e Anna Maria von Schurman: o ostracismo.

3 - A cientista-filósofa e a sociedade em disputa

A semelhança, contudo, não é completamente simétrica. Afinal, Poulain não teve sua biografia ou mesmo seu sexo usados contra sua obra. Este foi o caso da física e filósofa Gabrielle Émilie Le Tonnelier de Breteuil (1706-1749), também conhecida como a marquesa Émilie du Châtelet-Laumont, que viveu na França no início do século XVIII. Nesse período, o lugar social da mulher era uma questão que ganhava cada vez mais espaço nos círculos letrados, mas o título de preciosa ainda era um insulto comumente usado para humilhar e desmoralizar aquelas que insistiam em ultrapassar o âmbito privado e concorrer com igualdade no debate público.

Essa participação ocorria geralmente por meio de salões promovidos por mulheres influentes para o encontro de um público sábio e influente, além de trocas epistolares e reuniões privadas. Essas mulheres exemplares foram instruídas para a leitura dos clássicos, em suas diferentes línguas, da música e das artes. A marquesa, entretanto, obteve uma instrução destacada inclusive para a filosofia e a ciência, sendo uma das poucas pessoas na Europa que dominavam o cálculo integral (da Silva, 2020). A questão social da mulher não era por ela ignorada; assim, vemos sua consideração sobre o tema em um trecho do seu *Discours sur le bonheur*, publicado postumamente em 1779:

> *Il est certain que l'amour de l'étude est bien moins nécessaire au bonheur des hommes qu'à celui des femmes. Les hommes ont une infinité de ressources pour être heureux, qui manquent entièrement aux femmes. Ils ont bien d'autres moyen d'arriver à la gloire, & il est sûr que l'ambition de rendre ses talents utiles à son pays & de servir ses concitoyens, soit par son habileté dans l'art de la guerre, ou par ses talents pour le gouvernement, ou les négociations, est fort au dessus de [celle] qu'on peut se proposer pour l'étude ; mais les femmes sont exclues, par leur état, de toute espece de gloire, & quand, par hasard, il s'en trouve quelqu'une qui est née avec une ame assez élevée, il ne lui reste que l'étude pour la consoler de toutes les exclusions & de toutes les dépendances auxquelles elle se trouve condamnée par état* (du CHÂTELET, Émilie. 1961, p.21).

Nesse trecho, Émilie usa a palavra "condenada" para abordar a condição social imposta à mulher. Para mulheres do círculo que a marquesa habita, a educação da mulher era sinônimo, frequentemente, de mero adorno para apreciação de uma sociedade patriarcal[298]. Émilie du Châtelet constitui um exemplar singular nesse sentido, pois não se limitava ao lugar de discípula ou interlocutora de um mestre ou mentor em sua vida intelectual ou privada.

---

[298] O termo patriarcado ou sistema patriarcal diz respeito literalmente ao sistema social em que há dominação dos homens sobre mulheres, independentemente de suas relações parentais. O termo é controverso dentro dos estudos feministas e de gênero por carregar uma pretensão trans-histórica e transgeográfica, mas sua importância é legitimada por sua capacidade descritiva, mais do que explicativa (DELPHY, Christine, Patriarcado (teorias do). In: HIRATA et al.(orgs.), *Dicionário crítico do feminismo*. SP: Ed. UNESP, 2009. "A palavra patriarcado se origina da combinação das palavras gregas pater (pai) e arkhe (origem, comando). A expressão refere-se a uma forma de organização familiar e social em que um homem, o patriarca, submete os outros membros da família ao seu poder. (...) Como qualquer fenômeno histórico, a família patriarcal não corresponde a um modelo único de organização familiar, apresentando variações ao longo do tempo e de acordo com o lugar, porém mantendo sempre a superioridade e o poder do patriarca em relação aos seus outros membros. E esse poder masculino não se limita ao espaço doméstico, mas se reflete na forma de organização da sociedade como um todo" (LIMA e SOUZA. Patriarcado. In: COLLING et al. (orgs.), *Dicionário crítico de gênero*. Dourados, MS: Ed. Universidade Federal da Grande Dourados, 2019. p.579 580).

Sua vida pessoal foi, por isso, motivo de depreciação por parte daqueles que não aceitavam facilmente que uma mulher defendesse suas próprias paixões, seja ao conhecimento ou à lascívia, como ela o fizera. Émilie passou a ser conhecida como a amante de Voltaire, o que reduz seu relacionamento com o filósofo à mera privacidade dos corpos e obscurece toda a perspicácia pública que envolveu esse encontro. Sua obra, assim como a de outras mulheres filósofas dos séculos XVII e XVIII, é analisada não apenas por seus tratados, mas também por discursos sobre ela e cartas trocadas com filósofos reconhecidos pelo cânone filosófico e historiográfico, como Descartes, Newton, Huygens, Pascal, Leibniz e Voltaire.

A marquesa filósofa introduziu a física de Newton na França ao traduzir o *Principia*, seguido de um comentário original da tradutora, que contribuiu não apenas para a divulgação científica da física newtoniana, como defende Anne-Lise Rey (2014), mas também com uma interpretação propositiva que assimila a filosofia de Leibniz (1646-1716) e a metafísica de Christian Wolff (1679-1754). Sua tradução é, até hoje, usada na França, e seus escritos e cartas são redescobertos por filósofas e historiadoras dedicadas a uma reescritura do cânone.

Sua obra principal, *Institutions de Physique* (1740), um tratado de filosofia da natureza, apresenta duas grandes concepções da Física da época e se posiciona de modo original frente à fundamentação da Ciência e da Metafísica. Trata-se de uma obra dedicada ao ensino de física, mas que apresenta uma verdadeira discussão filosófica sobre grandes temas da Natureza pela perspectiva da ciência natural e da metafísica. Émilie, como vemos em seu prefácio, orienta seu filho a não ceder ao costume perigoso de atribuir valor de verdade a tudo o que vem de grandes nomes da Filosofia. Sua instrução de que devemos nos guiar menos pelos nomes exemplares, mas sim pelo próprio exercício de nossa razão, esclarece nosso intento com a exposição de sua obra: trata-se menos de uma defesa da racionalidade feminina personalista — de que algumas mulheres há muito faziam filosofia — do que de um levantamento da planta do Edifício da Razão.

Referências

BARRE, Poulain de la. Da igualdade entre os dois sexos, discurso físico e moral, onde vemos a importância de se desfazer dos preconceitos. In. Rovere, M. (Org.) *Arqueofeminismo: mulheres filósofas e filósofos feministas.* SP: n-1 edições, 2019.

____. *Textes cartésiens. De l'égalité des deux sexes. De l'éducation des dames. De l'excellence des hommes.* Paris: J.Vrin, 2011.

DORLIN, Elsa. *L'évidence de l'égalité des sexes : une philosophie oubliée du XVII siècle.* Paris: L'harmattan, 2000.

KELLY, Joan. *Early Feminist Theory and the 'Querelle Des Femmes'*, 1400-1789. *Signs*, vol. 8, no. 1, 1982, pp. 4–28. JSTOR, http://www.jstor.org/stable/3173479.

PELLEGRIN, Marie-Frédérique; LOTTERIE, Florence. *Le cartésianisme est-il un féminisme ? Autour de Poullain de La Barre: Entretien avec Marie-Frédérique Pellegrin.* Littératures classiques, v. N° 90, n. 2, p. 165, 2016.

PELLEGRIN, Marie-Frédérique. La 'Querelle des femmes' est-elle une querelle? Philosophie et pseudo-linéarité dans l'histoire du féminisme. *Seventeenth-Century French Studies*, v. 35, n. 1, p. 69–79, 2013.

REY, Anne-Lise. « La Minerve vient de faire sa physique »1. *Philosophiques*, v. 44, n. 2, p. 233–253, 2017.

____. LA LITTÉRARISATION DE LA SCIENCE NEWTONIENNE AU XVIIIE SIÈCLE : UNE LITTÉRATURE POUR LES DAMES ?. *Littératures classiques.* N°85, 2014/3, pag. 303-326. Disponível: https://www.cairn.info/revue-litteratures-classiques1-2014-3-page-303.htm

Do discurso ao idioma: a radicalização da historicidade no pensamento de Heidegger sobre a linguagem

Paulo Gil Ferreira

Tu és o Poeta, o grande Assinalado
Que povoas o mundo despovoado,
De belezas eternas, pouco a pouco...
Cruz e Sousa

1 - Introdução

Em uma primeira aproximação, o tema da linguagem propriamente dita aparece de uma maneira até certo ponto marginal em *Ser e Tempo*, opera magna de Martin Heidegger. Uma menção provisória ocorre mais exatamente na introdução do tratado, no §7, em que Heidegger propõe uma tradução do termo λόγος em meio a uma elucidação metodológica a respeito da fenomenologia. Uma análise mais detida da linguagem somente é ensaiada, no entanto, no §33, embora de modo subsidiário à análise da enunciação (*Aussage*), para então ser finalmente empreendida no §34. Mesmo assim, a abordagem de Heidegger ainda é bastante indireta, na verdade, pouco se assemelhando ao que se poderia denominar uma teoria ou filosofia da linguagem, quando se a compara com a virada linguística consumada pelo *Tractatus* de Wittgenstein, com a semiótica de Peirce ou com a linguística estruturalista de Saussure. Em *Ser e Tempo*, publicado em 1927, a linguagem (*Sprache*) em seu aspecto material, ou, mais precisamente, ôntico, é tratada como uma derivação do discurso (*Rede*), enquanto um dos componentes do complexo estrutural do descerramento do ser-aí (*Erschlossenheit des Daseins*), junto com o encontrar-se (*Befindlichkeit*) e o compreender (*Verstehen*). Nas preleções que antecipam a publicação de *Ser e Tempo*, por exemplo, na preleção de verão na Universidade de Marburg de 1925, *Prolegômenos ao Conceito de Tempo*, e na seguinte preleção de inverno de 1925/1926 na mesma universidade, *Lógica: a questão da verdade*, a análise técnica da linguagem na perspectiva lógico-linguística é nitidamente negligenciada em favor de uma análise da estruturação da discursividade. Dessa forma, pode-se ser levado a crer que a questão da linguagem ocupava um lugar menor no âmbito do projeto de uma ontologia fundamental em *Ser e Tempo* e que, após o "fracasso" desse projeto, aí sim, Heidegger teria abandonado suas pretensões metafísicas e, consequentemente, a linguagem teria conquistado um lugar de destaque cada vez maior na "viragem" (*Kehre*) realizada em sua filosofia madura, na qual ele procede a uma exploração do potencial poético da linguagem.

Essa avaliação precipitada não corresponde, todavia, àquilo que está em questão para Heidegger. O estudo aqui ensaiado pretende mostrar que o protagonismo alcançado pela temática da linguagem é resultado, justamente, de um acirramento daquilo que já estava no horizonte de uma investigação de cunho transcendental, na qual ela era ainda um dos componentes estruturais. E o que se radicaliza nesse horizonte da investigação heideggeriana, constituindo-se como cerne das temáticas do pensamento de maturidade, é exatamente o primado da historicidade do ser.[299] A radicalização da perspectiva histórica interdita a possibilidade de acesso a qualquer ontologia omniestruturante e universal. Nesse sentido, pode-se falar com toda a razão de um fracasso do projeto de *Ser e Tempo*; porém, tal fracasso funciona ao mesmo tempo como uma descoberta. Ou seja, não é como se o alegado fracasso deitasse por terra todo o esforço anterior e exigisse a edificação de uma nova teoria. Em vez disso, paradoxalmente, o fracasso do projeto de *Ser e Tempo* revela de maneira muito bem-sucedida a verdadeira dimensão da questão que nele estava latente. A ontologia fundamental é assim conduzida a uma topologia do ser. A pergunta transcendental pelo ser dos entes em geral dá lugar à confrontação (*Auseinandersetzung*) com o evento-apropriador (*Ereignis*) que determina uma medida específica de relação com os entes. De acordo com essa perspectiva radicalmente histórica, a particularidade e, por conseguinte, a perspectiva local de um modo coletivo de existência e de relação com a totalidade dos entes, isto é, do que quer que venha a ser para essa coletividade histórica, torna-se incontornável. Essa perspectiva eminentemente local está concretizada na linguagem, que se apropria de nós e nos constitui a nós mesmos como uma sua mensagem. Assim, o fenômeno da linguagem como um todo não remonta mais à discursividade estrutural que compõe o caráter de ex-sistente do ser humano; antes disso, nos termos de Heidegger, é a linguagem ela mesma que fala, não o ser humano, de modo que as possibilidades discursivas humanas remontariam às possibilidades de sua língua específica, isto é, do seu idioma. Daí decorre a obsessão de Heidegger com a etimologia e a poesia, no esforço de apontar para a ancestralidade consumada em um idioma ou em um conjunto de idiomas, pois o que está em questão, afinal, é a busca de

[299] Lafont defende a ideia de um "giro linguístico" operado por Heidegger, já de alguma forma prenunciado na "transformação hermenêutica da fenomenologia", tal como observada em *Ser e Tempo*. De fato, um "giro" já está prenunciado em *Ser e tempo*, mas não cremos que o que esteja em questão seja uma primazia ontológica da linguagem de caráter relativista. Talvez a conclusão de Lafont se deva ao evidente superdimensionamento da alegada "transformação hermenêutica". Cf. LAFONT, Cristina. *Lenguaje y apertura del mundo. El giro lingüístico de la hermeneutica de Heidegger*. Madrid: Alianza Editorial, 1997.

um reencontro com as possibilidades históricas do pensamento propiciadas por uma língua — possibilidades essas essencialmente idiomáticas, mas que são ocultadas pelo desvirtuamento oriundo do projeto metafísico de uma linguagem universal.

A rigor, portanto, à medida que a pergunta pela linguagem conquista um protagonismo no pensamento tardio de Heidegger, desvanece ao mesmo tempo a própria pretensão de uma filosofia da linguagem. Isto porque desaparece exatamente a ideia de que haja algo como "linguagem" pensada em abstrato, que estivesse colocada à base dos diversos idiomas — em suma, a linguagem como uma faculdade subjetiva a serviço da cognição. Dito de outra maneira, Heidegger coloca em questão a tentativa de se estabelecer a linguagem em geral como um objeto de análise em sentido estrito. Disto se segue um desafio aos próprios recursos hermenêuticos a serem empregados por Heidegger. Pois, como lidar com a dificuldade de um pensamento expresso em uma língua que já prefigura sua relação com uma determinada problemática, no caso a da própria "linguagem"? Como escapar, afinal, ao enredamento das prescrições reificantes da idiomática metafísica?

A resposta de Heidegger está em um retorno à origem, ou seja, ao lugar em que se gestam as próprias possibilidades de pronunciação de uma língua. Essa origem não deve ser concebida de forma alguma no sentido de um passado remoto e idealizado, mas, em vez disso, no sentido de uma origem ainda operante na língua. Essa origem é acessível de maneira privilegiada na poesia. Trata-se, destarte, de confrontar a língua da metafísica, a língua do "pensamento calculador", que tem a pretensão de se impor como linguagem universal, com a língua poética, no interior da qual ainda se pode encontrar uma relação da língua com a sua identidade e potência expressiva originária.

Não é, portanto, por qualquer idiossincrasia estética, apreço pela obscuridade ou vontade de mistificação — objeções que, à parte de serem filosoficamente irrelevantes, em verdade, são, elas sim, obscurantistas e sectárias — que Heidegger adota um estilo bastante singular. Antes disso, esse estilo é fruto de uma reflexão levada ao paroxismo. Por força de sua tese de que as línguas ocidentais carregam em si mesmas esquemas de pensamento que obstaculizam uma reflexão mais radical, Heidegger é levado a proceder de maneira transgressora com relação a uma linguagem padronizada, tal como ocorre analogamente com os artistas plásticos modernos, quando estes últimos questionam os limites impostos pelos padrões estéticos canônicos, ou mesmo como ocorre com a nova lógica de Boole, Frege, Russell etc., autores que, ao buscarem concretizar o projeto de Leibniz de uma *characteristica universalis*, promoveram ao mesmo tempo uma linguagem filosófica igualmente peculiar.

Ora, o objetivo deste texto reside em esclarecer de que modo a reflexão de Heidegger acerca da linguagem ascende de um momento subordinado a uma preocupação teórica mais central, em que o discurso se antecipa como uma articulação pré-linguística da ex-sistência humana, para tornar-se um elemento central em seu pensamento tardio, em que o ex-sistente (ser-aí) não aparece mais como condição estrutural das ontologias, mas se revela ele mesmo subordinado ao primado histórico do idioma.

2 - Linguagem e discurso

Na já mencionada preleção de inverno de 1925-26 em Marburg, *Lógica*, proferida durante o processo de redação de *Ser e Tempo*, Heidegger coloca a pergunta sobre o motivo pelo qual a lógica teria aparecido entre os gregos, ao lado da física e da ética, como parte do domínio epistêmico fundamental da filosofia. Ora, parece bastante compreensível que uma "ciência do todo do ser enquanto tal em sua totalidade" envolva uma ciência do mundo, a física, e uma ciência do ser humano, a ética. Em que residiria, então, o privilégio do discurso enquanto domínio universal digno de uma ciência fundamental, a lógica, uma das "três ἐπιστήμαι"? Heidegger argumenta que, desde muito cedo, em uma perspectiva ainda pré-científica, os gregos concebiam o ser humano como o ζῷον λόγον ἔχον, "o vivente capaz de falar e que, nessa fala, ou discurso (*Reden*), codetermina seu ser" (HEIDEGGER, *GA*

21, p. 3). É importante destacar que Heidegger procura ler a definição clássica em um esforço de contraposição à interpretação subjetivista do pensamento moderno. Dessa forma, embora a definição empregue o termo posse (ἔχον), não devemos interpretá-la como se o λόγος fosse uma mera propriedade da cognição humana. Dito de maneira explícita, o λόγος não é tão somente um dos componentes do sistema cognitivo da subjetividade, mas é parte integrante da constituição de ser do ser humano. O λόγος, por conseguinte, codetermina o ser do ser humano, não se reduzindo a um instrumento sob sua posse.

É interessante ter uma atenção mais detida à importância da menção de Heidegger a uma concepção pré-científica (*vorwissenschaftlich*), quando de sua retomada da definição grega de λόγος. Os gregos não teriam considerado a relação entre o ser humano e a linguagem a partir de um posicionamento teórico. Rigorosamente falando, os gregos nem mesmo possuíam um termo análogo ao nosso termo linguagem. A "linguagem" como tema é acessada pelos gregos a partir de um comportamento fático, a partir do comportamento cotidiano dos falantes. Em resumo, a linguagem é a fala enquanto um modo humano de comportamento (*Verhaltung*). Falar (*reden*) tem o sentido do falar-um-com-o-outro (*Miteinanderreden*), na medida em que esse falar se realiza:

> [n]o e para o agir e atuar-um-com-o-outro (*Miteinanderhandeln und-wirken*); este falar-um-com-o-outro é o discutir-um-com-o-outro (*Mit-einander-be-reden*) sobre circunstâncias, situações, meios, planos, tarefas, relacionamentos, ocorrências, destinos; portanto: [d]iscutir-um-com-o-outro sobre o ser do mundo e do ser humano. (HEIDEGGER, *GA 21*, p. 2)

Os gregos não teriam concebido o λόγος a partir da elaboração teórica de uma tese sobre o primado da faculdade humana da cognição e da linguagem como propriedade a ela coextensiva, mas sim a partir da discursividade cotidiana em meio à qual mundo e seres humanos estão continuamente em questão. Em outras palavras, o uso da linguagem se manifesta mais originariamente com base no intercâmbio discursivo em que ser deste ou daquele modo é uma questão de responsabilidade (*Verantwortung*), e não de conhecimento teórico. Disto se pode concluir que é justamente porque o ser humano já é originariamente convocado a responder por si, pelos outros e pelo mundo que ele é o vivente possuidor de fala e, por conseguinte, ao mesmo tempo, o vivente político (ζῷον πολιτικόν), e não o contrário — ou seja, que essas características simplesmente tivessem se seguido de suas capacidades cognitivas. Como veremos, Heidegger descobrirá posteriormente, na chamada viragem de seu pensamento, que essa ligação embrionária do ser humano com uma determinada comunidade falante é incontornável para suas possibilidades discursivas atuais. Portanto, o discurso diz respeito à constituição de ser do ser humano e do mundo e, assim, ele diz respeito à própria constituição do ser em geral. Por isso mesmo, a lógica é considerada pelos gregos como uma ciência fundamental (*Grundwissenschaft*), não se tratando de uma investigação particular de raciocínios válidos, de aspectos formais das proposições etc. A lógica se ocupa, junto com as outras ἐπιστῆμαι fundamentais, da "concatenação absolutamente essencial do todo do ente" (HEIDEGGER, *GA 21*, p. 3).

Em *Ser e Tempo*, o discurso é caracterizado exatamente nesses termos, isto é, como concatenação, articulação, estrutura (*Gliederung, Artikulation, Struktur*).[300] O discurso participa necessariamente como momento estrutural (*Strukturmoment*) do descerramento da ex-sistência, junto com o compreender e o encontrar-se, de maneira co-originária, exatamente porque ele é o membro que os articula.

> A compreensibilidade já está concatenada mesmo antes da interpretação que dela se apropria. O discurso é a articulação da compreensibilidade. Portanto, ele já está na base da

[300] Blattner considera que esse uso terminológico se refere ao caráter previamente organizado da "situação holísitica" que sustenta a inteligibilidade dos entes interpretáveis. O "campo de inteligibilidade" em que lidamos com os entes "não é uma massa indiferenciada". Cf. BLATTNER, William. *Heidegger's Being and Time. A reader's guide.* 1ª ed. London and New York: Continuum, 2006. pp. 98-101.

> interpretação e da enunciação. Nós chamamos assim de sentido (*Sinn*) aquilo que já é articulável mais originariamente no discurso. Ao concatenado enquanto tal na articulação discursiva, nós chamamos de totalidade de significações (*Bedeutungsganze*). (HEIDEGGER, *SuZ*, p. 161)

Este trecho requer algum detalhamento, pois ele condensa muitos elementos e sutilezas que são decisivos para entendermos as especificidades da concepção heideggeriana de linguagem. Em primeiro lugar, temos uma afirmação, muito cara a *Ser e Tempo*, a respeito do primado da compreensibilidade em relação à interpretação. Mas não é somente isso que está dito no trecho, pois nele Heidegger se refere também à imediatidade da concatenação da compreensibilidade. O termo "concatenada" traduz o alemão *gegliedert*, o qual porta como radical o vocábulo *Glied*, que pode ser traduzido por membro ou elo. A noção de uma compreensibilidade já concatenada, portanto, permite que se infira que a compreensibilidade funcione como um sistema, no qual os membros estão previamente organizados em um todo discriminado e interligado. A articulação (*Artikulation*) desses elos em uma compreensibilidade concatenada é efetuada pelo discurso. É sobremaneira importante acentuar aqui que não é a interpretação que articula e concatena a totalidade do compreensível; dito de outra forma, não é o ato de interpretar de um sujeito que, diante de um material amorfo, distingue e organiza os dados e tece a trama do sentido. Em vez disso, o sentido já está primordialmente articulado pelo discurso, com seus elementos também previamente concatenados e relacionados no que Heidegger denomina totalidade de significações.

Dessa maneira, temos que o sentido é uma estrutura formal previamente delineada pelo discurso. Entendido como horizonte primordial do articulável, na terminologia de *Ser e Tempo*, enquanto seu a-partir-de (*Woraufhin*), o sentido responde pelo sistema das significações pré-pronunciadas. Por isso, a estruturação realizada pelo discurso é determinante para nossas possibilidades expressivas e comunicativas. As nossas possibilidades de interpretarmos e compreendermos aquilo que comunicamos uns aos outros em nosso intercâmbio linguístico dependem exatamente de nosso pertencimento a uma base comum de compreensibilidade. Não é a nossa subjetividade que fundamenta essa compreensibilidade; pelo contrário, nós nos encontramos lançados nessa compreensibilidade articulada. Isto quer dizer que, na verdade, nós não somos sujeitos *do* sentido, mas estamos sujeitos *ao* sentido, na medida em que existimos "no" sentido. E é precisamente dessa maneira que devemos entender o discurso como o componente articulador co-originário do descerramento.

Articular o compreender e o encontrar-se significa prover-lhes de expressividade. Compreender possui, de acordo com Heidegger, o caráter de projeto (*Entwurf*), termo cunhado a partir do verbo "*werfen*", lançar. Compreender, portanto, significa projetar-se, lançar-se; porém, o ex-sistente não é simplesmente um nada que se lança no vazio, sem que já tenha se comportado com relação a um si mesmo e a um entorno que de algum modo reconhece. Muito embora Heidegger afirme, no capítulo de abertura da obra (§ 9), que "a essência do ser-aí reside em sua existência", que em sua "constituição formal" ele seja ontologicamente indeterminado, que ele seja sempre singular e que esteja entregue à responsabilidade de cada ser-aí existente de maneira intransferível, ele tem a precaução de afirmar logo em seguida que "por outro lado, o ser-aí é meu a cada vez neste ou naquele modo de ser. Já sempre se decidiu de alguma maneira em que modo o ser-aí é meu" (HEIDEGGER, *SuZ*, p. 42). A indeterminidade ontológica do ser-aí manifesta-se assim já desde a sua origem em modos de ser, ou seja, a ex-sistência se dá e, portanto, atualiza-se, efetiva-se, a cada vez como um poder-ser, como uma possibilidade. Ser para o ser-aí é antes ser modo do que ser substância. "O ser-aí não é um subsistente (*Vorhandenes*), que possui, ademais, como acréscimo o poder de fazer algo, mas ele é primariamente ser-possível" (HEIDEGGER, SuZ, p. 143). Ser possível significa para o ser existente projetar-se em modos de ser, e não ser uma relação absolutamente livre com um mero vazio que lhe permitisse recusar sua concretude fática[301]. Agora bem, esses

[301] Essa argumentação está no cerne da crítica que Heidegger vai fazer à interpretação existencialista de de *Ser e Tempo*, proposta por Sartre, e que será pormenorizada

modos de ser previamente decididos são determinados pelo seu caráter de encontrar-se, de ser-lançado. As possibilidades abertas nas quais o ser humano se lança em sua existência são as possibilidades nas quais ele já está lançado, as suas possibilidades históricas. Ao dizer que a indeterminidade reside no caráter possível dos modos de ser do ser humano, Heidegger protege a ideia da indeterminidade da contradição de ela se tornar um caráter determinado de ser do sujeito. A compreensão de ser envolve, destarte, lançar-se em possibilidades, projetar-se; porém, ao mesmo tempo, envolve pertencimento, encontrar-se, estar-lançado em um mundo compartilhado em que projetos existenciais são assumidos.

Compreensão de ser, na medida em que requer pertencimento a um mundo, envolve a um só tempo compartilhamento e participação, o que, por sua vez, pressupõe interlocução entre projetos existenciais. Ora, é precisamente o discurso que realiza essa articulação da compreensibilidade partilhada que dá sustentação aos projetos existenciais. Não podemos nos apropriar de um determinado projeto existencial de maneira isolada, isto é, sem qualquer referência ao mundo, ainda que ela seja negativa. Por exemplo, quando eu realizo o meu projeto existencial de ser professor de filosofia, eu não apenas seleciono essa possibilidade no meu mundo e a elaboro no isolamento da minha mente, mas mobilizo continuamente, na maioria das vezes, diga-se de passagem, implicitamente, uma cadeia de significações correlativas a esse projeto. Eu considero uma série de possibilidades concatenadas ao meu projeto: valor do salário, status social, satisfação pessoal, tempo de preparação para a profissão, habilidade social para o contato com o público, aptidões cognitivas específicas etc. No interior de cada uma dessas considerações ainda há uma miríade de outras que se associam a elas em uma rede ultracomplexa. Exatamente por isso, a compreensibilidade, a expressividade e, por conseguinte, a comunicabilidade dessas possibilidades de projetar-se já precisam estar previamente concatenadas pelo discurso, de modo a sustentar o sentido e a exequibilidade de nossos comportamentos práticos. O discurso é,

mais adiante neste trabalho.

dessa forma, o elemento histórico-situacional por excelência na estrutura do descerramento.

O discurso articula a compreensibilidade do mundo a fim de prover-lhe expressividade e concatenação significativa, mas o discurso articula ao mesmo tempo o encontrar-se, o qual se concretiza onticamente, ou seja, no mundo fático das ocupações cotidianas, nos afetos. A palavra alemã para afeto é "*Stimmung*", uma palavra bastante polissêmica, cujo radical é "*Stimme*", a voz. Heidegger alerta para que não tomemos a palavra "*Stimmung*" em um sentido psicológico, isto é, para designar um estado de alma, no sentido de um sentimento interior. Além de poder ser traduzida por afeto ou afeição, a palavra pode significar em alemão a afinação de um instrumento, uma tonalidade musical, uma ambiência ou atmosfera. É nesse sentido que Heidegger pretende que a noção de afeto seja entendida: como uma ambiência, uma tonalidade, uma sintonia que nos articula ao mundo cotidiano. Dessa forma, o afeto não é simplesmente um sentimento interior, mas algo que, ao se apropriar de mim, dá o tom, ao mesmo tempo, de todo o meu entorno, constituindo uma ambiência específica. Permanecendo no exemplo anterior, quando me lanço no projeto existencial de ser professor, eu não apenas me oriento segundo uma rede de significados, mas o faço também sustentado em uma certa tonalidade afetiva. Não sou a cada vez professor apenas porque sou capaz de seguir determinadas prescrições discursivas, mas também porque estou afinado à atividade de alguma maneira, muitas vezes afinado pela euforia que cria uma ambiência de excessiva positividade, criando também expectativas desmesuradas; por outras vezes afinado negativamente pela decepção; por outras, ainda, sou movido por um sentimento de indiferença, e assim por diante. Por isso mesmo, o todo de relações (*Bezugsganze*) que é articulado no discurso não é somente um todo de significações (*Bedeutungsganze*), mas sobretudo de significância (*Bedeutsamkeit*), ou seja, um todo de significações discursivamente concatenadas que não apenas servem de orientação, mas que importam para o ser-aí, ou seja, que, em última instância, articulam-se como um todo em virtude (*Umwillen*) do ser-aí.

Em nosso projeto existencial, nós movimentamos assim um todo de significações concatenadas, a partir do descerramento de um sentido, isto é, com base em uma compreensibilidade prévia à qual nos encontramos necessariamente vinculados. Isso significa que descerrar esse campo de sentido envolve, ao mesmo tempo, descerrar-se a si mesmo como momento nele integrado. Entretanto, conforme Heidegger, não é correto dizer que nós compreendemos o sentido, ou os respectivos significados que a partir dele se concatenam. "Tomado rigorosamente, porém, não é o sentido que é compreendido, mas o ente, respectivamente o ser. Sentido é aquilo em que a compreensibilidade de algo se mantém" (HEIDEGGER, *SuZ*, p. 151). De acordo com Heidegger, o compreender possui um caráter eminente e imediatamente referencial. Isto quer dizer que o sentido e, por extensão, a compreensão, não são um construto da linguagem, como se os signos linguísticos funcionassem como substitutos dos entes ou de representações mentais. Quando eu digo, por exemplo, "essa escada é baixa demais para alcançar aquela prateleira da estante de livros", o que é compreendido não é, a rigor, o sentido da frase, mas antes os respectivos entes e a própria situação de coisas. Compreende-se que há uma escada, que ela é muito baixa, que se quer alcançar um livro em uma estante; compreendem-se os elementos categoriais da frase, seus conectores etc. Se em seguida eu digo "eu vou ao mercado comprar leite", dá-se o mesmo. Quem ouve a frase não compreende o seu sentido, estritamente falando, como se ele fosse algo a ser decodificado por um interlocutor, mas compreende de imediato o ser dos entes envolvidos na frase. Quem ouve ou lê a frase acompanha a ação nela expressa e compreende os entes sensíveis e categoriais nela envolvidos. O sentido é assim o campo de compreensibilidade em que me encontro, em que me comporto e a partir do qual compreendo os entes.

A concepção de um caráter originário do discurso, entendido como articulação prévia do compreensível, confronta-se com a inaudita assunção do primado nominalista que compõe os fundamentos do pensamento moderno[302]. A inquestionabilidade dessa assunção teria virtualizado de antemão a experiência e realizado a conversão do mundo experimentado de representação em metáfora e, finalmente, de metáfora em algoritmo. Esses desenvolvimentos teóricos tomam a linguagem como uma ferramenta da cognição da subjetividade, a qual estaria defrontada de início com uma realidade exterior atomicamente fragmentada e amorfa. Não obstante suas nuances, o nominalismo moderno subscreve uma mesma premissa básica, qual seja, a de que a compreensibilidade é subalterna de uma simbólica forjada pelo ser humano. Tal concepção encontra-se presente de maneira nítida e exemplar no escrito de Nietzsche de 1876, "*Sobre verdade e mentira no sentido extramoral*". Senão vejamos:

> "O que é uma palavra? A figuração de um estímulo nervoso em sons. Porém, do estímulo nervoso inferir em seguida uma causa fora de nós já é o resultado da aplicação falsa e injustificável do princípio da razão. [...] Nós cremos saber algo das coisas elas mesmas, quando falamos de árvores, cores, neve e flores e no entanto não possuímos nada mais do que metáforas das coisas, as quais não correspondem absolutamente às entidades originárias" (NIETZSCHE, *ÜWL*, § 1.

A impossibilidade de dar expressão às coisas elas mesmas é ainda mais notória quando lidamos com conceitos, para Nietzsche, espécies de metáforas de segunda ordem, que servem de substitutos da memória da "vivência originária individualizada". Em uma das muitas passagens que poderiam ser assinadas, por exemplo, por John Stuart Mill, Nietzsche afirma: "A negligência do individual e do efetivamente real (*Wirklichen*) nos dá o conceito, tal como ela nos dá também a forma, quando ao contrário a natureza não conhece formas e conceitos, portanto, tampouco espécies" (*Id.*). O modo como Nietzsche leva aqui às últimas consequências a concepção instrumentalista de linguagem, que

[302] Krämer, *Integrativer Ethik*, Frankfurt a. M., Suhrkamp, 1992: "A modernidade é definível como a história do nominalismo e suas tentativas de evitá-lo". Apud: Grondin, Jean. *Faith in the Nominalistic Age? The Possible Theological Contribution of Hermeneutics*. Religions: 14, 220, 2023.

resulta na tese da ficcionalidade da experiência, vai de encontro ao que Heidegger pretende com a sua concepção de discurso. O acesso ao ente não atende à exigência de uma relação do sujeito com entidades empíricas autossubsistentes, "individuais e efetivas". O acesso ao ente já é primário nas interações coletivas que os articulam, à medida que falamos e agimos uns com os outros. Pensar na linguagem como ferramenta de um sujeito e nos entes como objetos postos adiante dele é algo completamente artificial. Por que motivo, afinal, os entes deveriam estar dados antes de tudo como subsistentes, como coisas postas diante de nós de antemão (*Vorhand*), em vez de serem considerados no modo como já os manuseamos, no modo como eles estão sempre já à-mão (*Zuhand*) nos nossos afazeres cotidianos?

Novamente, o discurso não é um construto linguístico, mas a própria estruturação da compreensibilidade. É claro que o descerramento do ser-aí, enquanto horizonte de sentido, não deve ser confundido como um análogo do espaço lógico; portanto, seu caráter normativo não pode ser exagerado. Se o horizonte do descerramento é um espaço genuinamente histórico, então ele se estrutura processualmente e determina a relação com o ente limitadamente em última instância. Dessa forma, o seu conjunto de prescrições é apenas quase-determinante, na medida em que ele é atravessado pela contingência constitutiva do ser-aí enquanto poder-ser (*Seinkönnen*). Esse é um motivo pelo qual não se pode afirmar de maneira peremptória que a concepção de linguagem de Heidegger implica na tese de um sentido determinante da referência; ainda assim, poder-se-ia contra-argumentar que, sim, o sentido é determinante da referência, mesmo que de uma referência indeterminada, isto é, em aberto. Teríamos aqui, portanto, um flerte de Heidegger com uma forma de relativismo linguístico, o que o faria recair em uma concepção instrumental de linguagem. Mas há ainda um segundo motivo mais sutil que não permite de forma alguma tal afirmação[303], a saber, a ideia da constituição de uma paradoxal semântica pré-linguística,

303 "A compreensão de ser como abertura de mundo determina concretamente o que encontramos no mundo", cf. LAFONT, op. cit.

associada a uma ontologia a um só tempo não-realista, porém de forma alguma antirrealista. Antes de tudo, o discurso não é uma construção linguística, ao contrário, ele é condição de expressividade da linguagem. "A linguagem é a pronunciação (*Hinausgesprochenheit*) do discurso" (HEIDEGGER, *SuZ*, p. 161). A articulação discursiva da compreensibilidade tece uma rede de possibilidades de relações entre os próprios entes, em determinadas circunstâncias que se dão em-virtude-de (*Umwillen*) possibilidades existenciais do ser humano. Não se trata, nesse caso, do estabelecimento de uma normatividade linguística para prover acesso ao ente a fim de torná-lo comunicável. Trata-se, na verdade, de uma normatividade fundada na relação com as próprias coisas que empregamos coletivamente em nosso intercâmbio fático. Fosse a articulação da compreensibilidade apenas uma elaboração linguística, então Heidegger não precisaria da distinção entre maneabilidade (*Zuhandenheit*) e subsistência (*Vorhandenheit*). Heidegger poderia simplesmente empregar a distinção entre objeto e signo, ambos entes subsistentes cada um com as suas funções na economia da linguagem. Porém, articular maneáveis é algo muito diferente de articular signos linguísticos. Por exemplo, quando passo as roupas, ferro e tábua de passar, peças de roupa e cesto são articuláveis, assim, eles se mantêm no sentido. Uma escova de dentes está fora dessa estrutura, destarte, não corresponde ao sentido. Quando uso o ferro de passar, o ferro ou o aço que constitui sua superfície também se articulam ao contexto da atividade, na qual uma superfície de borracha, por sua vez, obviamente não encontraria uma possibilidade de articulação. Assim, "faz sentido" um material de ferro empregado para passar roupas. O que foi compreendido por mim não foi o sentido da atividade e o sentido dos entes nela empregados, como se o sentido fosse uma coisa por trás das coisas. Eu compreendi o ferro como algo apropriado para a atividade de passar roupas, assim como o compreendi em sua relação com as roupas etc. Dito ainda de outra maneira, o "todo de significações" que mobilizo não é um todo de palavras; dessa forma, eu não acesso o ferro de passar a partir de uma palavra em meio a uma conexão de palavras, na verdade, uma conexão de palavras se forma porque o ferro de passar se tornou acessível. "O todo de significações da compreensibilidade vem à palavra. Dos significados nascem as palavras" (Id.).

Heidegger não pensa a acessibilidade discursiva dos entes de acordo com os mesmos esquemas consagrados pela filosofia da linguagem moderna, ou seja, a partir da relação entre referente (objeto), representação e signo, os quais por si sós já estão carregados de pressupostos que repercutem, em última análise, nas controvérsias relativas ao problema da possibilidade de uma referência direta à realidade exterior[304]. Quando se força a interpretação de Heidegger exatamente ao esquema hermenêutico que ele se empenha em superar, passa-se ao largo das sutilezas de seu pensamento, embora essa adaptação possa promover certo ganho de entendimento. Interessa-nos acolher mais do que resolver o paradoxo instaurado na ideia heideggeriana da articulação discursiva do descerramento.

De fato, Heidegger afirma que a compreensão de ser discursivamente articulada é condição de acesso ao ente. Todavia, isso não quer dizer que o ente esteja absolutamente reduzido ao discurso. A pronunciação ôntica sobre o ente, a linguagem, não fornece o ente em definitivo, por inteiro. No discurso, nós temos acesso aos entes sempre no modo como eles vêm ao nosso encontro. Trata-se aqui, portanto, de uma concepção modal de acesso ao ente. Com uma certa licença terminológica, podemos dizer que a assim chamada realidade possui ela mesma uma natureza modal. Isso quer dizer que a realidade já se manifesta desde a sua origem como possibilidade, o que deixa seu ser em

[304] Esses são os termos, por exemplo, de Frege. "É preciso distinguir da referência (significação, *Bedeutung*) e do sentido de um signo a representação que com eles se vincula. Se a referência de um signo é um objeto sensivelmente perceptível, então minha representação dele é uma figura interior que surge a partir das lembranças que eu tive de impressões dos sentidos e de atividades, tanto internas quanto externas". [...] A referência de um nome próprio é o objeto ele mesmo, que nós com ele designamos; a representação que temos nesse caso é totalmente subjetiva; em meio a isso reside o sentido, que não é mais subjetivo tal como é a representação, mas o objeto ele mesmo também não o é. Cf. FREGE, Gottlob. *Über Sinn und Bedeutung*. In.: Zeitschrift für Philosophie und philosophische Kritik, NF 100, 1892, pp. 29-30.

aberto[305]. Dizer que não há uma realidade autossubsistente para além de uma manifestação possível não significa que essa manifestação é uma mera ficção. Ou seja, um martelo que se apresenta enquanto tal no interior de uma concatenação de significados é uma atualização de uma possibilidade de fenomenalização desse próprio ente que vem ao nosso encontro, e não uma construção ou fantasmagoria interpretativa.

A ideia de uma estruturação discursiva da acessibilidade ao ente constitui, dessa forma, uma tentativa de efetiva referência direta à "realidade". É nesses termos que é preciso interpretar o aspecto propriamente hermenêutico da fenomenologia de Heidegger. Muito antes de uma superação, Heidegger promove uma efetiva associação entre a fenomenologia de Husserl e a hermenêutica de Dilthey, com o objetivo de finalmente concretizar o projeto de um acesso "às coisas elas mesmas", ou à "vida interpretada a partir de si mesma". A noção de uma experiência modal de realidade suspende a necessidade de um posicionamento metafísico a respeito de sua autossubsistência, isto é, de sua existência independente das relações que com ela estabelecemos. Essa ideia já está presente de maneira central em Husserl, que afirma que "mesmo para Deus [uma coisa espacial] somente é intuível por meio de manifestações nas quais ela é dada e precisa ser dada 'perspectivisticamente', [m]utável em múltiplos mas determinados modos e assim em 'orientações' mutáveis" (HUSSERL, *Husserliana 3.1*, p. 351). Há uma incompletude naquilo que é experimentado, na medida em que cada coisa percebida, ou cada estado de coisas percebido, sempre se revela como um horizonte

[305] Em meio à elucidação da crítica de Heidegger ao caráter derivado do conceito de verdade como adequação, Casanova defende, com razão, que a noção de descerramento como verdade originária não legitima o conceito de adequação em uma ordem inferior (ôntica), mas destitui seu próprio sentido. "Heidegger não está dizendo aqui que as coisas não são, quando o ser-aí não é; ele está dizendo apenas que elas não são *enquanto* coisas" (p. 295). Creio que aqui ainda haja um resquício de um real aquém do "enquanto", ou "como" hermenêutico. O que defendo neste trabalho é que a fenomenologia de Heidegger permite-nos dizer que as coisas elas mesmas revelam-se modalmente no seu "como", o que suspende definitivamente os enigmas idealistas e a ingenuidade do realismo transcendental. Cf. Casanova, Marco. *Mundo e historicidade: leituras fenomenológicas de Ser e Tempo. Volume 1 — Existência e mundaneidade*. Rio de Janeiro: Via Verita, 2017.

infinito de sombreamentos. Ex.: Vejo este ente à minha frente que apresenta-se como uma árvore, neste ou naquele aspecto, por este ou por aquele perfil, mas para além desses perfis não há uma árvore subsistente, seja como coisa, seja como ideia, tampouco existe um ente subsistente neutro que acolha essa significação. Mostrar-se como árvore nos seus diferentes perfis é uma possibilidade de fenomenalização aberta pela relação da consciência com esse material sensível. A consciência oportuniza essa fenomenalização, mas não é senhora dela. A intencionalidade consiste precisamente no ato de consciência, ou intenção de significar (*noesis*), que, ao referir-se ao ente, já mobiliza imediatamente a significação (*noema*) por meio da qual ele se torna acessível. De acordo com Husserl: "é o caráter de ato que por assim dizer anima (*beseelt*) a sensação e, de acordo com a sua essência, faz com que percebamos esta ou aquela objetualidade, ex. esta árvore" (HUSSERL, *Husserliana 19.1*, p. 399).

A objeção de Heidegger com relação à interpretação da linguagem realizada por Husserl consiste em que a expressividade do mundo depende da mediação das intenções de significar da consciência, o que ainda concederia certo primado à noção moderna de subjetividade. Senão vejamos, Husserl defende que a linguagem é constituída de expressões, que são entendidas por ele como signos significativos (*bedeutende Zeichen*), em vez de como indicações ou índices (*Anzeige*, *Anzeichen*). Assim, quando nós ouvimos ou lemos signos linguísticos, nós não procuramos por aquilo que eles indicam, ou seja, não deciframos um código, sem antes sabermos o que ele quer dizer. Na verdade, nós não ouvimos ou lemos os signos como entidades empíricas, mas já ouvimos ou lemos intencionalmente, ou seja, visamos a significação por meio da qual o objeto referido se manifesta para nós. O que importa aqui, em resumo, é que Heidegger enxerga ainda, na fenomenologia de Husserl, um certo protagonismo da subjetividade na articulação do sentido do mundo. A proposta de uma hermenêutica da facticidade visa corrigir esse último traço de subjetivismo presente em Husserl. A tese de Heidegger, que concede uma primazia ontológico-existencial ao discurso, é a de que a linguagem está fundada faticamente no ser-aí, ao invés de intencionalmente na consciência.

Com a associação entre fenomenologia e hermenêutica, Heidegger pretende consumar algo que já estava latente na fenomenologia de Husserl, mas que só viria a se revelar com mais nitidez na sua filosofia tardia, a saber, o caráter passivo da referência[306]. É muito característico da filosofia de Heidegger a tentativa de realizar um esforço contínuo de dessubjetivação, sem o que não se criaria um caminho para a superação do modelo representacionalista da filosofia da Modernidade.

De acordo com Heidegger, não é exatamente a significação correlativa às intenções de significar da consciência que concede expressividade aos signos (fonéticos ou gráficos), mas antes o descerramento prévio do mundo como totalidade de significações (*Bedeutungsganze*). Os entes se tornam discerníveis quando a compreensibilidade previamente estruturada é elaborada faticamente pela interpretação. Isto quer dizer que não é um ato de interpretação que dota os entes de compreensibilidade. "Ela não lança, por assim dizer, uma 'significação' por sobre o subsistente nu" (HEIDEGGER, *SuZ*, p. 150). A significação do ente não é etiquetada pelo intérprete em um comportamento reflexivo, atendendo a um fim de economia comunicacional. Os entes já vêm ao nosso encontro no comportamento prático que o revela em sua possibilidade prefigurada de manifestar-se "como" isto ou aquilo. "O 'como' constitui a estrutura da expressividade do compreendido" (HEIDEGGER, *SuZ*, p. 149). Mas de que maneira se estrutura esse comportamento prático revelador dos entes em sua estrutura "como"?

[306] Muitos são os autores que confundem a influência da hermenêutica com uma superação de Husserl por influência da hermenêutica de Dilthey, o que absolutamente não é o caso. Na verdade, Heidegger crê que o verdadeiro alcance das intuições de Dilthey só são realizáveis com os instrumentos da fenomenologia. "Nós precisamos repetir sua questão e o faremos com base em um trabalho de pesquisa - o da fenomenologia - que, para tanto, entrega em nossas mãos os meios apropriados para avançarmos com relação à posição de Dilthey". HEIDEGGER, Martin. *Wilhelm Diltheys Forschungsarbeit und der gegenwärtige Kampf um eine historische Weltanschauung*. In: Gesamtausgabe 80.1. Frankfurt am Main: Vittorio Klostermann, 2016, p. 130.

Os comportamentos que dão expressão à compreensibilidade previamente articulada, ou seja, os comportamentos que deixam as significações se concretizarem "como" determinados entes intramundanos, ex. "como" mesa, "como" cadeira, "como" livro etc., não são comportamentos em que se assume um posicionamento explícito perante esses entes. Originariamente, nós não atribuímos nomes e propriedades aos entes em uma postura temática de afastamento com relação a eles. Um ente só ganha um nome quando a possibilidade de sua significação já está prefigurada pela sua relação com o conjunto dos entes com que ele se relaciona em um determinado contexto prático. Em geral, os seres humanos estão submersos nesse contexto prático e sua interpretação dos entes segue de maneira implícita as orientações desse mesmo contexto na forma de uma lida ocupada tão familiar quanto dispersiva. Nessa lida ocupada, os entes possuem o caráter de utensílios e assim se manifestam apenas no interior de uma totalidade utensiliar. "A rigor, *um* utensílio nunca há" (HEIDEGGER, *SuZ*, p. 68). Isso quer dizer que nenhum ente pode se revelar isoladamente, mas sempre em relação com o conjunto dos outros entes. O comportamento que revela os utensílios é denominado por Heidegger de circunvisão. Na circunvisão, não é o conhecimento teórico nem intenções de significar da consciência que atribuem um significado para o utensílio, mas sim a movimentação de uma rede de remissões (*Verweisungen*) em que cada utensílio se conecta a outros utensílios a partir de seu constitutivo para-quê (*Um-zu*). Antes de ser reconhecido como um objeto ou subsistência, os entes já estão sendo por nós manuseados e postos em relação (*Bezug*), seguindo sua cadeia de remissões. E isso se dá sempre de maneira implícita e dispersiva. Eu não preciso conhecer a definição do que é uma cadeira para utilizá-la, colocando-a em relação com uma mesa e com um livro. Na verdade, é porque uma cadeira remete — em uma dinâmica prática cotidiana de uso previamente articulada — para a cadeira e o copo que eu posso colocá-la em relação com eles, revelando-a assim como cadeira. Na medida em que esses entes se organizam nessa cadeia que perfaz a totalidade do articulável, eles também podem então se individuar, ganharem um caráter de signo exprimível e alcançar finalmente sua expressão na forma de palavra em um vocabulário comum. O problema dos modelos das teorias da linguagem modernas está na sua sistemática básica, que relaciona os conceitos de objeto, representação, signo e sentido, sem se questionar sobre o quanto essa sistemática artificializa nossa relação primordial com a fenomenalidade. Em uma paráfrase de Husserl bastante repetida, ninguém vê ou ouve objetos ou sensações, assim como ninguém lê ou ouve palavras ou signos; em vez disso, já antecipamos no "objeto" seu sentido, assim como já antecipamos na palavra a significação e o referido.[307] Ao contrário do que pensa Nietzsche, na esteira do nominalismo moderno radical, quando nós aplicamos a palavra "árvore" a um conjunto de indivíduos, nós não estamos impondo uma virtualidade para fins comunicativos, no caso específico de Nietzsche, para fins de dominação no âmbito comunicacional, tendo em vista, em última análise, a inacessibilidade da realidade atômica. Em lugar disso, uma palavra é expressão de uma significação que se constitui a partir da rede relacional no interior da qual essa pretensa entidade individual ganha sua aparição possível. Para além dessa manifestação possível e perfilada, não há indivíduo atômico algum. Dessa forma, é a tese atomista moderna, ela sim, que é subsidiária do manifestar-se "como" dos entes.

O sentido como articulação da compreensibilidade e a totalidade de significações compõem a estrutura formal do discurso. No entanto, essa estrutura não é uma elaboração teorético-cognitiva, mas um tipo de a priori que opera de maneira subterrânea na lida cotidiana. E ela opera de maneira tão subterrânea e eficaz que mesmo a nossa relação mais próxima e imediata com os entes se dá de maneira dispersiva. É característico do encontrar-se lançado do ser-aí que ele se dê "*de início e na maioria das vezes no modo da evasão desviante*" (HEIDEGGER, *SuZ*, p. 136). Heidegger utiliza em diversos momentos da obra a fórmula "de início e na maioria das vezes" (*zunächst und zumeist*) para se referir ao alheamento característico dos comportamentos práticos, em meio aos quais

[307] Utilizo aqui o termo significação, seguindo a distinção terminológica realizada por Heidegger, mas, nos termos de Frege, trata-se do sentido.

o ser humano tende a se evadir de si, dos outros e das coisas que mobiliza[308]. Essa evasão não possui, entretanto, um sentido negativo. Ela não é algo contra o que temos que lutar; a evasão é antes resultado da nossa intimidade primária com as coisas. Por isso, o mundo não precisa da supervisão permanente de um sujeito para funcionar. O caráter evasivo, entranhado e pré-consciente da nossa relação com os entes na facticidade assinala a especificidade da interpretação de Heidegger do conceito de intencionalidade. A facticidade é o elemento hermenêutico em que a intencionalidade se realiza. Ao mesmo tempo, a facticidade é uma categoria ontológica correlativa ao descerramento, não devendo ser confundida com a imanência histórica. A fenomenologia hermenêutica, em vez de um idealismo transcendental, é concebida por Heidegger como uma hermenêutica transcendental. Isto quer dizer que o arranjo hermenêutico a priori da facticidade possui um primado com relação às intenções de significação da consciência.

Na sua preleção de verão de 1925 em Marburg, Heidegger interpreta a noção de constituição intencional da objetualidade de Husserl em termos de um deixar-ver o ente (*Sehenlassen des Seienden*). Heidegger acentua a ideia, em grande medida já presente em Husserl desde as *Investigações Lógicas*, do ato intencional como muito mais uma solicitação de manifestação do que como uma elaboração da consciência. No entanto, em Heidegger, mesmo a iniciativa de solicitação de significação não tem como ponto de partida a consciência, mas é efetuada pelo ser-aí já participante de maneira pré-consciente de uma circunstância prática, e é esta última que o solicita a mobilizar a totalidade de significados. Ex.: Quando eu manuseio um martelo para colocar um prego em uma porta e pendurar um chaveiro, eu não o faço a partir de um conhecimento explícito dessa dinâmica utensiliar. Não paro diante do martelo e o reconheço explicitamente, tampouco reflito sobre suas propriedades para descobrir como manuseá-lo, com que outro utensílio ele se liga, qual a sua serventia etc. Eu simplesmente

[308] E essa não é uma exclusividade simplesmente atribuível à lógica repetitiva dos afazeres cotidianos, diga-se de passagem. Heidegger percebe de maneira muito arguta que, mesmo nos momentos de ócio, também predomina a lógica impessoal de "a gente" (*das Man*).

me deixo guiar pela circunstância no interior da qual todos os entes envolvidos remetem uns aos outros e requisitam de mim seu manuseio para atingir um determinado fim. Os entes não são descobertos individual e explicitamente e depois remetidos uns aos outros para formar uma determinada organização; na verdade, os entes já são manuseados de acordo com suas relações em rede uns com os outros, em uma conjuntura preestabelecida.

> O ente é descoberto a partir de que, como este ente que ele é, ele está remetido a algo. Ele tem a sua junção *com* algo *junto* dele. O caráter de ser do manual é a *conjuntura* (*Bewandtnis*). Na conjuntura reside: deixar juntar-se (*bewenden lassen*) com algo e junto a algo. A relação do 'com... junto...' já foi indicada por meio do termo remissão. (HEIDEGGER, *SuZ*, 84).

Mencionou-se no parágrafo acima que Heidegger interpreta a noção husserliana de constituição intencional no sentido de um deixar-ver, com isso acentuando a posição antissubjetivista da fenomenologia. Mas de que maneira ocorre mais exatamente um tal deixar-ver? A partir de uma remissão em conjunto realizada pelo deixar juntar-se. Descobrir um ente "como" este ou aquele ente não é algo que possa ocorrer quando se constatam quais são suas propriedades e se lhe atribui uma função, antes o contrário[309]. Descobrir entes significa ser partícipe de sua conjuntura de manifestação e deixar-se requisitar por ela, independentemente da própria vontade. Tal como Husserl, Heidegger coloca em questão as consequências relativistas da filosofia da representação, bem como seu latente nominalismo. Heidegger afirma que "o real efetivo (*das Wirkliche*) está articulado como aquilo com o que ele a cada vez faz uma junção, mais exatamente: as coisas do mundo circundante são todas localizadas (*plaziert*)" (HEIDEGGER, *GA 20*, p. 310). Portanto, as coisas com as quais lidamos não estão dissolvidas na sua conjuntura, mas se apresentam nela, como seu local de manifestação. Os perfis de que falava Husserl são

[309] Sobre isso, Cf. FIGAL, Günter. *Martin Heidegger: fenomenologia da liberdade*. Rio de Janeiro: Forense Universitária, 2005, p. 77.

agora perfis que se manifestam de acordo com uma conjuntura, o que é muito diferente de dizer que os entes sejam construtos conjunturais e que, portanto, Heidegger propusesse uma teoria antirrealista. As coisas materiais não são pressupostas como um dado absoluto; porém, elas também não são consideradas como se fossem nada mais do que uma construção. "Uma coisa material que ocorre no mundo não é jamais ela mesma um 'aí', mas vem ao encontro em um tal" (HEIDEGGER, *GA 20*, p. 349). Isto quer dizer que o princípio de manifestação de uma coisa material não remonta a uma causa presente nela mesma. Um sapato ou mesmo uma pedra dependem de sua localização em um "aí" que propicie para esses entes uma possibilidade conjuntural de se manifestarem. Por sua vez, "nós caracterizamos o ente, que nós chamamos também de ser humano, como aquele que é ele mesmo seu 'aí'" (Id.). O ser humano, enquanto ser-aí, não constrói seu aí, nem está posto perante seu aí, como um sujeito diante de objetos. Na verdade, essa espécie de captura constitutiva pelo seu aí é a condição a priori de sua relação com os entes. Em vez da subjetividade estruturante kantiana, o transcendentalismo de Heidegger se apoia no ser-aí constitutivo do ser humano como o seu lugar de encontro possível com os entes materiais. E isso não vale apenas para os entes materiais, mas também para os entes ideais da lógica, que não são relativizados por estarem necessariamente condicionados pela estruturação histórica e, portanto, local, de sua compreensibilidade[310].

O todo de remissões em que o ente se manifesta como ser remissivo se dá no modo de uma totalidade conjuntural, ou seja, essas remissões não são aleatórias, mas respeitam uma conjunção a priori de relações que o ser humano libera em sua lida fática. Notem bem, o ser humano não estabelece as relações entre os entes a fim de que assim eles ganhem um significado, mas os libera

[310] Steven Crowell acerta ao salientar que na fenomenologia de Heidegger, assim como na de Husserl, a concepção da primazia do horizonte temporal não relativiza as leis da lógica e da matemática, tampouco suas entidades ideais, embora seu acento na ideia de um espaço de sentido tenda a soar como um idealismo linguístico. Cf. CROWELL, Steven Galt. *Husserl, Heidegger and the space of meaning*. Illinois: Northwestern University Press, 2001.

para assumirem essas relações. "O a-cada-vez-já-ter-deixado-juntar-se liberador (*freigebende*), a partir da conjuntura, é um *passado perfeito a priori*, que caracteriza o modo de ser do próprio ser-aí (HEIDEGGER, *SuZ*, p. 85). Não se trata aqui de um a priori atemporal e anistórico, mas de um a priori já acontecido. O deixar juntar-se ocorre a cada vez de maneira condicionada pelo ser compreensivo lançado próprio à existência humana, ou seja, a cada vez movimentamos algo que já foi. Em nota, Heidegger esclarece que utiliza a terminologia prévio (*vorgängig*) e a priori em um sentido análogo ao sentido literal do τὸ τί ἦν εἶναι aristotélico, ou seja, o ser dos entes é "o ser que foi". A nota é muito interessante por dizer respeito ao sentido verbal de fenomenalidade, tal como proposto por Heidegger em contraposição ao tradicional sentido substantivo, pois o a priori na forma de passado perfeito refere-se a algo que, à medida que se manifesta como um sendo (*Wesende*), a cada vez antecipa e é ao mesmo tempo o seu ter sido (*Gewesen*). Nós não instituímos uma relação com uma realidade presente imóvel, mas com um ente que se apresenta em meio a um processo relacional previamente sedimentado. Deixar juntar-se é precisamente um deixar, pois o ter sido dos entes orienta a organização da totalidade de remissões que se impõe como relação já estabelecida. Dito de outra forma, o passado perfeito, enquanto passado ainda presente, prescreve as relações de remissão que projetamos. Portanto, juntar e remeter não é o projetar no porvir de uma síntese executada a partir da imobilidade primária da mera presença dos objetos ao sujeito. Em lugar do primado da presença, Heidegger concebe a relação com os entes a partir da unidade das formas temporais, que, por sua vez, também condiciona o reconhecimento de si do sujeito. Destarte, se o relacionar é projetivo, trata-se, porém, de um projetar que não acontece *ex nihilo*, mas que já assume (deixa ser) o processo de síntese pregresso. Dito com alguma licença, a ação de relacionar se dá, em regra, passivamente, isto é, relacionando o relacionado. "Nós concebemos o caráter relacional dessas relações de remetimento como significar (*be-deuten*)" (HEIDEGGER, *SuZ*, p. 87). O significar é concebido por Heidegger muito mais em um sentido indexical do que atributivo; assim, as significações se definem em um contexto pré-linguístico dinâmico. Dito em outros termos, substâncias e propriedades só são identificáveis por signos linguísticos com base na relação primária de um este junto com esse para alcançar aquilo. Assim, o relacionar do significar tem um sentido de indicar ou apontar (*deuten*). Dizemos, por exemplo: "ponha *essa* (cadeira, bolsa, lixeira) junto *àquela* (porta, estante) para *isso* (batida, abertura, oscilação) não ocorrer, a fim de que não se atrapalhe *esta* (aula, recital, reunião), presidida por ela (professora, violinista, executiva)". Significar é um termo, portanto, para a relação circunstancial de relacionar em meio à qual os entes se tornam manifestáveis *como* este ou *como* aquele ente.

Essa totalidade complexa de possibilidades de relações de remetimento e de finalidades é o que Heidegger chama de significância. A atribuição de palavras é assim um fenômeno derivado da conjuntura relacional prática de remissões (indicações) que constitui um horizonte de compreensibilidade. "A totalidade de significações da compreensibilidade vem à palavra. Palavras nascem das significações. Não são as coisas-palavras que são providas com significações". (HEIDEGGER, *SuZ*, p. 161). Por isso, a linguagem também não é pensada como uma ferramenta para fins comunicativos, já que o discurso já articulou a compreensibilidade da qual derivam as significações. Portanto, o discurso não se constrói a partir da troca e da decodificação de mensagens a respeito de representações psíquicas dos sujeitos. "A comunicação nunca é algo assim como um transporte de vivências, p. ex., de opiniões e desejos, do interior de um sujeito para o interior de um outro sujeito" (HEIDEGGER, *SuZ*, p. 162). Antes de poder ser tomada como um instrumento de produção convencionada de um sentido comum, a comunicação já ocorre originariamente como partilha e intercâmbio do sentido comum (*Mitteilung*). "Comunicação é o discurso se pronunciando" (HEIDEGGER, SuZ, p. 168).

Em princípio, entretanto, o discurso não nos é acessível como articulação dinâmica de um determinado projeto existencial assumido pelo ser humano. A ocupação fática possui como um traço constitutivo de seu modo de ser a tendência de promover a fixidez e a familiaridade necessárias para a sustentação de nossa relação cotidiana com os entes. Em geral, nós não colocamos em questão o vir a ser dos entes conforme um processo histórico, mas lidamos com coisas e estados de coisas dados, que nós intercambiamos com pessoas dadas por meio da linguagem também considerada como uma coisa dada. O próprio discurso só se torna acessível porquanto ele é experimentado concretamente como linguagem. "Na maioria das vezes, o discurso se pronuncia e já sempre se pronunciou. Ele é linguagem" (HEIDEGGER, *SuZ*, p. 167). Também o discurso é um passado perfeito a priori, ele é discurso já discorrido, falado. O discurso se fenomenaliza e se torna acessível como falatório (*Gerede*), o qual, por sua vez, se plasma faticamente na língua ordinária, basicamente, em um intercâmbio comunitário de fonemas e grafemas sistematizados por uma estrutura conceitual suficientemente pacificada.

Heidegger insiste para que não entendamos o termo falatório, bem como outras estruturas fáticas, em um sentido pejorativo, ou seja, como lugar de enredamento linguístico e pseudoconhecimento. O falatório é um fenômeno constitutivo da existência humana, a qual não pode relacionar-se com o ser enquanto pura possibilidade, senão quando ele já se deu, foi e está sendo, isto é, quando ele se atualiza a cada vez no ente. Portanto, o discurso é a estrutura ontológica e formal da linguagem, porém ele só é acessível enquanto tal à medida em que se cristaliza onticamente no falatório.

Mas a questão para Heidegger não está simplesmente em constatar a estruturação discursiva prévia e o condicionamento fático da linguagem. A ideia com o projeto de *Ser e Tempo* está em utilizar a exposição analítica da facticidade e a desconstrução (*Destruktion*) do pressuposto substancialista nela manifesto da ontologia herdada como via de acesso para uma ontologia fundamental. Com a realização do projeto, a linguagem enquanto possibilidade discursiva do ser humano de articular a sua compreensibilidade, libertar-se-ia dos grilhões de uma gramática substancialista.

A passagem da imersão fática para a exposição das estruturas ontológicas que a condicionam não pode se dar, contudo, por meio de um comportamento teórico. Afinal, o comportamento teórico que edifica a tese substancialista já é ele mesmo fruto da tendência da lida fática de promover uma fixação das relações entre os significados articulados pelo discurso. Isto quer dizer que o comportamento teórico continua absorvido pelo prático; porém, trata-se de revelar essa absorção e expor sua indeterminidade fundamental. Assim, é preciso que o comportamento prático do ser humano seja interrompido e desalojado de sua possibilidade de manter-se compreensível, isto é, de manter-se na significância previamente articulada. O ser humano precisa ser tomado de assalto pela incompreensibilidade, da mesma forma que é tomado de assalto pela própria compreensibilidade ao já ter-se encontrado como lançado nela. E isto só pode ser realizado por uma tonalidade afetiva capaz de suspender a significância fixada, nunca por uma interpretação voluntária. Em *Ser e Tempo*, essa tonalidade afetiva radical é a angústia.

É digno de nota que Heidegger enxergue a possibilidade existencial de liberação das prescrições discursivas a partir da ação do elemento propriamente histórico do descerramento, as tonalidades afetivas do encontrar-se. A finitude constitutiva do ser-aí não é revelada por nada mais do que por sua relação com a historicidade do discurso, quando ele experimenta a insignificância de uma significância articulada pelo discurso cotidiano (falatório). O que importa aqui é percebermos que há uma perda de privilégio ontológico da história com relação à temporalidade, pois a historicidade da própria história se funda afinal na finitude do ser-aí. Heidegger se vê às voltas aqui com um discurso carente de referências, o "chamado da consciência" (*Gewissensruf*), discurso "silencioso", "sem palavras", que "convoca o ser-aí para a situação" (HEIDEGGER, *SuZ*, p. 300), mas sem formular um "ideal de existência", que o "traz sem ilusão para a resolutividade do 'agir'" (HEIDEGGER, *SuZ*, p. 310). Como uma ontologia fundamental poderia ser formulada, se "a existência *autêntica* não é nada que paire acima da cotidianidade decadente, mas existencialmente apenas um captar modificado desta?" (HEIDEGGER, *SuZ*, p. 179). Que outro referencial haveria para essa ontologia, se "a resolutividade não destaca de seu mundo o ser-aí enquanto *ser si mesmo autêntico*, [se] não o isola em um eu que paira no ar?" (HEIDEGGER, *SuZ*, p. 298). O ser-aí não é capaz de retroceder com relação ao passado perfeito a priori do discurso, ou seja, da particular articulação da compreensibilidade em que se encontra. Em resumo, o acontecer do ser-aí (*Geschehen des Daseins*), com relação ao qual o ser seria um fenômeno correlativo, não funciona como o pretendido ponto de partida das ontologias em geral. Acontecer é algo que já sobrevém ao próprio ser-aí na forma do passado perfeito a priori, do a priori histórico. A historicidade da história (*geschichtlichkeit der Geschichte*) também não é um fenômeno correlativo ao acontecer do ser-aí humano; ao contrário, o ser humano está enquanto tal posto no aí do ser, seu próprio acontecer é agora derivado da história do ser. Heidegger passa a conceber o ser como evento (*Ereignis*), que sobrevém e se apropria do ser humano, sem ser seu correlato co-originário.

3 - Linguagem como idioma

Em linha com o que dissemos anteriormente, a chamada "viragem" (*Kehre*) não constitui uma mudança radical de posição filosófica no pensamento maduro de Heidegger. Na verdade, o que ocorre é muito antes a radicalização de um elemento analítico que já podia ser em alguma medida identificado como um componente essencial da sua interrogação pelo sentido do ser. Esse elemento é a história, já identificável em sua centralidade tanto no momento estrutural do encontrar-se propriamente dito, quanto no caráter de passado perfeito a priori da concreção ôntica do descerramento. No contexto da viragem, a linguagem já não é a pronunciação fática do discurso, isto é, a atualização na língua ordinária de uma totalidade prefigurada de significados possíveis. A partir dos textos de meados dos anos trinta, após o breve período do Reitorado em Freiburg, a linguagem vai ser pensada em uma perspectiva topológica, ou seja, como lugar de manifestação da verdade do ser. Dito de outra maneira, a linguagem não será mais reconduzida às estruturas constitutivas da existência humana, mas será pensada como pronunciação do evento-apropriador (*Ereignis*) do ser que determina as possibilidades históricas do ser humano. Ser-aí já não caracteriza a estrutura constitutiva da existência humana; em vez disso, o ser humano passa a ser considerado por Heidegger como aquele ente que habita o aí do ser, a clareira (*Lichtung*). Portanto, é a correspondência do ser humano à pronunciação da historicidade do próprio ser que determina suas possibilidades linguísticas.

Essa viragem histórica de Heidegger é evidenciada de maneira exemplar na *Carta sobre o Humanismo*. Nela, Heidegger confronta a leitura humanista de *Ser e Tempo* realizada por Sartre, que concebe o primado da existência no ser humano como uma condição de absoluta liberdade. De acordo com Heidegger, essa seria uma leitura equivocada de sua filosofia. No §9 de *Ser e Tempo*, Heidegger lista uma série de caracteres constitutivos do ser-aí, sendo dois deles enumerados em destaque, a saber, 1. "Ter-de-ser" (*Zu-sein*); e 2. "Ser-a-cada-vez-meu" (*Jemeinigkeit*). Heidegger modula a formulação do caráter de ter-de-ser por meio da célebre frase "A 'essência' do ser-aí reside em sua existência" (HEIDEGGER, *SuZ*, p. 42). Pois bem, nesses caracteres se destaca que o ser humano é ontologicamente indeterminado e que ele nunca é o exemplar de um gênero, mas precisa assumir a cada vez por si mesmo o projeto de sua existência. Sartre edifica seu existencialismo humanista apoiado nessa caracterização do ser humano como assunção necessária de um projeto de ser indeterminado, o que lhe permite dizer que "o homem está condenado a ser livre". Todavia, Heidegger vai se opor com veemência ao subjetivismo latente nessa e em outras afirmações da mesma natureza. E ele o faz acentuando um elemento que já se deixa entrever nesse mesmo § 9 de *Ser e Tempo*. Citemos novamente o trecho em que imediatamente após enumerar os dois caracteres estruturais do ser-aí supracitados, a saber, indeterminidade ontológica e ser-a-cada-vez-meu, Heidegger acrescenta: "De algum modo, já sempre se decidiu de que maneira ser-aí é a-cada-vez-meu" (Id.). Ou seja, a indeterminidade ontológica do ser-aí já sempre é assumida por ele a partir de alguma determinidade já decidida. Ora, a relação possível do ser humano com a sua indeterminidade ontológica, por conseguinte, depende de uma confrontação com a determinidade que lhe abre para a existência. Sartre não compreende com nitidez suficiente o caráter de passado perfeito a priori da existência humana. Isso não é tudo, pois, da parte de Heidegger, ainda há uma mudança no que se refere à indeterminidade ontológica que franqueia ao ser humano a possibilidade de um agir transformador. Essa indeterminidade ontológica não é mais constitutiva do ser do ser humano, mas é constitutiva do ser ele mesmo.

De acordo com Heidegger, todo humanismo é metafísico, na medida em que negligencia a pergunta pelo ser, além de não fazer justiça ao ser humano, na medida em que negligencia ao mesmo tempo aquilo que lhe é mais próprio, isto é, precisamente sua relação com o ser.

> A metafísica se fecha para o simples fato de essência de que o ser humano só se essencializa em sua essência na medida em que é interpelado pelo ser. É só por essa interpelação que ele "tem" encontrado aquilo em que habita sua essência. É só por este habitar (*Wohnen*) que ele "tem" "linguagem" como a habitação (*Behausung*) que garante o ekstático à sua essência. O estar (*Stehen*) na clareira do ser, a isso eu chamo de ek-sistência do ser humano. (HEIDEGGER, 2008, p. 336 / 323).

O ser humano não se reconhece por causa de nenhuma propriedade, por exemplo, a da razão, que seria empregada para interpelar e conhecer o mundo. Na verdade, o ser humano é ele mesmo interpelado pelo ser. Quando o ser sobrevém ao ser humano, este último pode conquistar a sua essência, reconhecer-se a partir do lugar que habita. Este lugar, sua habitação, é a linguagem. Destarte, a linguagem como habitação, como lugar de reconhecimento de si do ser humano, não é uma capacidade abstrata, uma faculdade intelectual, mas sim a sua língua, seu idioma, sua incontornável proveniência. Há uma dificuldade presente na tradução da palavra alemã "*Sprache*", pois ela pode se referir tanto à língua em particular quanto à linguagem como uma faculdade. Mas aqui Heidegger se refere muito claramente à língua constituinte de uma determinada identidade, e não de um instrumento que se possui de antemão. A tradição metafísica, entretanto, busca contornar o primado da historicidade, a fim de pensar o idioma a partir de um conceito artificial de linguagem, da mesma forma como busca reduzir o advir do ser a um conceito artificial de substância, assim como busca reduzir o ser humano a um conceito artificial de animal racional e assim por diante. No entanto, tal como a linguagem em geral, este ser humano em geral, a um só tempo animal e racional tampouco existe. O termo ser humano, na verdade, é apenas uma indicação provisória e insuficiente dessa correspondência à interpelação do ser. Sartre afirma que: "O homem nada mais é do que aquilo que ele faz de si mesmo" (SARTRE, 1966, p. 22). Porém, novamente, isto é falso, pois "já sempre se decidiu de que maneira o ser-aí é a-cada-vez-meu". Essa "decisão" do ser é incontornável. Quer dizer, nossas possibilidades de ser advieram e nos sobrevieram de fora de nós mesmos e são determinantes para a nossa existência. O *ek-sistere* humano é assim condicionado por um *ex-venire* do ser, que o alcança na forma de mensagem histórica, de inauguração, isto é, na forma de uma língua materna.

Heidegger concebe assim a linguagem como um topos, como habitat humano. Esse habitat não está sob o domínio do ser humano, não pode ser retrocedido, pois é ele que fornece as medidas para o próprio habitar humano. Por isso, Heidegger associa o ser com o sobrevir da história. Ser sobrevém, dá-se, acontece, envia-se como inauguração histórica, como início, como propiciação de sentido, novamente, como uma língua, idioma, como saga[311].

---

[311] Heidegger utiliza o termo saga, no original *Sage*, de "sagen", dizer em alemão, para se referir à narrativa vinculante inaugural a partir da qual se articula a identidade histórica do lugar de manifestação dos entes. Em outras palavras, a fenomenalização primária dos entes já se dá em conjunto com a estruturação de um lugar histórico.

> A linguagem é a casa do ser. Na sua habitação habita o ser humano. Os pensantes e poetantes são os guardiões dessa habitação. Sua guarda é o cumprimento (*Vollbringen*) da revelação do ser, na medida em que, por meio do seu dizer eles trazem-na à linguagem e protegem-na na linguagem" (HEIDEGGER, 2008, p. 326 / 313).

No ensaio de 1950 "*A linguagem*", constante na coletânea *A caminho da linguagem*, Heidegger aborda especificamente o modo como a poesia, muito além de um fenômeno estético, realiza essa guarda e cumprimento da revelação do ser. Destarte, a poesia, tal como o pensamento, quando não capturado pela metafísica substancialista e sua versão representacionalista moderna e assim convertido em cálculo, deve ser concebida como resguardo de uma revelação. Nessa revelação do ser, estão presentes possibilidades singulares de constituição de sentido, que não devem ser também elas capturadas pela metafísica. Por conseguinte, Heidegger reclama para o pensamento uma tarefa análoga à tarefa dos poetas, nomeadamente, a de resguardo das possibilidades idiomáticas de uma língua, o que implica na preservação da relação com uma ancestralidade. Dois são os objetivos básicos dessa proposta: em primeiro lugar, proteger os idiomas, e assim a potência criativa da linguagem, de sua instrumentalização pelo pensamento calculador da técnica moderna; e, em segundo lugar, por meio de um esforço contínuo de retorno à origem histórica da linguagem, promover uma confrontação (*Auseinandersetzung*) histórica com a ontologia herdada, a fim de manter também preservada a potência do ser de historicizar-se.

No início de seu ensaio sobre o poema de Trakl, "*Um crepúsculo de inverno*", Heidegger sai-se com a sua controversa frase que afirma que "a linguagem fala". Em princípio, a frase parece afirmar algo de absurdo para produzir algum encantamento. Como pode a linguagem falar? Ora, quem realiza atos de fala são os seres humanos! Entretanto, o que está em jogo para Heidegger é mostrar que a linguagem só é fenomenologicamente acessível a partir daquilo que nela se fala, e que o falar dos seres humanos precisa ser apropriado pelo já falado na linguagem. O acesso ao fenômeno da linguagem não deve ser buscado em teorias, ou em um conceito particular de linguagem, mas no seu modo de manifestação (concretização) mais primário. A fala humana é a fala de uma língua. Novamente, perde-se em alguma medida o efeito pretendido por Heidegger, pois o termo "*Sprache*" refere-se tanto à linguagem em geral quanto à língua em particular; por outro lado, temos um ganho ao podermos nos referir à distinção. De todo modo, dizer que a linguagem fala significa que a linguagem acontece como língua, plena de conteúdos, regras e referências específicas que se impõem à fala dos seres humanos.

> No falado (*Gesprochenen*) o falar reúne o modo como ele fala, como ele dura (währt), e reúne aquilo que a partir dele dura - seu durar (*Währen*), seu viger (*Wesen*, essência). Porém, na maioria do tempo e muito frequentemente o falado nos vem de encontro somente como o passado (*Vergangene*) de um falar. (HEIDEGGER, *GA 12*, p. 14).

Heidegger retoma aqui uma abordagem da linguagem, que já mencionamos fartamente neste estudo, e que perdura desde a época de redação de *Ser e Tempo*, ou seja, o falado, a linguagem já pronunciada no mundo, permanece sempre operante como uma síntese ou sistema a priori; o falado tem um sentido de duração, que é um dos modos como Heidegger vai considerar também o conceito de essência. A essência da linguagem aponta para uma vigência, para uma permanência determinante. Em geral, porém, o falado degenera em mero passado, como se não fosse mais operante, algo que antes se falava e agora não importa mais, algo que perdeu seu poder vinculante. Entretanto, Heidegger quer chamar a atenção exatamente para esse alheamento com relação ao falado, para a necessidade de revisitá-lo, na medida em que nele há um passado que dura, um passado vigente.

A poesia é, para Heidegger, um fenômeno exemplar da linguagem como passado vigente na língua. O falar não é experimentado originariamente como uma capacidade intelectual atemporal do ser humano. Antes de uma identidade produzida cognitivamente, o ser humano a assume participando de uma comunidade linguística. Antes de tudo, trata-se de acessar a linguagem em seu aspecto de fenômeno histórico, de passado vigente, ou seja, como algo já consumado do qual nós nos apropriamos, na medida em que ele vem ao nosso encontro. Falar é já se deixar apropriar pelo que foi e está sendo falado. "O puramente falado é aquilo em que a consumação (*Vollendung*) do falar, a qual é apropriada (*eignet*) ao falado, é por sua vez uma concretização iniciática (*anfangende*). Puramente falado é o poema (*Gedicht*)" (Id.).

O poema realiza uma síntese das possibilidades de fala de uma comunidade linguística, o poeta é, nesse sentido, um representante do ser, seu "guardião", pois organiza o sistema simbólico em que essa comunidade se sustenta. Nosso ser histórico se concretiza na medida em que nos encontramos lançados em um poema, e só a partir dessa elaboração de uma herança, nós temos um ponto de apoio para projetarmos uma compreensão de ser e, por conseguinte, conquistarmos um ponto de partida para falarmos sobre o mundo. O poema é assim a consumação de um início histórico, de um topos histórico. Por isso, nós falamos aqui da origem idiomática da linguagem e da relação entre linguagem e ancestralidade. Idioma remonta ao grego ἰδίωμα e ἴδιος, ou seja, aquilo que é próprio, peculiar a algo ou alguém, aquilo que é uma particularidade, ou seja, uma especificidade que singulariza alguém ou alguma coisa. Heidegger pretende resgatar exatamente esse sentido particular e local da linguagem.

A leitura do poema em uma perspectiva crítico-literária não interessa a Heidegger em absoluto. Em vista disso, Heidegger põe de lado a tendência de se realizar uma interpretação de viés existencialista do texto de Trakl. Para Heidegger, interessa acessar a poesia na medida em que ela permita uma interlocução com a sua concepção de linguagem enquanto possibilidade idiomática. Em outras palavras, a poesia interessa como gênese das possibilidades de uma fala, não como expressão do estado psíquico do autor ou de sua visãodemundo. A poesia pode, mas apenas de maneira secundária, expressar algo a respeito de nossos conflitos existenciais particulares, produzir arrebatamentos éticos ou estéticos, funcionar como veículo de ideais políticos etc.

Eis o poema de Trakl:

Um crepúsculo de inverno
(Georg Trakl)

Quando cai a neve à janela,
Longamente soa o sino do anoitecer,
Para muitos, a mesa está pronta
E a casa está bem estabelecida.

Da peregrinação, alguns
Chegam ao portão por vias escuras.
Floresce dourada a árvore das graças
A partir da seiva fria da Terra.

Peregrinos adentram quietos;
A dor petrificou a soleira.
Então brilha em puro resplendor
Pão e vinho sobre a mesa.

No poema, fala-se de início sobre a neve, ela é assim nomeada. Heidegger pergunta se no nomear se trata de uma atribuição de palavras, ou seja, se o que está em questão é a rotulação de algo que já existia antes, algo que o poder criativo do intelecto humano transforma em signo e palavra para fins comunicativos. Seria o nomear, portanto, um ato de identificação e classificação de representações mentais?

Eis agora o modo como Heidegger trata da nomeação:

> O nomear não distribui títulos, não emprega palavras, mas chama para o interior da palavra. O nomear chama. O chamar

> traz para próximo aquilo que é seu convocado (Gerufenes). Todavia, esse aproximar não obtém aquilo que é convocado, a fim de depositá-lo no e assim submetê-lo ao âmbito maximamente próximo daquilo que é presente (*Anwesenden*). O chamar conclama (*ruft zwar her*). Assim ele traz para a proximidade a presença (*Anwesen*) do que anteriormente não fora convocado. Contudo, na medida em que o chamado (*Ruf*) conclama, ele já bradou (*zugerufen*) para aquilo que é convocado. Bradou exortando para onde, para que direção? Para a distância, na qual aquilo que é convocado de-mora (*weilt*) como ainda ausente (*Abwesendes*, sem vigência) (HEIDEGGER, *GA 12*, p. 18).

O início da citação apenas reafirma a ideia já exposta aqui de que a linguagem não deve ser reduzida a mero instrumento de registro ou rotulação de representações de coisas autossubsistentes. Além disso, também já dissemos de algum modo que o nomear da linguagem chama o que nomeia para o seu lugar histórico de manifestação, permitindo-lhe uma aparição possível. Mas há algo mais nessa citação. Heidegger fala do nomear como um conclamar e trazer à presença aquilo que jamais fora, ao mesmo tempo indicando para o que foi por ela convocado sua proveniência de uma distância em que o que é convocado ainda está ausente.

Heidegger refere-se nessa intrincada passagem à insuficiência e à precariedade de todo nomear. Insuficiência e precariedade resultantes da insuficiência e precariedade de toda e qualquer gênese histórica. Todo vir a ser, ou apresentar-se (*Anwesen*), carrega consigo os traços de sua insuficiência (ausência), o que aponta para a impossibilidade de uma identificação definitiva. Em outras palavras, vir à presença de um mundo significa carregar consigo a finitude e a contingência desse mundo. Ao mesmo tempo, essa insuficiência hereditária também aponta para as potencialidades retraídas em todo início histórico. Quando ser acontece e abre uma clareira histórica, ao mesmo tempo ele se retrai, pois, como Heidegger afirma reiteradamente, o ser não é o ente. Ser nomeia exatamente essa impossibilidade de redução e mensuração por qualquer critério ôntico, sendo acessível apenas como potência retraída. E todo vir a ser histórico e fenomenalização ôntica no interior de um lugar histórico está em uma íntima relação com essa retração, com essa íntima "distância". Poetas e pensadores são guardiões exatamente dessa distância, que impede uma determinada configuração histórica de se absolutizar sem se destruir a si mesma.

Pois bem, os versos de Trakl falam na forma de proposições sobre coisas subsistentes. No entanto, a poesia é um chamado que conclama para um lugar, para cá (*ruft her*); ela não é uma enunciação sobre objetos ou representações. Dito de outra maneira, a neve, o sino, a mesa não são materialidades neutras, objetos dados em si mesmos, mas fazem-se "neve", "sino", "mesa" no contexto aberto pelo poema. A fala inaugural instanciada no poema deixa manifestarem-se as coisas que irrompem com o mundo. Lê-se ainda no poema de Trakl: "Para muitos a mesa está pronta, E a casa bem estabelecida". Heidegger afirma a respeito dele: "Os versos trazem a mesa pronta e a casa bem estabelecida para o interior de uma presença que se mantém atada à ausência" (Id.).

A sombra da ausência, assim como a dependência de um lugar, destitui as coisas de sua existência atômica. Como já dito, a fala tem um sentido de convocação, convoca à presença. Por detrás desse vir à presença na língua não há determinidade alguma, nenhum objeto, matéria nenhuma; em vez disso, há uma não-determinidade latente, ou ausência.

Heidegger utiliza o termo diferença (*Unterschied*) para se referir a essa não-determinidade latente em todo vir à presença e manter-se na presença do que é convocado. A palavra "*Unterschied*" é composta do prefixo "*unter*", termo em alemão para a preposição "entre" em língua portuguesa, e do radical *Schied*, de *scheiden*, cindir, separar. Em uma tradução puramente literal, o termo significa "cisão entre". Agora bem, essa cisão, contudo, não é resultado da constatação observacional de uma não-igualdade, baseada no pressuposto de uma identidade substancial. A diferença aqui não é obtida pela comparação entre coisas que já estão dadas de antemão, mas é uma condição de ser constitutiva, inclusive, condição para a própria identidade de tudo aquilo que pode vir a ser. Dizemos, por exemplo: A mesa é diferente da cadeira. Entretanto, a diferença aqui é constitutiva do ser-cadeira da cadeira. Trata-se de uma cisão constitutiva que separa a cadeira de si mesma e que mostra que a cadeira vem a ser como cadeira a partir de determinadas condições que, sendo suprimidas, suprimem também a identidade da cadeira. Ou seja, a cadeira enquanto ente não está sustentada em sua própria identidade subsistente. Desse modo, a fala traz para a proximidade a cadeira, torna-a um ente familiar para nós em nosso mundo, dota-a com a graça do sentido; porém, essa mesma gratuidade do sentido aponta (brada exortando), ao mesmo tempo, para uma ausência de sentido que ameaça todo e qualquer ente que venha a ser.

Os poetas e pensadores, portanto, antes de preservarem a identidade de um acontecimento histórico em particular e dos respectivos entes nele implicados, reconhecem nesse seu caráter particular a sua própria insuficiência e, assim, a insuficiência de todo e qualquer acontecimento histórico. Embora, portanto, a filosofia de Heidegger, especialmente a tardia, seja uma filosofia antiuniversalista, não parece que interpretá-lo tão apressadamente como um relativista, ou como um proponente de um retorno meramente apologético a uma identidade ancestral, seja de algum modo sustentável ou mesmo filosoficamente interessante. Muito mais proveitosa e correspondente ao próprio texto é uma leitura de Heidegger que o considera como um crítico da onipotência expansionista e avassaladora da tecnociência, que toma a totalidade do universo como simplesmente predisponível. Encerremos então com uma paráfrase à pergunta colocada por Heidegger: "Que caráter de presença é o mais elevado, o do predisponível ou o do que é convocado?" E que linguagem corresponde de maneira mais elevada à presença das coisas, a que as virtualiza, reproduz, corrige e controla, ou a que aceita e celebra a potência de sua precariedade.

Referências

BLATTNER, William. *Heidegger's Being and Time. A reader's guide*. London and New York: Continuum, 2006.

CASANOVA, Marco. *Mundo e historicidade: leituras fenomenológicas de Ser e Tempo. Volume 1 — Existência e mundaneidade*. Rio de Janeiro: Via Verita, 2017.

CROWELL, Steven Galt. *Husserl, Heidegger and the space of meaning*. Illinois: Northwestern University Press, 2001.

FREGE, Gottlob. *Über Sinn und Bedeutung*. In: Zeitschrift für Philosophie und philosophische Kritik, NF 100, 1892.

GRONDIN, Jean. *Faith in the Nominalistic Age? The Possible Theological Contribution of Hermeneutics*. Religions: 14, 220, 2023.

HEIDEGGER, Martin. (*SuZ*) *Sein und Zeit*. 11° ed.Tübingen: Max Niemeyer Verlag, 1967.

________. *Ser e tempo*. Edição bilíngue. 1ª ed. Tradução de Fausto Castilho. Petrópolis: Vozes, 2011.

________. (*GA 20*) *Prolegomena zur Geschichte des Zeitbegriffs*. Frankfurt am Main: Vittorio Klostermann, 1979.

________. (*GA 12*) Unterwegs zur Sprache. Frankfurt am Main: Vittorio Klostermann, 1985.

________. (*GA 09*) *Wegmarken*. Frankfurt am Main: Vittorio Klostermann, 1976.

________. (*GA 80.1*) *Wilhelm Diltheys Forschungsarbeit und der gegenwärtige Kampf um eine historische Weltanschauung*. In: Gesamtausgabe 80.1. Frankfurt am Main: Vittorio Klostermann, 2016.

________. *Marcas do caminho*. Petrópolis: Vozes, 2008.

HUSSERL, Edmund. (*Husserliana 3.1*) *Ideen zu einer reinen Phänomenologie und phänomenologischen Philosophie*. Den Haag: Martinus Nijhoff, 1976.

________. (*Husserliana 19.1*) *Logische Untersuchungen. Untersuchungen zur Phänomenologie und Theorie der Erkenntnis.* New York: Springer Science, 1984.

LAFONT, Cristina. *Lenguaje y apertura del mundo. El giro lingüístico de la hermeneutica de Heidegger.* Madrid: Alianza Editorial, 1997.

NIETZSCHE, Friedrich. *Über Wahrheit und Lüge im außermoralischen Sinne*, KGWB. *Digital critical edition of the complete works and letters*, based on the critical text by G. Colli and M. Montinari, Berlin/New York, de Gruyter 1967-, edited by Paolo D'Iorio.

SARTRE, Jean-Paul. *L'existentialisme est un humanisme.* Paris: Nagel, 1966.

Émilie du Châtelet e cartesianismo: uma análise comparativa de modelos metodológicos em filosofia da natureza

Pedro Pricladnitzky
Center for the History of Women
Philosophers and Scientists

1 - Introdução

O interesse e o estudo sobre Émilie du Châtelet têm crescido exponencialmente recentemente. No entanto, a conexão entre seu pensamento e a tradição cartesiana de filosofia natural permanece subdesenvolvida entre os intérpretes de sua obra. Du Châtelet, frequentemente reconhecida por se afastar do cartesianismo ao adotar o newtonianismo durante o Iluminismo, ainda assim mantém laços com a filosofia natural cartesiana. Seu objetivo explícito era substituir o influente manual cartesiano de Jacques Rohault por sua própria obra, as *Institutions de Physique*, lançada em 1740. Esse surgimento ocorreu no contexto do domínio cartesiano ainda predominante na França, em contraste com a crescente influência dos *Principia* de Newton. Enquanto o *Traité de Physique* de Rohault permanecia o principal tratado sobre física, Du Châtelet argumentava que a abordagem de Newton exigia um livro-texto atualizado sobre a filosofia da natureza. Afastando-se da metafísica e da filosofia natural cartesianas, ela recorreu a conceitos leibnizianos e wolffianos para fundamentar teoricamente a física newtoniana.

Uma interpretação do pensamento científico de Émilie du Châtelet requer, de fato, uma abordagem cuidadosa em relação à filosofia natural cartesiana, já que o cartesianismo moldou o cenário intelectual dos séculos XVII e XVIII. É impossível interpretar adequadamente a obra de Du Châtelet sem considerar seus pontos de contato e crítica com essa tradição. Sua interação com as perspectivas de Leibniz e Newton, já discutida por comentadores, ficará mais clara por meio de uma análise detalhada da influência cartesiana. Esse aspecto, muitas vezes negligenciado pelos comentadores, é essencial para entender sua originalidade e impacto significativo na história da filosofia moderna. Este texto visa dar início ao exame da recepção da filosofia cartesiana por Du Châtelet através de uma comparação entre o seu tratamento de hipóteses com aquele apresentado por Jacques Rohault, principal representante da filosofia natural de origem cartesiana na segunda metade do século XVII.

Entre a morte de Descartes, em 1650, e o estabelecimento do newtonianismo como o modelo de filosofia natural na França, em meados do século XVIII, autores de influência cartesiana e seguidores de Newton engajaram-se em um intenso debate. Tal disputa não dizia respeito apenas à descrição correta da natureza do espaço, dos corpos que ocupam ou compõem o espaço, ou ainda das explicações do movimento, mas também à metodologia adequada para a descrição e explicação dos fenômenos naturais. Esse debate metodológico foi fundamental para a própria concepção da ciência que seria construída no contexto do Iluminismo (Shank 2008, 2018). Nesse contexto, encontramos o desenvolvimento das *Institutions de Physique*, de Émilie du Châtelet:

> Hoje, os sistemas de Descartes e de Newton separam o mundo pensante, assim, é necessário que você os conheça. Mas, como muitos sábios já tiveram o cuidado de expor e retificar o sistema de Descartes, será fácil de instruir-se nessas obras: um de meus desejos na primeira parte desta obra é de colocar-lhe sob os olhos a outra parte desse grande processo, apresentar-lhe o sistema de Newton, mostrar-lhe até onde a conexão e a verossimilhança o levam e como os fenômenos explicam-se pela hipótese da atração. (IP Avant-propos VI)

É importante notar que o confronto não era impermeavelmente polarizado. Os autores, por assim dizer, de influência cartesiana ou newtoniana engajaram publicamente em inúmeros debates e é possível identificar elementos teóricos comuns nessas duas escolas (Dobre 2013). Assim, o intenso debate não ocorreu apenas em tom de disputa, mas igualmente como uma troca de posições e influências mútuas. Claramente favorável à perspectiva newtoniana no debate, Voltaire, em suas *Cartas Inglesas*, reconhece a interação e troca entre as posições:

> Descartes deu visão aos cegos. Estes viram os erros da antiguidade e das ciências. O caminho que ele traçou tornou-se desde então ilimitado. A pequena obra de Rohault foi, durante alguns anos, um sistema completo de física; mas agora todas as Transações das diversas academias da Europa juntas não formam nem o começo de um sistema. Ao sondar esse abismo, nenhum fundo foi encontrado. Agora devemos examinar quais descobertas Sir Isaac Newton fez nesse abismo. (Carta XIV, Carta sobre Descartes e Sir Isaac Newton)

Por meio da publicação das *Institutions de Physique,* Du Châtelet tem como objetivo preencher a lacuna criada pelas discussões entre as diversas academias científicas da Europa à época, e pretende também superar o influente sistema proposto por Rohault, adaptando-o aos resultados mais recentes da física, por meio da incorporação da perspectiva newtoniana da atração:

> Frequentemente eu me admiro pelo fato de que, de tantas pessoas hábeis que a França possui, nenhuma tenha me precedido neste trabalho que empreendi por você hoje, pois é preciso admitir que, mesmo que tenhamos excelentes livros de física na França, não temos, entretanto, nenhum de física completo, se excluímos o pequeno *Tratado* de Rohault, publicado há 80 anos. Porém, esse *Tratado*, embora muito bom para o tempo no qual ele foi constituído, tornou-se insuficiente pela quantidade de descobertas feitas depois: e alguém que tenha estudado a física apenas por este livro, teria ainda muitas coisas a aprender. (IP, Avant-propos III)

A superação do sistema de Rohault é comumente tratada pelos intérpretes de Du Châtelet como uma rejeição do modelo cartesiano de filosofia natural e, por conseguinte, uma adoção das perspectivas newtonianas (Brading 2019, Detlefsen 2019). Nessa perspectiva, Du Châtelet ingressaria no debate que constituiu o epicentro da revolução científica europeia de forma a abandonar completamente o tratado de Rohault em favor das hipóteses de atração. No entanto, argumento que um estudo mais detalhado do debate entre cartesianos e newtonianos no final do século XVII e início do XVIII pode melhor iluminar a estrutura e o objetivo de Du Châtelet nas *Institutions*, além de trazer mais clareza aos complexos desenvolvimentos do cartesianismo na França do início do século XVIII.

Assim como podemos observar nas análises do contexto da metodologia científica na França propostas por Sophie Roux em *Was there a Cartesian Experimentalism in 1660s France?* (2013) e Mihnea Dobre em *Rohault's Cartesian Physics* (2013), acredito que a maneira adequada de analisar esse período tão relevante na história da filosofia natural moderna requer uma reconstrução meticulosa do ecletismo encontrado entre os seus diferentes autores, e não apenas a reprodução polarizada de figuras clássicas. Tal ecletismo se manifesta de diversas maneiras, que geralmente podem ser vistas como alternativas a Descartes ou Newton, combinando, de forma assimétrica, elementos de ambos. A perspectiva da integração e do ecletismo nos auxilia na desconstrução de uma narrativa dominante: a de considerar, por um lado, o modelo cartesiano de filosofia natural como essencialmente especulativo e indiferente ao experimentalismo e, por outro, os autores newtonianos como radicais por rejeitarem o relevante papel das hipóteses na filosofia natural.

Neste artigo, destaco o contexto do ecletismo influenciado pelo cartesianismo, que tem Rohault como figura central, e sua relação com o projeto metodológico de Du Châtelet, nas *Institutions*. A partir da análise do *Traité* e da conjuntura de seu desenvolvimento e publicação na França do final do século XVII, torna-se evidente que havia experimentalismo entre os defensores da física cartesiana e que a experimentação não é um advento do newtonianismo; antes, a intensa interação entre as diversas perspectivas experimentalistas propicia o estabelecimento do modelo newtoniano como perspectiva dominante, implicando, em última análise, no abandono gradual da autoridade de Descartes na filosofia natural (Mouy 1934).

2 - Experimentalismo em uma Era Cartesiana: O contexto metodológico do desenvolvimento das *Institutions*

O reconhecimento do papel epistemológico da experiência na filosofia de Descartes tem sido uma área crescente de interesse entre os comentadores contemporâneos, que buscam aprofundar sua compreensão do modo como o filósofo francês concilia a razão e a experiência em sua obra. A imagem tradicional da obra de Descartes como um exemplo inquestionável do racionalismo que desconsidera qualquer cognição sensível encontra-se em progressiva desconstrução. Com o surgimento de visões mais aprofundadas e cuidadosas de sua filosofia natural, o papel epistêmico positivo da experiência e das hipóteses é agora um consenso entre intérpretes (Pricladnitzky 2019). Além disso, 'racionalismo' e 'empirismo' como categorias exaustivamente excludentes não se mostram mais como adequadas para classificar a riqueza e sofisticação da filosofia moderna.

No entanto, os desenvolvimentos do experimentalismo cartesiano e sua conexão com os princípios metafísicos ainda requerem uma atenção cuidadosa carente na literatura. A coletânea *Cartesian Empiricisms*, editada por Dobre e Nyden (2013), demonstra o caminho frutífero a ser percorrido. Dessa maneira, é adequado questionar: qual foi o papel da filosofia cartesiana na introdução, aceitação e disseminação das práticas e metodologias experimentais na filosofia natural do final do século XVII e início do XVIII? A relação entre Émilie du Châtelet e Jacques Rohault pode fornecer elementos relevantes para a compreensão desse contexto.

Na análise do debate entre cartesianismo e newtonianismo, há uma tendência em enfatizar a reação de Newton contra as hipóteses exageradas de Descartes. Dessa forma, a filosofia cartesiana foi considerada, por muito tempo, como o caso paradigmático de uma construção especulativa que pode ser deduzida da metafísica. Isso, por sua vez, seria diametralmente oposto à pesquisa realizada na *Royal Society*, que valorizava a observação e o experimento. Du Châtelet, nas *Institutions*, faz essa distinção ao criticar o radicalismo de ambos os polos:

> Descartes, que havia estabelecido uma boa parte de sua filosofia sobre hipóteses, visto que era quase impossível fazer de outra maneira em seu tempo, fez todo o mundo letrado cair no gosto das hipóteses, e não foi preciso muito tempo para se cair no gosto das ficções. Assim, os livros de filosofia, que deveriam ser uma compilação de verdades, foram recheados de fábulas e sonhos. Newton, e sobretudo seus discípulos, caíram no excesso contrário: desgostosos das suposições e dos erros de que os livros de filosofia estavam cheios, rebelaram-se contra as hipóteses e as tacharam de suspeitas e ridículas ao chamá-las de *o veneno da razão* e de *peste da filosofia*. (IP IV, §55)

Embora a crítica de Newton à física e à metodologia cartesiana seja um aspecto central para a compreensão da história da filosofia natural, o debate ocorreu de maneira muito mais sutil e apresentou numerosas perspectivas intermediárias. Imediatamente após delinear esse cenário, Du Châtelet defende uma posição mais nuançada, demonstrando seu ecletismo metodológico:

> Entretanto, somente aquele que estivesse no estado de atribuir e de demonstrar as causas de tudo o que vemos estaria no direito de banir inteiramente as hipóteses da física. A nós, todavia, que não parecemos feitos para tais conhecimentos e que frequentemente não podemos chegar à verdade senão rodando de verossimilhança em verossimilhança, não cabe nos pronunciar audaciosamente contra as hipóteses. (IP IV, §55)

Rohault, que poderia ser considerado um dos seguidores de Descartes que abusava das hipóteses, criando uma ciência que se assemelhava mais à ficção do que a uma descrição razoável do mundo, é também apontado e reconhecido por seus contemporâneos como um autor eclético. Como observa Roux (2013, p. 50), no contexto da formação da *Académie des Sciences* na segunda metade do século XVII, Rohault apresentava experimentos nas conferências semanais, os *Mercredis de Rohault*.

O florescimento de numerosas sociedades científicas, com diversas abordagens tanto no objeto quanto na metodologia de investigação aplicada, indica a variedade no tratamento e na função atribuída aos experimentos e às hipóteses (Roux 2013, p. 54). Se, por volta da metade do século XVIII, observamos o estabelecimento de uma epistemologia bem estruturada das hipóteses, como no caso da oposição de Du Châtelet ao radicalismo experimental dos newtonianos franceses de seu círculo, é necessário considerar igualmente o debate entre Rohault e uma comunidade de *savants*. Esses *savants* formariam a Académie e viam o experimentalismo de Rohault como atrelado a um modelo hipotético-dedutivo considerado, por eles, como problemático.

A influência de Rohault nesse contexto e sua recepção por adeptos newtonianos, tanto na França quanto na Inglaterra, destacam seu ecletismo metodológico. Seu *Traité* foi editado várias vezes na Inglaterra, indicando o prestígio de seu manual didático, mesmo sob a influência da mecânica newtoniana (Sarton, 1948). Em uma resenha de 1706, Jacques Bernard comentou sobre uma edição em latim do *Traité* de Rohault, fornecendo uma história do texto desde sua publicação original em 1671 até o contexto do início do século XVIII (Bernard, 1706). Ele também buscou reconstruir o contexto da produção desse texto, que circulou nos salões e academias parisienses em diferentes versões, de forma não oficial. Uma dessas versões é o manuscrito intitulado *Physique Nouvelle* (1667), que apresenta poucas diferenças em relação à edição impressa do *Traité*, de 1671 (Rohault, 2009). Este manuscrito foi utilizado como livro didático em várias universidades, como Louvain, Cambridge e Oxford (Dobre 2014, 128-30).

Entre as várias edições do *Traité*, a mais relevante aqui é aquela anotada por Clarke. Em uma carta ao seu editor Prault, em 1738, Du Châtelet menciona possuí-la ao listar os livros de física de sua biblioteca (Du Châtelet 1958, p. 259). Isso indica que a autora pretendia substituir o texto de Rohault já conhecendo as versões anotadas por Clarke, durante o período de produção das *Institutions*. Essa intenção é notável, uma vez que a versão anotada de Clarke simboliza o ecletismo metodológico que seria detalhado e aprofundado nas *Institutions*.

A edição de Samuel Clarke foi apresentada desde o início como newtoniana (Dobre 2013, 207). Este caráter das anotações de Clarke é claramente indicado no subtítulo do livro, como na edição de 1702. Clarke adicionou mais comentários ao texto em suas edições anteriores e, em 1710, incluiu discussões matemáticas sobre várias passagens, sob a assinatura do jesuíta Charles Morgan. Eventualmente, o irmão de Samuel Clarke, John, fez uma tradução para o inglês que incluía todas as anotações, novamente revisadas por seu irmão mais famoso. A forma final do texto foi impressa em 1723, com edições subsequentes em inglês em 1729 e 1735.

As diferentes versões do texto de Rohault por Clarke apresentam um desafio para o historiador da filosofia natural do período (Sarton 1948, Dobre 2014, 129-30). As múltiplas edições com progressivas anotações atestam a importância e influência do texto. Todavia, de acordo com a narrativa que opõe cartesianismo e newtonianismo, a reprodução contínua de um texto cartesiano por um newtoniano é, no mínimo, peculiar. Mesmo com notas críticas que procuram refutar muitos dos resultados sustentados por Rohault, existe uma parte do texto que não recebe maiores comentários: as descrições dos princípios metodológicos através do emprego de conjecturas ou hipóteses no capítulo III. Isto é, Clarke não concorda com a metafísica de Rohault nem com inúmeros procedimentos experimentais adotados por ele. Os resultados desse modelo de física, por consequência, são recusados. Todavia, o núcleo epistemológico não é atacado.

Se, como faz Des Chene (2002), caracterizarmos as inúmeras edições do *Traité* de Rohault de Clarke como parte do conflito incessante entre Newton e Descartes, deixaremos de lado um aspecto central da relação entre os autores do período, uma discussão frutífera de mútua influência acerca da metodologia científica.

Du Châtelet claramente conhecia a disputa e procura se posicionar a respeito. Sua teoria das hipóteses, no capítulo IV das *Institutions*, é sua resposta. Como aponta Janiak (2018), Du Châtelet se distingue dos newtonianos mais radicais na França, adotando uma posição nuançada que equilibra o experimentalismo e a importância fundamental dos princípios metafísicos na filosofia natural. Nesse sentido, argumento que uma análise comparativa da versão de Clarke de Rohault e das *Institutions* em relação ao tratamento das hipóteses irá enriquecer nossa compreensão sobre a recepção do experimentalismo moderado francês influenciado pelo cartesianismo no contexto da ascensão do newtonianismo. Este procedimento ainda ressaltará o papel central que Du Châtelet desempenha ao propor uma metodologia científica de hipóteses que aprofunda e expande muitos aspectos do discurso entre cartesianos e newtonianos na França da primeira metade do século XVIII.

3 - A Metodologia das Hipóteses de Du Châtelet em Contraposição à Metodologia das Conjecturas de Rohault

A contribuição de Émilie Du Châtelet para a epistemologia das explicações científicas no contexto da modernidade foi plenamente reconhecida há pouco tempo. Os estudiosos finalmente perceberam que sua metodologia das hipóteses, que ocupa um papel central na estrutura das *Institutions*, é essencial não apenas para entender o argumento da obra, mas igualmente para compreender sua influência e originalidade como pensadora da ciência. Paganini (2022) aponta que Du Châtelet não simplesmente defendia o uso de hipóteses, como também desenvolveu uma metodologia das hipóteses no Capítulo IV das *Institutions*, cuja reconstrução detalhada é apresentada pelo autor em sua interpretação.

Definição de Hipótese de Du Châtelet:

> Quando tomamos algumas coisas para dar razão do que observamos e quando não estamos ainda em condições de demonstrar a verdade dessas coisas que supomos, fazemos uma hipótese. Assim, os filósofos estabeleceram hipóteses para explicar por meio delas os fenômenos cujas causas não estamos em condições de descobrir nem pela experiência, nem pela demonstração. (IP IV, § 56)

As hipóteses surgem no domínio daquilo que não pode ser demonstrado matematicamente ou observado simplesmente por experimentos. Ela exerce uma função explicativa: apontar a causa, mesmo que esta não seja demonstrada como a causa verdadeira dos fenômenos, ou seja, a hipótese fornece a razão para os efeitos observados no mundo. A conexão empírica com o mundo é tanto o ponto de partida quanto o ponto final das hipóteses.

> Assim, quando se faz uma hipótese, deve-se deduzir dela todas as consequências que podem ser legitimamente deduzidas; em seguida, compará-las com a experiência. Pois se ocorre de todas essas consequências serem confirmadas pelas experiências, a probabilidade adquire seu mais alto grau. Porém, se há uma só a que elas sejam contrárias, deve-se rejeitar, ou toda a hipótese, se essa consequência se segue da hipótese inteira, ou aquela parte da hipótese da qual ela é uma consequência necessária. (IP IV, §66)

É possível perceber que a definição de hipótese de Du Châtelet é vinculada ao contexto do ecletismo metodológico, uma vez que combina a necessidade de princípios que orientem a formulação de hipóteses — como o princípio da razão suficiente e o princípio da não contradição —, com o empirismo que delimita tanto o alcance da aplicação das hipóteses como sua avaliação e confirmação. Através de seu conceito de hipótese, Du Châtelet está firmemente fundamentada em uma perspectiva realista (Paganini 2022).

No prefácio do *Traité*, Rohault também questiona a validade da radicalização entre o uso excessivo e especulativo da razão, sem a fundamentação das hipóteses em fenômenos. Ele questiona ainda qual seria o benefício científico que a utilização isolada de experimentos traria para o progresso científico:

> Um terceiro defeito que encontrei no Método dos Filósofos é que alguns deles se dedicam inteiramente ao raciocínio e dependem tanto da força de seus argumentos (especialmente se forem emprestados dos antigos) que consideram supérfluo realizar quaisquer experimentos. Outros, ao contrário, completamente cansados de tais argumentos tediosos, a maior parte dos quais não são conclusivos ou nada têm a ver com o propósito, acham que tudo deve ser reduzido a experimentos e que não deve haver raciocínio algum. Mas ambos esses extremos impedem o progresso da filosofia natural. (System of Natural Philosophy, Author's preface; Rohault 1723)

Ao elaborar cuidadosamente explicações mecânicas para todos os fenômenos disponíveis, Rohault combina raciocínio com experimentação. Em uma época em que o cartesianismo era acusado de um uso excessivo de hipóteses sem a realização de experimentos, Rohault não parece ocupar uma posição diferente de outros autores considerados experimentalistas do período. Por isso, ele é um exemplo de que a divisão categórica entre autores especulativos e experimentais não é historicamente adequada.

É necessário evitar dois erros: o extremo de rejeitar o papel da razão na metodologia científica e o extremo de desconsiderar o papel dos experimentos. A razão serve para articular e deduzir os dados observados, enquanto a experiência fornece novas descobertas e confirma as estruturas teóricas articuladas pelo pensamento. Rohault conclui que a combinação da razão e da experimentação é a metodologia apropriada para conduzir a Ciência:

> Pois aqueles que caem no primeiro desses erros privam-se dos melhores meios de fazer novas descobertas e também de confirmar seus próprios argumentos; e aqueles que caem no segundo, ao se privarem da liberdade de tirar conclusões, impedem o conhecimento de uma vasta série de verdades, que muitas vezes podem ser deduzidas de um único experimento. Portanto, não pode deixar de ser muito vantajoso combinar Experimentos e Argumentos. (System of Natural Philosophy, Author's preface; Rohault 1723)

Rohault defende que o esforço combinado da razão e da experiência é a maneira correta de trabalhar na ciência ao desenvolver conjecturas:

> Por fim, o terceiro tipo de experimentos são aqueles realizados como consequência de algum raciocínio, a fim de descobrir se ele estava correto ou não; como quando, após considerar os efeitos habituais de um determinado assunto e formar uma ideia verdadeira sobre sua natureza, ou seja, sobre o que nele o torna capaz de produzir esses efeitos... esses experimentos também são a ocasião de fazer as primeiras conjecturas sobre a natureza dos assuntos com os quais os filósofos naturais

> lidam; e os protegem de algumas noções falsas que, de outra forma, talvez pudessem ter aceitado (System of Natural Philosophy, Author's preface; Rohault 1723).

Para Rohault, uma conjectura é um cenário teórico baseado no uso de instrumentos e na experimentação, com o objetivo de explicar fenômenos físicos por meio de causas mecânicas. Ele integra raciocínio e experimentação de uma maneira inovadora, se afastando das especulações puramente teóricas. As conjecturas de Rohault são caracterizadas pela busca de explicações coerentes e simples, que são posteriormente submetidas a testes empíricos. Rohault argumenta que uma hipótese deve "explicar", ou seja, fornecer uma explicação causal dos fenômenos, mesmo que de maneira provisória, até que uma demonstração ou confirmação experimental seja obtida. Essa abordagem está alinhada com o que ele chama de "ciência da hipótese", na qual conjecturas são formuladas e avaliadas quanto à sua probabilidade e capacidade de explicar novos experimentos. Por exemplo, ele utiliza uma série de conjecturas para demonstrar diferentes cenários experimentais com uma seringa, testando o movimento do pistão sob várias condições (como a presença ou ausência de poros no tubo). Essas conjecturas são validadas ou refutadas por meio da experimentação, evidenciando a importância dos instrumentos para a formulação e verificação de hipóteses (Rohault 1723, Capítulo 12).

De maneira semelhante, Du Châtelet afirma que é um erro abandonar as hipóteses, destacando que elas representam a combinação do uso da experiência e da razão:

> Um dos erros dos filósofos de nosso tempo é o de querer banir as hipóteses da física, elas são tão necessárias quanto as palafitas de uma casa em construção. É verdade que, uma vez construído o edifício, as palafitas tornam-se inúteis, mas não poderíamos tê-lo construído sem sua ajuda. Toda a astronomia, por exemplo, está fundada sobre hipóteses, e se sempre as tivéssemos evitado em física, parece que não teríamos feito tantas descobertas. Assim, nada é mais capaz de retardar o progresso nas ciências que desejar bani-las e persuadirmo-nos

> de que encontramos a grande fonte que move toda a natureza, pois não buscamos nunca uma causa que acreditamos conhecer. (IP, Avant-propos VIII)

Para Du Châtelet, e em acordo com Rohault, o uso excessivo de hipóteses é prejudicial à filosofia, especialmente quando sua aplicação está associada a jargões muito abstratos. Há uma necessidade de combinar razão e experiência:

> Lembre-se, meu filho, em todos seus estudos, que a experiência é a bengala que a natureza deu a nós, cegos, para nos conduzir em nossas pesquisas. Com sua ajuda, não deixamos de percorrer longo caminho, mas não podemos evitar de cair caso deixemos de nos servir dela. Cabe à experiência nos dar a conhecer as qualidades físicas, e cabe à nossa razão fazer uso delas e tirar novos conhecimentos e novas luzes. (IP Avant-propos, IX)

Na medida em que hipóteses e conjecturas devem ser utilizadas, uma vez que a razão e a experiência sozinhas não são suficientes para gerar um conhecimento infalível sobre o mundo, o processo de formação de hipóteses a serem confirmadas por experimentos e testes produz um conhecimento provável. Nesse aspecto, também encontramos um ponto de contato entre Du Châtelet e Rohault. No início de seu capítulo sobre hipóteses, Du Châtelet afirma que a ciência é o domínio do provável:

> As verdadeiras causas dos efeitos naturais e dos fenômenos que observamos estão frequentemente tão afastadas dos princípios sobre os quais podemos nos apoiar e das experiências que podemos fazer que somos obrigados a nos contentar com razões prováveis para explicá-los. As probabilidades não devem, então, ser rejeitadas nas ciências, não apenas porque são sempre de um grande uso prático, mas porque elas preparam o caminho que leva à verdade. (IP IV, §53)

No Capítulo III do *Traité*, intitulado "A Maneira de Aplicar Filosofia para Temas Particulares", Rohault realiza uma reflexão metodológica e, na Seção 3, também vincula a ciência à probabilidade:

> Devemos, na maior parte das vezes, nos contentar com a Probabilidade: Assim, devemos nos contentar, na maioria das vezes, em descobrir como as coisas podem ser, sem pretender alcançar um Conhecimento certo e uma Determinação de como elas realmente são; pois pode haver diferentes causas capazes de produzir o mesmo efeito, as quais não temos meios de explicar.(Rohault 1723, 14)

Ao comparar as passagens citadas de Du Châtelet e Rohault, podemos observar uma notável convergência em suas visões sobre a natureza probabilística do conhecimento científico. Em sua obra, Du Châtelet reconhece as limitações inerentes da razão e da experiência, quando consideradas isoladamente, para alcançar um conhecimento infalível do mundo. Ela argumenta que, devido à lacuna entre as verdadeiras causas dos fenômenos naturais e os princípios e experiências de que dispomos, muitas vezes somos levados a nos basear em razões prováveis. Du Châtelet enfatiza que essas probabilidades não têm apenas utilidade prática, mas também desempenham um papel crucial ao abrirem caminho para a verdade alcançável em contextos científicos.

De forma semelhante, em seu *Traité*, Rohault reflete sobre a aplicação metodológica da filosofia a assuntos específicos, ressaltando que a ciência muitas vezes deve se contentar com a probabilidade, em lugar do conhecimento certo e definitivo. Ele observa que a multiplicidade de causas possíveis para o mesmo efeito torna a certeza inatingível, obrigando-nos a aceitar a probabilidade como a melhor aproximação do conhecimento.

Ambos os filósofos reconhecem a inevitável incerteza que permeia o conhecimento científico e a importância de, em face dela, adotar uma postura humilde. Du Châtelet e Rohault veem a probabilidade como uma ferramenta indispensável na busca pela compreensão dos fenômenos naturais, servindo tanto como um instrumento prático quanto como uma preparação para descobertas futuras mais precisas. O ponto de contato entre suas ideias reside na aceitação da ciência como o domínio do provável, no qual as certezas absolutas são raras — se não impossíveis –, e o melhor que podemos fazer é construir hipóteses plausíveis e prováveis, testando-as e refinando-as continuamente. Essa abordagem metodológica valoriza a probabilidade não apenas como uma necessidade pragmática, mas como um componente essencial na progressão do conhecimento científico.

Em relação ao abuso de hipóteses e ficções, ambos os filósofos se preocupam com a aplicação aleatória de suposições. Du Châtelet faz questão de distinguir entre ficção – uma hipótese formulada de maneira descuidada, sem considerar como a experiência poderia ser usada para confirmá-la — e a habilidade de criatividade e invenção. Desse modo, a capacidade imaginativa é uma ferramenta relevante para a ciência; no entanto, precisa ser bem estruturada:

> Ao distinguir entre o bom e o mau uso das hipóteses, evita-se os dois extremos, e, sem se entregar às ficções, não se omite das ciências um método muito necessário à arte de inventar, e que é o único que se pode empregar nas difíceis investigações que requerem a correção de vários séculos e o trabalho de muitos homens antes de alcançar uma certa perfeição. (IP IV, §71)

Por sua vez, Rohault, em suas considerações metodológicas, emite um alerta sobre a necessidade de evitar preconceitos na investigação científica. Se a função da ciência é explicar os fenômenos observados da melhor maneira possível — ou seja, da melhor forma ao alcance das capacidades cognitivas humanas — é necessário abster-se de projetar nos fenômenos qualquer suposição que não possa ser empiricamente verificada. Envolver-se em tais projeções dentro do raciocínio científico seria fútil e improdutivo para a construção de uma explicação.

> [...] Da mesma forma, seria em vão, após atribuir ao Fogo o tipo de Calor que nós mesmos sentimos nessa ocasião, tentar explicar filosoficamente a Natureza do Fogo; pois nada sólido

> pode ser construído sobre uma base tão fraca, apenas conjecturas e quimeras. (Rohault 1723, 13)

Ao analisar os trechos de Du Châtelet e Rohault sobre o abuso de hipóteses e ficções na ciência, percebemos que ambos compartilham a preocupação com o uso inadequado de suposições, embora abordem a questão de maneiras complementares. Du Châtelet enfatiza a necessidade de diferenciação entre hipóteses bem fundamentadas e ficções descuidadas. Ela valoriza a capacidade de criatividade e de invenção na ciência, mas alerta contra a formulação de hipóteses sem uma base empírica adequada. A filósofa destaca que a imaginação é uma ferramenta valiosa, desde que estruturada e orientada pela experiência e pela razão — isso evita os extremos de aceitar ficções infundadas ou rejeitar completamente o uso de hipóteses, preservando um método essencial para a arte da invenção.

Rohault, por outro lado, alerta contra a projeção de preconceitos e suposições não verificáveis nos fenômenos científicos. Para ele, a ciência deve evitar atribuir características a fenômenos que não podem ser comprovadas empiricamente, visto que isso resultaria em quimeras que não contribuem para uma compreensão sólida. Ele enfatiza que tentar explicar a natureza de algo com base em suposições infundadas é fútil, e não construtivo.

Ambos os pensadores reconhecem a importância da imaginação e da criatividade no desenvolvimento científico, mas insistem que essas devem ser guiadas por um rigor metodológico a fim de evitar suposições infundadas. Du Châtelet sugere que, ao equilibrar a criatividade com uma base empírica sólida, a ciência pode progredir de forma significativa, corrigindo erros ao longo do tempo. Rohault, de maneira complementar, enfatiza a necessidade de manter um foco empírico rigoroso, evitando qualquer conjectura que não possa ser verificada, para garantir que as explicações científicas sejam sólidas e úteis.

Vemos que também apelam para o poder dedutivo das hipóteses como uma característica relevante para sua confirmação. Quanto mais características observáveis nos fenômenos podem ser explicadas e previstas por uma hipótese, maior é seu grau de probabilidade. Nas *Institutions*, temos:

> Assim, quando se faz uma hipótese, deve-se deduzir dela todas as consequências que podem ser legitimamente deduzidas; em seguida, compará-las com a experiência. Pois se ocorre de todas essas consequências serem confirmadas pelas experiências, a probabilidade adquire seu mais alto grau. Porém, se há uma só a que elas sejam contrárias, deve-se rejeitar, ou toda a hipótese, se essa consequência se segue da hipótese inteira, ou aquela parte da hipótese da qual ela é uma consequência necessária. (IP IV, §66)

Em Du Châtelet, observamos uma metodologia rigorosa para a formulação e validação de hipóteses científicas, enfatizando a importância da dedução lógica e da comparação empírica. Ela sugere que, ao propor uma hipótese, o cientista deve seguir um processo estruturado de dedução e verificação. Primeiramente, a filósofa afirma que é essencial deduzir todas as possíveis consequências de uma hipótese. Isso significa que o cientista deve explorar de forma abrangente e lógica todas suas implicações, garantindo que todas as ramificações e previsões sejam explicitamente identificadas. Essa etapa é crucial, pois permite uma avaliação abrangente e detalhada da hipótese em questão.

Em seguida, essas consequências devem ser comparadas com a experiência, ou seja, precisam ser testadas empiricamente. A comparação com a experiência é o meio pelo qual uma hipótese se revela útil e robusta ou, por outro lado, inadequada. Se todas as previsões deduzidas de uma hipótese forem confirmadas pela experiência, a probabilidade de sua veracidade aumenta significativamente. Du Châtelet afirma que essa confirmação empírica eleva a hipótese ao seu "mais alto grau" de probabilidade, indicando que ela se torna altamente confiável dentro do contexto dos dados disponíveis.

No entanto, a verdadeira marca do rigor metodológico em Du Châtelet reside em sua abordagem para lidar com falhas na confirmação empírica. Ela sustenta que, se mesmo uma única consequência deduzida da hipótese não for confirmada pela experiência, a hipótese deve ser reavaliada. Se a consequência não confirmada for uma parte integral e necessária da hipótese, então toda a hipótese deve ser rejeitada. Alternativamente, se a consequência não confirmada se originar apenas de uma parte da hipótese, então apenas essa parte específica deve ser descartada ou revisada.

Esse rigor metodológico reflete uma abordagem científica que combina dedução lógica e verificação empírica para garantir a robustez das hipóteses. A insistência de Du Châtelet em rejeitar hipóteses que não estão plenamente alinhadas com os dados empíricos demonstra um compromisso com a precisão e a verdade científica. Além disso, sua metodologia destaca a importância da revisão contínua e da disposição para corrigir ou abandonar teorias diante de evidências contrárias, promovendo um avanço constante e rigoroso no conhecimento científico. Na proposta de método científico dessa filósofa, dedução e experiência trabalham juntas para validar ou refutar hipóteses. É assim que Du Châtelet enfatiza a importância de uma análise lógica minuciosa e de uma verificação empírica rigorosa para garantir a solidez e a utilidade das teorias científicas.

Entre o prefácio e os capítulos iniciais da primeira parte do *Traité*, observamos um argumento progressivo sobre como devemos formar, manejar e constituir conjecturas. Abandonar hipóteses representa uma perda significativa, pois não permite a dedução orientada e bem fundamentada de conclusões experimentais. Um experimento sem uma conjectura não constitui um elemento propriamente científico; uma observação anedótica descontextualizada não seria útil para a formação do conhecimento sobre o mundo: "E aqueles que caem no segundo [erro], ao se privarem da liberdade de tirar conclusões, impedem o conhecimento de uma vasta sequência de verdades, que muitas vezes podem ser deduzidas de um único experimento" (Rohault 1723, Author's Preface)

Rohault argumenta que essa falta de dedução impede a descoberta de muitas verdades que poderiam ser derivadas de um único experimento. Assim, valoriza a capacidade de generalizar a partir de dados experimentais, pois isso é fundamental para o progresso do conhecimento científico. Ele continua, no Capítulo III:

> Assim, por exemplo: se, ao observarmos apenas quatro propriedades de uma coisa, formarmos uma noção tal que a conjectura que fazemos para explicá-las se aplique igualmente a vinte propriedades que descobrimos nela, é certo que temos muitas provas de que nossa conjectura é muito boa. (Rohault 1723, 14)

Aqui, Rohault argumenta que, se uma conjectura, baseada na observação de algumas propriedades, consegue explicar várias outras propriedades adicionais que são descobertas, isso a fortalece. Com isso, o filósofo enfatiza a robustez de uma hipótese que pode abranger um grande número de propriedades observadas, sugerindo que um amplo poder explicativo é uma indicação de uma boa conjectura.

Dando continuidade ao seu argumento, Rohault vai além, afirmando que quando uma conjectura pode explicar muitas e variadas propriedades de uma coisa, torna-se difícil acreditar que essas propriedades poderiam ser explicadas de outra forma. Nesse caso, a conjectura deve ser considerada não apenas altamente provável, mas possivelmente verdadeira:

> E, de fato, pode haver tantas e tão diferentes propriedades na mesma coisa, que acharemos muito difícil acreditar que possam ser explicadas de duas maneiras diferentes. Nesse caso, nossa conjectura não deve apenas ser considerada altamente provável, mas temos razão para acreditar que é a própria verdade. (Rohault 1723, 14)

Essas ideias de Rohault demonstram um compromisso com a noção de que a ciência avança por meio da formação de hipóteses que são continuamente testadas e refinadas. Ele defende um uso inteligente e cuidadoso das conjecturas, onde a capacidade de uma hipótese em explicar um amplo espectro de fenômenos reforça sua validade. Sua linha de raciocínio avança desde a necessidade de tirar conclusões, passando pela avaliação da robustez das conjecturas, até a aceitação da alta probabilidade de verdade, quando uma conjectura resiste a múltiplos testes empíricos. Rohault argumenta que uma conjectura que explica muitas e diversas propriedades deve ser vista como altamente provável e possivelmente verdadeira. A dificuldade de encontrar explicações alternativas aumenta a credibilidade da conjectura.

Conclusão

Por um lado, se em Rohault é necessário que o intérprete reconstrua sua metodologia a partir da comparação de observações gerais e dispersas no prefácio e nos capítulos iniciais da primeira parte do *Traité*, e observe-as em operação em numerosas aplicações ao longo das três partes subsequentes da obra sobre corpos celestes, corpos terrestres e o corpo humano; por outro lado, Du Châtelet oferece, no Capítulo IV das *Institutions*, uma epistemologia e metodologia do experimentalismo. Embora seja possível afirmar que as conjecturas de Rohault influenciam o desenvolvimento das *Institutions*, é necessário reconhecer que Du Châtelet expande e aprofunda a discussão de maneira impressionante. A complexidade e as regras para a construção de um modelo teórico encontradas nesta obra são inovadoras para seu contexto histórico e marcam um importante ponto de virada e influência na história da ciência.

A análise comparativa das *Institutions* e do *Traité* permite observar que ambos os textos são exemplos de ecletismo metodológico, e não aderem à dicotomia proposta pela narrativa do debate entre cartesianismo e newtonianismo. Ambos consideram fútil e mesmo inútil para a ciência o abuso de hipóteses não testáveis ou de experimentos sem a devida orientação teórica. Assim, encontramos dois exemplos, um no final do século XVII e outro na primeira metade do século XVIII, de experimentalismo nuançado, buscando equilibrar a metodologia científica como a síntese de duas faculdades cognitivas empregadas de maneira apropriada para os objetos em investigação. Du Châtelet se distancia de Rohault em sua doutrina da matéria; ela rejeita claramente a metafísica dos corpos do filósofo, que busca construir um sistema hipotético-dedutivo em torno de corpos compreendidos unicamente em termos de extensão e suas ramificações.

A influência de Rohault e sua excelência pedagógica são inegáveis, como evidenciado pelo volume de traduções e versões comentadas do *Traité* nas universidades europeias. Como observa Dobre (2014, 129-130), De Volder optou por ensinar a física cartesiana em Leiden, utilizando tanto os *Principia* de Descartes quanto o *Traité* de Rohault. Embora defensor dos princípios cartesianos, a incorporação das versões comentadas por Clarke do tratado de Rohault foi crucial para a transição em direção ao modelo newtoniano. Esse movimento representou o declínio da física cartesiana, com Rohault perdendo sua autoridade em filosofia da natureza. Nesse contexto, o comentário de Clarke sobre Rohault desempenhou um papel significativo. No entanto, o declínio do cartesianismo não foi imediato, e a influência de Rohault foi duradoura. Pode-se afirmar que o estabelecimento do newtonianismo pressupõe a existência do texto de Rohault. Essa intensa troca entre os principais autores da filosofia natural forma um pano de fundo para Du Châtelet, que precisa ser examinado em detalhe.

A obra de Émilie du Châtelet teve uma influência significativa na *Encyclopédie* de Diderot e D'Alembert, um dos textos mais emblemáticos do Iluminismo francês. As traduções das *Institutions* para o alemão e o italiano, realizadas em 1743, ampliaram consideravelmente o alcance de suas ideias, permitindo que seu trabalho influenciasse ainda mais pensadores e acadêmicos fora da França. Esse alcance indica o grande respeito de seus contemporâneos por suas contribuições filosóficas. Um exemplo de seu impacto foi a discussão com Mairan, que destacou as controvérsias científicas da época, especialmente no que diz respeito à natureza da força e da energia. Essa representatividade sublinha a importância de Du Châtelet como uma das principais figuras da ciência e filosofia do século XVIII.

Referências

BERNARD, Jacques. *Nouvelles de la republique des lettres*, Outubro de 1706, 455–460.

BRADING, Katherine. "Du Châtelet's Metaphysics and Newtonian Science." In *The Oxford Handbook of Early Modern Philosophy*, edited by Donald Rutherford, 19–40. Oxford: Oxford University Press, 2019.

DES CHENE, Dennis. 2002. Cartesian science: Régis and Rohault. In Blackwell companions to philosophy: A companion to early modern philosophy, ed. Steven Nadler, 183-196. Malden: Blackwell.

DETLEFSEN, Karen. "Émilie du Châtelet and the Problem of Bodies." *Journal of the History of Philosophy* 57, no. 2 (2019): 313–340.

DOBRE, Mihnea. "Mixing Cartesianism and Newtonianism: The Reception of Cartesian Physics in England." In *Scientific Cosmopolitanism and Local Cultures: Religions, Ideologies, Societies*, edited by László Kontler, Antonella Romano, and Stephen Gaukroger, 126–131. Turnhout: Brepols, 2014.

DOBRE, Mihnea. "Rohault's Cartesian physics." *Cartesian empiricisms.* Dordrecht: Springer Netherlands, (2013). 203-226.

DOBRE, Mihnea, and Tammy Nyden, eds. *Cartesian empiricisms.* Dordrecht: Springer, 2013.

DOBRE, Mihnea. "Jacques Rohault and Cartesian Experimentalism." In: The Oxford Handbook of Descartes and Cartesianism (2019).

DU CHÂTELET, Émilie, *Les lettres de la Marquise du Châtelet*, Theodore Besterman (ed.), Geneva: Institut et Musée Voltaire, 1958, 2 volumes.

DU CHÂTELET, Émilie. *Institutions de physique*, Paris, 1740.

DU CHÂTELET, Émilie. *Institutions physiques: Nouvelle edition*, in *Gesammelte Werke* (Abt. 3, Band 28: Materialien und

Dokumente), Jean Ecole (ed.), Hildesheim, Zürich, New York: Olms, 1988.

JANIAK, Andrew. "Newton as Philosopher." *The Cambridge Companion to Newton*, edited by I. Bernard Cohen and George E. Smith. Cambridge: Cambridge University Press, 2018.

LAUDAN, Larry. *Science and Hypothesis: Historical Essays on Scientific Methodology*. Dordrecht: Reidel, 1981.

MOUY, Paul. *Le Développement de la Physique Cartésienne 1646-1712.* Paris: Hermann & Cie, 1934.

PAGANINI, Gianni. "Émilie Du Châtelet's Epistemology of Hypotheses." *Époque Émilienne: Philosophy and Science in the Age of Émilie Du Châtelet (1706-1749).* Cham: Springer International Publishing, 2022. 21-56.

PRICLADNITZKY, Pedro Falcão. "Explicação científica em Descartes: O papel da experiência: Scientific explanation in Descartes: The role of experience." *Modernos & Contemporâneos-International Journal of Philosophy [issn 2595-1211]* 3.7 (2019).

ROHAULT, Jacques. *Traité de Physique*, edited by Samuel Clarke. London: Henry Bonwicke, 1723.

ROHAULT, Jacques. *Rohault's System of Natural Philosophy: Illustrated with Dr. Samuel Clarke's Notes Taken Mostly Out of Sir Isaac Newton's Philosophy, Done Into English by John Clarke*, James, John, and Paul Knapton, 1735.

ROHAULT. *Traité de physique.* Vol. 1-2 chez Guillaume Desprez, 1705.

ROUX, Sophie. "Was there a Cartesian experimentalism in 1660s France?." *Cartesian empiricisms*. Dordrecht: Springer Netherlands, 2013. 47-88.

SARTON, George. 1948. Second preface to volume 38: The study of early scientific textbooks. Isis 38(3-4): 137-148.

SHANK, J. B. *The Newton Wars and the Beginning of the French Enlightenment*. Chicago: University of Chicago Press, 2008.

SHANK, J. B. *Before Voltaire: The French Origins of "Newtonian" Mechanics, 1680-1715*. Chicago. Chicago University Press. 2018.

VOLTAIRE. *Letters Concerning the English Nation*. Edited by Nicholas Cronk. Oxford: Oxford University Press, 2022.

Erwin Schrödinger e a defesa da dimensão filosófica da física teórica

RAFAEL VELLOSO[312]
ANTONIO AUGUSTO PASSOS VIDEIRA[313]

1 - Introdução

Erwin Schrödinger (1887-1961) foi um físico teórico austríaco, estudante e professor da Universidade de Viena, cidade onde nasceu (Karlik; Schmid, 1982; Mehra; Rechenberg, 1987; Bitbol, 1996; Moore, 2015). Nos anos iniciais do século XX, a física vienense - e, como será apresentado a seguir, sua filosofia

[312] Rafael Velloso é doutorando em Filosofia pela Universidade do Estado do Rio de Janeiro (UERJ). É membro do grupo de pesquisa, ensino e extensão Physikos - Estudos em História e Filosofia da Física e da Cosmologia (FACH-UFMS) e do grupo de pesquisa Estudos Sociais e Conceituais de Ciência, Tecnologia e Sociedade (ECTS) do Departamento de Filosofia da UERJ. E-mail: velloso.rafa@gmail.com.

[313] Antonio Augusto Passos Videira é professor titular da Universidade do Estado do Rio de Janeiro (UERJ). Também ocupa cargos como professor no Programa de Ensino e História da Matemática na Universidade Federal do Rio de Janeiro (UFRJ), professor visitante no Instituto de Biofísica (UFRJ) e pesquisador colaborador no Centro Brasileiro de Pesquisas Físicas (CBPF). E-mail: guto@cbpf.br.

- estava pulsante e imersa em debates acerca do realismo das entidades físicas, bem como das epistemes e metodologias presentes no desenvolvimento de teorias físicas (Videira, 2011; 1992; 2013; Videira; Velloso, 2022; Stöltzner, 2003; Stadler, 1993; 2019; Romizi, 2012; 2013; Mehra; Rechenberg, 1987; Jungnickel; McCormmachJungnickel; McCormmach, 1986; Janik; Toulmin, 1991; Del Santo; SchwarzhansDel Santo; Schwarzhans, 2021; Blackmore, 1995a; 1995b). Schrödinger ingressa na universidade em 1906, portanto, em um momento de grande fecundidade intelectual. Sob a orientação do físico experimental Franz Exner[314] (1849-1926), ele conclui sua graduação em 1910, com o trabalho *Über eine Leitung der Elektrizität auf der Oberfläche von Isolatoren an feuchter Luft* ("*Sobre a condução de eletricidade na superfície de isoladores em ar úmido*", em tradução livre) (Karlik; Schmid, 1982; Moore, 2015). Apesar de sua formação inicial em física experimental, Schrödinger foi bastante influenciado pelo físico teórico Fritz Hasenöhrl[315] (1874-1915), seu professor na época de estudante.

Um ano após a conclusão de sua graduação, em 1911, Schrödinger torna-se assistente em física experimental de Exner (Karlik; Schmid, 1982; Moore, 2015) e publica seu primeiro artigo acadêmico em física teórica, *Zur kinetischen Theorie der Magnetismus* ("Sobre a teoria cinética do magnetismo", em tradução livre), em 1912. No entanto, é em 1914 que seu primeiro artigo de impacto é publicado na *Annalen der Physik*, a mais importante revista em alemão da época: *Zur Dynamik elastisch gekoppelter Punktsysteme*

[314] Franz Serafin Exner foi um físico astríaco e reitor da Universidade de Viena, membro de uma rica família vienense, bem inserida tanto no meio científico, quanto artístico. Apesar de pouco conhecido, Exner era uma figura importante da física da época, a ponto de realizar uma série de debates, através da revista *Die Naturwissenschaften* com seu homólogo alemão, Max Planck.

[315] Friedrich Hasenöhrl (também conhecido por Fritz Hasenöhrl) foi um físico asutríaco, considerado uma promessa em física na Universidade de Viena, mas teve uma morte precoce, devido à sua participação na 1ª Guerra Mundial. Hasenöhrl completa seu doutorado em 1897, sob supervisão de Exner, e é indicado para a cátedra de física teórica logo após a morte de Boltzmann (1906). Já em 1904, Hasenöhrl a famosa equação de Einstein da equivalência energia-massa - $E = mc^2$ -, mas para o caso especial da radiação de cavidade (Del Santo; Schwarzhans, 2021). Seus artigos *Zur Theorie der Strahlung in bewegten Körpern* (320/321) contendo seus resultados foram publicados na *Annalen der Physik*, que era uma importante revista de física na época.

(“Sobre a dinâmica de sistemas pontuais acoplados elasticamente”, em tradução livre), muito influenciado por um dos principais mentores intelectuais de Schrödinger e antigo catedrático de física teórica da Universidade de Viena, Ludwig Boltzmann[316] (Karlik; Schmid, 1982; Moore, 2015).

A partir de então, Schrödinger torna-se um físico bastante produtivo, possuindo uma série de publicações de artigos não apenas em alemão, mas também em inglês — devido à sua família materna, que era de origem inglesa; Schrödinger foi alfabetizado em ambos os idiomas (Moore, 2015). Ao longo dos anos, Schrödinger se destaca como um dos mais importantes físicos teóricos de sua época. Tal status pode ser visto, por exemplo, pelo recebimento do prêmio Nobel em 1933, por suas contribuições à mecânica quântica[317] (Kojevnikov, 2020). O período em que foi laureado é também marcado por sua produção de uma série de artigos de cunho filosófico, nos quais contestava tanto alguns pressupostos conceituais da recém -gestada Teoria Quântica quanto algumas noções físicas mais antigas que, com o tempo, tornaram-se a priori. Dentre os principais temas discutidos por Schrödinger, destacam-se a utilização de concepções indeterministas na elaboração de conceitos físicos e sua relação com visões de mundo física (*Weltbild*) ou, de maneira mais geral, com a metafísica.

Nesse sentido, a fim de abordar essa relação entre indeterminismo e visões de mundo no pensamento físico-filosófico de Schrödinger, o presente artigo será organizado da seguinte maneira: em *Mecânica Quântica: “o fracasso final da causalidade”*, faremos uma breve apresentação da situação em que se encontrava a física nos primeiros 30 anos do século XX, especialmente devido

[316] Para mais informações sobre a física e filosofia de Boltzmann e sua influência no pensamento de Schrödinger, cf. Blackmore, 1995; Videira, 1992; 2006; de Regt, 1997; 1999.

[317] Schrödinger foi laureado com o Nobel devido sua formulação da evolução unitária, também conhecida como equação de Schrödinger. De maneira bem simplificada, esta equação permite descrever sistemas quânticos de maneira determinista e contínua, preservando a evolução temporal. Ou seja, a evolução unitária se caracteriza, principalmente, por ser contínua, linear, determinista e reversível (Balsas; Videira, 2013; Pessoa Jr., 2003).

aos impactos decorrentes da elaboração e consolidação da Teoria Quântica nos anos de 1927-1928; na seção *Causalidade: a priori ou hábito?*, apresentaremos como o físico se insere em uma antiga atitude epistemológica, comum à física vienense e às suas discussões sobre causalidade, através de seus artigos *Was ist ein Naturgesetz?* (1922) e *Indeterminism in Physics* (1932); por fim, na seção *A peculiaridade da visão de mundo física*, apresentaremos as ideias contidas no artigo de mesmo título *Die Besonderheit des Weltbilds der Naturwissenschaft* (1948), onde Schrödinger questiona qual é o objetivo de uma teoria física: produzir predições ou visões de mundo? De que maneira, podemos também perguntar, essas formulações se relacionam com uma filosofia natural[318]? Através destes três artigos, espera-se elaborar uma apresentação ampla e compreensível das ideias de um dos principais físicos teóricos do século XX.

2 - Mecânica Quântica: "o fracasso final da causalidade"

Apesar de um tom dramático, "o fracasso final da causalidade" no título da presente seção é uma frase de ninguém menos que Werner Heisenberg em seu artigo *Über den anschaulichen Inhalt der quantentheoretischen Kinematik und Mechanik* ("*Sobre o conteúdo inteligível da cinemática e da mecânica quântica-teórica*", em tradução

[318] Filosofia natural aqui não possui o mesmo significado que *Naturphilosophie*, tipicamente associada ao idealismo alemão. De acordo com Abbagnano: *Esta expressão, diferente da tradicional "filosofia natural" que designa a física ou as ciências naturais em geral, foi empregada pela primeira vez por Kant para designar uma disciplina nitidamente distinta da ciência. Por filosofia da Natureza ou metafísica da Natureza, Kant entendeu a disciplina que "abarca todos os princípios racionais puros que derivem de conceitos simples (portanto com exclusão da matemática) do conhecimento teórico de todas as coisas" (Crítica da Razão Pura, Doutr. transe, do método, cap. III). Assim entendida, a filosofia da natureza é uma das duas partes fundamentais da filosofia (a outra é a filosofia moral) e compreende apenas os princípios a priori nos quais se baseia o conhecimento da Natureza, que são os fundamentos da física e das outras ciências teóricas da N., mas não as leis, cuja descoberta, na própria Natureza, cabe à física* (Abbagnano, 2007, p. 702). Como será discutido ao longo do artigo, uma das divergências de Schrödinger com essa concepção de filosofia natural é justamente a utilização do a priori, do absoluto.

livre, 1927), onde o físico alemão apresenta seu famoso Princípio da Incerteza[319]. Essa afirmação, que encerra o artigo[320], ilustra bem os intensos debates epistemológicos, ontológicos e metodológicos que envolviam as teorias físicas nos primeiros 30 anos do século passado. Ainda sobre o artigo de Heisenberg, logo após encerrá-lo com essas palavras, ele inclui uma espécie de apêndice, onde narra que, após conversas com Niels Bohr, percebe que a teoria quântica não decreta o fracasso da causalidade, mas mostra a possibilidade de construir uma teoria física com base no indeterminismo (Heisenberg, 1927). Ou seja, após decretar o fim da causalidade, Heisenberg atenua suas palavras. Essa postura contraditória reflete as controvérsias que permeavam a física da primeira metade do século XX.

A elaboração e consolidação da teoria quântica entre 1927 e 1928 exacerbaram muitos dos problemas que já existiam na física, como a relação entre observador e objeto (Kojevnikov, 2020; Beller, 1992; 1999; Cushing, 1994; Chevalley, 1999; Folse, 1995; Freire, 2003; 2015; Howard, 2002; Kaiser, 2014). Contudo, desde a virada do século XIX para o XX, a física passava por mudanças epistemológicas, ontológicas e metodológicas. Exemplos são as discussões entre os físicos austríacos Ludwig Boltzmann e Ernst Mach sobre o papel da metafísica na construção de teorias físicas ou as de Max Planck acerca da unidade e permanência desses conceitos (Boltzmann, 1905; Mach, 1897; Planck, 1908). Dos muitos questionamentos, alguns dos principais eram:

> As discussões relativas à física teórica diziam respeito aos seus objetivos (o que cabe a uma teoria física ?; uma teoria física explica ou descreve a natureza?), aos seus métodos (como se elabora uma teoria física?; é lícito o uso de hipóteses?; deve-se obrigatoriamente partir dos dados empíricos conhecidos ou

---

319 "*De forma sucinta, o princípio de incerteza diz que uma determinação exata do valor de um observável, como a posição x de um elétron, implica numa falta de exatidão na definição do valor da grandeza conjugada, no caso do momento Px do elétron (e vice-versa)*" (Pessoa Jr., 2003, p. 31).

320 *Como todos os experimentos estão sujeitos às leis da mecânica quântica e, portanto, à equação p1q1~h* [equação que define o Princípio de Incerteza], *segue-se que a mecânica quântica estabelece o fracasso final da causalidade* (Heisenberg, 1927, p. 197, tradução livre)

pode-se usar livremente a criatividade científica?), aos seus processos de validação (de que modo e quando é adequado recorrer à experiência?), à sua relação com a natureza (as teorias físicas atingem o nível das essências ou permanecem no nível fenomênico?) e ainda à sua relação com a técnica. (Videira, 2006, p. 272)

Essas discussões ontológicas, epistemológicas e metodológicas estavam associadas também ao papel que a metafísica desempenha (ou não) na elaboração de teorias físicas e qual o seu lugar na ciência. Uma parte considerável desses questionamentos decorre das mudanças sofridas pelo mecanicismo e pela causalidade. Ou seja, se desde Newton essas concepções pareciam seguras para a construção de qualquer teoria física, na segunda metade do século XIX e, especialmente, nos primeiros anos do século XX, essa base já não era tão estável:

> *[...] en lo que se refiere a la concepción de esta forma [da visão de mundo física] nos encontramos, en la segunda mitad del siglo XIX y a comienzos del XX, con una profunda transformación. La imagen de la naturaleza revela ahora nuevos rasgos; y no sólo eso, sino que experimenta también una transformación cada vez más honda y más extensa la concepción de lo que puede y debe ser una ciencia de la naturaleza, de las funciones que ha de realizar y los fines que ha de perseguir. En ninguna época anterior cobran tal volumen las disquisiciones sobre el* ***concepto de la física****, ni se presentan con tanta nitidez como en ésta. tampoco la física clásica se encontró con este concepto ya elaborado; lejos de ello, una de sus tareas más importantes consistió precisamente en crearlo y en defenderlo, en incesante lucha contra la concepción aristotélico-escolástica*[321]*. Lo que ocurre es que la física clásica libra esta lucha en un frente único*

---

[321] De acordo com Gingras (2001), apesar da importância que a obra *Princípios Matemáticos da Filosofia Natural*, de Newton, tem hoje para a história do conhecimento, suas teses foram duramente criticadas por seus contemporâneos e sucessores. O filósofo irlandês George Berkeley e o físico/filósofo natural alemão Gottfried Leibniz foram exemplos daqueles que criticaram Newton na época da publicação do *Principia*. Para eles, apesar das ideias de Newton serem "matematicamente verdadeiras", estas eram "filosoficamente falsas", pois, não estavam de acordo com a visão de mundo aristotélica-escolástica. De acordo com Gingras, essa aceitação das ideias de Newton foi um processo gradual, tendo sua maior aceitação ocorrido, principalmente, pela sua incorporação por Kant a seu sistema filosófico, já nos séculos XVIII e XIX. Cf. Gingras, 2001.

> *y cerrado. Está convencida de que la razón y la experiencia son capaces de penetrar en la esencia de las cosas y de irla descubriendo paulatinamente ante nosotros. Jamás se pone seriamente en duda, aquí, el valor* ***ontológico*** *de las teorías físicas, por mucho que éstas se diferencien por su contenido.* (Cassirer, 1979, p. 103, destaques no original)

Através da obra de Cassirer podemos perceber que, de fato, essa unidade e aceitação da visão de mundo física, construída a partir das concepções newtonianas de espaço, tempo e matéria, começam a ser questionadas e/ou não mais se adequarem (ao menos não completamente) aos desenvolvimentos da física do século XIX. Exemplo disso, como o próprio filósofo alemão narra, é o eletromagnetismo de Maxwell que, apesar de partir de noções de carga, não mais se adequa por completo ao mecanicismo newtoniano (Cassirer, 1979). Com os desenvolvimentos sobre a estrutura atômica e, posteriormente, com a teoria quântica, essa mudança na estrutura do conhecimento se aprofundará ainda mais. Se, na física clássica, seus princípios representavam os fundamentos da natureza em si, com a física moderna isso já não mais poderia ser afirmado:

> Enquanto o sistema 'clássico' da ciência natural, o sistema da dinâmica galileana-newtoniana desfrutava de validade incontestável, os princípios sobre os quais ele se fecundava apareciam como as leis fundamentais da natureza em si. Nos conceitos de espaço e tempo, massa e força, ação e reação, conforme definidos por Newton, parece que a estrutura básica da realidade física estava estabelecida de vez. Hoje, o progresso imanente do conhecimento científico tem tirado cada vez mais o chão dessa visão. No lugar de um sistema natural único e, por assim dizer, imóvel, temos, de certo modo, sistemas abertos e móveis. (Cassirer, 2011, p. 41)

Até meados do século XIX, a física caracterizava-se como uma ciência de conceitos estáveis, aplicáveis em seus mais variados ramos, e a aliança entre mecanicismo e causalidade se mostrava eficiente na elaboração de teorias e na predição de fenômenos.

Com os primeiros resultados da mecânica quântica, porém, essa situação mudou consideravelmente.

As influências e consequências da mecânica quântica constituem tema controverso, com um grande dissenso entre os comentadores. Trata-se, além disso, de um assunto complexo, com muitas nuances e sutilezas, o que impossibilita uma apresentação aprofundada no escopo deste artigo. No entanto, devido à importância do tema, faremos uma breve apresentação das principais concepções sobre o processo de elaboração, influências internas/externas e consequências ontológicas, epistemológicas e metodológicas da mecânica quântica, em especial daquilo que se convencionou chamar por Interpretação de Copenhague[322].

Para aquilo que nos interessa aqui, pode-se dividir as interpretações de comentadores a respeito da teoria quântica em dois grandes grupos (que possuem suas variações e divergências internas), de acordo com seus posicionamentos a respeito tanto de um certo realismo ou não da teoria, mas também da relação dos físicos com o contexto sócio-político da época: um grupo que gravita ao redor das teses do historiador da ciência estadunidense Paul Forman, que atribui grande influência à visão de mundo da época na produção intelectual dos físicos; e um outro grupo que

[322] A Interpretação de Copenhague é tida como o conjunto de conceitos físicos e filosóficos que, juntos do formalismo matemático, estruturam a teoria quântica. No meio físico, citar Interpretação de Copenhague significa, a rigor, fazer referência a um conjunto de definições como: indeterminismo, probabilismo, princípio da incerteza, dualidade onda partícula, complementaridade, correspondência, dentre outros. Citar Copenhague também significa referenciar físicos que trabalharam, em diferentes frentes e momentos, com Niels Bohr, como: Werner Heisenberg, Max Born, Paul Dirac, Wolfgang Pauli, entre outros (Beller, 1996; Balsas; Videira, 2013). No entanto, até os anos 1950 não havia menção de uma "Interpretação de Copenhague". O primeiro registro é creditado ao físico soviético Dmitrii Ivanovich Blokhintsev, que em 1953 publicou o artigo "*Kritik der philosophischen Anschauungen der sogenannten Kopenhagener Schule in der Physik*" (Crítica às intuições filosóficas em física da chamada Escola de Copenhague) (Chevalley, 1999). Dois anos depois, em 1955, o termo "Interpretação de Copenhague" já é encontrado em escritos de Heisenberg, onde uma conotação de unidade da teoria passa a ser empregada e defendida, à contragosto de Bohr (Camilleri, 2009). Vale afirmar também que, mesmo dentre seus aderentes, há uma série de divergências, de maneira que a Interpretação de Copenhague não pode ser concebida como um bloco monolítico. Para mais informações sobre a consolidação da Interpretação de Copenhague, cf. Chevalley, 1994a; 1994b; 1995; 1999; Beller, 1999; Howard, 2002; Folse, 1985; Forman, 2011; Freire, 2004; Cushing, 1994; Balsas; Videira, 2013.

aceita parcialmente as chamadas teses de Forman, mas com certa parcimônia e atribui maior agência aos físicos.

No aqui denominado grupo mais próximo das teses de Forman, temos comentadores como Mara Beller (1999), Don Howard (1994; 2002) e Kristian Camilleri (2009), que são mais inclinados a caracterizar as teses da Interpretação de Copenhague como antirrealistas, irracionalistas, positivistas, instrumentalistas, dentre outros adjetivos. Para este grupo, devido à impossibilidade da comunidade física em se opor ao ambiente cultural da época muito influenciado pelo filósofo e historiador alemão Oswald Spengler e pela *Lebensphilosophie*, se deixaram conduzir, sem muita resistência, pelas ideias antirrealistas, indeterministas e antimecanicistas da época (Beller, 1999; Howard, 1994; 2002; Forman, 1972; Camilleri, 2009). De acordo com eles, exemplo disto está na própria crítica de que físicos como Albert Einstein, Boris Podolsky e Nathan Rosen (1935) fizeram a Bohr e seu grupo, devido uma suposta ausência de objetividade e realismo da teoria.

Já no outro grupo temos nomes como Catherine Chevalley (1994a; 1994b; 1995; 1996; 1999), James Cushing (1994; 1996), Henry Folse (1985) e Michael Stöltzner (2003), que não recusam as influências do contexto sócio-político, mas atribuem maior agência aos físicos. Ou seja, ressaltam que mesmo com as influências da visão de mundo da época, os físicos possuem suas predileções e, na ausência de um sistema ou léxico filosófico que desse respaldo às ideias físicas da mecânica quântica, eles mesmos as desenvolveram, como é o caso de Bohr e seus conceitos de Complementaridade e Correspondência (Chevalley, 1994a; 1999; Velloso, 2022). De acordo com Stöltzner (2002; 2003), por exemplo, as ideias indeterministas e probabilísticas já circulavam no ambiente da física austríaca muito antes do advento da teoria quântica e de uma maneira muito distinta da adotada por Copenhague. Para físicos como Ludwig Boltzmann, Ernst Mach, Franz Exner, Philipp Frank e Erwin Schrödinger, havia boas razões não apenas metodológicas, mas ontológicas e epistemológicas para a adoção de uma base acausal na construção de teorias físicas; o que não significa, necessariamente, a recusa da causalidade. É justamente como essa elaboração é construída que apresentaremos a seguir, tendo como base artigos de Schrödinger.

3 - Causalidade: a priori ou hábito?

Was ist ein Naturgesetz? (*O que é uma lei natural?*, em tradução livre) é, originalmente, uma palestra inaugural proferida na Universidade de Zurique, em 9 de Dezembro de 1922, mas que foi publicado como artigo em 1929 e, posteriormente, traduzido para inglês (ao que tudo indica, pelo próprio Schrödinger) e inserido no livro *Science and The Human Temperament* (Schrödinger, 1935).

Schrödinger inicia seu artigo com algumas observações: a primeira a respeito da tradução; a segunda sobre certa injustiça histórica sofrida por seu antigo professor, Exner. Sobre a primeira, o físico alerta que o artigo é baseado em seu manuscrito, palavra por palavra, sendo a única adição esta observação inicial sobre Exner. Já a segunda é em razão do que ocorreu com a física, em especial com a mecânica quântica, nesses sete anos que separam sua palestra inaugural (1922) e a data de publicação do artigo (1929). Em 1922, já eram conhecidos alguns importantes resultados na pesquisa em mecânica quântica — como o Princípio da Correspondência[323] (Bohr, 1918; Rosenfeld; Nielsen, 1976; Rüdinger; Kalckar, 1985; Velloso, 2022). No entanto, são os anos de 1927 e 1928 que consolidam, agora sim, a teoria quântica, através dos Princípios da Incerteza e da Complementaridade, respectivamente (Kojevnikov, 2020; Beller, 1992; 1999; Cushing, 1994; Chevalley, 1999; Folse, 1995; Freire, 2003; 2015; Howard, 2002; Kaiser, 2014). A observação de Schrödinger, portanto, diz respeito ao que ele considera como a ausência de reconhecimento das ideias de Exner[324] para a mecânica quântica; em especial,

[323] Para mais informações sobre o princípio da Correspondência e os desenvolvimentos físicos-filosóficos de Bohr, cf. Velloso, 2022.

[324] Como foi dito anteriormente, apesar da importância que Exner teve e de sua estatura perante a comunidade física, na historiografia fala-se pouco sobre as contribuições do físico austríaco. No entanto, podemos encontrar menções a Exner em obras do Cassirer (1956), Feyerabend (1967), Stöltzner (2003), Stadler (2019), Del Santo e Schwarzhans (2021), Jungnickel e McCormmach (1986), Hiebert (2000)

suas elaborações a respeito do indeterminismo e probabilismo em teorias físicas (Schrödinger, 1929; 1935).

Dito isto, Schrödinger então leva ao corpo do texto o questionamento que intitula seu artigo:

> O que é uma lei da natureza?". A resposta realmente não parece muito difícil. Quando o ser humano desperta para uma consciência mais elevada, ele se encontra em um ambiente cujas mudanças são da maior importância para seu bem e seu mal. A experiência [Erfahrung] – inicialmente a não sistemática da luta diária da vida e, mais tarde, a sistematicamente planejada do experimento científico – mostra ao humano que os processos em seu ambiente não se seguem uns aos outros com arbitrariedade caleidoscópica, mas que há uma regularidade considerável neles, cuja compreensão é cultivada com zelo, pois isso o ajuda muito em sua luta pela vida (Schrödinger, 1929, p. 9, tradução livre).

Vemos que, para essa pergunta, Schrödinger estrutura sua resposta de maneira procedural, i. e., as primeiras informações que obtemos da natureza são através da experiência, dos dados sensíveis que, de início, parecem desorganizadas e sem conexões

e Coen (2007) por exemplo, que ressaltam as contribuições do físico. Entretanto, com exceção de Cassirer (1956), Hiebert (2000) e Stöltzner (2003), que elaboram um pouco mais sobre as contribuições de Exner, no geral as menções são vagas e concentram-se mais em sua atuação institucional como reitor da Universidade de Viena. Schrödinger (1929; 1932), Philipp Frank (1941) e comentadores (Stöltzner, 2003; Stadler, 2019) afirmam que, além dos desenvolvimentos sobre o acaso, Exner foi responsável por uma espécie de síntese entre Mach e Boltzmann, físicos que, no geral, são interpretados como antagônicos (Blackmore, 1995a; 1995b). De acordo com Stöltzner (2003), esta síntese se encontra no livro *Vorlesungen über die physikalischen Grundlagen der Naturwissenschaften* (1922) (*Preleções sobre os fundamentos físicos das ciências naturais*, em tradução livre), mas o comentador não fornece maiores detalhes de como ocorreu essa síntese. No momento da escrita deste artigo, um dos presentes autores está em processo de produção de sua tese de doutorado, onde este assunto é abordado com um pouco mais de detalhes; a tese estará disponível para acesso no primeiro semestre de 2025. Vale informar também que, até o momento da escrita das contribuições de Exner para a física austríaca, não havia sido possível acessar a obra mencionada anteriormente, pois não há traduções e esta não estava digitalizada. Não estava, pois, com a bolsa CAPES-PrInt e a estadia por seis meses em Portugal, foi possível visitar o arquivo da Universidade de Viena, ter acesso a obra de Exner e digitalizá-la. Logo, com o livro em mãos, os presentes autores desenvolverão futuras pesquisas sobre as contribuições de Exner para a física do início do século XX e analisarão, detalhadamente, essa suposta síntese entre Mach e Boltzmann.

umas com as outras, mas que, com o tempo, é possível obter uma melhor compreensão e, dessa maneira, um conhecimento mais organizado e estruturado. Há, portanto, um elemento importante nesta elaboração de Schrödinger, que é a existência de regularidades: por mais caóticos e desconexos que, em um primeiro momento, os fenômenos possam parecer, somos capazes de identificar determinados padrões de ocorrência. Há também certo caráter biológico e evolutivo[325] no conhecimento, ao associar essa sistematização das regularidades com as necessidades da vida cotidiana. No entanto, Schrödinger não encerra sua resposta por aí; ele prossegue:

> As regularidades reconhecidas são sempre do mesmo tipo: certas características de um processo de aparecimento estão sempre e em toda parte ligadas a certas outras características. De particular importância biológica é o caso em que um grupo de características precede o outro no tempo. As circunstâncias que precedem uma determinada sequência de fenômenos observada com frequência (A) são normalmente divididas em dois grupos: **constantes** e variáveis. E quando se reconhece que o grupo constante é sempre seguido em sentido inverso por A, isso leva à explicação desse grupo de circunstâncias como as **causas condicionantes** de A. Assim, juntamente com a realização das conexões regulares **especiais**, como uma abstração de sua totalidade, surge a representação [Vorstellung] da **interconexão geral** necessária dos fenômenos (Schrödinger, 1929, p. 9, destaques no original, tradução livre).

Vemos aqui, portanto, um enunciado sobre certa noção de causalidade (e sua conexão com regularidades), em que certo fenômeno ou grupo de fenômenos A é precedido por determinadas circunstâncias. No entanto, a mera identificação dessas conexões causais não é suficiente; é preciso, nas palavras de Schrödinger, uma "*interconexão geral*", que só é possível através de abstrações

[325] O darwinismo foi bastante influente no pensamento de Boltzmann, Mach e, através deles, na física austríaca como um todo. É possível perceber também certas influências da Teoria da Evolução de Darwin no pensamento de Schrödinger. Para mais informações sobre a influência do darwinismo nos físicos austríacos, cf. Blackmore, 1995a; 1995b; Videira, 2006; 2013.

e, dessa maneira, através da elaboração de uma representação (*Vorstellung*[326]). Logo, se, inicialmente, Schrödinger destaca a importância dos dados sensíveis na identificação das regularidades e construção de um conhecimento sistematizado, agora o físico indica um segundo passo, i. e., a necessidade de abstrações, generalizações, que extrapolam os dados sensíveis:

> **Para além da experiência**, o postulado geral é que, mesmo nos casos em que ainda não foi possível isolar as causas condicionantes de um determinado curso de eventos, essas causas devem, no entanto, ser reconhecíveis ou, em outras palavras, que todo processo natural é absoluta e quantitativamente determinado, pelo menos, pela totalidade das circunstâncias ou condições físicas em que ocorre. Esse postulado, que provavelmente também é chamado de princípio da causalidade, é constantemente reforçado pela realização progressiva de causas determinantes especiais (Schrödinger, 1929, p. 9, tradução livre, destaques no original).

Além de reforçar a necessidade da abstração para a elaboração de ideias mais gerais e as possíveis interconexões entre as causas e seus efeitos, há aqui um elemento que permanece como ponto de discussão ao longo de toda sua vida: a concepção de que "*todo processo natural é absoluta e quantitativamente determinado*". Em outras palavras, a concepção da causalidade e do determinismo mecanicista como um a priori para toda e qualquer teoria, algo que, ao menos até a virada do século XIX–XX, estava no cerne do pensamento físico (Cassirer, 1956; 1979; Gingras, 2001; Hanle, 1979; Mehra; Rechenberg, 1987; Schnädelbach, 1991; Stöltzner, 2003). No entanto, a crítica de Schrödinger não era a negação ou eliminação da causalidade, como, de fato, ocorria na física da

---

[326] *Vorstellungen* é um conceito complexo e que possui uma longa história, adquirindo concepções distintas ao longo do tempo e nas diferentes correntes do pensamento. Não cabe aqui, portanto, aprofundar na história de ambos conceitos. No entanto, para uma visão geral dos conceitos, cf. Mittelstraß (org.), 1996, p. 570 - 572 e Cassin (ed.), 2004, p. 891 - 894. De acordo com Janik e Toulmin (1986), no contexto austríaco há também uma distinção e disputa entre ao menos duas concepções de representação: uma enquanto *Vorstellungen;* outra enquanto *Darstellung*. Para mais informações, cf. Janik; Toulmin, 1986.

primeira metade do século XX (vide o exemplo de Heisenberg apresentado anteriormente) (Forman, 1972; 2011; Beller, 1999; Folse, 1985; Howard, 1994; 2002; Kaiser, 2014; Kojevnikov, 2020; Lacki, 2002; Regt, 2001; Camilleri, 2009), mas, sim, a crítica da causalidade como a condição mínima necessária para o desenvolvimento de toda e qualquer teoria física. Ou seja, para Schrödinger, a causalidade tem sido ao longo dos anos, de fato, uma concepção fundamental para a física, mas isso não significa que ela seja a única e, muito menos, a melhor. O físico austríaco apresenta uma outra concepção que, de acordo com ele, está presente já em Newton, mas que a comunidade física se esforça em não reconhecer, ou torná-lo imperceptível:

> Nas últimas quatro ou cinco décadas, a pesquisa física demonstrou claramente que, pelo menos para a maioria esmagadora dos fenômenos, cuja regularidade e constância levaram ao postulado da causalidade geral, a raiz comum da regularidade estrita observada é o **acaso** (Schrödinger, 1929, p. 9, tradução livre, destaque no original).

A partir de então, Schrödinger menciona exemplos de fenômenos e áreas bem estabelecidas da física nas quais, apesar da abordagem causal que as rege, o acaso é o denominador comum entre elas, como: a uniformidade do azul do céu, que é resultado de variações irregulares da atmosfera; o decaimento de substâncias, resultado da desintegração de átomos individuais, etc. (Schrödinger, 1929). No entanto, de acordo com ele, nada abalou tanto nossa crença na causalidade quanto a Segunda Lei da Termodinâmica, ou a Lei da Entropia, pois a partir dela mostrou-se que todo processo físico é, potencialmente, da forma de uma lei estatística:

> [...] a Lei da Entropia está intimamente ligada ao caráter unidirecional típico de todos os processos naturais. Embora a Lei da Entropia, por si só, não seja suficiente para determinar a direção na qual o estado de um sistema material mudará no próximo instante, ela **sempre exclui certas direções de mudança**, sendo **sempre** excluída a direção exatamente oposta

àquela que realmente ocorre. Em virtude do método estatístico, a Lei da Entropia assumiu o seguinte conteúdo: a saber, que todo processo ou evento procede de um estado relativamente improvável – ou seja, mais ou menos ordenado molecularmente – para um mais provável – ou seja, para um estado de desordem crescente entre as moléculas. (Schrödinger, 1929, p. 10, tradução livre, destaques no original).

Com relação a esse enunciado, Schrödinger afirma que ele está bem pacificado na comunidade física. Ou seja, de maneira geral há consenso que, tanto do ponto de vista empírico, quanto teórico, a Lei da Entropia está bem formulada e apresenta bons resultados, de maneira que pode ser aplicada nas diferentes áreas sem muitos problemas. No entanto, se há consenso com relação à sua aplicabilidade, o mesmo não pode ser dito sobre sua validez ontológica. Apesar dos bons resultados obtidos pela abordagem acausal, parte considerável da comunidade espera que, em um futuro não muito distante, estas sejam substituídas pelas leis rígidas da causalidade (Schrödinger, 1929). É neste ponto que Schrödinger diverge de seus pares.

Sua divergência a respeito dessa questão é influenciada por seu antigo professor, Franz Exner, quem:

> [...] *pela primeira vez, em 1919*[327], *criticou a* ***compreensibilidade intrínseca*** *[Selbstverständlichkeit] com a qual a convicção da determinação absoluta dos eventos moleculares é aceita por todos. Ele chegou à conclusão de que a afirmação é possível, mas de forma alguma* ***necessária*** *e, quando observada de forma cuidadosa,* ***não é muito provável****.* (Schrödinger, 1929, p. 10, tradução livre, destaques no original)

É possível perceber que a crítica de Exner, com a qual Schrödinger concorda, é, de fato, muito distinta da de Heisenberg. Enquanto o físico alemão simplesmente rejeita a causalidade e anuncia seu "fracasso final", a crítica dos austríacos é direcionada aos *absolutos*, não à causalidade em si. Para Exner (1922)

[327] No original há aqui uma nota com a referência da versão de 1919 do livro de Exner. Cf. Exner, 1919.

e, consequentemente, para Schrödinger a causalidade é apenas uma das concepções pela qual podemos construir teorias físicas, não a única; ele vai além. Ao analisarmos historicamente a física, percebemos que nas mais distintas áreas a raiz comum entre os fenômenos são aspectos acausais, que são sempre contornados, ou omitidos, a fim de assegurar a manutenção e a superioridade ontológica da causalidade (Schrödinger, 1929; Exner, 1922). Schrödinger então questiona:

> *De onde vem a crença generalizada de que o comportamento das moléculas é determinado pela causalidade absoluta, de onde vem a convicção de que o contrário é **impensável**? Simplesmente do **hábito**, herdado por milhares de anos, de **pensar causalmente**, o que faz com que a ideia de eventos indeterminados, de causalidade absoluta e primária, pareça um completo absurdo, um absurdo **lógico**.* (Schrödinger, 1929, p. 11, tradução livre, destaques no original)

Se a causalidade se tornou, ao longo dos anos, um a priori, isso se deve não por razões estritamente científicas, ou filosóficas, mas, também, por questões não epistêmicas[328]. Ou seja, através de sua constante utilização ao longo da história e dos sucessos obtidos, algo que era apenas uma das concepções possíveis, adquiriu valor estatutário, tornou-se a única concepção admitida; e, a não ser a questão do hábito, não há outras razões pelas quais estamos predestinados, ou obrigados, a persistir nessa adesão.

Indeterminism in Physics (1932) é fruto de uma preleção proferida em Berlim, em 1931, no Congresso da Sociedade para Instrução Filosófica. Nesses quase 10 anos que separam a preleção transcrita no artigo anterior (1922), muitas modificações

[328] Mach e Boltzmann possuem uma série de importantes trabalhos onde, uma das questões de acordo entre eles, é sobre a historicidade dos conceitos físicos. Para os físicos, alguns conceitos que, com o tempo, tornaram-se um espécie de a priori (como a causalidade), o são mais por uma questão de hábito, de familiaridade, do que por uma questão de essência, portanto, ontológica. Para ambos, essa questão de hábito e familiaridade tem não apenas relação com a constante utilização e bons resultados obtidos, mas também com a visão de mundo da época. Dessa maneira, Mach e Boltzmann inserem os conceitos físicos com o momento histórico em que estes são elaborados, acentuando, assim, a relação destes com questões morais, éticas, teológicas, etc (Boltzmann, 2004; Mach; 1897; Videira, 2006; 2013; Blackmore, 1995a; 1995b).

ocorreram na física. Se na preleção de 1922 Schrödinger é crítico com relação ao determinismo absoluto, em 1931 a situação se inverte - o indeterminismo absoluto torna-se alvo de suas críticas. Pode-se perguntar: como ocorre essa inversão? Para tal resposta, vale lembrarmos da frase com que Heisenberg encerra seu artigo de 1927: *Como todos os experimentos estão sujeitos às leis da mecânica quântica e, portanto, à equação* [equação que define o Princípio de Incerteza], *segue-se que a mecânica quântica estabelece o fracasso final da causalidade* (Heisenberg, 1927, p. 197, tradução livre).

Como bem expressa a dramática frase de Heisenberg, o ambiente pós 1928 torna-se muito mais suscetível ao indeterminismo, quando comparado à década anterior (Forman, 1972; Beller, 1999; Howard, 2002), ainda mais por conta dos sucessivos bons resultados obtidos a partir da aplicação da teoria quântica. No entanto, isso não quer dizer que não havia opositores. Se, por um lado, parte significativa da comunidade física rapidamente aderiu a indeterminação tal qual defendida por Heisenberg, por outro lado, figuras imponentes, como Einstein, defendiam o retorno ao determinismo (Bub, 1999; Beller, 1999; Cushing, 1994; 1996; Freire, 2003; 2015; Kojevnikov, 2020). Schrödinger, apesar de corroborar muitas das críticas de Einstein (cujo um dos principais alvos era Bohr), ia por um caminho distinto; o da crítica aos absolutos:

> *Evidentemente, esse sucesso e fracasso não podem, por si só, determinar uma questão tão grave. Por mais que estejamos firmemente convencidos de que foi o determinismo o obstáculo em todas as tentativas feitas até agora e por mais que acreditemos que ele é o obstáculo que impede uma explicação completamente satisfatória de todos os fenômenos observados, por mais consideráveis que sejam os sucessos alcançados pelo emprego de uma imagem indeterminista, é improvável que sejamos capazes de demonstrar a impossibilidade de encontrar qualquer modelo determinista da natureza capaz de fazer justiça aos fatos.* (Schrödinger, 1935, p. 45, tradução livre)

Mesmo com sua preferência pela concepção indeterminista e probabilística, Schrödinger não nega a possibilidade de, eventualmente, ser elaborada uma concepção determinista para os fenômenos quânticos. Ele então questiona como a física migrou de uma situação na qual o determinismo era imprescindível, para a absolutização do indeterminismo. Além disso, Schrödinger faz outra provocação: se o indeterminismo estava presente já em Newton, por que só no século XX ocorreu tanta euforia com relação à sua utilização?

Antes de responder a primeira pergunta, atentemo-nos à segunda. A afirmação de que o indeterminismo já se fazia presente em Newton não é óbvia e, muito menos, um consenso; pelo contrário. A crença que impera na física é que desde Newton o que tínhamos era um determinismo rígido, absoluto e, apenas no século XIX e início do século XX - com o advento da termodinâmica e da antiga mecânica quântica -, que as ideias indeterministas entram em cena; mas isso é um erro, afirma Schrödinger (1935). O que Newton fez, na verdade, foi criar uma técnica matemática (e esse ponto é importante) para contornar a indeterminação, de maneira que fosse possível afirmar que condições iniciais idênticas são seguidas por consequências idênticas (enunciado básico da causalidade mecanicista). Mas como isso foi feito? Em primeiro lugar, considerando-se a velocidade inicial como parte das condições iniciais. No entanto, ele prossegue, se analisarmos detalhadamente, veremos que, na física de Newton, velocidade é definido por:

> $\frac{dx}{dt} = lim \frac{x_2 - x_1}{t_2 - t_1}$ $para\ t_2 - t_1 \to 0.$ *Essa definição refere-se a dois momentos no tempo e não ao estado em um momento. É verdade que se acredita que esses dois momentos podem, à vontade, ser tornados tão próximos um do outro a ponto de fazê-los "coincidir" no limite. Possivelmente, porém, isso é incorreto; possivelmente esse processo matemático de aproximação do limite, que foi especialmente inventado por Newton para fins mecânicos, é inadmissível. Pode ser que o aparato matemático criado por Newton seja inadequadamente adaptado à natureza; e a alegação moderna de que o conceito de velocidade se torna sem sentido para uma posição precisamente definida no espaço aponta fortemente nessa direção.* (Schrödinger, 1935, p. 50-51, tradução livre)

Ou seja, o cálculo diferencial e integral elaborado por Newton é um processo matemático que torna estados distintos aproximadamente os mesmos, a fim de eliminar a indeterminação[329]. No entanto, vale frisar que essa eliminação ocorre apenas do ponto de vista matemático; de uma perspectiva física, a indeterminação permanece, sendo apenas escamoteada (Schrödinger, 1935). Além disso, ao contrário do que é narrado, já na derivada da velocidade encontramos uma concepção probabilística, pois, ao "aproximarmos" dois estados a fim de torná-los o mesmo no limite, o que fazemos é uma média entre os dois estados, portanto, uma forma de probabilidade. Essa concepção matemática terá consequências, anos mais tarde, na cinemática dos gases — outro exemplo onde o indeterminismo aparece, mas de forma muito mais latente:

> [...] a energia cinética de uma molécula individual em uma determinada temperatura está longe de ser determinada com exatidão; tudo o que é determinado é seu valor médio, enquanto os valores individuais variam consideravelmente (sua lei de distribuição é conhecida com exatidão, tanto teórica quanto experimentalmente). A direção na qual as moléculas atingem o recipiente é totalmente contingente e o número de moléculas que o atingem em qualquer unidade de tempo também está, obviamente, sujeito a variações. No entanto, o valor médio da pressão é uma quantidade física bem definida. (Schrödinger, 1935, p. 52, tradução livre).

[329] O problema da indeterminação, ou das infinitudes, que em Newton recebe um tratamento matemático a fim de ser contornado, é algo antigo na história do conhecimento. De acordo com Arana: *El problema fundamental con que se enfrenta el matemático para dar razón del movimiento se concreta en la necesidad de conjurar el fantasma del* ***infinito****. ¿Por qué motivo? Ya lo había visto Zenón: si en lugar de negar la multiplicidad y el cambio como imposibilidades metafísicas condescender a examinar estos conceptos más de cerca, encontramos que abren procesos inacabables y por tanto (según su criterio) excluibles. No podemos admitir que existen* ***dos*** *cosas en lugar de* ***una*** *sin tener que aceptar muchas más: entre las dos primeras tenes que haber* ***algo*** *que las separe, es decir, una tercera, y entre ésta y la primera una cuarta, y luego una quinta, etc. Por tanto, no se trata de elegir entre un ser, o dos, o tres; la opción es entre uno e infinito* (Arana, 2001, p. 43, destaques no original). O problema matemático do movimento, portanto, tratado por Newton se encontra justamente com o paradoxo de Zenão, pois, entre um ponto x1 e x2, por exemplo, sempre teríamos pontos intermediários. Neste sentido, quando diz-se que a derivada da velocidade faz esses pontos "coincidirem" no limite é justamente para "acabar" com o problema do infinito e, neste sentido, tornar possível a construção de uma física-matemática causal, determinista e linear. Para mais informações, cf. Arana, 2001.

Pela cinemática dos gases, portanto, somos capazes de determinar, com bastante precisão, a temperatura média e a pressão exercida em um recipiente por um grande número de moléculas, mas não para moléculas individuais. Ou seja, trata-se de algo determinado de um ponto de vista estatístico, mas indeterminado individualmente — e estamos trabalhando dentro dos limites da mecânica clássica, logo, a matemática de Newton ainda é válida. Inclusive, ele prossegue, desde a época de Boltzmann (e muito por conta de suas contribuições), percebeu-se que uma série de leis que determinam os eventos orgânicos e inorgânicos — transformações químicas, velocidade de reações químicas e sua relação com a temperatura, processos de evaporação, pressão, etc. —, e todas suas predições, possuem uma raiz probabilística e estão determinadas apenas dentro de certos limites (cf. Schrödinger, 1935, p. 54). Podemos perceber, portanto, que:

> [...] temos aqui uma semelhança impressionante com as declarações modernas sobre 'indeterminação', e talvez valha a pena perguntar por que declarações semelhantes feitas naquela época anterior não causaram o mesmo grau de empolgação (embora tenham provocado um pouco de agitação!). Por que ninguém disse, há quarenta ou cinquenta anos, que a física moderna (moderna como era na época) estava fadada ao abandono da causalidade e do determinismo? Por que esse tipo de coisa foi dito há apenas cinco ou seis anos atrás? (Schrödinger, 1935, p. 54, tradução livre).

Para o físico, apesar de o indeterminismo estar presente tanto na época de Boltzmann quanto na mecânica quântica da década de 1920, há uma mudança filosófica que torna as duas situações distintas. Na época de Boltzmann, a recusa ou a impossibilidade do determinismo ocorria por motivos práticos, i. e., acreditava-se que, apesar de empiricamente não ser possível adotar a concepção determinista para partículas individuais, estas deveriam estar, necessariamente, sujeitas ao determinismo, sendo, portanto, a utilização de concepções probabilísticas algo paliativo, temporário. Já na teoria quântica, a negação do determinismo ocorre por um motivo teórico-filosófico. A concepção de ponto material, por exemplo, utilizada na física clássica, não é a mesma da mecânica quântica. Na primeira, mesmo que não se saiba onde está determinada partícula, pressupõe-se que ela está situada em algum lugar e, portanto, possui uma trajetória bem definida. Na mecânica quântica, entretanto, ao lidarmos com escalas microscópicas, as noções espaço-temporais devem ser abandonadas. Não se fala mais em órbitas elípticas ou circulares, apesar de prótons e elétrons ainda serem tratados enquanto pontos materiais. Ou seja, por um lado, veta-se a utilização de noções espaço-temporais na teoria quântica, enquanto, por outro, quando é conveniente, utilizam-se concepções geométricas (Schrödinger, 1935).

Há, portanto, uma mudança a nível ontológico na concepção de indeterminismo. Uma mudança que, mesmo com sua predileção, faz com que Schrödinger seja crítico à maneira pela qual essa concepção vinha sendo utilizada por seus contemporâneos. Essa mudança se relaciona com algo que Schrödinger considera fundamental e que, de acordo com ele, foi abandonado: a necessidade de uma visão de mundo física (*Weltbild*) (Schrödinger, 1935).

4 - A peculiaridade da visão de mundo física

Die Besonderheit des Weltbilds der Naturwissenschaft (1948) é um artigo publicado na revista *Acta Physica Austriaca* e que teve considerável circulação nos diferentes grupos da comunidade da Universidade de Viena, em especial no chamado Círculo de Kraft[330] (Kuby, 2015). O artigo é longo e denso, discutindo des-

[330] O Círculo de Kraft era um grupo de filosofia da Universidade de Viena, centrado na figura de Viktor Kraft, um importante filósofo austríaco, membro do Círculo de Viena. O Círculo de Kraft também é conhecido como o terceiro Círculo de Viena, cujas reuniões tiveram início em 1949 e, com interrupções, se prolongaram até 1953 (Kuby, 2015; Abrahão, 2019). A estrutura do Círculo de Kraft era organizada em: (1) membros regulares: Bela Juhos, Walter Hollitscher e Ernst Topitsch; (2) estudantes: Paul Feyerabend (física); Jhonny Sagan (matemática), Heinrich Eichhorn (astronomia), Goldeberger de Buda (engenharia), Peter Schiske

de a filosofia natural dos pré-socráticos até o impacto da física na noção de livre-arbítrio (Schrödinger, 1948). Portanto, para o presente texto, iremos nos deter em algumas seções, em especial aquelas em que o físico discute a noção de compreensibilidade (*Verständlichkeit*) e como isso se relaciona com os objetivos de uma teoria física.

Para Schrödinger, dois dos principais pilares que formam a visão de mundo (*Weltbild*) da ciência ocidental são: (i) a suposição de que o curso dos eventos naturais pode ser compreendido, que ele denomina hipótese de compreensibilidade (*Verständlichkeitannahme*); (ii) a possibilidade de exclusão ou dispensa do sujeito cognoscente, que se exime do evento em curso, possuindo apenas o papel de um observador externo, processo que ele denomina objetivação (*Objektivierung*) (cf. Schrödinger, 1948, p. 205). Da união de (i) e (ii), obtém-se a hipótese da existência de um mundo real, independente de nós e compreensível. Nesse sentido, temos aqui uma forma de realismo metafísico, que Schrödinger caracteriza como a concepção que vigorou por bastante tempo na física, mas que, com o advento do positivismo (em especial a partir do século XX e muito influenciado pelas ideias de Mach), sofreu uma série de modificações e ataques, a fim de alcançar a sua desantropomorfização e, portanto, a eliminação (ou atenuação) da metafísica. Movimento que, evidentemente, não ocorreu sem consequências para a ciência e para sua filosofia (Schrödinger, 1948). Sobre esse impacto, Schrödinger afirma:

> Apoiada pelo consentimento do campo "mais exato" e "mais matemático" das ciências naturais, a mecânica, [...] a ideia de que tudo o que está envolvido na ciência natural é a descrição completa, mais simples e econômica (Mach) das descobertas reais alcançou um significado tremendo. Para muitos, esta ideia é considerada hoje como o alfa e o ômega da filosofia da física. Como é sabido, Ernst Mach tornou-se seu pioneiro. Ele formulou o importante princípio da parcimônia ou economia de pensamento; isso significa, por um lado, que, para esferas

(física); e Erich Jantsch (astronomia); e (3) convidados: Elisabeth Anscombe, Emil J. Walter, Georg Henrik von Wright, Edgar Tranekjaer-Rasmussen e Ludwig Wittgenstein (cf. Abrahão, 2019, p. 24).

> cada vez maiores de fenômenos, uma descrição **uniforme** (einheitlich) é obtida pelos poderosos meios da matemática e, por outro lado, que da visão de mundo (Weltbild) física todas as características supérfluas são omitidas, todas aquelas que não são exigidas pelos fatos observados e, portanto, não são atestadas. [...] Consiste em um ajuste gradual, passo a passo, de nossas ideias aos fatos. (Schrödinger, 1948, p. 211, tradução livre, destaque no original)

Em linhas gerais, essa é a maneira pela qual Schrödinger caracteriza a influência do positivismo (e de Mach) na física e, vale a pena observar, na filosofia da física da primeira metade do século XX: a concepção da possibilidade de uma descrição completa, simples, econômica[331], que elimine "*todas as características supérfluas*" que não estejam ligadas aos dados sensíveis (isto é, a metafísica) e que seja guiada pela matemática, área que confere à física o atestado de compreensibilidade e objetividade. Essa concepção de uma observação pura, neutra e ordenada dos fenômenos obteve, admite Schrödinger, muitos bons resultados ao longo do século XX, no que diz respeito à elaboração de previsões, que são, posteriormente, confirmadas empiricamente (vide os próprios resultados da teoria quântica). No entanto, propõe Schrödinger, suponhamos que determinada área da física, a eletrodinâmica, por exemplo, esteja bem descrita e suas interconexões sejam bem conhecidas, de maneira que acreditemos que seus contornos não estejam sujeitos a nenhuma mudança. A física está repleta de episódios de conhecimentos "finalizados" que, mais tarde, se desdobraram em novas e interessantes áreas – a própria mecânica quântica é um bom exemplo. Portanto, questiona Schrödinger, por que não

[331] O princípio da economia é uma das principais teses elaboradas por Mach. De acordo com este princípio, o objetivo de uma teoria científica é buscar uma descrição que seja a mais simples possível, eliminando nesse processo qualquer elemento que se julgue ser antropomórfico, subjetivo. A manutenção, ou utilização de conceitos mentais e subjetivos, ou a própria utilização da metafísica, são aceitos por Mach em estágios iniciais do desenvolvimento teórico, mas estes devem ser eliminados gradualmente, de maneira que reste apenas aqueles elementos que possam ser relacionados e testados com os dados sensíveis. Para mais informações sobre Mach e sobre o princípio da economia, cf. Mach, 1897; Stadler, 2019; Stöltzner, 2003; Uebel; Limbeck-Lilienau, 2022; Blackmore, 1995a; Heilbron, 1986.

devemos ter a permissão de procurar e pensar sobre essas novas possibilidades? Por que temos de nos restringir ao conhecimento "ordenado" dos dados sensíveis e da matemática?

O posicionamento de Schrödinger pode ser percebido já pelo título da seção, *Predição — pedra-de-toque ou objetivo?* (*Prophezeien — Prüfstein oder Endziel?*). Assim como é possível perceber pela citação anterior (que compõe o texto da seção de título supracitado), há certa sutileza no posicionamento de Schrödinger tanto com relação a Mach quanto ao positivismo. Ele não nega suas contribuições, não desmerece os resultados obtidos, muito menos diminui a importância de Mach. Entretanto, ao questionar se a formulação de predições deve ser uma pedra-de-toque, i. e., uma forma, um método de avaliação ou aferição de algo, ou um objetivo, um fim em si mesmo, Schrödinger já oferece indicativos de sua atitude perante essa questão:

> Podemos responder a isso – e acredito que muitos concordam conosco –, seja como for, mas estamos essencialmente interessados na **imagem** [Bild] final ou respectiva obtida; estamos interessados na forma [Gestalt] das correlações como tal; profetizar, prever observações são meramente meios de verificarmos se a imagem que formamos está correta. (Schrödinger, 1948, p. 215, tradução livre, destaque no original)

Matematização, predições, adequação aos dados são todas partes importantes, mas não devem ser o objetivo final da física, mas, sim, meios para verificar se determinada imagem possibilitada por uma teoria está correta ou não. Entretanto, o que Schrödinger entende por imagem? Para ele, uma imagem física não consiste apenas na organização e correlação de dados observáveis, mas contém também elementos inobserváveis, especulativos e não epistêmicos. Elementos que são inobserváveis, seja por uma questão de impossibilidade prática, ausência de tecnologias ou técnicas, seja também porque não estão (e talvez nunca estarão) acessíveis empiricamente. A geologia, a arqueologia e a própria astronomia lidam com fenômenos e dados que tanto não estão acessíveis à experiência, quanto com coisas que simplesmente desapareceram da natureza (Schrödinger, 1948). Como, portanto, preenchemos essas lacunas diante da impossibilidade de se verificar empiricamente? Através da construção de conceitos inobserváveis, puramente mentais, mas que são tão reais quanto os observáveis, além de serem indispensáveis no trabalho científico (cf. Schrödinger, 1948, p. 215). Entretanto, o que é propagandeado pela ciência é justamente o oposto:

> Hoje nos dizem – e com referência expressa a Mach – que não devemos esperar mais de nossa ciência do que essas profecias reiteradas ad nauseam. Fora com a "adoração de imagens". Tenhamos apenas equações diferenciais ou outros procedimentos matemáticos e uma receita para derivar delas e de um conjunto de observações efetivamente executadas todas as afirmações sobre todas as observações futuras das quais o conhecimento prévio é, em princípio, possível. O desejo por imagens inteligíveis [anschaulichen Bildern], assim nos dizem, significa querer saber como a natureza é realmente constituída, e isso é metafísica – uma expressão que, na ciência atual, é usada principalmente como um insulto. (Schrödinger, 1948, p. 216, tradução livre)

A construção de imagens, de representações, não apenas é permitida, como também deve ser o objetivo de toda e qualquer teoria física. Uma teoria física que se diz compreensível não é aquela que se restringe aos dados sensíveis, mas, sim, aquela que adota em seu interior elementos observáveis e inobserváveis, epistêmicos e não epistêmicos, a fim de produzir uma visão de mundo.

Considerações Finais

Para Schrödinger, nem os dados sensoriais imediatos (como cor, doce, amargo etc.), nem os representantes formais dos objetos da natureza (elétrons, vibração eletromagnética, reação química etc.) aparecem como tais. Ou seja, os objetos da natureza são muito distintos das representações que construímos deles, seja através da percepção sensorial, seja através do pensamento.

Portanto, o empreendimento científico não deve ser uma escolha entre a primazia dos dados ou a estrita aderência à concepção de que nossas representações são espelhos da natureza, mas, sim, a livre circulação e conexão entre ambas as concepções (Schrödinger, 1948). Tanto a empiria é fundamental para averiguarmos se nossas representações são adequadas ou não, quanto nossas representações são essenciais para dar significado aos dados empíricos. Neste sentido, voltando às perguntas iniciais sobre os objetivos de uma teoria física e sua relação com a metafísica e a filosofia natural, vemos que Schrödinger é muito claro em seu posicionamento.

Para ele, uma teoria física que dispensa a metafísica e se afasta de uma filosofia natural perde sua conexão com o mundo, tornando-se uma mera ferramenta preditiva – e uma ciência cuja única função é elaborar previsões para, posteriormente, confirmar estas mesmas previsões a partir de seus próprios critérios, está fadada a se tornar um terreno estéril, sem vida e isolado.

Agradecimentos

Rafael Velloso agradece a bolsa de doutorado concedida pela CAPES (nº 88887.621975/2021-00), bem como a bolsa CAPES-Print (nº 88887.935009/2024-00) que lhe permitiu passar um tempo na Universidade Católica de Portugal (Braga). Ele também gostaria de expressar sua gratidão pela recepção amigável dada pelo Prof. Dr. Álvaro Balsas SJ. Antonio A. P. Videira agradece as bolsas de pesquisa concedidas pelo CNPq (nº 303.597/2022-5) e pela UERJ (Prociência).

Referências

ABBAGNANO, Nicola. Dicionário de Filosofia. São Paulo: Martins Fontes, 2007.

ABRAHÃO, Luiz. Feyerabendiana (1951): tradução e comentários. Tradução em revista (online), v. 2019, p. 13-38, 2019.

ARANA, Juan. Materia, Universi, Vida. Madrid: Editorial Tecnos, 2001.

BALSAS, Álvaro; Videira, A. Luciano L. Truth by fiat: the Copenhagen Interpretation of Quantum Mechanics. Revista Brasileira de História da Ciência, Rio de Janeiro, v. 6, n.2, 2013, p. 248-266.

BELLER, M. Quantum dialogue: the making of a revolution. Chicago & Londres: University of Chicago Press, 1999.

BITBOL, Michael. Schrödinger's Philosophy of Quantum Mechanics. Boston: Kluwer Academic Publisher, 1996.

BLACKMORE, J. Ernst Mach - A Deeper Look: Documents and New Perspectives. Dordrecht: Springer Science+Business Media, 1995a.

BLACKMORE, J. Ludwig Boltzmann His Later Life and Philosophy, 1900–1906: Book One: A Documentary History. Dordrecht: Springer Science+Business Media, 1995b.

BOLTZMANN, Ludwig. Escritos Populares. Tradução: Antonio Augusto Passos Videira. São Leopoldo: Unisinos, 2004.

BOLTZMANN, Ludwig. Populäre Schriften. Leipzig: Verlag von Johann Ambrosius Barth, 1905.

BUB, Jeffrey. Interpreting the Quantum World. Cambridge: Cambridge University Press, 1999.

CASSIN, B.; Redall, S.; Apter, E. S. (EDS.). Dictionary of untranslatables: a philosophical lexicon. Princeton: Princeton University Press, 2004.

CASSIRER, E.. Determinism and indeterminism in Modern Physics. New Haven: Yale University Press, 1956.

CASSIRER, Ernst. El problema del conocimiento IV. México: Fondo de Cultura económica, 1979.

CHEVALLEY, C. Why do We Find Bohr Obscure? In: Greenberger, D.; Reiter, W. L. Zeilinger, A. Epistemological and Experimental Perspectives on Quantum Physics. Vienna Circle Institute Yearbook, v. 7. Dordrecht: Springer, 1999, p. 59 - 73.

CHEVALLEY, Catherine. Anschaulichkeit. IN: Cassin, B.; Redall, S.; Apter, E. S. (EDS.). Dictionary of untranslatables:

a philosophical lexicon. Princeton: Princeton University Press, 2004, p. 37.

CHEVALLEY, Catherine. Física cuántica y filosofia. Revista de Filosofía, v. VII, n. 12. Madri: Editorial Complutense, 1994a, p. 477-492.

CHEVALLEY, Catherine. Niels Bohr's Words and the Atlantis of Kantianism. In: Faye, J.; Folse, H.J. Niels Bohr and Contemporary Philosophy. Boston Studies in the Philosophy of Science, v. 153. Dordrecht: 1994b, 33 - 55.

CHEVALLEY, Catherine. Philosophy and the Birth of Quantum Theory. In: Gavroglu, K.; Stachel; J.Wartofsky, M.W. Physics, Philosophy, and the Scientific Community. Boston Studies in the Philosophy of Science, v. 163. Dordrecht: Springer, 1995, p. 11-37.

CUSHING, J. T. Quantum Mechanics: Historical Contingency and the Copenhagen Hegemony. Chicago: University of Chicago Press, 1994.

DEL SANTO, F.; Schwarzhans, E. "Philosophysics" at the University of Vienna: The (pre-)history of foundations of quantum physics in the Viennese cultural context. 2021.

DE REGT, Henk W. Ludwig Boltzmann's Bildtheorie and Scientific Understanding. *Synthese*, v. 119, n. 1/2, 1999, p. 113–34.

D'AGOSTINO, S. Boltzmann and Hertz on the Bild-Conception of Physical Theory. History of Science, n. 4, v. 28, 1990, p. 380-398.

EINSTEIN, A.; Podolsky, B.; Rosen, N. Can Quantum-Mechanical Description ofPhysical Reality be Considered Complete? Physical Review, v. 47, p. 777-780, mai. 1935.]

EXNER, Franz. Über Gesetze in Naturwissenschaft und Humanistik. Viena: Academia de Ciência do Kaiser, 1909.

EXNER, Franz. Vorlesungen über die physikalischen Grundlagen der Naturwissenschaften. Viena: Leipzig und Wien Franz Deuticke, 1922.

FORMAN, P. et al. (EDS.). Weimar culture and quantum mechanics: selected papers by Paul Forman and contemporary perspectives on the Forman thesis. London: Hackensack, NJ: Imperial College Press ; World Scientific, 2011.

FRANK, Philipp. Between Physics and Philosophy. Cambridge: Harvard University Press, 1941.

FREIRE, Olival Jr. A Story Without an Ending: The Quantum Physics Controversy 1950–1970. Science & Education, v. 12. Holanda: Kluwer Academic Publishers, 2003, p. 573–586.

FREIRE, Olival Jr. The Quantum Dissidents: Rebuilding the Foundations of Quantum Mechanics (1950-1990). Heidelberg: Springer, 2015.

FREITE, Olival Jr. The Historical Roots of "Foundations of Quantum Physics" as a Field of Research (1950–1970). Foundations of Physics, v. 34, n. 11. Novembro: 2004, p. 1741–1760.

GINGRAS, Y. What Did Mathematics Do to Physics? History of Science, v. 39, n. 4, p. 383–416, dez. 2001.

HANLE, Paul A. Indeterminacy before Heisenberg: The Case of Franz Exner and Erwin Schrödinger. Historical Studies in the Physical Sciences, v. 10, 1979, p. 225–69.

HEILBRON. J. L. The Dilemmas of an Upright Man: Max Planck as spokesman for German Science. California: University of California Press, 1986.

HEISENBERG, Werner. Über den anschaulichen Inhalt der quantentheoretischen Kinematik und Mechanik. Zeitschrift für Physik, v. 43, 1927, p. 172-198.

HIEBERT, E. Common Frontiers of the Exact Sciences and the Humanities. Phys. perspect, n. 2, 2000. p. 6–29.

JANIK, Allan; Toulmin, Stephen. A Viena de Wittgenstein. Rio de Janeiro: Campus, 1991.

JUNGNICKEL, C; McCormmach, R. Intellectual mastery of nature: theoretical physics from Ohm to Einstein. Chicago: University of Chicago Press, 1986a.

JUNGNICKEL, C; McCormmach, R. The Torch of Mathematics 1800-1870. Chicago: University of Chicago Press, 1986b.

KAISER, David. Shut up and calculate! Nature, v. 505, 2014, p. 153-155.

KARLIK, Berta; Schmidt, Erich. Franz Serafin Exner und sein Kreis. Ein Beitrag zur Geschichte der Physik in Österreich. Viena: Österreichischen Akademie der Wissenschaften, 1982.

KOJEVNIKOV, A. The Copenhagen Network The Birth of Quantum Mechanics from a Postdoctoral Perspective. Cham: Springer, 2020.

KUBY, Daniel. Feyerabend's 'The concept of intelligibility in modern physics' (1948). Studies in History and Philosophy of Science Part A, v. 57, 2015, p. 57-63.

LACKI, Jan. Observability, Anschaulichkeit and Abstraction: A Journey into Werner Heisenberg's Scienceand Philosophy. In: Papenfuß, Dietrich; Lüst, Dieter, Schleich; Wolfgang P. 100 Years Werner Heisenberg: Works and Impact. Weinheim: Willey-VCH, 2002, p. 11-29.

MACH, Ernst. Die Mechanik in Ihrer Entwicklung. Leipzig: F. A. Brockhaus, 1897.

MEHRA, Jagdish; Rechenberg, Helmut. the Historical Development of Quantum Theory: Erwin Schrödinger and the rise of wave mechanics. Nova York: Springer, 1987.

MITTELSTRASß, Jürgen; et al. Enzyklopädie Philophie und Wissenschaftstheorie. Stuttgart: J. B. Metzler, 1996.

MOORE, Walter. Schrödinger Life and Thought. Cambridge: Cambridge University Press, 1989.

PESSOA JR., Osvaldo. Conceitos de Física Quântica. São Paulo: Editora Livraria da Física, 2003.

PLANCK, Max [1908]. Die Einheit des physikalischen Weltbildes. In: Wege zur physikalischen Erkenntnis, Planck, M. Leipzig: S. Hirzel, 1944.

ROMIZI, D. The Vienna Circle's "Scientific World-Conception": Philosophy of Science in the Political Arena. HOPOS: The Journal of the International Society for the History of Philosophy of Science, v. 2, n. 2, p. 205–242, set. 2012.

ROMIZI, D. War die „wissenschaftliche Weltauffassung" des Wiener Kreises nicht doch auch eine Weltanschauung? In: Nemeth, E.; Stadler, F. (Eds.). Die europäische

Wissenschaftsphilosophie und das Wiener Erbe. Vienna: Springer Vienna, 2013. p. 127–151.
ROSENFELD, L.; Nielsen, J. Rud. Niels Bohr Collected Works: Volume 3 — The Correspondence Principle (1918-1923). Holanda do Norte: Elservier Science Publisher B. V., 1976.
RÜDINGER, E.; Kalckar, J. Niels Bohr Collected Works: Foundations of Quantum Physics I (1926 — 1932). Holanda do Norte: Elservier Science Publisher B. V., 1985.
SCHNÄDELBACH, Hebert. Filosofia en Alemania, 1831-1933. Madri: Catedra Teorema, 1991.
SCHNÄDELBACH, Hebert. Filosofia en Alemania, 1831-1933. Madri: Catedra Teorema, 1991.
SCHRÖDINGER, Erwin. Die Besonderheit des Weltbilds der Naturwissenschaft. Acta Physica Austriaca, v. 3, n. 1, 1948, p. 201- 245.
SCHRÖDINGER, Erwin. Science and The Human Temperament. Londres: George Allen & Unwin LTD, 1935.
SCHRÖDINGER, Erwin. Was ist ein Naturgesetz? Die Naturwissenschaften, n. 17, 1929, p. 9-11.
STADLER, F. Ernst Mach — Life, Work, Influence. Cham: Springer, 2019.
STADLER, F. Scientific Philosophy: Origins and Developments. Dordrecht: Springer Netherlands, 1993.
STADLER, F. The Vienna Circle: Studies in the Origins, Development, and Influence of Logical Empiricism. Cham: Springer International Publishing, 2015.
STADLER, F. The Vienna Circle and Logical Empiricism: Re-evaluation and Future Perspectives. Dordrecht: Kluwer Academic Publishers, 2003.
STÖLTZNER, M. Causality, realism and the two strands of Boltzmann's legacy (1896 - 1936) [tese de doutorado, Universidade de Bielefeld], 2003.
UEBEL, Thomas; Limbeck-Lilienau, Christoph. The Routledge Handbook of Logical Empiricism. Nova York: Routledge Taylor & Francis Group, 2022.

VELLOSO, Rafael; Videira, A. A. P. A indissociabilidade entre física e visão de mundo segundo Paul K. Feyerabend. *Principia*, Florianópolis, v. 26, n. 3, 2022, p. 509 — 537.

VELLOSO, Rafael. Niels Bohr e as lições filosóficas da Teoria Quântica: Princípios de Correspondência e Complementaridade. Perspectivas, v. 7, n. 2, 2022, p. 188-217.

VIDEIRA, A. A. P.; Velloso, Rafael. Guido Beck: Formalismo Matemático e Representação Física. São Paulo: Scientiae Studia, 2022.

VIDEIRA, A. A. P. A Inevitabilidade da Filosofia na Ciência Natural do Século 19: o Caso da Física Teórica. Ijuí: Editora Unijuí, 2013.

VIDEIRA, A. A. P. Atomisme Epistemologique et Pluralisme Theorique Dans la Pensee de Boltzmann [tese de doutorado, L'Universite Paris VII], 1992.

VIDEIRA, A. A. P. Boltzmann, física teórica e representação. Revista Brasileira de Ensino de Física, v. 28, n. 3, 2006, p. 269-280.

VIDEIRA, A. A. P. Metafísica, Físicos, Valores: Um ensaio sobre a crise dos fundamentos das ciências naturais na passagem do século XIX para o século XX. Ensaios Filosóficos, v. 4, 2011.

ZOEHRER, Dominic S. Heisenberg's Secret Religion? "Quantenmystik" als anonyme Lebensphilosophie [Masterarbeit, Universidade de Viena], 2006.

Autoras e Autores

Alexander Schnell é professor de filosofia na Bergische Universität Wuppertal. Ele dirige o Instituto de Filosofia Transcendental e Fenomenologia, o Centro Eugen-Fink e o Arquivo Marc-Richir. Desde 2016, é presidente da Association Internationale de Phénoménologie.

Anne-Lise Rey é professora de filosofia da ciência na Université Paris-Nanterre. Ele concluiu seu Doutorado em Filosofia em 2004, na Université Paris IV — Sorbonne, tendo sido professora visitante na Columbia University, no Institute for Advanced Study, na Princeton University, na Université de Lille e na Université de Lyon. Ela é especialista em Idade Clássica e o Iluminismo, trabalhando em particular sobre Leibniz, Newton, o Iluminismo francês e alemão, mulheres filósofas. Ela dirige a coleção Cahiers d'histoire et de philosophie des sciences publicada por Hermann, sendo membro do conselho editorial da Revue d'Histoire des sciences e da revista Methodos. Ela também é membro do NEC da HOPOS."

Antonio Augusto Passos Videira é Professor Titular do Departamento de Filosofia da Universidade do Estado do Rio de Janeiro Bacharel em Filosofia pela UFRJ (1986), Doutor em Epistemologia e História das Ciências pela Universidade de Paris VII (1992), Professor do Programa de Pós-Graduação em Ensino e História da Matemática e da Física (UFRJ), Colaborador no Centro Brasileiro de Pesquisas Físicas (MCTI), Membro do Centro de Estudos Filosóficos e Humanísticos da Universidade Católica Portuguesa e detentor de Bolsas de Produtividade do CNPq do Programa Prociência/UERJ. Editor da revista Em Construção: Arquivos de epistemologia histórica e estudos de ciência.

Chantal Jaquet é Professora do Departamento de Filosofia da Universidade de Paris 1 Panthéon-Sorbonne. Especialista em história da filosofia moderna, com ênfase em Espinosa e Bacon, seus interesses filosóficos abrangem também temas de filosofia do corpo e de filosofia social. É autora de diversos livros, entre os quais se incluem Sub Specie Aeternitatis: Études des concepts de temps, durée et éternité chez Spinoza (Kimé, 1997) e L'unité du Corps et de l'Esprit: Affects, Actions et Passions chez Spinoza (PUF, 2004) Publicou ainda diversos artigos e capítulos de livros em suas áreas de pesquisa, além de coordenar as atividades do Séminaire International de Recherche sur Spinoza en Sorbonne.

Christoph Asmuth é catedrático da cadeira de filosofia e reitor da Augustana-Hochschule Neuendettelsau. Ele cursou o mestrado em filosofia na Ruhr-Universität Bochum, tendo concluído em 1992. Cursou o doutorado em filosofia na mesma Universidade, defendendo em 1997 a tese intitulada *Das Begreifen des Unbegreiflichen. Philosophie und Religion bei Johann Gottlieb Fichte*, sob a orientação do Prof. Burkhard Mojsisch. Entre 1997 e 1998 e entre 2006 e 2008 foi bolsista do Deutsche Forschungsgemeinschaft e entre 1998 e 2004 foi Assistente Científico (Wissenschaftlicher Assistent) no Instituto de Filosofia da TU Berlin, onde defendeu em 2003 sua tese de habilitação intitulada *Interpretation — Transformation. Das Platonbild bei Fichte, Schelling, Hegel, Schleiermacher und Schopenhauer und das Legitimationsproblem der Philosophiegeschichte.* Atuou ainda como professor visitante na LMU München, na Universität Basel, na TU Berlin, e na UERJ. Em 2019 recebeu o título de Doutor *Honoris Causa* da Universidade Nacional Pedagógica de Charkiw, na Ucrânia. É autor de diversos livros e artigos sobre Kant, Fichte, Schelling e Hegel.

Edgar Marques é Professor Titular do Departamento de Filosofia da Universidade do Estado do Rio de Janeiro (UERJ) e Bolsista de Produtividade em Pesquisa do CNPq (1B). Concluiu Doutorado em Filosofia em 1995 na Universität Konstanz. Suas pesquisas voltam-se, de um modo geral, para a Filosofia da Linguagem e Metafísica, em especial em Wittgenstein, Leibniz e nos autores do início da Modernidade. É autor dos livros *Wittgenstein und die Möglichkeit eines kategorialen Diskurses*, *Ludwig Wittgenstein e o Tractatus Logico-Philosophicus* e tradutor do *Sistema novo da natureza e da comunicação de substâncias e de outros textos* de Leibniz, além de participar na organização de diversas coletâneas. Publicou ainda diversos artigos e capítulos de livros sobre suas áreas de pesquisa.

Fabiano Lemos é professor da graduação e da pós-graduação em Filosofia na UERJ, com pesquisa voltada para as intercessões entre estética e política, bem como para as dimensões narrativas dos sistemas canônicos, sobretudo na articulação entre Michel Foucault, Romantismo alemão e estudos decoloniais. É autor de Soldados e Centauros. Educação, filosofia e messianismo no jovem Nietzsche, 1858-1869 (Mauad, 2014), O ofício da origem (Kotter, 2016), O contracânone romântico (Eduerj, 2022), além de tradutor de Antonin Artaud, Friedrich Schlegel e organizador e tradutor da coletânea de escritos de filósofas do Romantismo alemão, As outras constelações (Relicário, 2022), além de artigos e capítulos de livros no Brasil e no exterior. É bolsista de produtividade em pesquisa do CNPq e coordenador do grupo de pesquisa do CNPq Contragrupo - Estudos de Genealogia do Cânone.

Fernanda Alt é pesquisadora de pós-doutorado em Filosofia pela UERJ; pós-doutora em Filosofia pela UFSCar e Doutora em Filosofia pela UERJ e Paris 1 Panthéon-Sorbonne (co-tutela), cuja tese ganhou o prêmio CAPES de tese em 2018. Autora de diversos artigos sobre fenomenologia e existencialismo e do livro "L'hantologie de Sartre. Sur la spectralité dans L'Être et le Néant" pela coleção Bibliothèque Philosophique de Louvain da Peeters Ed.

Izabela Bocayuva é professora titular da Universidade do Estado do Rio de Janeiro, tendo concluído seu doutorado em 1999, na Universidade Federal do Rio de Janeiro. Em 2012 fez Pós-doutorado em Sorbonne Paris IV com a pesquisadora Barbara Cassin. Coordena os Projetos de Extensão NOESIS Laboratório de Filosofia Antiga da UERJ e Grupo METEORO que tratam, respectivamente, de temas da Antiguidade grega e da Contemporaneidade à medida que investiga a razão ocidental enquanto um mito construído deliberadamente na instauração da Filosofia com Platão.

Márcia Gonçalves é Professora Titular de Filosofia da UERJ, onde leciona desde 1999, pesquisadora do PROCIENCIA e bolsista de produtividade científica do CNPq (2003-2023). Doutou-se em Filosofia pela Freie Universität Berlin (1991-1996), com a tese "Von Helden, Göttern und von Schicksal. Mythos und dichtkunsttheoretische Dimensionen der Ästhetik Hegels" (sobre a Filosofia da Arte de Hegel), sob orientação de Walter Jaeschke. É Mestre em Filosofia pela Universidade Federal do Rio de Janeiro (1987-1991), com dissertação sobre os Escritos de Juventude de Hegel, sob orientação de Luiz Bicca. Licenciou-se em Filosofia pela UERJ entre 1982 e 1985. Realizou pesquisas de Pos-Doc na Universidade de Freiburg, de 04/2008 a 02/2009, e na Universidade Técnica de Berlim (TU-Berlin), de 08/2014 a 08/2015, onde também lecionou por um semestre como professora visitante. É membro-fundadora da Sociedade Hegel Brasileira, que presidiu de 2010 a 2014. Desde 2019 coordena o Projeto de Pesquisa PROBRAL O Infinito (Das Unendliche), juntamente com Christoph Asmuth. É membro do conselho consultivo Internationalen Schelling-Gesellschaft e tradutora das obras de Schelling Aforismos sobre Filosofia da Natureza (Loyola, PUC-Rio, 2010) e Da Alma do Mundo (EdUSP, no prelo). É autora dos livros O Belo e o Destino: Uma introdução à Filosofia de Hegel (Loyola, 2001) e Filosofia da Natureza (Zahar, 2006) e de vários capítulos e artigos sobre filosofia clássica alemã.

Marco Casanova é doutor em filosofia pela UFRJ/Universidade de Tübingen, Pós-doutorado — Universidade de Freiburg, Professor Titular do Departamento de Filosofia da UERJ, Autor de *O instante extraordinário: Vida, história e valor na obra de Friedrich Nietzsche* (2003), *Nada a caminho: Impessoalidade, niilismo e técnica no pensamento de Martin Heidegger* (2006), *Compreender Heidegger* (2009), *Eternidade frágil: Ensaio sobre temporalidade na arte* (2013), *A falta que Marx nos faz* (2017), *Mundo e historicidade I* (2017) e *Mundo e historicidade II* (2020), *Tédio e tempo* (2020), *A persistência da Burrice* (2020), *Existência e transitoriedade* (2021), *Copacabana* (2022), *Mundo e historicidade III: Uma estranha introdução* (2023) e *Sexo, um assunto popular* (2023), além de tradutor de um grande conjunto de obras de pensadores alemães como Martin Heidegger, Max Scheler, Friedrich Nietzsche, Wilhelm Dilthey entre outros.

Marcos André Gleizer é Professor Titular do Departamento de Filosofia da Universidade do Estado do Rio de Janeiro (UERJ) e Bolsista de Produtividade em Pesquisa do CNPq (1B). Concluiu Doutorado em Filosofia em 1992 na Université Paris IV — Sorbonne. Suas pesquisas concentram-se na área de Filosofia Moderna, com ênfase em temas de epistemologia e metafísica em Descartes e Espinosa. É autor dos livros *Verdade e Certeza em Espinosa, Espinosa e a Afetividade Humana, Metafísica e Conhecimento: Ensaios sobre Descartes e Espinosa e Lições Introdutórias à Ética de Espinosa*, bem como de vários artigos e capítulos de livros em sua área de especialização

Marcos Rosa nasceu na periferia pobre de Campos dos Goytacazes, neto de cortadores de cana, filho de mãe branca lavadeira e pai preto torneiro mecânico. Possui graduação em Letras (UERJ) e Mestrado e Doutorado em Filosofia (UERJ). Suas principais áreas de pesquisa são a metafísica, a filosofia da mente, a história da filosofia analítica e Kant. Os temas centrais de suas pesquisas são a natureza da percepção, a natureza da autoconsciência, o conceito de objetividade, a metafísica da modalidade e a natureza da racionalidade. Possui também grande interesse em filosofia política, particularmente no pensamento marxista.

Maria Helena Silva Soares é professora do Instituto de Aplicação Fernando Rodrigues da Silveira/UERJ. Doutora em Filosofia pela Universidade do Estado do Rio de Janeiro (2021), onde também fez sua graduação (2012) e mestrado (2015). Realizou estágio de doutorado sanduíche em Paris X Nanterre entre 2019 e 2020. É editora adjunta da Revista Em Construção: arquivos de epistemologia histórica e estudos de ciência. Também atua como colaboradora administrativa da Rede Brasileira de Mulheres Filósofas.

Paulo Gil Ferreira é Professor Adjunto do Departamento de Filosofia da Universidade do Estado do Rio de Janeiro, tendo realizado o seu doutorado em filosofia na mesma universidade, com período de um ano de pesquisa na Albert-Ludwigs-Universität Freiburg, na Alemanha. Seus temas de interesse de ensino e pesquisa são: 1) Realidade e modalidade na fenomenologia; 2) Crise do projeto civilizatório da Modernidade; 3) Percepção e corporeidade em Husserl e Merleau-Ponty: 4) Filosofia da Tecnologia, a partir de Heidegger; 5) Linguagem e referência na fenomenologia; 6) Ética e universalidade na contemporaneidade; 7) Arte e verdade na hermenêutica.

Pedro Pricladnitzky é professor de Filosofia na Universidade Estadual do Oeste do Paraná (UNIOESTE). Entre 2016-2020 foi professor de Filosofia na Universidade Estadual de Maringá (UEM). A sua pesquisa está centrada na metafísica e filosofia da natureza do século 17, em especial nas obras de Descartes, Malebranche e Cavendish.

Rafael Velloso é doutorando em Filosofia pela Universidade do Estado do Rio de Janeiro (UERJ). Mestre em Filosofia pela Universidade do Estado do Rio de Janeiro (UERJ), graduado em Licenciatura em Física pela Universidade Federal do Rio de Janeiro (UFRJ). Membro do grupo de pesquisa, ensino e extensão Physikos - Estudos em História e Filosofia da Física e da Cosmologia (FACH-UFMS) e do grupo de pesquisa Estudos Sociais e Conceituais de Ciência, Tecnologia e Sociedade (ECTS) do Departamento de Filosofia da UERJ. Colabora com o projeto de extensão Primavera do Centenário Feyerabend, da Universidade Estadual de Maringá (UEM). Realiza estudos na área de História da Ciência e Filosofia da Física, com ênfase nos problemas conceituais em interpretações para a mecânica quântica e suas características ontológicas e epistemológicas.

pólen bold 90 gr/m2
tipologia calisto mt
impresso na primavera de 2024